O. GIRAULT

CW00573218

CIVILISATION
ET LANGUE FRANÇAISES
SITUATIONS ET TECHNIQUES
COMMERCIALES

FOUCHER/HATIER INTERNATIONAL

© Foucher/Hatier International
I.S.B.N. 2-218-07928-3

Toute représentation, adaptation ou reproduction, même partielle, par
tous procédés en tous pays, faite sans autorisation préalable, est illicite et
exposerait le contrevenant à des poursuites judiciaires (Réf. Loi du
11 mars 1957).

SOMMAIRE

AVANT-PROPOS

CIVILISATION ET LANGUE FRANÇAISES, SITUATIONS ET TECHNIQUES COMMERCIALES a l'ambition de proposer une nouvelle méthode de formation à la pratique du français des affaires dans les Istituti Tecnici Commerciali.

Comment est conçu l'ouvrage ?

Refusant la solution de facilité qui aurait consisté à rejeter en fin de chapitre, voire de manuel, les pages consacrées à la langue et à la civilisation, les auteurs de ce recueil ont réuni dans chacun des dossiers les trois volets de l'apprentissage, à savoir :

— les techniques de rédaction commerciale
— l'étude de la civilisation
— l'étude de la langue.

- *Communication commerciale*
A partir d'une situation précise, illustrée par divers documents commerciaux ou lettres, l'élève est invité, par un guide d'analyse, à étudier les documents qu'exige la situation.

Les thèmes proposés suivent une progression logique qui tient compte des principales étapes des relations entre les différents correspondants ; les derniers thèmes, étant consacrés aux documents internes.

- *Civilisation*
La civilisation traite une question en relation géographique, thématique, historique…, avec la partie commerciale.

On y trouvera :
— en première page une sélection d'articles de presse présentés sous la forme d'une page de "Journal"
— ensuite le "Dossier" qui fait le point sur les aspects essentiels de la question traitée
— enfin les "Activités", signalées par le logo ♟ ,qui proposent des axes de recherche et de réflexion ayant pour objectif de faciliter la compréhension des textes et la mémorisation des informations.

- *Langue*
A partir d'un point de la langue apparu dans la partie commerciale, l'étude d'un point fondamental de la langue française est abordée dans sa globalité. Les exercices - oraux ou écrits - sont proposés dans un ordre de difficulté croissante.

Comment utiliser cet ouvrage ?

La succession des dossiers et leur organisation interne répondent à un souci pédagogique des auteurs.

Néanmoins, il est toujours possible d'organiser sa propre progression et de trouver, entre les différents éléments des dossiers, d'autres relations adaptées au niveau, aux centres d'intérêt et aux travaux interdisciplinaires de la classe.

Quel que soit l'ordre choisi, la variété des textes, la précision des guides d'analyse, les correspondances tant à l'intérieur des dossiers que d'un dossier à l'autre, doivent permettre à chacun de relier et donc de mieux dominer les différents aspects du français des affaires.

Les auteurs

Quelques repères visuels.

Pour acquérir une bonne maîtrise du <u>français des affaires</u>, il faut bien sûr savoir s'exprimer sans hésitation. Mais il est en outre indispensable de distinguer, entre plusieurs expressions de même sens, celles qui témoignent d'une langue recherchée, ou courante, ou familière.

Des symboles indiquent, dans les actes de paroles de la rubrique *"Comment dire…"*, ces différents niveaux de langue :

♠ langue soutenue (qui peut paraître affectée)
♣ langue courante
♦ langue familière (qui peut paraître vulgaire).

On a signalé un certain nombre de tournures ou d'habitudes langagières propres au monde du commerce par le symbole ▲.

Dans les jeux de rôle, le symbole ▲ invite à rechercher plus particulièrement ce ton "commercial".

France : des images

Élégance et art de vivre

LANVIN
P A R I S

Traditions...

La deux chevaux : 40 000 exemplaires vendus
à l'exportation en 1984.

Relations publiques Citroën.

12 millions de Bics vendus chaque jour dans le
monde. (Photo L'Expansion.)

et modernité

Concorde.   Doc. Air France.

LACOSTE

S.N.C.F. C.A.V.

Photo B. Vignal.

Rayonnement artistique...

Stendhal, 1783-1842. Photo : Goursat/Rapho.

Marguerite Duras (une des plus grandes roman-
cières françaises) sur le tournage de son film
India Song.   (Photo Cahiers du Cinéma.)

Catherine Deneuve et François Truffaut sur le
tournage de La sirène du Mississipi.
(Photo Cahiers du Cinéma.)

1945-1985 :
40 ans de mutations économiques

L'immédiat après-guerre est, en France comme dans tous les pays d'Europe, une période difficile de reconstruction, démographique et économique. Sur le plan économique, le redressement est opéré par le gouvernement du général de Gaulle, qui définit **trois axes prioritaires :** d'une part il décide qu'un certain nombre d'entreprises seront **nationalisées,** c'est-à-dire deviendront la propriété de l'État, dans les secteurs-clé de l'énergie, des banques et de l'automobile (voir chapitre 22) ; d'autre part l'État planifie l'économie, c'est-à-dire qu'il indique, dans **le Plan,** les axes prioritaires de production, afin de canaliser les énergies éparses des entreprises. Enfin l'État garantit à tous les citoyens une protection sociale. En 1946 est créée la **Sécurité sociale,** financée par les employeurs et les employés, qui permet que soient pris en charge par tous accidents, maladies, chômage, retraite de chacun. La Sécurité sociale est une des institutions auxquelles les Français tiennent le plus, aujourd'hui encore.

Les résultats de cette politique sont assez spectaculaires. En plusieurs domaines, un mieux-être se fait sentir. Beaucoup d'enfants naissent, et ce renouveau démographique apparaît comme un facteur positif pour l'avenir. Mais pour l'heure, les entreprises manquent de « bras » : on fait alors appel en masse à la main-d'œuvre étrangère.

Les trente glorieuses : c'est le nom qu'on a donné aux trente années séparant la fin de la guerre du premier choc pétrolier. Le mot d'ordre est : Expansion. Bien qu'entre 1954 et 1962 la France perde son empire colonial, qui constituait un marché privilégié, elle trouve de nouveaux débouchés à sa production, en Europe en particulier, grâce au Marché commun (voir chapitre 8). Les firmes luttent contre la pénétration américaine en se concentrant. C'est une période où l'énergie (pétrole, gaz naturel) abonde, au point que cette abondance fait chuter les cours. **La crise** éclate en 1974 : la pénurie de pétrole, brusquement révélée l'année précédente, rend nécessaire un renversement total des perspectives économiques. Pourtant, la « croissance à tout prix » apparaissait à beaucoup, et depuis plusieurs années, malsaine. Lors de la crise sociale déclenchée en mai 68 par les ouvriers et les étudiants, de nombreux groupes d'extrême gauche avaient dénoncé cette société qu'ils jugeaient fondée sur la seule consommation des biens matériels.

Dans les années 1975, la crise se manifeste d'abord par un net recul de la production. Plusieurs secteurs, ceux de la sidérurgie et du textile en particulier, sont sévèrement touchés. Les échanges internationaux accusent un déficit inquiétant, d'autant que les pays pétroliers qui jusqu'alors achetaient des biens d'équipements, sont plus réticents. La hausse du dollar, alourdissant la facture pétrolière, pèse gravement sur le budget de l'État. L'inflation s'aggrave continuellement au point que l'expression « inflation galopante » est devenue un cliché (1) de la langue française. Surtout, le **chômage** devient peu à peu un fléau national. **Avec les années 80,** le contexte international présentant des signes d'amélioration, la crise semble desserrer son étau : l'inflation recule ; on assiste à une légère reprise de l'activité ; *Le Monde,* publiant son *Bilan économique et social 1985* écrit : « 1985 semble avoir été une année charnière entre la crise et — peut-être — une **reprise de la croissance** ». Néanmoins, le problème du chômage reste préoccupant puisqu'il touche, cette même année 1985, 10,5 % de la population.

1. Expression « toute faite », réutilisée telle quelle dans la plupart des situations.

ACTIVITÉS

Images de la France.

Rassemblez, ainsi que le fait le *Journal* (p. 1) des images caractéristiques de votre pays. Comparez-les avec celles qui représentent ici la France.

En un texte de quelques lignes, mettez en lumière les ressemblances et les différences entre la France et votre pays.

Économie.

En vous aidant de documents (dictionnaire, encyclopédie, journal, manuel d'économie) définissez le mécanisme de l'inflation.

Société.

Le système français de protection sociale — la Sécurité sociale — est l'un des plus perfectionnés qui soient. L'idée que chaque membre de la collectivité nationale y a droit s'est progressivement imposée. La vieillesse, la maladie, l'hospitalisation, la maternité, le chômage sont ainsi — à des degrés divers — pris en charge. Existe-t-il, dans votre pays, un organisme de cet ordre ?

Décrivez son fonctionnement, son rôle dans l'économie nationale : contribue-t-il à réduire les inégalités sociales ? à amortir les effets de la crise ?

La présentation des lettres commerciales

Les fournitures, le matériel

LE PAPIER A LETTRE

L'entreprise utilise un papier à en-tête dont le graphisme lui est propre et reproduit souvent le logo, dessin qui lui sert d'emblème.

Exemples :
- Le papier à lettre de la Régie Renault dont le logo est le fameux losange dessiné par le peintre Vasarely ;
- Le papier des Editions Foucher avec, comme logo, la symbolisation des initiales du nom de l'entreprise , E F.

92109 Boulogne Billancourt Cedex
Adresse Télégraph. Renofer Boulogne
R.C.S. Nanterre B 780 129 987
SIRET : 780129987 00019 - APE 3111

le livre au service du métier

128
RUE DE RIVOLI
75038
PARIS CEDEX 01

Tél. : 42.36.38.90

SOCIÉTÉ ANONYME AU CAPITAL DE F. 5.000.000 / **C.C.P. PARIS 1804-42** / RCS PARIS B 572 092 625

L'en-tête porte différentes mentions obligatoires ▷

Ces renseignements peuvent être complétés par des mentions diverses : *mentions publicitaires, liste de produits, jours d'ouverture, conditions de vente, succursales, moyens d'accès...*

- *Nom de l'entreprise, adresse, téléphone (1)*
- *N° d'inscription au Registre du commerce et des sociétés (2)*
- *N° de C.C.P. (compte courant postal)*
- *Forme juridique de la société (3) et capital social.*

(1) **Adresse.** CEDEX : courrier d'entreprise à distribution exceptionnelle.
Un code CEDEX est attribué aux entreprises qui reçoivent un important courrier pour faciliter le tri et la distribution.

Téléphone : numéro à 8 chiffres. Consulter l'annuaire téléphonique pour connaître les indicatifs préalables.
- Pour téléphoner de France en Italie : indicatif : 16.39.
- Pour téléphoner d'Italie en France : indicatif 00.33.

(2) **Registre du commerce et des sociétés (RCS).** L'indication du RCS est obligatoire sur tous les documents commerciaux.

RCS ▷
Ville où a lieu l'inscription
+ lettre A s'il s'agit d'un commerçant individuel
B s'il s'agit d'une société commerciale
C s'il s'agit d'un groupement d'intérêt économique
D s'il s'agit d'une société civile.
+ numéro INSEE à 9 chiffres.

L'Institut National de la Statistique et des Etudes Economiques (INSEE) attribue à chaque entreprise un numéro d'identification national :

Le Système Informatique pour le Répertoire des Entreprises et des Etablissements (SIRENE) attribue à chaque entreprise un numéro à 9 chiffres appelé SIREN ; ce numéro est suivi d'un numéro à 5 chiffres pour chacun des établissements, le numéro à 14 chiffres est appelé SIRET.

(3) **Forme juridique des sociétés commerciales** (voir le dossier n° 24).

La disposition de la lettre

1 Dans l'entreprise, toutes les lettres sont toujours disposées de la même manière ; l'entreprise a intérêt à respecter les règles générales de la norme établie par l'AFNOR (norme NF Z 11.001).

(AFNOR : Association Française de Normalisation).

Consulter la feuille gabarit de la norme (en page 3 de couverture) et la lettre ci-contre (exemple de présentation). Quels sont les avantages de l'adoption d'une norme, en accord avec les directives de L'AFNOR,

- pour la réalisation de la lettre ?

- pour son exploitation ?

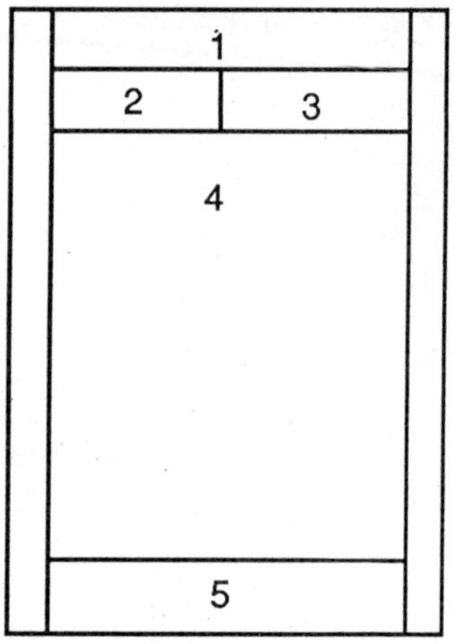

ÉTUDE DES DIFFÉRENTES ZONES DE LA LETTRE ▶

Zone 1 -   **En-tête** (suite en zone 5, éventuellement).

Zone 2 -   Eventuellement, renseignements complémentaires.

Zone 3 -   La **suscription** peut être indifféremment placée à gauche (zone 2) ou à droite (zone 3), cette dernière présentation étant obligatoire si la lettre est expédiée dans une enveloppe à fenêtre.

Zone 4 -   **Références, date, objet, pièces jointes.**
Toute liberté est laissée à l'utilisateur quant à la disposition des différentes mentions ; les éléments constants (vos réf., objet :....) peuvent être imprimés ou dactylographiés.

> Vos références : références de la lettre à laquelle on répond.
> Nos références : initiales du rédacteur
> initiales de la dactylographe
> numéro d'ordre.

> Objet : c'est l'indication du document ou du fait qui motive la lettre.

SUJET DE LA LETTRE	**2** *Objet (à compléter)*
• Demande de renseignements à un fabricant de bibliothèques ▷	• *Vos bibliothèques*
• Réponse : envoi du catalogue ▷	• *N/catalogue bibliothèques*
• Commande n° 503 envoyée au fournisseur ▷	
Avis de retard de livraison des marchandises ▷	
• Réclamation au sujet d'un retard de livraison des marchandises ▷	
• Réclamation au sujet d'une erreur de livraison ▷	
• Réclamation au sujet d'une erreur de facturation ▷ (facture n° B 304)	
• Réponse du fournisseur à cette réclamation ▷	
• Rappel de règlement concernant la facture n° 811 ▷	
• Demande d'un délai de paiement (facture n° 811) ▷	
• Réponse du fournisseur : refus d'accorder le délai ▷	
• Envoi d'un chèque ▷	

Château Gravelins

33117 CÉRONS Tél. : 56.23.18.06
C.C.P. Bordeaux 1543.29

BORDEAUX BLANC
BORDEAUX ROUGE
GRAVES   ROUGE
SAINT-ÉMILION

Monsieur J. Dubourg

8 avenue Louise

1050 BRUXELLES (Belgique)

V/Réf.

N/Réf.

Objet : Salon agricole

P.J. : Carte d'invitation

Cérons,
le 10 février 19..

Monsieur et cher client,

Nous avons le plaisir de vous inviter à venir visiter notre stand au Salon agricole où nous présenterons nos productions.

Vous pourrez y déguster notamment :

- le Château Gravelins mis en vente cette année, jeune (2 ans seulement), fruité et déjà prêt à boire, mais qui peut vieillir longtemps encore ;
- le Gravelins Blanc qui vous enchantera par sa finesse et sa grande classe.

Sur présentation de la carte ci-jointe, nous vous remettrons une bouteille de notre Saint-Emilion Château Boisé pour vous permettre d'apprécier la solidité et l'arôme de ce vin d'exception.

Qu'il s'agisse de la qualité de nos vins ou des prix pratiqués, nous vous assurons de nos efforts pour mériter votre fidélité.

Veuillez agréer, Monsieur et cher client, nos salutations distinguées.

Le Maître de Chai

A. Bonde

A. BONDE

Zone 4 (suite) -   **Corps de la lettre** -

- **L'interpellation**
  (ou appellation
  ou titre de civilité).

RÈGLES ▶

> - Écrire l'interpellation en toutes lettres.
>   (On peut utiliser les abréviations M., Mme, MM. dans le texte
>   s'il ne s'agit pas de la personne à laquelle on s'adresse).
> - Répéter le même titre dans la formule de politesse.
> - Faire correspondre le titre à la suscription.

3   *Associez au moyen de flèches chacune des suscriptions au **titre de civilité** voulu.*

Monsieur A. JARDIN   .... •

Les 3 Suisses   .... •

Monsieur le Directeur,   JEPH STYLE ... •

L'Interphone portier   .... •

Madame HERMAN   .... •

Service Vidéo LOCATEL   .... •

• Monsieur

• Madame

• Messieurs

• Monsieur le Directeur

Dans les titres suivants, barrez le terme incorrect :

Monsieur Dupont ;   Mon cher Monsieur,

Citez quelques titres pouvant être utilisés exceptionnellement pour des correspondants avec lesquels on entretient des relations amicales :

- **Le texte.**

> - Présenter le texte en respectant les règles de disposition dactylographique.
> - Utiliser de préférence l'interligne 1,5 et séparer les paragraphes par un double interligne.
> - Respecter les marges minimales de 2 cm.
> - Ne pas hésiter à mettre une mention importante en évidence en la centrant, en la
>   soulignant.
> - Ne pas utiliser une deuxième feuille pour inscrire seulement la formule de politesse.

- **La formule de politesse**

4   *Associez au moyen de flèches les correspondants et les **formules de politesse** adaptées.*

Veuillez agréer... Nous vous prions d'agréer...	} nos salutations l'expression de nos sentiments	} distingués(ées) •	• Client.
			• Fournisseur.
Veuillez agréer... Nous vous prions d'agréer...	} nos salutations l'expression de nos sentiments	} dévoués(ées) • empressés(ées)	• Employé.
			• Supérieur.

Je vous prie d'agréer,..., l'expression de mes sentiments respectueux.   •

- **La signature**

Inscrire la fonction du signataire et, 2 à 3 cm plus bas, son nom : il apposera son paraphe entre les deux mentions
(ne signez pas vous-même !).

5 *En utilisant la feuille de papier à lettre G.A. Besse, **présentez le message** suivant destiné à :*

Monsieur BECKER
15 route de Thionville
Luxembourg

Nos références : GB/LM 902
Objet : Foies gras et truffes
Date du jour.

Cher client et ami,

Depuis le cœur du Périgord noir, j'ai le plaisir de vous présenter mes spécialités de foies gras, truffes et produits régionaux provenant des meilleurs terroirs.

Tout en restant fidèle aux traditions culinaires et aux recettes patiemment mises au point par la famille Besse pendant trois générations, je prépare et cuisine pour vous ces produits dans des locaux fonctionnels, en respectant les règles d'hygiène les plus strictes. Bocaux et boîtes sont ensuite entreposés dans une cave à température contrôlée où la finesse et la saveur des foies d'oie ou de canard, des confits, du cassoulet et des diverses préparations décrites dans la documentation ci-jointe s'accentuent avant de parvenir sur votre table.

Qualité, tradition et prix modérés : ces atouts me permettent de vous assurer une totale satisfaction.
Je vous reste entièrement dévoué.

R. Castagné.

Dans tous les cas où le papier à lettre ne vous sera pas fourni, la page 3 de couverture vous servira de **"normolettre"** : placez au-dessus une feuille vierge ; vous distinguez alors (par transparence) les gros points noirs et pouvez marquer au crayon les divers repères permettant de respecter la disposition normalisée.

Travail complémentaire

1 *Après avoir marqué sur une feuille blanche les différents repères de la **disposition normalisée** (à l'aide du normolette) et réalisé sommairement l'en-tête de lettre au nom d'une revue mensuelle de votre choix, présentez le texte suivant destiné aux abonnés français :*

Objet : Abonnement, revue... *Référence* : S 324-3. P.J. : bulletin d'abonnement. Paris : *date du jour*.
Cher abonné, Votre abonnement a pris fin il y a un mois et le dernier numéro paru ne vous a donc pas été expédié. Pour vous permettre de bénéficier du service de notre revue aux meilleures conditions, nous acceptons encore de renouveler votre abonnement à l'ancien prix si vous voulez bien répondre à cette dernière offre par retour du courrier : dans ce cas, nous vous enverrons immédiatement le numéro en cours. Nous espérons que vous continuerez à faire partie des nôtres et vous remercions par avance de votre fidélité. Sincèrement à vous. Le directeur de la diffusion, Paul Reboul. Important : veuillez ne pas tenir compte de cette lettre si vous avez déjà procédé au renouvellement de votre abonnement.

2 *Même travail pour une lettre réalisée dans l'entreprise "Auto-Limousine", 60 avenue Marceau, 75016 Paris.*

Objet : Location de voitures de luxe. *Référence* : AL 20. Paris le (*date du jour*). Madame, Monsieur, Auto-Limousine met à votre disposition une sélection de voitures de prestige dotées des équipements vous assurant le plus grand confort : radio-cassette, air conditionné, téléphone. Ce parc de classe est composé de Porsche, de Peugeot, de Ferrari et de Mercédès. Un chauffeur et un guide polyglotte peuvent être mis à votre disposition. Que ce soit pour rehausser une cérémonie, honorer un hôte de marque, rendre visite à un client important... ou simplement pour vous offrir ce plaisir personnel, appelez-nous à Paris au 44.58.33.20 ou à Nice au 93.10.20.21.
Notre renommée est la garantie de notre compétence, de l'efficacité et de la qualité de notre service. Nous souhaitons pouvoir vous en faire profiter et vous assurons de notre dévouement. Le directeur commercial, Jean Delaporte.

Faisons le point sur ... LES ADJECTIFS ET LES PRONOMS POSSESSIFS

Nous avons le plaisir de vous inviter à venir visiter notre stand (...) où nous présenterons nos productions (p. 11).

NE LES CONFONDEZ PAS !

Les adjectifs : Mon, ton, son, ma, ta, sa, mes, tes, ses, notre, votre, leur, nos, vos, leurs.

Comme tous les déterminants en français, ils se placent devant le nom auxquels ils se rapportent.

Les pronoms : ils remplacent le nom (pro : signifie « à la place de » ; donc pronom = à la place du nom), le mien, le tien, le sien, la mienne, la tienne, la sienne, les miens, les tiens, les siens, les miennes, les tiennes, les siennes, le nôtre, la nôtre, le vôtre, la vôtre, les nôtres, les vôtres, le leur, la leur, les leurs.

Regarde ce chien : c'est le mien.

Complétez le tableau suivant :

J'ai récité ma leçon	*J'ai récité la mienne*
Elle a vu sa tante	
Elle n'a pas vu ses cousins	
Il a perdu sa mobylette	
Nous avons mangé nos provisions	
Vous avez vu vos parents	
Ont-ils pris leurs affaires ?	
Connaissez-vous leur appartement ?	
Nous avons le plaisir de vous inviter à visiter notre stand (p. 11)	
Nous vous assurons de nos efforts pour mériter votre fidélité (p. 11)	
Ils ont cherché leur voiture	
Il a perdu ses skis	
Je te prêterai mon magnétophone	
La qualité de nos vins est contrôlée	
A ta santé	
Vous avez passé vos vacances avec vos enfants ?	
Nous vous remettrons une bouteille de notre Saint-Émilion (p. 11)	
Je reconnais bien là leurs manières	
Tu as vu leur bateau ?	
Donne-moi mon pull-over	

G.A. BESSE

Foies Gras — Produits régionaux

Tél. : 53.59.50.10
C.C.P. : Bordeaux 241 621 C

3 place Petite-Rigaudie
24200 SARLAT

Société à Responsabilité Limitée au capital de 100 000 F - RCS B Périgueux 803 601 203

Dans les dossiers suivants, les feuilles de papier à lettre ne seront pas toujours fournies ; mais souvent l'en-tête de lettre sera représenté.

Pour préparer le papier à lettre, on pourra dans ce cas reporter l'en-tête sur une feuille par photocopie (en masquant le bas de la page) ou, plus simplement, s'inspirer du graphisme pour tracer sommairement le nom de l'entreprise émettrice.

*C*omment... SE PRÉSENTER

A L'ORAL

Vous vous présentez :

● Bonjour	Je me permets de me présenter : Yvon Delpuech.
➤ Bonsoir	Je suis Yvon Delpuech.
➤	Monsieur, Madame Delpuech.
➤	Yvon Delpuech.
▲ ➤	Delpuech, Directeur du personnel.
▲ ▼	Delpuech.

Vous présentez quelqu'un, et vous supposez, sans en être sûr, que les personnes se connaissent déjà :

➤ Vous connaissez	Monsieur, Madame Durand ?
	mon ami Georges.
▼ Tu connais	mon copain Éric ?

Si les personnes ne se connaissent pas :

➤ Je vous présente	mon ami Georges.
➤ Voici	Monsieur, Madame Durand.
▼ C'est	mon copain Arthur.
▼ (avec un geste de la main désignant les personnes)	Georges, Catherine ; Catherine, Georges.

Vous répondez aux présentations : ● Je suis ravi(e) de vous rencontrer ;
de faire votre connaissance.
➤ Enchanté ! Enchantée !
➤ Madame ! Monsieur !

A L'ÉCRIT

Vous vous présentez.

La règle générale veut que, lorsqu'on se présente par écrit, c'est-à-dire qu'on envoie une lettre à une personne qu'on ne connaît pas, on ne commence pas la lettre par les pronoms **je** ou **nous.**

Ainsi, on n'écrira pas :

« Monsieur,

Je suis étudiante en droit depuis deux ans et mon professeur, Monsieur Durand pense que vous avez besoin pendant la période d'été d'une secrétaire ayant des connaissances en droit ».

mais plutôt :

« Monsieur,

Étudiante en droit depuis deux ans, je me permets de vous écrire sur la recommandation de Monsieur le Professeur Durand. Il m'a dit que vous recherchiez une secrétaire pour la période d'été ».

1 *Relevez les différences entre ces deux lettres et expliquez-les.*

2 *Rédigez la première phrase de la lettre que vous écririez pour obtenir la place de garde d'enfants dans la situation suivante :*

Vous connaissez bien votre voisin. Sa sœur cherche quelqu'un pour garder ses deux enfants pendant le mois de juillet. Il vous en parle et vous recommande d'écrire.

▲ Une entreprise se présente.

Une entreprise peut avoir besoin de se présenter dans un dépliant publicitaire par exemple, ou pour proposer ses services, annoncer sa création, etc.

Vous pourrez rencontrer la formulation suivante :

« Nous sommes une maison de fabrication de skis, créée en 1950, qui, voyant l'importance de la demande dans votre région, a décidé d'y implanter un « point de vente ».

Cependant, comme dans les lettres personnelles (voir paragraphe précédent) l'emploi de « nous sommes » peut être perçu comme maladroit. Ainsi, une formulation plus habile consiste-t-elle à utiliser, pour se présenter, le point de vue du client :

> Vous êtes soucieux d'efficacité. Vous n'avez pas de temps à perdre. Dès votre descente d'avion, il y aura pour vous, avec ou sans chauffeur, une voiture prête, le plein fait : il suffira que vous ayez rempli et retourné à **VITA** le formulaire de réservation ci-dessous.

3 D'après ces premières lignes *pouvez-vous dire :*
— *A quel type d'entreprises appartient l'entreprise VITA ?*
— *Quels services offre-t-elle d'une manière générale ?*
— *Quels services particuliers propose-t-elle ?*

Une formulation plus simple consiste à joindre une brochure publicitaire ou un catalogue à une petite lettre d'accompagnement, qui pourrait commencer de la manière suivante :

> Nous avons le plaisir de vous remettre sous ce pli notre dernier catalogue général qui vous donnera un aperçu de notre production.

4 L'école ADÈLE, qui dispense des cours d'anglais courant et d'anglais « des affaires », désire envoyer une lettre personnelle à des professeurs et des étudiants susceptibles d'être intéressés par sa démarche.
Rédigez les premières lignes de cette lettre.

Jeux de rôle

> *Dans une librairie, trois personnages : un employé, un fournisseur de passage et le libraire.*
> — Le fournisseur entre dans le magasin et se présente à l'employé.
> — L'employé signale son arrivée au libraire.
> — Réponse du libraire à l'employé.
> — Le libraire salue le fournisseur.
> — Réponse.
> — Le libraire présente au fournisseur l'employé.
>
> *Ces deux personnages doivent se rencontrer. Inventez les circonstances de la rencontre. Faites-les se présenter l'un à l'autre.*

Photo : Jean-Pierre Vieil.

> *Vous présenterez un produit de votre choix en une formule brève qui devra pourtant informer précisément sur :*
> — les caractéristiques du produit.
> — ce à quoi il sert.
> — ses qualités particulières, qui fondent sa supériorité sur les produits du même type.

La francophonie : une nouvelle identité

ÉDITORIAL

Naissance de la francophonie

Un délégué québécois au premier sommet des « pays ayant en commun l'usage de la langue française », qui s'est tenu à Versailles et à Paris, du lundi 17 au mercredi 19 février, a calculé que les médias français avaient consacré moins de place à cette « première » diplomatico-linguistique qu'à tel Salon de la lingerie féminine...

Quant au président Abdou Diouf, du Sénégal, il estimait que la francophonie ne pourrait vraiment prendre son essor que le jour où le peuple français s'y intéresserait, même s'il est vrai que, désormais, le français, plus parlé hors de France que dans l'Hexagone même, est devenu le patrimoine commun d'une bonne quarantaine de nations des cinq continents.

Le président Mitterrand, en décidant de réunir enfin un sommet dont l'idée était dans l'air depuis un quart de siècle, a une fois de plus montré que mener une politique extérieure digne de ce nom, c'est bien souvent devancer l'opinion publique. Tôt ou tard, les Français se rendront compte que la dimension francophone est une manière originale offerte à un groupe de pays de résister à la banalisation du monde. Le Canada fédéral l'a enfin admis, quitte à mettre maintenant les bouchées doubles, faisant apparaître le Québec presque trop « mou »...

La Suisse elle-même s'interroge... « Vous avez dit francophonie ? », dépêchant au sommet un observateur gouvernemental. Quant à la cohorte des petits États menacés ou fragiles comme le Liban ou le Tchad, ils voient dans la francophonie une sorte de protection morale. Le Vietnam communiste y oublie un instant son tête-à-tête obligé avec les Soviétiques.

Certes, le sommet aurait constitué un succès plus complet si le Cameroun n'avait pas fait défection à la dernière minute ; si l'Algérie, qui joue un rôle « de facto » considérable en faveur du français au Maghreb, avait daigné paraître ; si des petites communautés comme celle de Pondichéry — mais on aperçut un Valdotain et un Louisianais — avaient pu être représentées.

Le bilan reste étonnamment concret pour un grand raout (1) universel de ce type, ayant obtenu l'accord de la quarantaine de participants en faveur de pas moins de vingt-huit « décisions pratiques », concernant aussi bien une agence d'images télévisées que la coopération agricole ou un baccalauréat international en français. Un groupe restreint de pays, aussi divers que la Belgique, le Liban ou le Zaïre, a été chargé de faire respecter ce programme.

Ainsi que le notait lundi soir, en conclusion, le président Mobutu, la francophonie a dépassé au sommet de Paris le stade du folklore. On peut même avancer qu'elle y est née comme ensemble politico-culturel mondial. Il faut maintenant lui donner les moyens de vivre. En annonçant d'emblée la libération de crédits chiffrés en faveur de plusieurs projets précis, Paris, après des années de restrictions financières dans le domaine de l'action culturelle, paraît maintenant décidé à augmenter son effort, espérant sans doute que les autres nations francophones riches l'imiteront.

Le Monde. 21 février 1986.

Note 1 : rassemblement.

Le français au-delà des mers

Depuis une dizaine d'années, les Français apprennent à connaître ceux qui, de l'autre côté de l'océan, parlent la même langue qu'eux.

■ Au Canada : les Québécois.

Chaque lecteur français possède sa petite idée de Montréal : première ville française d'Amérique, avec ses gratte-ciel à l'américaine, ses drapeaux fleurdelysés au balcon de l'hôtel de ville, ses escaliers extérieurs de la rue St-Hubert, son petit peuple au parler dit « joual », ses anciens paysans au vocabulaire rabelaisien (1) et ses écrivains au style baroque et pittoresque.

Bien sûr, c'est tout cela, Montréal, mais un peu plus et autrement.

Montréal est une capitale littéraire de plus en plus active. C'est dans cette ville d'allure tout à fait américaine que réside la moitié du Québec (trois millions de personnes dont 80 % sont francophones) et que la plupart des éditeurs produisent leurs livres. En fait, selon les dernières statistiques de la Bibliothèque Nationale du Québec, le nombre de titres publiés est passé de huit cent quinze seulement en 1968 à plus de six mille quinze ans plus tard. Parmi ces ouvrages de toutes sortes, il faut compter environ mille titres littéraires (poésie, roman, essai) par année au Québec, dont une cinquantaine seulement sont publiés en anglais ou dans une autre langue. Les meilleurs livres de ces éditeurs sont pour la plupart diffusés en France (par Républi-Diffusion, Distique, Wander, etc.)

Le Magazine littéraire. Juin 86.

1. Dans le style de Rabelais, bon vivant et tout en couleurs.

■ Aux États-Unis : les Louisianais.

Créoles et Cajuns.

L'importante minorité des francophones (les descendants de Français) est essentiellement composée par deux groupes : les Créoles, installés généralement à la Nouvelle-Orléans après être arrivés directement de France ; les Cajuns (défor-mation anglaise du mot « acadien »), venus du Canada lors du Grand Dérangement, l'exode des Acadiens en 1755 et implantés dans les bayous, c'est-à-dire à « la campagne ». Il faut ajouter à ces deux communautés les Noirs d'origine antillaise venus de Saint-Domingue, de la Martinique et de la Guadeloupe avant et après l'abolition de l'esclavage.

Les francophones, qui sont en majorité catholiques, occupent la partie sud du pays, tandis que les anglophones, généralement protestants, habitent surtout au nord et au centre.

Jambalaya et boudin blanc.

Un Français est heureux en Louisiane. Ne serait-ce que parce qu'il trouve toujours à manger à son goût.

Trois cuisines se partagent les plaisirs de la table : cuisine française, cuisine créole, cuisine acadienne. Mais c'est souvent un mélange des trois qui est servi. Toutes les communautés qui ont modelé la Louisiane ont jeté leur propre saveur dans la marmite : jambalaya d'Espagne, gombo (ou gumbo) d'Afrique, court-bouillon des Antilles, filé des Indiens. Tout le reste venant de France : boudin blanc, étouffés, bisques, gratins, crêpes, etc.

Jazz et fais-dodo.

Les Noirs continuent à se vouer au jazz dont La Nouvelle-Orléans est le berceau. Toutes les rues du Vieux Carré, le vieux quartier français, sont baignées de jazz dès le coucher du soleil. Les Noirs ont inventé aussi le « zydeco » (déformation de z'haricot). C'est du blues en français revu et corrigé par les Noirs habitant « à la campagne » avec les Cajuns. Partout ailleurs, dans cette Louisiane française, celle du sud-ouest, résonne la musique cajun : violon, accordéon, guitare, triangle, et un chanteur à la voix plaintive, en français, bien sûr.

(Extrait de France-Louisiane).

La francophonie

Sous le terme de pays francophones, on rassemble des réalités fort diverses : le statut de la langue française varie en effet beaucoup d'un pays à l'autre ; il est le fruit de l'histoire et de la conjoncture actuelle. Au Québec, par exemple, le mot de francophonie sert de drapeau, autour duquel se rassemblent ceux qui luttent pour leur autonomie culturelle, voire économique. Dans de nombreux pays africains, la francophonie apparaît plutôt comme un lien, un moyen de communication au-delà des frontières en même temps qu'une référence culturelle commune.

Le français est plus parlé hors de France que dans l'Hexagone. Il est, en **Europe**, la langue maternelle dans une partie de la Belgique et de la Suisse. Dans le Val d'Aoste en Italie, le français est assez répandu. C'est aussi la situation du Canada depuis 1969. Mais le Québec et l'Acadie revendiquent avec force leur identité francophone. Le français, langue commerciale de la plupart des **pays africains,** est aussi l'instrument privilégié d'une communication dépassant le cadre étroit de chaque état. Ainsi, Léopold Sédar Senghor, chef d'État et poète sénégalais, compose en français. De nombreux îlots francophones subsistent encore dans le monde, au Liban, en Europe orientale, dans la péninsule indochinoise, en Louisiane.

Dans les départements et territoires d'outre-mer, qui font partie de la République française, la situation est encore différente : le français est la langue officielle, et seule reconnue, bien que les parlers locaux restent très vivaces. Ces contrées, les « D.O.M.-T.O.M. », ont été, pour la plupart, rattachées à la France aux XVIIᵉ et XVIIIᵉ siècles. Ils sont dispersés dans le monde (voir carte) et de dimensions réduites.

Les départements d'outre-mer (Martinique, Guadeloupe, Guyane, Ile de la Réunion, Saint-Pierre et Miquelon) possèdent un statut de département. Une plus grande autonomie leur a été accordée par la récente loi sur la décentralisation (voir dossier 7).

Les territoires d'outre-mer (Nouvelle-Calédonie, Wallis et Futuna, Polynésie française) sont peuplés de citoyens français, et représentés au Parlement. Ils possèdent une assemblée territoriale, et un conseil de gouvernement (présidé par un fonctionnaire nommé), aux pouvoirs relativement étendus.

Certains territoires d'outre-mer n'ont pas une population permanente (Crozet, Amsterdam, Kerguelen, Terre Adélie). Ces terres australes antarctiques françaises sont administrées de Paris.

L'île de Mayotte, dans l'archipel des Comores, possède un statut de « Collectivité territoriale de la République », intermédiaire entre celui des D.O.M. et celui des T.O.M.

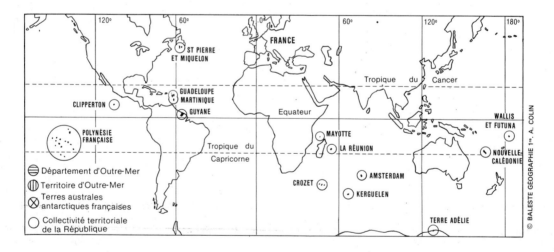

ACTIVITÉS

Géographie : Complétez la carte du monde ci-dessus, en utilisant les signes indiqués en légende. A l'aide des informations recueillies dans les divers articles, déterminez le rayonnement de la langue française.

Civilisation : Les spécialistes de politique linguistique affirment que, pour qu'une langue puisse prétendre jouer un rôle international, sa zone d'influence (sa dispersion géographique) doit être la plus étendue possible ; qu'elle doit compter pour la diffuser dans le monde de nombreux professeurs ; que sa production écrite et enregistrée doit être importante ; qu'elle doit être adaptée au développement des sciences et des techniques.

Débat : En vous aidant des articles du *Journal* et du *Dossier,* en recourant si besoin est, à une documentation plus complète, vous déterminerez, au cours d'un débat avec la classe, quelle peut être la place de la langue française dans le monde. Vous confronterez en particulier les critères énoncés ci-dessus aux informations que vous avez recueillies.

Pense avant de parler et pèse avant d'agir.

La méthode de travail

L'angoisse devant la feuille blanche...
Quoi dire ? A qui ? Comment ?

Pour résoudre ces difficultés, il faut procéder avec méthode et décomposer la préparation d'un message en trois phases :

- l'analyse de la situation,
- la recherche des idées,
- la construction du plan.

L'analyse de la situation

Qui est concerné ? Que s'est-il passé ?

Pour clarifier le problème, on a toujours intérêt à représenter la situation par un schéma simple visualisant les correspondants et leurs relations.

> **Catalogue** : recueil présentant les articles proposés par un fournisseur (photo ou schéma, description, référence et éventuellement prix).
> **Tarif** : liste des prix des différents articles.

1 *Prenez connaissance de la lettre reproduite ci-après.*

Qui est l'émetteur ?

Qui est le client ?

Qui est le destinataire ?

Qui est le fournisseur ?

Qui a porté la mention manuscrite ?

Chez qui devez-vous vous situer ?

*Complétez le **schéma** ci-dessous en respectant le code suivant :*

> - Inscrire le nom des correspondants dans les cases voulues.
> - Colorier la case de l'entreprise dans laquelle on se trouve.
> - Représenter les différentes relations par des flèches en respectant l'ordre chronologique :
>   . une flèche en trait moyen correspond à une opération déjà réalisée ;
>   . une flèche en pointillés correspond à une opération non réalisée ou future ;
>   . une flèche en trait épais correspond à la lettre à présenter.
> - Sur les flèches, indiquer le document, éventuellement son numéro et la date.
>   . Les communications téléphoniques peuvent être représentées par le symbole : ←→

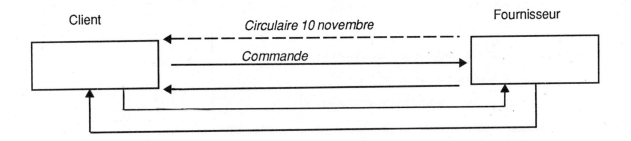

La recherche des idées

Quel est le problème ? Quelle solution peut-on y apporter ?

LE PROBLÈME.

2 | **L'analyse du problème.**

Que demande le client ?

Comment justifie-t-il sa demande ?

Raisons pouvant expliquer la mauvaise information du client.	A votre avis, la raison citée est-elle invraisemblable, peu probable ou probable ?	Pourquoi ?
• Perte du courrier		
• Oubli lors de l'expédition		
• Erreur du client lors de l'ouverture du courrier		
• Destruction volontaire de la circulaire par le client		

LA RECHERCHE DE LA SOLUTION

3 | *Ci-dessous sont citées les **trois solutions possibles** ; face à chacune d'elles, indiquez les caractéristiques du client correspondant : le client est-il important, régulier en affaires, sérieux, conciliant ou peu régulier en affaires, chicanier * ?*
Par une croix, indiquez la solution choisie dans le cas étudié.

Les trois solutions possibles	Le client	Solution adoptée
Accepter, exceptionnellement, la demande du client : ne pas appliquer la hausse.		
Refuser la demande : maintenir la hausse.		
Transiger. Exemple : réduire exceptionnellement la hausse de 50 %.		

LA RÉCAPITULATION DES IDÉES.

Quand on répond à une lettre, il faut toujours commencer par en accuser réception

(c'est-à-dire en rappeler la date et l'objet).

4 | **Autres idées à retenir.**   *Faudra-t-il :*

	Oui	Possible	Inutile	Non
- Évoquer l'envoi de la circulaire ?				
- Justifier la hausse des tarifs (hausse des matières premières) ?				
- Donner la raison supputée de la mauvaise information du client ?				
- Énumérer les trois solutions possibles ?				
- Indiquer les raisons du choix de la solution retenue ?				
- Indiquer les modalités de la solution retenue ?				
- Préciser qu'il s'agit d'une réduction exceptionnelle ?				

* Chicanier : qui cherche querelle sur des riens, qui conteste toujours, en étant de mauvaise foi.

Bijoux Florelli

3 place Louis XIV
78000 VERSAILLES

Tél. : 45.44.30.03
C.C.P. : Paris 5822 20 G

Créations L'ATELIER

10 rue Beaurepaire

75010 PARIS

Objet : V/facture du 13/12/..

Poitiers,
le 15 décembre 19 ..

Messieurs,

A la réception de votre facture n° 480 relative à ma commande de bijoux fantaisie du 20 novembre, j'ai été surpris de constater que les prix de certains articles étaient sensiblement supérieurs à ceux du tarif de l'année (tarif inclus dans le catalogue B8).

En particulier, les prix des colliers turquoise, jade et nacre sont majorés d'environ 10 %, alors que ceux des bracelets plaqués or sont bien conformes au tarif.

N'ayant pas été avisé d'une hausse, je vous prie de m'adresser un avoir correspondant à l'augmentation appliquée.

Je compte sur une rectification rapide de cette erreur et vous en remercie.

Veuillez agréer, Messieurs, mes salutations distinguées.

J. MONTI

La circulaire n° 504 avisant d'une hausse de 10%, à compter du 1/12 sur les pierres semi-précieuses a été envoyée à tous les clients le 10/11.

Monti est un client peu important mais sérieux et régulier : le ménager.

A. Lebel - Directeur commercial

Société à responsabilité limitée au capital de 200 000 F. RCS Versailles B 543 621 812

Le plan   Dans quel ordre exprimer les idées ?

Une lettre comprend toujours une introduction, un développement, une conclusion.
- **L'introduction** indique ce qui amène l'émetteur à écrire la lettre :
    - une lettre reçue (*demande de renseignements, réclamation...*) ;
    - un document reçu (*facture, commande, chèque...*) ;
    - une information orale (*conversation, appel téléphonique*) ;
    - une information à donner (*présentation d'un produit, convocation...*).

Il s'agit donc d'un événement préalable ▼ (LE PASSÉ)

- **Le développement** consiste à décrire, expliquer, argumenter de préférence en respectant l'ordre chronologique.   ▶ (LE PRÉSENT)

- **La conclusion** énonce ce que l'on attend du destinataire.   ▶ (LE FUTUR)

5 | *Complétez le **plan** de la lettre à adresser à M. Monti :*

- Accuser réception…
- Évoquer…   ; justifier…
-
-
-

6 | *Donner des synonymes de hausse :*

*Compléter la **rédaction** proposée ci-dessous, puis présenter la lettre (voir l'en-tête ci-contre).*

Objet :

Par votre lettre du...   vous nous demandez de revoir...

Nous vous signalons qu'une circulaire a été envoyée le ...   à...

pour...

Cette hausse est due à...

Compte tenu de nos bonnes relations, nous acceptons néanmoins...

Vous trouverez donc ci-joint...

Soyez assuré...

Nous vous prions d'agréer...

Travail complémentaire

1 | *Vous décidez de prendre contact par **téléphone** avec M. Monti : en respectant le plan prévu pour la lettre, imaginez la conversation téléphonique.*

2 | *Proposez une **rédaction** dans le cas où la deuxième partie de l'annotation sur la lettre reçue serait la suivante:*

"Monti est un client peu important et sans doute de mauvaise foi".

Plan proposé :
- Accuser réception de la demande du client.
- Aviser de l'envoi de la circulaire ; justifier la hausse.
- Indiquer qu'il n'est pas possible d'appliquer l'ancien tarif. Raison : les marges sont calculées au minimum.
- Regretter de ne pouvoir donner satisfaction.

Créations l'ATELIER

10, rue Beaurepaire

75010 PARIS

Tél. : 44.28.50.20

Société Anonyme au Capital de 100 000 F
R.C.S. B Paris 538 243 521
C.C.P. Paris 843 24 25

Comprendre... LA FRANCOPHONIE

1 | Après avoir lu les articles de la page 19, *vous rédigerez un texte bref, faisant état des différentes activités menées au titre de la francophonie.*

2 | Expliquez en quoi la dispersion géographique d'une langue peut être un facteur utile à son développement.

3 | Analysez l'article intitulé : « Naissance de la francophonie ».
Quelles sont les informations importantes à retenir ?
Résumez en une phrase le paragraphe d'introduction.
Résumez en quelques mots le contenu de chaque paragraphe et expliquez les relations entre les différentes idées exprimées.
Résumez en une phrase la conclusion.

4 | Après avoir lu les différents articles, *répondez, sous la forme d'un texte bref,* à la question suivante : « Les médias ont-ils un rôle à jouer dans la politique francophone ? » Après quelques lignes d'introduction, *vous exposerez les différents aspects de cette question.*

5 | Quel statut vous semble préférable, celui des D.O.M. ? celui des T.O.M. ? *Vous expliquerez votre opinion.*

AVEZ-VOUS RETENU ?

Vous répondrez de mémoire au questionnaire suivant, en cochant d'une croix la réponse choisie, puis *vous vérifierez vous-même vos réponses.*

Les médias ont	☐ réservé une large part au compte rendu du sommet des « pays ayant en commun l'usage de la langue française ».
	☐ oublié de rendre compte du sommet.
	☐ rendu compte sommairement du sommet.
Les Français	☐ ne s'intéressent pas à la francophonie.
	☐ sont activement engagés pour un développement de la langue française.
	☐ s'intéressent modérément au problème de la francophonie.
Des décisions concrètes	☐ ont été prises au sommet des pays francophones.
	☐ ont été envisagées.
	☐ ont été envisagées et remises à une prochaine réunion.
Le français est une langue usuelle	☐ dans plus de quarante pays répartis sur les cinq continents.
	☐ dans quelques pays d'Europe.
	☐ en Afrique seulement.
La minorité francophone de Louisiane est composée des deux groupes suivants :	☐ jambalayas et gombos.
	☐ acadiens et antillais.
	☐ créoles et cajuns.
Les départements d'outre-mer	☐ possèdent un statut de département.
	☐ possèdent une assemblée territoriale.
	☐ sont administrés de Paris.

Lors d'une rencontre

Réponses

♣ (Je vous présente) mes respects   Madame
                mes hommages   Mademoiselle

Je vous en remercie.
Merci.

♠ Bonjour   Madame
   Bonsoir   Monsieur
   (en fin d'après-midi Mademoiselle
     ou le soir)   Jean
                 Joëlle

♠ Salut !   ♠ Tout le monde
   Tiens, salut !   (à un groupe)
   (*Tiens :* marque la
    surprise)

♠ Comment allez-vous ?
♠ Comment ça va ?
♠ Ça va ?

♠ Ça va.
♠ Pas mal et vous ?
♠ Très bien et vous-même ?
♠ Bof ! Ça pourrait aller mieux.
♠ Bof ! On fait aller.

Selon les circonstances

♣ J'ai été ravi(e) de faire votre connaissance
                de vous rencontrer
♣ Je vous remercie de votre accueil chaleureux.

♠ Au revoir   Madame
♠ Allez, au revoir Mademoiselle
♠ Salut !   Monsieur
♠ Ciao !   ♠ Tout le monde

♠ Bonne journée (si on s'est rencontré le matin)
♠ Bonne nuit (si on s'est rencontré le soir)
♠ Bonne soirée (si on s'est rencontré en fin d'après-midi)
♠ Bon courage ! (à quelqu'un qui travaille)
♠ Bonne continuation !

A la fin d'une lettre

Selon la situation de l'émetteur vis-à-vis du destinataire

● Veuillez agréer   Madame
   Je vous prie d'agréer Monsieur
   Agréez (je vous prie) Mademoiselle
   Recevez

l'expression
l'assurance

♣ de ma parfaite considération
♣ de ma considération distinguée
♣ de mes sentiments respectueux
♣ de mes sentiments respectueux et dévoués
♠ de mes sentiments distingués
♠ de mes sentiments dévoués
♠ de mes sentiments les meilleurs

mes salutations

♣ respectueuses
♠ dévouées
♠ distinguées

La formule sera choisie selon le degré de familiarité qu'entretient celui qui écrit avec son destinataire.

♠ (Très) cordialement
       affectueusement
       amicalement
       tendrement

   A bientôt !

   Je | t' / vous | embrasse

♠ Veuillez agréer   Madame   mes civilités.
   Agréez   Chère Madame mes hommages.
   Je vous prie d'agréer Monsieur   mes respects.
                 Cher Monsieur

Jeu de rôle

Vous rencontrez un de ces personnages. Vous devez, d'après le décor, ou l'attitude du personnage, ses vêtements, inventer les circonstances possibles de la rencontre. Puis :

— Vous le/la saluez.
— Réponse.
— Vous vous présentez.
— Réponse.

PHOTO CARRARA/MARIE-CLAIRE

PHOTO J.-M. CHARLES/RAPHO

PHOTO P.F. ALTZER/ROGER VIOLLET

PHOTO PIERRE MICHAUD/RAPHO

1 Vous adressez vos vœux pour la nouvelle année à l'un de vos anciens professeurs, pour lequel vous éprouvez le plus grand respect. *Rédigez une lettre très brève et trouvez la formule de politesse adaptée.*

2 *Terminez par une autre formule de politesse la lettre publicitaire* **5** *p. 23.*

3 De Palerme, où vous passez vos vacances, *vous adressez une carte postale à votre ami français,* qui vit à Paris. N'oubliez pas, après ces quelques lignes, de le saluer !

L'Europe verte en crise.
L'Europe des sciences : Eurêka !

ÉDITORIAL

L'Europe verte broie du noir

La réalité de l'Europe agricole est complexe : les données économiques, géographiques et historiques varient beaucoup d'un pays à l'autre et même à l'intérieur de chaque pays. Pourtant, les **trois grands principes** qui fondent l'Europe verte sont simples.

— **L'instauration d'un prix unique** pour chaque produit, ajoutée à la disparition des droits de douane, facilite la circulation des produits agricoles.

— **La préférence communautaire** incite les pays membres, par différentes mesures, à acheter en Europe.

— **La solidarité financière** s'exerce par l'entremise d'un organisme commun, le Fonds Européen d'Orientation et de Garantie Agricole (F.E.O.G.A.) : il oriente la production et aide à la modernisation des structures agricoles ; il garantit le marché, soit en rachetant certains excédents, soit en facilitant l'écoulement des surplus sur les marchés extérieurs.

Grâce à ces principes, la C.E.E. s'auto-approvisionne, fournit 10 % du blé mondial, 15 % du sucre, des pommes de terre et de la viande, 25 à 30 % de l'orge et du blé. Cependant, de graves problèmes subsistent.

En effet, les agriculteurs reprochent au marché commun de ne garantir des revenus stables qu'aux céréaliers et aux betteraviers tandis que les producteurs de vin, de fruits, de lait, qui ne jouissent pas des mêmes garanties, se trouvent lésés. L'instauration des montants compensatoires monétaires est dénoncée comme un frein aux exportations des pays à monnaie faible (comme la France et l'Italie).

D'autre part, l'opinion s'indigne de voir les « fleuves » de lait et de vin, les « montagnes » de beurre ou de fruits bradés à l'étranger ou même jetés à la décharge publique lorsque la C.E.E. ne réussit plus à écouler ses excédents. En outre, certains pays, en particulier la Grande-Bretagne, protestent contre le fait d'avoir à cotiser au F.E.O.G.A., alors que leur agriculture est réduite au minimum.

Ainsi la construction de l'Europe verte apparaît-elle lente et difficile, secouée par des tempêtes au parlement de Strasbourg, ponctuée par les cortèges de moutons et des ruisseaux de vin répandus régulièrement par des agriculteurs en colère dans les rues de la capitale européenne.

La guerre des moutons

... selon un berger alsacien, la crise du mouton tient en deux chiffres : « *On me propose de 22 F à 28 F le kilo d'agneau alors qu'il me faudrait 35 F pour couvrir mes frais.* » La remontée des cours qui a lieu traditionnellement chaque année de Noël à Pâques, n'est pas au rendez-vous pour contrer l'effondrement des cours survenu depuis 1985. « *Je perds 5 F par kilo. A 18 kilos par agneau, j'en suis pour 90 F de ma poche par bête,* assure un autre éleveur du nord de l'Alsace. *Pour l'instant, je tiens parce que cela ne fait que commencer mais si la crise dure, je suis foutu.* »

Au rang des accusés, la Grande-Bretagne et le Marché commun. La première parce qu'elle baisse traditionnellement ses barrières douanières aux importations de mouton des pays tiers, Nouvelle-Zélande en particulier. Le second parce que, selon la F.N.S.E.A., 87 % des primes et interventions communautaires en matière de mouton vont au seul Royaume-Uni.
Michel SOUSS,
Libération, Merc. 11 déc. 1985.

© BALESTE GÉOGRAPHIE 1re. A. COLIN

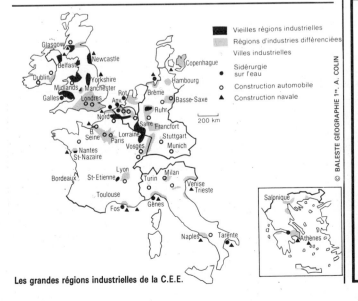

Les grandes régions industrielles de la C.E.E.

Légende :
- Vieilles régions industrielles
- Régions d'industries différenciées
- Villes industrielles
- Sidérurgie sur l'eau
- ○ Construction automobile
- ▲ Construction navale
- 200 km

L'Europe des Sciences et des Techniques

Eurêka

Cette proposition d'agence de coordination de la recherche européenne, lancée par la France en avril 1985 pour répondre au programme IDS, est aujourd'hui vue comme le moyen de mobiliser l'Europe technologique au-delà des frontières de la Communauté européenne. L'initiative est laissée aux industriels qui peuvent proposer les projets auxquels ils veulent participer dans six domaines prioritaires : l'informatique, avec les superordinateurs ; l'intelligence artificielle et électronique rapide (baptisée Euromatique) ; les robots de troisième génération (Eurobot) ; les communications (Eurocom) ; les biotechnologies (Eurobio) ; les nouveaux matériaux, principalement les céramiques (Euromat).

Esprit*

Adopté en février 1984, ce programme européen de recherche précompétitive de cinq ans vise à combler le retard technologique de l'Europe, dans le secteur des technologies de l'information. Doté de 750 millions d'écus, ESPRIT finance à hauteur de 50 % des projets associant entreprises ou laboratoires de recherche d'au moins deux pays de la Communauté. Chaque année, une centaine de projets de recherche coopérative sont sélectionnés sur l'ensemble : la microélectronique de pointe, le technologie du logiciel, le traitement avancé de l'information, les systèmes de bureautique, la production intégrée par ordinateur.
(*) European Strategic Program of Research on Information Technology.
L'Expansion, oct.-nov. 85.

Histoire et institutions de la C.E.E.

L'histoire :

Le rêve d'une Europe supranationale qui rassemblerait tous les états en une fédération est né à la fin de la guerre, impulsé par la France en la personne de Robert Schuman. Il aboutit à la constitution, en **avril 1951, par le Traité de Paris** de la Communauté Européenne du Charbon et de l'Acier (CECA). Mais le désir de voir naître les « États-Unis d'Europe » bute sur la crise charbonnière et sur le refus, de la part de la France, de constituer une Communauté Européenne de Défense englobant les armées des six pays membres (Belgique, France, Italie, Luxembourg, Pays-Bas, R.F.A.) sous un commandement commun.

Les traités de Rome (25 mars 1957) instaurent deux nouvelles communautés :

• **L'Euratom,** un programme nucléaire commun destiné à réduire la dépense énergétique.

• **La Communauté Économique Européenne (C.E.E) ou marché commun** destinée à harmoniser le marché intérieur en supprimant les barrières douanières.

Les institutions.

Les institutions de la CECA, de l'Euratom et de la C.E.E. fusionnent en 1967 et se répartissent alors en quatre pouvoirs :

La cour de Justice du Luxembourg veille au respect des traités et juge des différends.

Le Parlement Européen, siégeant à Strasbourg, et formé des représentants des parlements nationaux, a un rôle consultatif.

La Commission de Bruxelles, formée des Commissaires permanents nommés par les six, a pour mission de faire prévaloir l'intérêt de l'Europe unie malgré les divergences nationales. Elle dispose d'un pouvoir exécutif.

Le Conseil des ministres constitué de ministres délégués spécialement par leur gouvernement selon le dossier à traiter prend des décisions définitives sur proposition de la Commission chargée ensuite de les exécuter.

FONCTIONNEMENT DES INSTITUTIONS COMMUNAUTAIRES

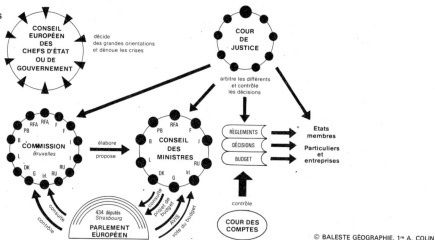

© BALESTE GÉOGRAPHIE. 1re A. COLIN

ACTIVITÉS

L'industrie européenne. Où sont concentrées les industries en Europe ?
Pourquoi ?
Quel est l'intérêt de programmes du type Eurêka ou Esprit ? Quels sont leurs objectifs ?

L'agriculture européenne. Quels sont les problèmes posés par le Marché commun à l'agriculture de votre pays ?
A l'aide de documents actuels (coupures de journaux), composez un dossier sur un problème agricole particulièrement aigu. Expliquez-en les causes. En quoi les institutions européennes interviennent-elles ?

Les institutions européennes. Quelles sont les personnalités de votre pays qui ont des responsabilités au niveau européen ? Quelles responsabilités ?
A l'aide de documents d'actualité, faites le portrait d'un responsable de votre pays au niveau européen. (Racontez son trajet politique, ses fonctions passées et actuelles.)
Enquête : Comment sont organisées les élections au parlement européen ?

« Ce qui n'est pas clair n'est pas français. » Rivarol.

Le style professionnel

Chaque jour, des milliers de pages sont écrites dans des situations différentes :

- les parents, les amis se donnent des nouvelles ;

- les journalistes préparent leurs "*papiers*" ....

- les gens de lettres élaborent leur *manuscrit* ....

- dans l'entreprise, les responsables du courrier rédigent des lettres et autres documents professionnels.

1 **Expliquez**, *ci-dessus, les deux termes en italique.*
Citez différents documents professionnels :

Quelques exemples

2 *Consultez les quatre textes présentés ci-après :*
Il s'agit d'une lettre personnelle, d'un texte littéraire, d'un texte journalistique, et d'un texte professionnel.

Dans le tableau ci-dessous, inscrivez vos remarques portant sur la longueur des phrases pour les différents textes. Procédez de même pour tous les éléments de comparaison cités dans la colonne de gauche.

	Lettre personnelle	Texte journalistique	Texte littéraire	Texte professionnel
Longueur des phrases (courtes ? longues ?)				
Emploi de signes de ponctuation (! ?...)				
Temps des verbes utilisés : • essentiellement les temps utilisés dans le langage parlé (1) ? • ou, en plus, tous les autres temps (2) ?				
Utilisation d'un style relâché (argot, langage parlé...)				
Humour, fantaisie originalité				

(1) Présent, futur, conditionnel, subjonctif présent, plus-que-parfait.
(2) Passé simple, subjonctif imparfait.

3 *En résumé, caractérisez le **style professionnel** :*

Quel est son seul objectif ?

Quel est également l'objectif du style littéraire ?

4 *Corrigez le texte ci-dessous en respectant les directives suivantes :*

Phrases courtes.   Une idée par phrase.   Pas de développements inutiles.

> Messieurs,
>
> En raison de la baisse des ventes
> constatée depuis le début de l'année
> dans le secteur qui représente
> l'essentiel de notre chiffre d'affaires,
> à savoir la maroquinerie traditionnelle,
> nous désirons élargir notre activité et
> envisageons, en particulier, de créer un
> rayon "Vêtements de cuir", et, pour
> cela, nous vous prions de nous faire
> parvenir une documentation comprenant la
> description des articles, vos tarifs et
> les conditions de vente que vous
> pratiquez.
>
> Nous vous remercions vivement par
> avance de votre diligence pour cet
> envoi et vous prions d'agréer,
> Messieurs, nos salutations les plus
> distinguées.

5 Si le message professionnel ci-contre avait donné lieu à l'envoi d'un **télex**, le texte de la communication aurait pu être le suivant :

"Merci pour votre commande du 4 septembre. Nous regrettons de ne pouvoir réduire le délai de livraison. Nous vous assurons que les marchandises vous seront livrées au plus tard le 25 septembre. Vos dévoués."

De même, à propos de la communication évoquée dans le contrôle **4**, *proposez le texte d'un télex.*

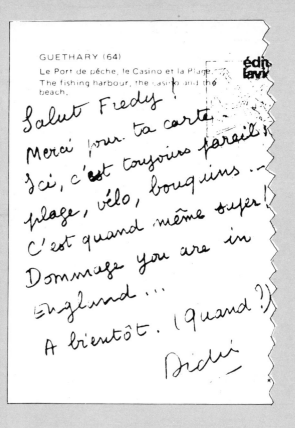

GUETHARY (64)
Le Port de pêche, le Casino et la Plage.
The fishing harbour, the casino and the beach.
édit lavx

Salut Fredy !
Merci pour ta carte.
Ici, c'est toujours pareil !
plage, vélo, bouquins...
C'est quand même super !
Dommage you are in
England...
A bientôt. (quand ?)
Didu

LE CHIEN FOX

Par ordre du général, on avait fait monter en même temps que les geôliers un chien anglais fort méchant, préposé à la garde des prisonniers d'importance, et qui devait passer la nuit dans l'espace si ingénieusement ménagé tout autour de la cage de Fabrice. Le chien et le geôlier devaient coucher dans l'intervalle de trois pieds ménagé entre les dalles de pierre du sol primitif de la chambre et le plancher en bois sur lequel le prisonnier ne pouvait faire un pas sans être entendu.

Or, à l'arrivée de Fabrice, la chambre se trouvait occupée par une centaine de rats énormes qui prirent la fuite dans tous les sens. Le chien, sorte d'épagneul croisé avec un fox anglais, n'était point beau, mais en revanche il se montra fort alerte. On l'avait attaché sur le pavé en dalles de pierre au-dessous du plancher de la chambre de bois ; mais lorsqu'il sentit passer les rats tout près de lui il fit des efforts si extraordinaires qu'il parvint à retirer la tête de son collier ; alors advint cette bataille admirable et dont le tapage réveilla Fabrice lancé dans les rêveries les moins tristes.

Quand le chien eut triomphé de tous ses ennemis, Fabrice l'appela, le caressa, réussit à lui plaire : si jamais celui-ci me voit sautant par-dessus quelque mur, se dit-il, il n'aboiera pas.

La Chartreuse de Parme. STENDHAL.

LA BOTTE ET L'HEXAGONE

On a tendance en France à sous-estimer la montée en puissance industrielle de notre voisine. On préfère s'offusquer du chantage à la pauvreté qu'elle pratique pour hâter son rattrapage économique. "Comment osez-vous", disent aujourd'hui les aciéristes italiens qui ont fortement accru leurs capacités de production quand leurs partenaires européens piquaient du nez, "nous demander d'amputer notre sidérurgie, qui est plus moderne que la vôtre ?" "Pourquoi voulez-vous, disent-ils aussi, nous appliquer les quotas de production laitière alors que nos vaches ne suffisent pas à la demande péninsulaire ?" Autre exemple, le vin. "C'est un des rares domaines où nous nous défendons, disent-ils alors, et vous voudriez que nous brimions nos viticulteurs ? Et comment le ferions-nous ? Nous n'avons pas (clin d'œil assassin) le bel outil administratif dont vous disposez, vous , Français !"

En conjuguant travail et habileté, l'Italie s'est à peu près hissée à la parité économique avec la France.

L'EXPANSION n° 272

Objet : V/ commande n° 503   Le 6 septembre 19..

Monsieur,

Nous vous remercions pour votre commande de papeterie du 4 courant.

Dans la lettre jointe, vous demandez que la livraison soit effectuée pour la mi-septembre, alors que le délai habituel est de 3 semaines. Nous aurions volontiers avancé la date d'expédition si cela avait été possible ; mais l'afflux des commandes en cette période ne nous permet pas de raccourcir le délai.

Nous le regrettons et vous assurons que nous ferons le nécessaire pour que les marchandises vous parviennent le 25 septembre au plus tard.

Veuillez agréer, Monsieur, nos salutations empressées.

Travail complémentaire

1 | *Même travail que dans le contrôle* **4** | *pour le texte suivant :*

```
Messieurs,

Lors du contrôle systématique que nous effectuons sur les factures reçues,
en vue de détecter d'éventuelles erreurs, nous avons été surpris de cons-
tater que votre facture n° 1030 ne tient pas compte de la remise exception-
nelle de 3 % que vous nous aviez promise par votre lettre du 1er septembre
pour nous aider à assurer le succès de la semaine commerciale de notre
quartier : vous nous avez facturé les articles au tarif courant alors que,
si vous aviez appliqué la réduction prévue, le total aurait été diminué
de 918 F.
Pour réparer cette omission, nous vous serions reconnaissants de bien
vouloir nous adresser un chèque ou une facture d'avoir exactement de ce
montant.
Nous espérons une rapide intervention de vos services, et, en vous en
remerciant, nous vous prions d'agréer, Messieurs, l'expression de nos
sentiments distingués.
```

2 | *Proposez la rédaction de ce message dans le cas où il est transmis par* **télex.**

Si le client avait préféré téléphoner, comment aurait-il pu s'exprimer ?

Faisons le point sur ... LA CONSTRUCTION DU VERBE DEMANDER

Vous demandez   (que)   la livraison **soit effectuée** à la mi-septembre (page précédente).

             (que)   nous vous **adressions** le chèque par retour du courrier.

Vous **nous** demandez   (d')   effectuer la livraison à la mi-septembre.

Vous **me** demandez   (d')   adresser le chèque par retour du courrier.

Vous **nous** demandez   (si)   nous pouvons effectuer la livraison à la mi-septembre.

Vous avez demandé   (si)   la livraison pouvait être effectuée à la mi-septembre.

Dans le texte suivant, *remplacez, si c'est nécessaire, les pointillés par un pronom, et conjuguez le verbe s'il est entre parenthèses.*

Nous ...vous.... demandons de revenir le plus rapidement possible.

Il ...nous... demande que le colis (expédier) dès demain. soit expédié

Tu ...lui... a demandé si les lettres (pouvoir) être prêtes à 11 heures. pouvaient

Je ...lui.... demande s'il (comprendre) bien ce que je lui ai dit. comprend

Elle ....'.... demande que le rapport (présenter) à la réunion. soit présenté

Vous ....'.... demandez que nous vous (envoyer) un catalogue. envoyions

Comment... ABORDER UN SUJET

A L'ORAL : engager une conversation :

← A propos	du dossier Besse	savez-vous que... je voulais vous dire que... j'ai pensé que...
	de la commande de Bordeaux	ne pensez-vous pas que... croyez-vous que...
← Dites	Monsieur Dubourg	ne croyez-vous pas que...
← Au fait		avez-vous appris la nouvelle qu'est-ce que vous pensez de...
● Dis (donc)	Jean	tu connais la dernière (nouvelle) ?

A L'ÉCRIT : faire une introduction.

1 Lisez attentivement ces premières lignes d'une lettre adressée par un libraire à un éditeur.

> *Monsieur le Directeur,*
> *La librairie* Le temps retrouvé, *72, rue de Tolbiac - Paris 13e, est en train de créer à l'intention des étudiants de la Faculté de Tolbiac un rayon réservé aux ouvrages de droit, scolaires et universitaires. Aussi aimerions-nous être tenus au courant de vos parutions.*

Quelles informations apporte la première phrase ?

Quel est le but de cette première phrase (rayez les mentions inadaptées) : présenter la librairie *Le temps retrouvé.* Situer l'auteur de la lettre. Répondre à une lettre antérieure. Dire pourquoi le libraire écrit. Expliquer brièvement à l'éditeur pourquoi le libraire lui écrit. Expliquer les conditions générales qui ont fait que le libraire a décidé d'écrire à l'éditeur.

Si vous comparez la première phrase et la seconde, *vous semble-t-il que la première est plus générale ou moins générale que la seconde ?*

Quelles informations apporte la seconde phrase ? Qu'annonce-t-elle ?

2 Vous êtes responsable d'un groupe (de jeunes ou d'adultes, au choix) et vous écrivez à l'Office du Tourisme à Paris en vue d'obtenir des renseignements pour organiser un voyage. En tenant compte des remarques que vous venez de faire en **1** rédigez l'introduction de cette lettre.

PASSER D'UN SUJET A UN AUTRE, D'UNE IDÉE A UNE AUTRE

Ajouter une nuance ou une information à une opinion précédemment exprimée.

A L'ORAL

● (Exactement !) Je suis tout à fait d'accord avec vous et	pour aller dans votre sens, j'ajouterai que je dirais même que... j'ajouterai en outre que...
● Je suis tout à fait d'accord avec vous 　　　　　　parfaitement	mais... cependant...
← Effectivement	pourtant

Contredire l'opinion précédemment exprimée.

• Non à mon avis	on ne peut pas dire cela
• J'aurais plutôt pensé que...	affirmer cela
• J'aurais cru au contraire que...	
← D'après moi	c'est plutôt...
← Il me semble plutôt que...	on pourrait plutôt penser que...

Exprimer directement son opinion.

• (Écoutez)	mon avis est que...
←	à mon avis
← (Moi)	je crois que
←	je pense que
←	j'ai l'impression que...

A L'ÉCRIT

Une lettre peut aussi répondre à une information précédemment exprimée. L'introduction le manifeste alors, par exemple par :

« En réponse à votre lettre du 23 février, nous avons le plaisir de vous adresser notre catalogue... ».

Dans le corps d'une même lettre, plusieurs idées sont exprimées. Comment alors passer de l'une à l'autre ? Lisez attentivement la lettre suivante :

> *Monsieur le Directeur,*
>
> *La librairie* Le temps retrouvé, *72, rue de Tolbiac, est en train de créer à l'intention des étudiants et des professeurs de la Faculté de Tolbiac un rayon réservé aux ouvrages de droit, scolaires et universitaires. Aussi aimerions-nous être tenus au courant de vos parutions.*
>
> *Afin de faciliter nos commandes pour l'année en cours, nous vous serions reconnaissants de nous faire parvenir les catalogues correspondant aux domaines qui sont les nôtres (outre le droit, les sciences politiques et économiques, l'histoire, les techniques commerciales et la comptabilité).*
>
> *Nous vous serions également reconnaissants de nous indiquer si, sur demande précise, il vous serait possible de nous envoyer quelques ouvrages en spécimen.*
>
> *Avec nos remerciements anticipés nous vous prions d'agréer, Monsieur le Directeur, l'expression de nos sentiments distingués.*

1 | *Quelle est l'idée commune qui sous-tend* (c'est-à-dire qu'elle n'est pas directement exprimée) *l'introduction et le second paragraphe ?*

Le second paragraphe commence par le mot de liaison « afin de » : *Quel est le sens de ces mots ?*

Quelle information est apportée par le second paragraphe ?

Cette information est-elle plus générale ou moins générale que celle contenue dans la 1ère phrase d'introduction ?

2 | *Existe-t-il un point commun entre les informations contenues dans le second paragraphe et celles apportées par le troisième ?*

Quel est le mot de liaison contenu dans le troisième paragraphe qui manifeste l'existence de ce point commun ?

3 | En conclusion, on peut dire que :

• l'introduction exprime ....

• les paragraphes suivants ....

• les mots de liaison servent à ....

4 | *Vous remarquez que les deux mots de liaison : afin de et également ne sont pas sur le même plan.*

Afin de exprime un rapport logique : le but. Ce rapport peut-être aussi de cause (voir dossier 13) de conséquence (voir dossier 14) ; il peut exprimer une hypothèse ou une condition (dossiers 21 et 22), une comparaison (dossier 19).

Également marque simplement une nuance de la pensée. Il signale que les informations contenues dans le second et le troisième paragraphes sont mises sur le même plan. (Des informations détaillées concernant les mots de liaison exprimant une nuance de la pensée vous sont données dans la rubrique « Faisons le point » du dossier 15.)

5 | *Vous poursuivrez la lettre* dont vous avez rédigé l'introduction en **2** *en respectant les règles* suivantes :

une idée par paragraphe,
un mot de liaison par paragraphe (sauf dans l'introduction).

Jeux de rôle

Monsieur Bonde, maître de Chai au Château Gravelins a réuni ses collaborateurs pour leur exposer ses projets concernant l'organisation de visites des caves du château dans un but publicitaire.

— Monsieur Bonde expose en détail son projet.
— Le Chef du personnel : pour ce projet.
— Le représentant du personnel : contre ce projet (il donne des raisons).
— Réponse du Chef du personnel.
— Le comptable : contre ce projet (il explique pourquoi).
— Réponse de Monsieur Bonde.

Réunion entre amis.

— A et B se disputent au sujet du prochain match de football.
— C intervient pour tenter de détourner la conversation.
— Réponse de B.
— D intervient : le football ne l'intéresse pas. Il veut parler d'autre chose.
— Réponse de C.
— Réponse de A.

Gastronomie et technologie ont un paradis : le Sud-Ouest

Spécial sud-ouest

ÉDITORIAL

Invitation au voyage

Faites le tour du Sud-Ouest ! C'est une vaste région, bordée à l'ouest par l'Océan, au sud par les Pyrénées, à l'est par les contreforts du Massif central. Quelle variété de paysages ! Partant de Bordeaux, dont vous admirerez les vieux hôtels construits au XVIIIe siècle par les riches armateurs, vous descendrez vers le sud. La route, rectiligne, longe l'océan sous les pins de l'immense forêt des Landes. Arrêtez-vous au restaurant : c'est un pays de « fines gueules ». Bientôt, la côte change, abrupte, rocheuse : vous êtes au Pays basque, riche de traditions culturelles et d'une langue jalousement préservée. Au pied des montagnes, visitez Bayonne, et goûtez son célèbre jambon. Bien que peu élevées, les montagnes des Pyrénées, massives, sont impressionnantes. Vous pouvez visiter Pau, Tarbes, le Cirque de Gavarnie au pied du Mont-Perdu, le col du Tourmalet. Ne manquez pas, en franchissant la limite du Sud-Ouest certes, mais le spectacle vaut largement le détour, l'extraordinaire ville médiévale de Carcassonne, dans l'Aude. Ensuite, reprenant au nord-ouest, vous arriverez à Toulouse la rose, l'une des plus belles et des plus anciennes villes de France, construite en briques sur les bords de la Garonne. Puis, prenant la direction de Brive-la-Gaillarde, vous trouverez le Causse, haut plateau désert, où paissent les immenses troupeaux de moutons dont le lait sert à fabriquer le fameux fromage de Roquefort. Les rivières (Le Lot, la Dordogne) ont creusé dans le Causse de riches et vertes vallées. Au fond de celle du Lot, à Cahors, vous dégusterez le foie gras truffé, arrosé comme il se doit d'un excellent Cahors. A Brive, célèbre par ses marchés, vous serez dans la dernière plaine avant le Massif central. Ce sont ses contreforts que vous trouverez pour arriver à Limoges, où l'on fabrique la porcelaine. Si vous voulez alors boucler votre tour du Sud-Ouest, prenez la direction de Bordeaux, sans oublier de vous arrêter à Périgueux, dont vous contemplerez l'étonnante cathédrale Saint-Front aux coupoles byzantines.

Toulouse, capitale de l'aéronautique,

grâce à une concentration de « matière grise » issue de l'université scientifique, grâce aussi à la décentralisation d'écoles d'ingénieurs et de centres de recherche. C'est à Toulouse dans les usines de la S.N.I.A.S. (Société Nationale des Industries Aéronautiques et Spatiales) qu'on fabrique **L'Airbus** : 15 000 personnes y sont employées.

AIRBUS

« Les vendeurs d'Airbus Industrie nous donnent la parano. » Cette confession d'un des hauts responsables de Boeing témoigne du succès de l'avion sur les marchés étrangers. Les presque 500 appareils déjà commandés par 52 compagnies (et dont plus de 300 sont déjà livrés) légitiment les ambitions du consortium européen : vendre 2 500 avions sur une demande globale établie à 9 100 appareils pour les vingt années à venir.

L'Expansion. Oct.-Nov. 85.

ÉDITION

Bravo Brive !
• La Foire du Livre de Brive-la-Gaillarde.

Entre la Corrèze et Paris, la solidarité se passe de ministère. Sur le fameux marché de Brive-la-Gaillarde, dont Georges Brassens (1) a chanté naguère la grive (2) et la poularde (3), on a depuis quatre ans repoussé les étals et charitablement étendu le commerce de la gent à plumes aux écrivains parisiens : toutes volailles confondues, c'est un formidable succès (...). Avec 50 000 visiteurs, un chiffre d'affaires de 660 000 francs et 14 000 livres vendus, la Foire du Livre de Brive était devenue dès 1984 le premier comice (4) littéraire de province. Réussite confirmée cette année sur toute la ligne.
(1) Chanteur français.
(2)(3) Volatiles réputés pour leur goût.
(4) Traditionnelle fête agricole.
Le Nouvel Observateur. Nov. 85 :
Jean-Louis Ezine.

Le Bordeaux : de la volupté...

Formidable Bordelais ! Un foisonnement prodigieux de propriétés, châteaux et appellations, établis sur 24 000 hectares, soit le 1/8e du département de la Gironde. Que de disputes, de querelles (de châteaux précisément) avant d'établir en 1855 le classement — toujours contesté — des grands crus et en 1911 les limites de la région viticole : le département de la Gironde sauf les dunes côtières. Voici à titre de repères les subdivisions régionales donnant droit à une appellation contrôlée du Bordelais.
Médoc : bénéficiant d'un microclimat chaud et humide, propice à la réalisation d'un vin léger et équilibré.
Graves : on trouve quinze crus classés parmi les Graves (le Haut-Brion est le plus célèbre), une trentaine de châteaux et environ trois cents petites exploitations qui réussissent aussi bien les rouges (plus corsés et colorés que ceux du Médoc) que les blancs, légers et délicats.
Sauternes : une méthode de vendange exceptionnelle (on ramasse les grains les plus atteints par « la pourriture noble » les uns après les autres) et un vin merveilleusement moelleux firent que les Sauternes et les Barsac ont été les seuls vins blancs admis au classement de 1855. Une merveille qui se découvre aussi bien en apéritif qu'avec le foie gras.
Saint-Émilion : la « colline aux mille crus » offre un des vins les plus corsés et les plus charnus du Bordelais.
Pomerol : du sol pierreux de cette région contiguë à Saint-Émilion naissent des vins charpentés, onctueux et subtils.
Entre-Deux-Mers : vivaces, secs et fruités, ces vins blancs souples sont récoltés en face des graves entre la Dordogne et la Garonne.

aux chiffres.

Trois milliards de francs. Voilà ce qu'ont rapporté à la France les grands crus du Bordelais en 1984. Trois récoltes exceptionnelles (1981, 1982 et 1983) et le niveau élevé du dollar ont propulsé les ventes de vins de Bordeaux à un niveau record. Elles représentent désormais près du tiers du chiffre d'affaires des vins français à l'exportation. Environ 33 % de la production de bordeaux sont exportés, mais certaines appellations dépassent largement ce taux.

L'Expansion.
Oct.-Nov. 85.

Sud-Ouest : une crise d'adaptation ?

Région longtemps réputée riche, fascinante par ses châteaux, ses vignobles immenses aux noms réputés, sa vie culturelle florissante dès le Moyen Age, le Sud-Ouest marque aujourd'hui le pas, tant sur le plan industriel qu'agricole.

Au XVIIIe siècle, le Sud-Ouest était une des régions les plus industrialisées de France : elle est, aujourd'hui, l'une des moins industrialisées. Pourtant, elle ne manque pas d'atouts : on a trouvé un peu de pétrole dans les Landes (le littoral sablonneux entre l'estuaire de la Gironde et les Pyrénées) ; du gaz à Lacq, près de Pau ; des barrages, installés sur les principales rivières des Pyrénées et du Massif central produisent de l'électricité... Mais ces atouts ne profitent pas à la région, et ceci pour plusieurs raisons. D'une part, les détenteurs du capital sont, de longue date, les propriétaires terriens : traditionnellement, ils investissent dans la terre plus que dans l'industrie. Si bien que, au XIXe siècle, alors que tout le pays s'industrialise, le Sud-Ouest reste en marge. D'autre part, les richesses régionales ne sont pas exploitées sur place, mais pour la plupart exportées.

L'agriculture, surtout le **vignoble,** constitue l'activité la plus rentable de la région : mais là encore, ce n'est pas à la région que les bénéfices reviennent. En effet, le vignoble, organisé en « Châteaux », appartenait autrefois à la bourgeoisie locale. Elle l'a peu à peu revendu aux firmes et aux banques internationales.

L'exploitant agricole du Sud-Ouest pratique surtout, quant à lui, la polyproduction : c'est-à-dire qu'il associe la culture céréalière à l'élevage bovin ou de volailles (surtout les canards et les oies dont on fait les confits et les foies gras). Ces revenus restent très en-deçà des moyennes nationales.

Ainsi, alors que le Bordelais offre au touriste l'image de l'abondance, par ses spécialités culinaires précieuses, par ses vins recherchés, alors que le Périgord, le Limousin et le Quercy donnent, avec leurs vertes collines et leurs riantes vallées, l'impression de pays traditionnellement riches, le Sud-Ouest est en réalité une région en difficulté. Le revenu par exploitant agricole est le plus faible de France ; le taux d'accroissement naturel est inférieur à 1 % ; surtout, le nombre des artisans est très élevé alors que celui des industries reste faible.

ACTIVITÉS

Sud-Ouest économique :

Les origines du retard économique.

« Que l'industrie du Sud-Ouest au XVIIIe siècle fût importante, et que notre région ne fût point alors plus pauvre en industries que le reste de la France, paraît vraisemblable. Les effets néfastes des guerres de la Révolution et de l'Empire sur l'activité industrielle du pays ne paraissent pas douteux non plus. Mais le problème est de savoir pourquoi le déclin des industries a continué après le retour à la paix.
Ce sont les structures sociales dans leur ensemble qui sont en cause. D'une part, le pouvoir d'achat des classes populaires était très faible dans la région. D'autre part, la classe dominante était essentiellement formée de propriétaires terriens... Ces propriétaires étaient généralement des « propriétaires rentiers » nobles ou riches bourgeois, vivant sans travailler du revenu de leurs métairies. Ils n'accordaient d'ailleurs à la gestion de leurs biens, le plus souvent abandonnée à un régisseur, que des soins insuffisants ; aussi, compte tenu de pratiques culturales souvent vicieuses, la terre rapportait-elle peu. La formation de capitaux était relativement lente. Bien mieux, les capitaux dont pouvait disposer la bourgeoisie étaient traditionnellement employés à des achats de terre, non à des investissements industriels...
Aussi ne peut-on dire que le Sud-Ouest ait manqué sa « révolution industrielle » : il ne l'a même pas tentée. »

A. Armengaud, *Annales du Midi,* 1960.

Cherchez dans ce texte les idées principales.

Notez les rapports logiques entre ces différentes idées, (c'est-à-dire si elles sont opposées l'une à l'autre, si l'une est la cause, la conséquence de l'autre, etc.).

Notez les mots précis qui, dans le texte, expriment ces rapports logiques.

Faites un résumé, en quelques lignes, de ce texte. Vous vous attacherez à reproduire avec précision sa structure logique.

Jeu-test. *Répondez de mémoire au questionnaire suivant puis vérifiez vos réponses* en relisant les articles du *Journal* et du *Dossier.*

	VRAI	FAUX
Les Landes forment une bande de terre sablonneuse entre l'estuaire de la Gironde et les Pyrénées.............................	☐	☐
Le Pays Basque est au bord de l'océan........................	☐	☐
Le cirque de Gavarnie se trouve dans le Massif central.........	☐	☐
Toulouse a été construite au bord de la Garonne	☐	☐
La SNIAS est une entreprise agro-alimentaire	☐	☐
Le Médoc est un plat à base de truffes	☐	☐
Le vignoble bordelais est réparti en Châteaux	☐	☐
La région viticole du Bordeaux au sens strict comprend la Gironde moins ses dunes côtières	☐	☐
Les Graves sont une appellation contrôlée	☐	☐
Un concours de spécialités périgourdines a lieu chaque année à Brive	☐	☐
La SNIAS fabrique l'Airbus	☐	☐
Le Quercy, ancienne province, appartient aujourd'hui à la région Sud-Ouest	☐	☐

Le vocabulaire professionnel

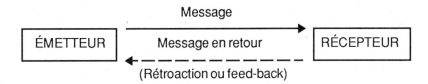

Schéma général de la communication

Message

ÉMETTEUR → RÉCEPTEUR

Message en retour ←
(Rétroaction ou feed-back)

Le rédacteur de courrier n'a pas de contact direct et immédiat avec le destinataire.

Or, son objectif est que son message soit bien compris.

Il doit donc adapter sa rédaction, et notamment son vocabulaire, au destinataire.

La langue française dispose de plus de 200 000 mots. Le vocabulaire courant comporte environ 2 000 mots.

Quelles sont les caractéristiques du vocabulaire professionnel ?

Le lecteur est une personne :

Les mots utilisés doivent donc être :

en général *pressée*,
et *efficace*,
souvent *cultivée*,
peut-être *fatiguée*.

courts,
précis,
corrects,
variés.

Des mots courts

Une lettre trop longue risque d'être lue "en diagonale" et donc d'être mal interprétée. Pour que l'expression soit aussi concise que possible, le rédacteur doit s'efforcer :

1. de bannir les mots et expressions inutiles ;

- Souvent, il s'agit d'adjectifs, d'adverbes.

2. de choisir des mots courts ;

- Un texte comportant de nombreux adverbes ("anticonstitution-nellement" est l'exemple extrême) et des mots longs rebute.

3. de fuir le délayage.

- On peut souvent trouver des synonymes courts.

1 | *Remplacez chacun des mots ci-contre par un* **synonyme** *plus court, plus simple.*

Photocopie ▷
Correspondance ▷
Exprimer ▷

Postérieurement ▷
Ultérieurement
Transmission ▷

Dans les exemples de lettres ci-dessous , barrez les mots et phrases inutiles et remplacez par un mot équivalent les mots et expressions figurant en italique.

```
Cher collègue,

Je dois faire incessamment, sur la demande du directeur et en liaison avec le
Comité d'entreprise, une étude complète concernant les modalités
d'introduction de l'horaire variable dans notre établissement.
Ayant entendu dire que le même problème s'est posé dans votre unité et que
vous avez été amené à établir la liste récapitulative de tous les écrits sur
ce sujet, je vous serais reconnaissant de bien vouloir m'adresser une
reproduction par un procédé de photocopie, de ce document.
Veuillez agréer, cher collègue, l'expression de mes sentiments distingués.
```

```
Monsieur le Chef de Centre,

Je tiens à vous informer que je viens de recevoir le dernier relevé de mon
compte-courant postal du 15 septembre sur lequel figure une somme portée en
diminution du compte : 520 F.
Or, je n'ai pas connaissance de la destination de cette somme. Auriez-vous la
possibilité de me l'indiquer ?
Je vous en remercie très vivement et vous prie d'agréer, Monsieur le Chef de
Centre, mes salutations les plus distinguées.
```

Des mots précis

Un mot précis ne peut être remplacé sans affaiblir le sens de la phrase.
Dans sa recherche de précision, le rédacteur doit s'efforcer :
- d'écarter les mots vides de signification tels que *"faire, être, avoir, choses, gens, personnes"* ;
- de choisir les termes techniques adaptés (à condition qu'ils fassent partie du langage du destinataire).

2 *Dans l'extrait de lettre publicitaire ci-dessous (projet), supprimez les **mots "vides"** : remplacez le mot ou l'expression dont il fait partie par un mot ou une expression plus précis.*

```
Monsieur le Directeur administratif,

Vous êtes directeur d'une grande unité, dans une usine qui fait des produits
chimiques ; les gens qui travaillent avec vous ont des choses importantes à
faire et vous avez le souci de l'amélioration de leur efficacité.
Ainsi, dans vos secrétariats, les personnes font des comptes rendus, font
divers projets, font le courrier à la machine à écrire, font ensuite le
classement des documents...
Imaginez le gain de temps, l'amélioration de la qualité du travail et la
satisfaction des personnes avec qui vous êtes en relation par correspondance
qui seraient entraînés par l'adoption d'un matériel moderne, performant,
valorisant !
Sans plus attendre, prenez contact avec notre représentant...
```

3 *Associez chaque terme à sa **définition** au moyen d'une flèche.*

Affable • • d'une ironie blessante.
Caustique • • respectueux, courtois.
Circonspect • • qui cherche à gagner l'opinion
publique en la flattant.
Déférent • • plein de bienveillance.
Démagogue • • démodé.
Désuet • • prudent, avisé.

Exhaustif • • qui a pour but
d'induire en erreur.
Fallacieux • • qui est complet.
Obséquieux • • exagérément poli.
Réfractaire • • qui est manifeste, réel.
Sceptique • • qui refuse d'obéir.
Tangible • • qui doute.

4 *Complétez le texte ci-dessous à l'aide des **mots techniques** suivants :*

avenant, compagnie d'assurance, constat amiable d'accident, contrat d'assurance, contraventions, échéance, franchise, indemnisation, police, prime, responsabilité civile, sinistre, témoins, tiers.

```
              ACCIDENTS DE TRAJET


     Vérifiez que votre                    est valable et bien adapté

au véhicule que vous utilisez, que vous avez versé à la date d'

la       due à la                    . En cas de modification des con-

ditions d'utilisation, faites établir un


     Rangez avec soin la        et, lors de vos déplacements, ayez

toujours avec vous un


     Sachez que votre assurance ne vous couvre pas pour les

c'est-à-dire les violations du Code de la route ; par contre, votre compa-

gnie vous garantit pour les dommages causés à autrui lorsque votre

              est en cause.


     Après un          (c'est-à-dire un accident), remplissez le constat,

notez avec soin, s'il y a lieu, la compagnie et le numéro du       ainsi

que le nom et l'adresse des


     Lors de votre                une somme restera à votre charge :

c'est la
```

Des termes corrects

Les erreurs de vocabulaire courantes sont de plusieurs types :

- Répétition de mots de même sens.

- Faute de langage portant sur un mot.

- Faute portant sur la construction de la phrase.

- Confusion entre des mots qui se ressemblent mais n'ont pas le même sens.

- Utilisation de termes anglo-saxons alors que le mot français existe.

- Monter ~~en haut~~

- ~~Pécunier~~ ; Pécuniaire

- Aller ~~au~~ *chez le* boucher

- Attention et intention

- ~~WC~~, Toilettes

- **pléonasmes**

- **barbarismes**

- **solécismes**

- **confusion de paronymes**

- **anglicismes**

5 | *Barrer les parties inutiles (dix **pléonasmes**) dans la lettre suivante :*

Messieurs,

A réception de votre facture n° 504 qui nous est bien parvenue, nous avons comparé ensemble notre bon de commande n° 102, la facture et le bon de livraison correspondant.

Il s'avère exact que vous nous avez facturé par erreur 4 casques cycliste APOLLO. Nous sommes donc placés devant les deux alternatives suivantes :

- ou bien vous réparez cette erreur involontaire en nous envoyant 4 nouveaux casques ;

- ou bien encore vous établissez une facture d'avoir d'un montant de 480 F que nous pourrons déduire d'une prochaine facture.

Par ailleurs, les perspectives d'avenir de notre secteur "Sport" étant très favorables, nous prévoyons d'avance pour le deuxième semestre une augmentation de 25 % de notre chiffre : comme convenu précédemment, nous comptons sur une révision du taux de la ristourne dès cette année.

Nous vous remercions pour le règlement de ces deux affaires.

Recevez, Messieurs, nos salutations distinguées.

---

6 | *Corrigez le texte suivant : il contient huit fautes de langage (**barbarismes**) - mots barrés.*

Rapport de visite du 15 septembre (extrait)
CLIENT JAVEL : Ce client a des ennuis ~~pécuniers~~ ; ses prévisions se sont ~~avérées~~ fausses ; ses affaires vont de mal en ~~pire~~. Il souffre de la concurrence de l'hypermarché voisin, beaucoup mieux ~~achalandé~~ : la clientèle séduite par l'importance du choix offert dans la grande surface déserte le magasin traditionnel. Il ne peut plus ~~compresser~~ ses marges, ses frais généraux étant ~~onéreux~~.
Ainsi cette affaire ~~conséquente~~ risque de disparaître à court terme. Il faut donc réduire les risques au ~~maximum~~ et surveiller les règlements.

---

7 Corriger les fautes de construction (**solécismes**) de la lettre suivante (termes en italique).

```
Madame la Directrice,

Lors de notre conversation téléphonique du 15 septembre, nous avions convenu,
je m'en rappelle fort bien, que pour pallier à l'absence de ma secrétaire,
vous me procureriez une remplaçante à partir du lendemain. Or, malgré mon
rappel à vos services, la personne prévue ne s'est pas présentée.

Vous n'êtes pas sans ignorer les perturbations que cela entraîne. De plus, je
dois partir en Italie à la fin du mois. En conséquence, je vous serai gré de
désigner une intérimaire compétente de toute urgence.

Je vous en remercie à l'avance.

Veuillez agréer, Madame la Directrice, mes salutations distinguées.
```

8 Pour chacun des groupes de noms suivants (**paronymes**), associez au moyen de flèches chaque mot à la définition qui convient.

{ Acceptation •   • Sens d'un mot
{ Acception •   • Consentement

{ Accident •   • Événement désagréable, mais
{   sans gravité
{ Incident •   • Événement fortuit, qui peut
                     avoir de graves conséquences

{ Attention •   • Action de concentrer
{   son esprit
{ Intention •   • Désir de réaliser un but

{ Biannuel •   • Tous les deux ans
{ Biennal •   • Deux fois par an

{ Conjecture •   • Situation générale
{ Conjoncture •   • Supposition

{ Effraction •   • Action de forcer une serrure
{ Infraction •   • Violation d'une loi

{ Notable •   • Important
{ Notoire •   • Connu de tous

{ Passager •   • Très fréquenté (lieu)
{ Passant •   • Momentané

{ Recouvrer •   • Cacher
{ Recouvrir •   • Percevoir les sommes dues

{ Suggestion •   • Conseil
{ Sujétion •   • Contrainte

9 **Anglicismes**. Indiquez le terme français correspondant à :

- Cameraman =
- Container =
- Dispatching =
- Doping =
- Footing =
- Hit-parade =
- Jogging =

- Kitchenette =
- Listing =
- Living-room =
- Parking =
- Speakrine =
- Standing =
- Week-end =

Des termes variés

Pour éviter que l'expression professionnelle ne soit monotone, le rédacteur doit éliminer les répétitions en jouant avec les **synonymes.**

Cependant, il doit être très sensible aux nuances, car il y a toujours entre deux synonymes quelques différences qui peuvent déformer le sens de la phrase.

Remarque : Les mots techniques ne possèdent pas, en général, de synonymes (facture, chèque, duplicateur, avoir...).

Essayez de classer les **synonymes** *des termes ci-après du plus faible au plus fort :*

- suivant le degré d'acceptation : **Accepter**   = admettre,   approuver,   adopter.

- suivant l'importance de l'aide apportée : **Aide**   = assistance,   collaboration,   participation.

- suivant l'insistance de la convocation : **Convoquer**   = enjoindre d'assister,   inviter,   prier d'assister.

- suivant la vigueur de la réclamation : **Réclamation**   = critique,   reproches,   revendication.

Travail complémentaire

En pages 48/49 est ébauché un **lexique de termes professionnels.**

Il peut être utilisé :   - immédiatement en employant chacun des termes dans une phrases de son choix ;

- au fur et à mesure de la découverte de mots difficiles (consultation du lexique ou inscription des définitions complémentaires).

Faisons le point sur ... LA PONCTUATION

On utilise :
- **le point** à la fin d'une phrase ; après tout mot écrit en abrégé.
- **le point d'interrogation** après toute phrase exprimant une interrogation *directe*.
- **le point d'exclamation** après toute exclamation, quelle que soit sa longueur.
  (Ex : Hélas ! Et vous oseriez faire une méchanceté pareille !).
- **la virgule** pour séparer des éléments semblables (sujets, compléments, épithètes, attributs, ou même plusieurs propositions) lorsque ces éléments ne sont pas reliés par une conjonction de coordination.
- **le point virgule** pour séparer des propositions de même nature qui ont une certaine étendue.
  (Ex : Ce que nous savons, c'est une goutte d'eau ; ce que nous ignorons, c'est l'océan.)
- **les points de suspension** pour indiquer que l'expression de la pensée reste incomplète.
- **les guillemets** pour isoler dans une phrase une citation, un discours direct, une locution étrangère au vocabulaire ordinaire sur laquelle on veut attirer l'attention.

1 | Rétablissez la ponctuation dans la lettre suivante et, au besoin, les majuscules.

Monsieur

Nous avons bien reçu votre lettre datée du 4 mars par laquelle vous nous demandiez de vous adresser la brochure Vivre en France nous vous la faisons parvenir sous ce pli

Si vous aviez besoin de renseignements complémentaires concernant les tarifs d'hébergement dans nos hôtels les circuits touristiques les visites organisées etc n'hésitez pas à nous appeler au numéro indiqué sur la brochure nous nous ferons un plaisir de vous les communiquer

Veuillez agréer monsieur l'expression de nos sentiments les meilleurs

2 Même exercice

Chère Catherine

Sais-tu qui j'ai rencontré hier dans le train Jean notre vieil ami Jean quelle surprise je n'en revenais pas comme il allait à Bordeaux nous avons eu du temps pour discuter la famille les amis les histoires de collège tout y est passé je te raconterai tout en détail au téléphone

A bientôt je t'embrasse

3 Après avoir fait les exercices **1** et **2** après avoir relu les lettres commerciales p. 42 et 44, *vous déterminerez quels signes de ponctuation sont à éviter dans la correspondance commerciale.*

Achalandé	Se dit d'un magasin qui a beaucoup de clients (les chalands).
Adjudication	Attribution d'un marché de fournitures ou de travaux mis aux enchères.
Acompte, avance	Paiement partiel d'une somme due.
Acquit	Reconnaissance écrite d'un paiement.
Action	Titre délivré au détenteur d'une fraction du capital et qui constate son droit d'associé à une société.
AFNOR	Association Française de Normalisation.
Agent de change	Officier ministériel nommé par décret, habilité à assurer les transactions de valeurs mobilières à la Bourse.
Agios	Ensemble des frais retenus par une banque lors de l'escompte d'une traite.
Amiable	De gré à gré.
Arguer	Tirer argument de ; prétexter que.
Arrhes	Montant versé à titre de garantie lors de la passation d'une commande.
Assemblée Générale ordinaire	Réunion annuelle des actionnaires d'une société de capitaux pour approuver les comptes et prendre des décisions courantes.
Autodidacte	Personne qui s'est instruite par elle-même, par les livres ou l'expérience.
Avoir	Somme due par un fournisseur à son client.
Bordereau	État récapitulatif.
Bourse	Marché où sont effectuées les opérations d'achat et de vente des valeurs mobilières.
Cahier des charges	Recueil des clauses imposées à un fournisseur en vue d'un achat de matériel ou à un entrepreneur lors d'une adjudication.
Carte de paiement	Carte permettant au titulaire d'un compte en banque de régler ses achats auprès de fournisseurs agréés.
Catalogue	Recueil énumérant les articles vendus (description, référence, éventuellement prix).
Collationner	Comparer entre eux des textes, des documents, pour contrôle.
Colloque	Entretiens, conférences entre spécialistes.
Commissaire aux comptes	Spécialiste chargé par les actionnaires d'une société anonyme de surveiller la gestion de l'entreprise.
Commission	Pourcentage versé à un représentant sur les ventes effectuées dans son secteur.
Concessionnaire	Dépositaire exclusif d'une marque.
Conditionnement	Emballage ; mode de présentation du produit vendu.
Conseil d'administration	Dans la société anonyme, 3 à 12 administrateurs désignés par l'Assemblée Générale des actionnaires et chargés d'établir les comptes, de convoquer l'Assemblée Générale Ordinaire et de désigner le président.
Décade	Période de dix jours.
Découvert	Avance de fonds de courte durée consentie par un banquier à son client.
Dépositaire	Commerçant à qui un fabricant confie des marchandises en vue de la vente ; distributeur agréé.
Desiderata	Souhaits.
Devis	Document donnant l'estimation chiffrée d'un travail avant son exécution.
Différend	Contestation, litige.
Échéance	Date à laquelle une somme doit être payée.
Échéancier	Répertoire chronologique des sommes à payer (achats à crédit) ou à encaisser (ventes à crédit).
Émargement	Signature en marge d'un document.
Escompte	Paiement d'une traite par une banque avant la date d'échéance ; réduction consentie lors d'un règlement anticipé.
Étude de marché	Étude qui a pour but de déterminer les possibilités de vente d'un produit.
Fac similé	Copie conforme.
Franco	Sans frais.
Franco de port	Sans frais de port pour le destinataire (port payé par l'expéditeur, et à sa charge).
Grosse	Douze douzaines.
Grossiste	Commerçant qui achète en grandes quantités aux fabricants et revend aux détaillants.
Gondole	Comptoir de vente mobile utilisé dans les libres-services.
Illicite	Interdit par la loi.
Imputation	Affectation d'une somme à un compte déterminé.
Infirmer	Démentir.
Inventaire	État détaillé, article par article, des biens d'une entreprise.

Jurisprudence	Ensemble des décisions des tribunaux sur une question.
Liquidation	Vente à bas prix d'un stock de marchandises pour les écouler rapidement.
Logo	Emblème de l'entreprise apposé sur les documents, les emballages, les voitures...
Lucratif-ve	Qui procure un profit.
Machine à écrire (MAE) électronique	Machine à écrire comportant des fonctions automatisées pour la présentation des textes (centrage, tabulation...)
Machine de traitement de texte (MTT)	Machine dotée de mémoires et de diverses fonctions automatisées, ce qui permet d'enregistrer des textes et de les traiter (modifications, suppressions, insertions,...)
Manutention	Manipulation de produits, d'articles.
Marge	Différence entre le prix de vente et le prix d'achat.
Mercatique	Ensemble des actions permettant de prévoir les besoins du consommateur et d'adapter la fabrication et la distribution du produit à ces besoins.
Mnémonique, mnémotechnique	Qui aide la mémoire.
Nomenclature	Liste méthodique des objets d'une collection, des termes techniques d'une fabrication.
Norme	Document précisant les règles de fabrication d'un produit ou de présentation d'un document.
Obligation	Titre délivré au détenteur d'une fraction d'un emprunt d'une société, de l'État ou d'une collectivité, et qui constate son droit de créance sur la société.
Obsolescence	Fait, pour un matériel, d'être périmé (obsolète) en raison des progrès de la technique.
Panel	Échantillon de consommateurs qui relèvent systématiquement leur consommation de différents produits, ce qui permet aux fabricants d'étudier l'évolution des goûts.
Paraphe	Signature abrégée.
Pécuniaire	Qui a rapport à l'argent ; financier.
Port dû	Port payé par l'expéditeur mais à la charge du destinataire (les frais de port sont facturés).
Port payé	Port payé par le destinataire à la réception des marchandises.
Portefeuille	Ensemble des valeurs dont dispose un épargnant.
Pouvoir	Autorisation donnée à un tiers d'agir en son nom.
Prescription	Délai au bout duquel un débiteur ne peut être poursuivi.
Proroger	Reporter à une date ultérieure.
Quittance	Reçu qui constate un paiement.
Quota	Pourcentage à atteindre.
Rabais	Réduction exceptionnelle de prix pour défaut de qualité ou pour livraison non conforme à la commande.
Reçu, récépissé	Écrit qui constate la remise d'un objet ou d'une somme d'argent.
Rédhibitoire	Défaut profond qui peut faire annuler un contrat.
Remise	Réduction accordée à un client sur le prix d'un produit, souvent en raison de l'importance de ses achats.
Report d'échéance	Accord entre un débiteur et un créancier pour retarder une échéance.
Résolution	Décision prise par une assemblée générale d'actionnaires.
Ristourne	Réduction accordée à un client sur l'ensemble des sommes payées au cours d'une période (l'année en général).
Sinistre	Dommage ou perte survenant à un assuré à la suite d'un incendie, d'un accident.
Solvable	Qui a les moyens de payer.
Statuts	Texte qui pose les règles de fonctionnement d'une société, d'une association.
Stipuler	Énoncer une condition dans un contrat.
Tarif	Tableau indiquant le prix de vente des différents articles.
Tertiaire	Secteur économique comprenant le commerce, les banques, les administrations.
Transiger	Conclure un arrangement par des concessions réciproques.

ARGUMENTER DANS UN TEXTE

AMSTRAD

C'est la révolution dans le domaine de l'écriture et de l'informatique professionnelle : un système complet, performant et utilisable par tous à moins de 7000 F.

Ne cherchez plus : pour écrire, travailler ou étudier, vous ne trouverez rien d'équivalent même en payant 5 fois plus.

IL ÉCRIT. Le programme Locoscript* a été conçu pour exploiter la mémoire phénoménale du PCW 8256 et les extraordinaires possibilités de son imprimante (plus de 100 types d'écriture, alphabet grec, italique, souligné, gras, exposants, indices, double largeur, etc.). A l'écran, vous  travaillez sur 32 lignes de 90 caractères à l'aide de menus déroulants en français et des fonctions couper-coller. Ses performances et sa simplicité d'emploi ont été saluées par toute la presse : en une heure vous savez l'utiliser, en une journée vous êtes un expert.

Lettres, factures, ou romans : le PCW 8256 accélère la création de tous les documents. Pendant l'impression, la machine est disponible pour un autre travail.

* *Locoscript* *traitement de texte en français (livré avec la machine)*

IL CALCULE ET IL GÈRE LES DOSSIERS.

Le PCW 8256 est aussi un micro-ordinateur performant. Sa vaste mémoire (RAM 256 Ko, disquette 170 Ko par face et RAM-disque 112 Ko), ses capacités graphiques (système GSX) et son système d'exploitation (CP/M+) lui permettent d'utiliser les meilleurs logiciels professionnels (Multiplan* et DBase II* disponibles au quart de leur prix habituel !).

Pour ceux qui veulent programmer, le PCW 8256 est livré avec le puissant Basic Mallard et le langage éducatif DR Logo.

* *Multiplan* *tableur professionnel (en option : 498 F ttc)*
* *DBase II* *base de données professionnelle (en option : 790 F ttc)*

DOC. AMSTRAD

---

1 *Relevez dans ce texte publicitaire les arguments de vente, c'est-à-dire les raisons données au client pour qu'il achète l'Amstrad, puis classez-les (ceux qui concernent le prix, ceux qui concernent les diverses performances de l'appareil, etc.)*

Quelle(s) différence(s) voyez-vous entre les arguments énoncés en gros caractères et ceux énoncés en petits caractères ?

A quoi sert, à votre avis, la différence des caractères ?

2 Les arguments de vente de l'Alfa Roméo vous sont présentés ci-dessous dans le désordre. *Vous les classerez par ordre d'importance. Vous choisirez celui,* ou *ceux que vous mettrez en valeur* en utilisant la ou les solutions retenues dans l'exercice précédent, et *vous rédigerez alors le texte publicitaire.*

Alfa 75 vous met à la tête d'un précieux capital de puissance et d'un fantastique pouvoir d'accélération servi, voire même accru, par le choix d'une boîte sport.

Alfa 75 n'est pas la voiture utopique d'une route idéalisée. Alfa 75 est une berline sportive d'un nouveau type créée par Alfa Romeo pour une route bien réelle. Une route sinueuse, souvent encombrée, parfois pluvieuse, toujours imprévisible, sur laquelle Alfa 75 donne à votre conduite le pouvoir de s'exercer sans risques et sans compromis.

Alfa 75 présente un comportement en courbe parfait grâce à l'adoption du système Transaxle. Ce système d'une conception sophistiquée permet d'obtenir une répartition toujours égale des masses entre les essieux et d'atteindre des valeurs de tenue de route proches de l'absolu.

ALfa 75 - la conduite au pouvoir.

3 modèles à partir de 85 500 F.

Pas de demi-mesure dans l'Alfa 75. La séduction y est puissante et de série : volant réglable en hauteur et en profondeur, lève-vitres électrique avant, fermeture centralisée des portes, direction assistée (2,0 l)... entre autres !

A 300 virages à l'heure, Alfa 75 remet les pleins pouvoirs à la pertinence de votre conduite et emplit d'un sens neuf deux mots toujours opposés : performances et sécurité.

Alfa 75 ne se contente pas d'être élégante et racée. Les valeurs de portance dynamique de l'Alfa 75 sont absolument équilibrées et sa sensibilité au vent latéral quasi nulle.

Source : ALPHA-ROMÉO.

ARGUMENTER AU COURS D'UNE CONVERSATION

Énoncer une série d'arguments :

- • Si l'on admet que **d'une part,** l'informatisation est devenue nécessaire, que **d'autre part,** elle facilite le travail des employés et qu'**en outre,** elle est rentable, alors nous devons réorganiser nos services.
- ➡ **Premièrement,** il fait trop froid et **deuxièment,** ta voiture menace de tomber en panne, alors mieux vaut ne pas sortir aujourd'hui.
- ➡ **D'abord,** il fait trop froid, **ensuite,** ta voiture menace de tomber en panne, et **en plus,** je suis fatiguée : alors je préfère rester ici.
- ➡ Si **effectivement** tu n'es jamais allé en Inde **et que** cette occasion te paraît favorable, alors il ne faut pas hésiter.

Insister sur un argument :

• J'attire votre attention sur le fait que	nous sommes à la veille des soldes.
• Je me permettrai d'insister sur le fait que	le prix du matériel informatique a baissé.
• J'ajouterai notamment que	nous avons des décisions concrètes à prendre.
➡ De plus	
➡ En particulier	

Dans la publicité suivante, *quels sont les arguments en faveur du produit ?*
Quelles sont les expressions grâce auxquelles les arguments sont mis en valeur ?
Par quels procédés — autre que l'emploi des expressions déjà relevées — *insiste-t-on sur les arguments ?*

Tout le monde peut se tromper. Mais aujourd'hui, si vous faites une fautte ou une fuate, les nouvelles machines à écrire IBM ne la laisseront pas passer. Car au fur et à mesure de votre travail, un dispositif optionnel de vérification orthographique (sauf modèle 6715) compare les mots frappés à un lexique électronique de 50 000 mots français et leurs dérivés. En outre vous pouvez y ajouter 300 termes de votre choix, pris dans votre vocabulaire professionnel par exemple. Bip ! Vous venez de faire une erreur. Lorsque le mot frappé est en désaccord avec la vérification orthographique, un BIP sonore vous en avertit. Quant à vos corrections, elles sont immédiates et invisibles. Mais ce n'est pas tout. Clavier détaché, réglable et multilangage, mémoire, aides automatiques à la mise en page, selon les modèles et les options, les machines à écrire électroniques de la nouvelle gamme IBM sont équipées des fonctions les plus évoluées ; elles n'en sont que plus confortables, précises, faciles à utiliser.

Gamme de machines à écrire électroniques IBM

Document IBM.

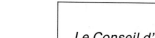

Jeu de rôle

Le Conseil d'Administration d'une petite entreprise se réunit pour discuter du projet de construction d'une cantine à l'initiative de l'entreprise :
— X, chef du personnel : trois arguments en faveur de ce projet ;
— Y, chef d'entreprise : un autre argument en faveur du projet ;
— Z, comptable : pour le projet, mais contre certains de ses aspects ;
— Réponse de X ;
— Réponse de Y.

Le 8ᵉ art est né :
La mode

ÉDITORIAL

Superficielle, la mode ?

On accuse souvent la mode d'être faite par et pour des gens un peu légers, « superficiels ». Ce reproche est adressé surtout au prêt-à-porter, qui bénéficie moins que la haute couture de l'estime due à toute création. Pourtant la mode est un art qui ne se contente pas seulement de varier les coutumes vestimentaires : elle révèle — ou tranforme ? — l'image qu'une époque se fait du corps.

Il y a quelques années, Frédérica — de l'agence City — rencontre Leslie Winer ; elle est frappée par l'ambiguïté de cette fille au look (1) équivoque (2) et décide d'en faire l'image de l'agence qui vient d'ouvrir ses portes.

« Quand on a cherché à imposer ce style, dit Frédérica, tout le métier s'est fichu (3) de nous. Et puis, quelques grands photographes ont accroché. A partir de là, c'était gagné, nous étions l'agence la plus moderne de Paris. Les autres se sont mis à nous copier, à déguiser toutes leurs filles en Leslie. Minable récupération...

L'androgynie, selon les androgynes, est une ambiguïté essentielle dans l'« être » de certains individus. Mais la mode et les médias l'ont déformée pour en faire un look construit sur des artifices : coiffure, maquillage, vêtements. Devenue mode, l'androgynie a perdu sa dimension authentique. Elle n'a duré que le temps d'un caprice. Et, déjà, on veut autre chose.

« On revient vers des mannequins très féminins », constate Fabienne Martin, de l'agence FAM. « Les mannequins regrettent toutes de s'être fait raser le crâne. Elles exigent à tout crin (4) une nouvelle féminité », révèle Gerald Marie.

Le succès d'un créateur comme Azzedine Alaïa, adorateur de la femme-femme, est un signe de ce renversement de tendances. Selon Gerald Marie, tous les grands *top*

models filiformes (5) seraient actuellement en chirurgie esthétique pour remodeler leur corps. Chut ! pas de noms.

Si le look androgyne semble donc dépassé pour le mannequin féminin, il fait des ravages chez l'homme.

« On en a ras le bol du look footballeur américain-surfeur-gueule carrée » entend-on partout. « Avec le léger décalage que la mode masculine observe toujours sur la mode féminine, on est en plein dans l'androgynie pour le mannequin homme », affirme Cyril Brule, d'Elite Plus. Le mannequin le plus recherché actuellement est un garçon sportif mais fin, séduisant et éventuellement équivoque : corps délié, élégant et troublant. On est loin du macho !

Mais pour vendre, il faut renouveler à tout prix. Gerald Marie rappelle que « le sud de la Loire représente 60 % du marché de mode, et tout n'y est pas accepté ». « Il faut rassurer et flatter le public dans ses clichés, ce qui oblige à revenir à une image plus classique de l'homme et de la femme », ajoute Tina (People).

Il n'empêche, l'androgynie a fait bouger pas mal de choses. Pour Fabienne Martin (FAM), « elle a permis de casser les stéréotypes (6) de la femme-objet et de faire progresser le droit à la différence. Les mannequins doivent être le reflet de toutes les beautés qui coexistent. Leur diversité permet aux gens, hommes ou femmes, de se rassurer, d'accepter leurs ambiguïtés. L'androgynie occupe donc la place qui lui revenait de droit depuis toujours : une tendance parmi d'autres. »

L'événement
du jeudi 5-11 juin 86.

1. Aspect.
2. Cette jeune femme ressemble à un homme.
3. Moqué.
4. Absolument.
5. Littéralement : « en forme de fil », c'est-à-dire très grande et très maigre.
6. Idées reçues, images « toutes faites ».

De l'Art aux chiffres

Mythe ou réalité, la culture française est associée à l'élégance, et cette forme spécifique de création qu'est la haute couture est devenue la manifestation symbolique (trop assurément) des qualités françaises. Ici plus qu'ailleurs la liaison entre fait culturel et intérêts économiques est étroite. La France, devenue centre de la mode au début du siècle avec Paul Poiret, dispose ainsi d'une diplomatie de luxe avec la haute couture, la parfumerie, la cristallerie, le champagne... Les défilés de mode sont toujours des événements que ce soit à New York, Tokyo... ou Pékin. Actuellement, on compte 23 maisons de « couture-création » à Paris avec 4 000 clients dans le monde et un chiffre d'affaires de près d'un milliard de francs. A l'aval de ces créations, il y a tout le marché du prêt-à-porter et des accessoires (gants, chaussures, bijoux, parfums, etc.) beaucoup plus important économiquement (95 % du chiffre d'affaires de Pierre Cardin). Les noms de Courrèges, Chanel, Yves Saint-Laurent, Pierre Balmain, Pierre Cardin, Ted Lapidus, etc., sont internationalement connus. En décembre 1983, le Metropolitan Museum de New York a organisé une exposition pour honorer l'œuvre d'Yves Saint-Laurent.

(Extrait de : La France dans le monde, la Documentation française, 1984.)

Cartier : Un artisan richissime.

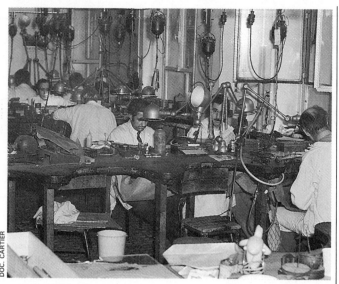

DOC. CARTIER

Penché sur son établi, vêtu d'une blouse blanche, Cyril fixe le dessin à travers ses lunettes et une loupe. Avec un pinceau très fin, il termine un projet de collier, qui sera diffusé dans un des 85 points de vente « Cartier ». Ce projet, entre le moment où un des 6 dessinateurs réunis dans un atelier sous les toits du 13, rue de la Paix, en aura eu l'idée, et sa mise en vente, aura pris un an. Un an de travail, recherches et contrôles minitieux pour un processus très précis, du dessin à la fabrication.

L'inspiration des dessinateurs ne tombe pas de la lune, mais de toutes les collections précédentes, conservées depuis 1900 dans les caves de la maison. *« Cartier a créé son style entre 1900 et 1940. C'est cette tradition que nous avons recherchée et que nous travaillons »*, explique Corentin Quidou, adjoint de la directrice de création. *« Les* deux grands thèmes de la maison sont, d'une part le monde animalier qui peut atteindre l'abstraction avec le tachisme, apparu en 1914, et la structure ternaire.

On trouve deux sortes de bijoux chez Cartier : les pièces uniques, bâties à partir d'une pierre exceptionnelle, déjà en stock, et la nouvelle joaillerie, dérivée de marketing, qualifiée par la maison de bijouterie *« sport wear »*, vendue entre 20 000 et 700 000 francs la pièce. *« Là, on part du dessin et on achète les pierres. On peut alors faire de 10 à 50 exemplaires du même modèle. »* Une fois le dessin approuvé par la direction, on passe au modelage.

Conrad se charge de cette opération à l'atelier de dessin, en consultant les dessinateurs. Si le rapport qualité/prix est estimé valable, on passe à la réalisation. Conrad fait alors la maquette,

avec la technique de la fonte à la cire perdue, inventée après la guerre. A partir de son premier modelage, il va sculpter le bijou en cire verte et dure, avec un style chauffant, qui ressemble à la roulette d'un dentiste. Cette cire, moulée ensuite dans du plâtre, sera le modèle reproductible à l'infini, où sera fondu le bijou. *« Cette technique a tout révolutionné. Avant, aucune pièce ne pouvait être identique. »* On obtient le bijou *« en blanc »*, qui sera fraisé, puis incrusté des pierres choisies. La fabrication est sous-traitée dans des ateliers, et fait de fréquents aller et retour avec les locaux de la rue de la Paix. La taille de chaque pierre peut se faire différemment, selon ses propres qualités. Le bijou peut même être transformé, en fonction de la gemme.

Les nouveaux procédés de fabrication, ont permis l'irruption du marketing dans une bran-che économique qui ne semblait pas en avoir besoin. *« La maison sommeillait. Depuis 1982 nous avons traité la joaillerie répétitive avec des pierres précieuses, ce qui ne se faisait pas, étant donné la difficulté de trouver deux pierres identiques. »* Ainsi, peu à peu, vont disparaître les particularités de chaque bijou : jusqu'ici, la succursale new-yorkaise avait son propre staff de créateurs adaptés aux goûts américains : des bijoux suffisamment voyants pour afficher leur prix. Dès février, tout sera fait à partir de Paris. *« Pour l'unité du style. »* De quoi consolider son chiffre d'affaires, supposé numéro un mondial dans la profession. Mais non communiqué... *« car il change tout le temps »* (sic). Et de quoi sécuriser des actionnaires dont on se refuse à communiquer les noms.

C.S.
Libération.
Lundi 13 janvier 1986.

SERTI-DIFFUSION

Yves Saint Laurent : après New York et Pékin, Paris expose son œuvre au musée de la Mode

Saint Laurent à lui seul a inventé le 8ᵉ art avec, pour sources d'inspiration, la douleur, la lumière et les couleurs...

Son regard a comme une perplexité douloureuse. Et dans son maintien, ses manières, on perçoit la politesse extrême, contrôlée, de ceux qui par devoir restent là, à leur tâche, ou devant vous, alors que le rêve lancinant d'une autre vie, pleine de promesses, ne cesse de leur faire signe. La voix est très grave, traversée d'inflexions enfantines. De petits rires et un humour qui se passe de mots d'esprit atténuent la portée de l'aveu ou des propos qui, couchés sur le papier, pourraient sembler trop solennels, le montrer trop pénétré de ses mérites.

Le Nouvel Observateur. — *Enfant, à Oran, soupçonniez-vous déjà ce que vous alliez devenir, une griffe, un symbole ?*

Y.S.L. — Oui, c'était assez prétentieux de ma part, mais enfin, oui. Aussi loin que je remonte dans le passé, j'avais l'idée que quelque chose allait m'arriver.

N.O. — *Êtes-vous resté longtemps à Oran ?*

Y.S.L. — Jusqu'à mon baccalauréat. J'aimais beaucoup les études, mais j'ai été martyrisé par mes camarades. Cela a duré longtemps, cinq ans. Je me suis réfugié dans un monde imaginaire, solitaire, pour me préserver. Et dans lequel je continue de vivre, pour la même raison. Alors j'ai découvert la littérature, la musique et aussi le cinéma, qui a été une source d'inspiration très grande pour moi. Et à travers les magazines de mode et de théâtre qui arrivaient, je dis bien *qui arrivaient*, puisque Oran c'était la province, je me tenais au courant de ce qui m'intéressait principalement. Il y avait aussi les tournées de théâtre. (...)

Ensuite j'ai construit mon propre théâtre, avec une énorme caisse et des personnages que je découpais dans du carton et que j'habillais en général avec de vieux draps que ma mère me donnait et que je trempais, pour obtenir les couleurs que je voulais, en utilisant de la gouache. Je montais des spectacles pour mes sœurs et mes cousins. Molière (1), « l'Aigle à deux têtes » (2), « les Caprices de Marianne » (3)... Je construisais les décors, j'avais inventé un véritable système d'éclairage, c'était très perfectionné. Tellement que lorsque j'ai monté la « Sainte Jeanne » de Bernard Shaw (4), la scène a pris feu et le théâtre tout entier a brûlé. Il n'y a plus jamais eu de spectacle.

N.O. — *C'est la couture, alors, qui a pris le dessus ?*

Y.S.L. — Entre-temps, il y avait eu la découverte de la peinture. En fait, dès que j'ai été en âge de tenir un crayon, j'ai commencé, pour ne plus le lâcher. Malheureusement, Oran n'était pas une ville où on pouvait apprendre le dessin. Je dessine par instinct, mais j'aurais besoin de certaines règles... de règles de perspective... leur manque me gêne. Vous savez, j'ai voulu être des tas de choses. J'aurais voulu être peintre, décorateur de théâtre, couturier... Ça, j'y suis arrivé... J'aurais aimé être acteur et, beaucoup, metteur en scène... peut-être un jour, ce sera encore possible. J'aurais voulu aussi être écrivain. J'ai pas mal écrit, j'écris encore, mais le temps me manque, j'ai quatre collections à faire par an ! (...).

N.O. — *Trouvez-vous des moments de loisirs ?*

Y.S.L. — Non, je n'en ai pas. Enfin, de temps en temps, je vais dans ma maison de Marrakech, que j'adore. Là, je retrouve une sorte de vérité. Moi qui n'étais pas un homme que la nature attirait, plus je vieillis et plus je la trouve extraordinaire. Vivre au milieu de la nature et pouvoir contempler au jour le jour comment elle évolue, change, se perpétue, ce doit être une chose merveilleuse. A Marrakech, les pergolas, je les ai peintes comme du Matisse (5)... bleu de cobalt, turquoise, jaune... C'est très extraordinaire avec la végétation tropicale, le bleu de cobalt avec le vert ! C'est au Maroc que j'ai appris à voir les couleurs vives. L'architecture y est merveilleuse, ne parlons pas de la lumière. On comprend que Delacroix (6), Matisse, même Klee (7) aient été fascinés. Il y a deux aspects en moi : L'un qui aime le foisonnant et l'autre qui aime la rigueur. Au fond, je préfère la rigueur, car c'est d'elle que le style découle. Plus je travaille et plus j'épure, j'enlève le superflu. Si un couturier n'a pas de style... La mode n'est pas un art, mais il arrive qu'elle le devienne grâce à la personnalité du couturier. Balenciaga, Dior, Chanel, Vionnet, Schiaparelli (8) aussi étaient des artistes. Pour d'autres, c'est très bien ce qu'ils font, mais ils n'ont pas de style.

N.O. — *Et c'est parce que vous en avez un que vous vous permettez les citations, de l'art nègre, de Picasso (9), de Chanel, des vêtements russes...*

Y.S.L. — Proust (10) a dit là-dessus une chose très intéressante. Il a dit que lorsqu'un auteur en admirait un autre il ne fallait pas qu'il craigne de l'imiter, afin qu'il puisse saisir ce qu'il avait isolé d'extraordinaire en lui, et aller plus loin encore. Moi, j'ai admiré Balenciaga et Chanel, j'apprenais des choses fabuleuses, mais je n'ai jamais eu l'impression de les copier parce que ces choses se transformaient et s'intégraient dans ma façon de voir et de concevoir. Cela me donnait des forces, des idées, avant de commencer une collection, c'est comme si je ne savais plus rien. Avant de reprendre confiance en moi et de retrouver les facultés qui me sont propres mais que l'angoisse me fait complètement oublier, il me faut du temps. Malheureusement, je crois que l'angoisse est nécessaire à toute création. L'angoisse et la douleur. J'aime cette phrase de Nietzsche (11) qui dit que tout homme d'amour est un homme de douleur. Et Proust dit la même chose à propos de Bergotte (12). *« Du fond de quelle douleur avait-il puisé cette capacité illimité de créer ? »*

Yves Saint Laurent reste un moment songeur, puis il se lève pour lire à haute voix le dernier paragraphe d'une page de Proust qui figure dans un petit cadre derrière son bureau : *« On peut presque dire que les œuvres, comme des puits artésiens, montent d'autant plus haut que la souffrance a plus profondément creusé le cœur ».*

Sentiment de solitude : ce sont les mots qui viennent à l'esprit en le regardant. Ensuite, la *citation*, cette fois de Baudelaire (13), revient, complète : *Sentiment de solitude, dès mon enfance. Malgré la famille, — et au milieu des camarades, surtout, — sentiment de destinée éternellement solitaire. Cependant, goût très vif de la vie et du plaisir.*

HECTOR BIANCIOTTI.
Le Nouvel Observateur/Arts-spectacles.

1. Auteur et acteur français du XVIIe siècle, Molière a donné à la comédie ses lettres de noblesse. Dans ces pièces il se moque, parfois avec violence, des hypocrisies, des injustices, des abus de son époque.
2. De Jean Cocteau, auteur du XXe siècle.
3. D'Alfred de Musset, poète et auteur de théâtre français du XIXe siècle.
4. Écrivain irlandais de la fin du XIXe et du début du XXe. Dans ces comédies, il se moque des préjugés sociaux et moraux de son époque.
5. Peintre français du début du siècle ; l'un des principaux représentants du fauvisme.
6. Peintre français du début du siècle. Delacroix a renouvelé la peinture de son temps. Il est considéré comme le chef de l'école romantique.
7. Peintre allemand du début du siècle qui cherche moins à représenter le monde que sa propre relation au monde. Il a été rattaché tantôt à l'école surréaliste tantôt à l'art abstrait.
8. Grands noms de la haute couture.
9. Peintre espagnol du XXe siècle qui exerce sur l'art moderne une influence majeure.
10. Auteur français du début du siècle, Proust a révolutionné l'art du roman.
11. Philosophe allemand de la fin du XIXe siècle.
12. Un des principaux personnages de *A la recherche du temps perdu* de Marcel Proust, Bergotte est un romancier de génie.
13. Poète français du XIXe siècle.

ACTIVITÉS

LA MODE

Aspects économiques.

Le rayonnement français assuré par la haute couture se traduit-il uniquement en terme d'argent ? Sinon en quels autres termes ?

Comment le marché du prêt-à-porter se situe-t-il par rapport à celui de la haute couture ?

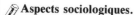**Aspects sociologiques.**

Résumez rapidement l'éditorial (en quelques lignes). De quel ordre sont les transformations — ou révélations — opérées par la mode ?

RECHERCHE.

Observez les mannequins de mode dans les magazines de votre pays. Quelles images du corps proposent-il ?

Retrouvez des magazines vieux de quelques années : ces images — au-delà des modes vestimentaires — ont-elles changé ? En quoi ?

Par écrit, vous donnerez votre opinion sur le pouvoir, prêté à la mode, de modifier les individus.

Aspects artistiques.

Quelles relations Yves Saint Laurent établit-il entre la haute couture et la peinture, le théâtre, l'écriture ?

Après avoir lu l'interview d'Yves Saint Laurent, pensez-vous que la haute couture soit bien un 8e art ? Justifiez votre opinion.

Analyse et critique de lettres

Une lettre correcte

Le Laboratoire du Cheveu   15 boulevard Haussmann, 75008 PARIS
                                      Tél. : 48.24.12.06.03

                                      Mario Coppola
                                      Piazza Degli Arditi, 12
                                      37122 VENEZIA (Italie)

N/Réf. : AP/GD 43

Objet   : N/concessionnaire   Paris, le 20 octobre 19..

Messieurs,

Votre commande n° 208 portant sur des produits capillaires
nous est bien parvenue et nous vous en remercions vivement.

Pour assurer un meilleur service à nos clients, notre réseau
de distributeurs agréés vient d'être complété ; votre pays
est maintenant desservi par :

                   Valentino ESTETICA
                Via S. Maria Fulcorina, 3
                     20/23 MILANO

Nous transmettons donc votre ordre à M.C. Valentino qui
prendra contact avec vous dans les prochains jours.

Ce concessionnaire exclusif tient en permanence à votre
disposition un stock diversifié des différents produits et
est en mesure de vous proposer une assistance technique et
commerciale.

Nous sommes sûrs que, dans cette nouvelle organisation, vous
apprécierez la rapidité de livraison et la possibilité de
recourir aux conseils d'un spécialiste.

Veuillez agréer, Messieurs, l'expression de nos sentiments
dévoués.

                              Le Directeur commercial,

                              A. Piel

Société anonyme au capital de 2 500 000 F. RCS Paris B 321 003 045 - CCP PARIS 92 07 98

ANALYSE DE LA LETTRE CORRECTE (PAGE 57)

● **Le ton de la lettre**

Cette lettre était assez délicate à rédiger du fait que les nouvelles conditions de vente imposées au client vont changer ses habitudes : au lieu d'être en relation directe avec le fabricant, il devra s'adresser à un intermédiaire, le distributeur concessionnaire.

LES DIVERS INTERMÉDIAIRES

1. Les intermédiaires devenant propriétaires des marchandises qu'ils sont chargés de vendre.

- Le concessionnaire   est un commerçant avec qui le fournisseur a conclu un contrat de concession lui réservant l'exclusivité de la vente de ses produits pour un secteur géographique déterminé. Le concessionnaire achète et vend en son nom. Le contrat de concession de distribution peut obliger le concessionnaire à assurer un service après-vente efficace.

- Le grossiste   est un commerçant qui achète des produits en grandes quantités auprès des producteurs ou des importateurs, les stocke et les revend à des détaillants.

- Le franchisé   est un détaillant associé à un producteur, le franchiseur : il reçoit des conseils du franchiseur, bénéficie de la politique de marque (Prénatal, Benetton…) et des actions commerciales ; en contre-partie, il verse au franchiseur un droit d'entrée et le franchiseur prélève une marge sur les produits vendus.
Le système de la franchise se développe.

2. Les intermédiaires ne devenant pas propriétaires des marchandises.

- Le courtier   rapproche simplement l'acheteur et le vendeur, sans s'engager lui-même : il centralise les offres d'achat et de vente et est rémunéré par un pourcentage sur le prix du marché (le courtage).

- Le commissionnaire   achète ou vend pour le compte d'une entreprise ; il intervient souvent dans le commerce d'importation. La rémunération consiste en un pourcentage sur le montant des opérations (la commission).

- L'agent commercial   conclut des opérations de vente au nom et pour le compte d'entreprises auxquelles il est lié par un contrat. Il facture au nom de l'entreprise et est rémunéré par un pourcentage.

2   *Comment convaincre le client ?*

- D'abord, le client doit être persuadé qu'il est l'objet de toute l'attention du fournisseur.

> Employer le "VOUS" plutôt que le "NOUS".

Pour mettre cette préoccupation en évidence :
- *entourez dans la lettre tous les mots "votre" et "vous" ;*
- *soulignez les termes et expressions marquant la déférence, le souci du "service".*

- Ensuite, les avantages, pour le client, du nouveau processus doivent être habilement présentés.

Faites apparaître les arguments avancés en coloriant les membres de phrase voulus.

● **Le style et le vocabulaire.**

3   *Après avoir lu la lettre à haute voix, dites ce que vous pensez du **style** :*

Quelle est la longueur moyenne des phrases ?

Définissez les expressions :

- produits capillaires :

- réseau de distributeurs agréés :

- assistance technique et commerciale :

Relevez les synonymes utilisés :

*Que pensez-vous du **vocabulaire** ? (le trouvez-vous vague ou précis ? ou compliqué ?)*

Un projet incorrect

CRIS

COMITÉ D'ENTREPRISE

Loisirs - Voyages
40 rue du Rhône
GENÈVE - Suisse

Messieurs,

Suite à la dernière délibération du C.E. et en égard d'une enquête auprès du personnel, on a décidé de faire, cette année, le voyage annuel du personnel dans le nord de l'Italie.

Satisfaits des précédents voyages que vous avez organisés pour nous, je vous demande de me dire s'il vous serait possible d'organiser ce voyage, en vous fondant sur les renseignements suivants :

- Date : du 7 mai au matin au 8 mai au soir.
- Nombre de personnes : 123.
- Souhaits : visite du Val d'Aoste,
  des villes de Novare et Varèse,
  du lac de Côme.

Nous vous demandons de bien vouloir nous fixer un rendez-vous pour causer de ce projet et en fixer les conditions.

Je vous prie d'agréer, Messieurs, mes salutations distinguées.

Le délégué "Activités culturelles",   Yves LETRAY

C.E. : Comité d'Entreprise.

> Le **Comité d'Entreprise**, obligatoire dans les entreprises de plus de 50 salariés, est composé de membres du personnel élus par le personnel.
> Cet organe de représentation du personnel a surtout pour fonctions :
> - la gestion des activités sociales et culturelles de l'entreprise (cantine ; loisirs ; voyages...) ;
> - la réglementation des conditions de travail collectives (horaires, congés...) ;
> - les actions de formation du personnel.
> Il a également un rôle consultatif sur le plan économique.

CRITIQUE DU PROJET   Si le projet n'était pas amélioré, il produirait un effet négatif sur le destinataire ; l'image de marque de l'entreprise émettrice en souffrirait.

1 *Fautes de vocabulaire, fautes de style.*

Ce projet comporte d'abord diverses **fautes de vocabulaire**.

• *Corriger l'expression "suite à" qui est incorrecte.*
Exemples (à compléter avec l'une des expressions ci-contre) :
- .... votre lettre, nous vous envoyons la documentation demandée.
- Un compte rendu est présenté .... la réunion.
- Au téléphone, il est incapable de dire plusieurs mots..............
- Ce travail doit être exécuté ....
- .... votre commande, nous expédions ce jour les marchandises.

Suivant les cas, employer :

> . à la suite de *(après)* ;
> . comme suite à *(en réponse à)* ;
> . de suite *(à la file)* ;
> . faisant suite à *(exécutant)* ;
> . tout de suite *(immédiatement)*.

Barrer l'expression "en égard"

| Eu égard à... (une personne) | Compte tenu de... En considération de... } | un fait une personne |

.... des résultats de l'enquête et.................. à la situation de l'employé, l'affaire sera soumise au directeur.

● *Rechercher des synonymes du mot "voyage" :*

● *Barrer le mot "causer" souvent employé - à tort - dans le langage oral à la place de "parler" - Ne pas confondre avec causer = être cause de, provoquer.*

Il ....anglais couramment ; mais cette inattention va lui ....bien des ennuis.

Il faut également corriger les **fautes de style.**

● *Souligner le sujet du verbe principal de chaque phrase.*

● *Dans la deuxième phrase, qui est satisfait du précédent voyage ? les membres du personnel ou le délégué ?*

● *Mettre entre parenthèses les membres de phrase qui alourdissent inutilement la lettre.*

C'est toujours la même personne qui doit s'exprimer : en général "Nous" dans les lettres commerciales, l'auteur représentant son entreprise.

L'adjectif ou le participe présent placé en début de phrase se rapporte au sujet du verbe principal.

Il faut supprimer toutes les informations inutiles au correspondant.

4 | *Présentez une **rédaction améliorée** du projet en utilisant, éventuellement, les points de repère suivants :*

Le voyage....

Vous serait-il possible de l'organiser compte tenu...

Nous vous prions de nous fixer un rendez-vous...

Veuillez agréer...

*Rédigez le texte d'un **télex** sur le même sujet.*

Un mauvais message

Carraro

G. GOZZI
Concessionnaire exclusif

Pépinières POIRIER et Cie
2 rue du Bois-Joly
92000 NANTERRE

Puteaux,
le 18 avril 19 ..

Messieurs,

Je vous confirme mon appel téléphonique du 25 mars relatif à la haie que vous avez plantée autour du parc à voitures au mois de novembre dernier.

Je suis très mécontent du mauvais travail qu'ont effectué vos employés puisque un tiers environ des thuyas n'ont pas repris ; je suis également surpris par votre désinvolture, étant donné que, malgré la promesse de vos services, vous n'avez pas daigné vous déranger. Je vous rappelle que, lors de la commande, vous vous êtes engagés à remplacer tout arbuste manquant.

En conséquence, si vous ne procédez pas à la mise en état de la haie dans les 15 jours, je ferai exécuter le travail par un autre pépiniériste et vous enverrai la facture correspondante.

Je vous adresse, Messieurs, mes salutations.

G. GOZZI

CRITIQUE DE LA LETTRE : TON INADAPTÉ

5 | **Le client est mécontent.**

Ses raisons :

Quelle négligence a-t-il commise ? (étudier les dates).

Le ton de la lettre.

Il est encore temps d'effectuer la plantation. Le client aurait donc dû s'exprimer avec plus de mesure, ménager la susceptibilité de son correspondant et rester courtois.

Barrer dans la lettre les termes et expressions qui ne conviennent pas.

Pourquoi est-il maladroit de menacer le pépiniériste de s'adresser à un concurrent ?

Par ailleurs, la rédaction est monotone : *souligner le sujet du verbe principal de chaque phrase.*

On décide d'appeler d'abord le pépiniériste au téléphone, puis de lui confirmer la conversation par lettre.

6 *Préparez sur une feuille la communication téléphonique et proposez une nouvelle rédaction de la **lettre**.*

Points de repère :   Je vous confirme...
Je vous rappelle que....   Or, lors de la commande...
En conséquence, je vous prie de...
Veuillez...

Travail complémentaire

*Corrigez les fautes commises sur les **symboles** dans le texte ci-dessous et formulez la règle à respecter.*

AVIS AU PERSONNEL

Le Comité d'Entreprise vient d'acheter dix maisons de vacances mobiles à l'intention du personnel.

Ces maisons, placées sur le terrain de camping de Domfront, à 25 kms de Genève, disposent d'un espace propre de 10 x 10 ms.

Tout membre du personnel a droit chaque année à l'usage gratuit d'une maison pendant une ou deux semaines, plus une fin de semaine ; une contribution de 30 Frs est cependant demandée lors de la première réservation pour l'ouverture du dossier.

Les réservations seront attribuées dans l'ordre des inscriptions.

*Rétablissez la **ponctuation** et les **majuscules** dans le texte suivant ; ajoutez les **accents** nécessaires.*

Comité d'entreprise

Messieurs je souhaiterais passer une semaine au cours du mois de septembre dans l'une des maisons mobiles installées a Domfront mes preferences quant a la periode sont les suivantes semaine du 2 au 9 septembre si possible sinon semaine du 9 au 16 la maison sera occupee par 4 personnes ma femme mes deux fils et moi-meme du fait que je n'ai encore jamais profite de cet avantage j'espere qu'il vous sera possible d'effectuer la reservation demandee je vous en remercie par avance veuillez agreer messieurs l'expression de mes sentiments distingues

62

Cas simple.

Des femmes tellement belles, tellement riches, tellement admirées dans leurs robes de rêve...

Leslie Branner

**Vingt-quatre ans.
Américaine
bien roulée.).**

La plus distinguée
— et la mieux sponsorisée —
des disciplines
sportives connaît
des soubresauts
affreux.

Les prix *sont* majorés d'environ 10 %.
Je suis surpris de constater une augmentation.
J'ai *été* surprise de constater une augmentation.

Le participe passé conjugué avec avoir.

J'ai demandé une explication sur cette hausse imprévue.
Elle a demandé une explication sur cette hausse imprévue.

Mais

L'explication qu'elle a demandée sur cette hausse imprévue lui a été aimablement fournie.
L'explication qu'il a demandée sur cette hausse imprévue...

1 | Formulez la règle d'accord du participe passé avec être et avoir.

2 | Les participes passés dans les phrases suivantes sont tous au masculin singulier. *Accordez-les si c'est nécessaire..*

Il m'a demandé si vous aviez retrouvé les lettres que vous avait confié votre grand-mère.
Il aurait été plus simple de demander si les bagages pouvaient être laissé plusieurs jours consécutifs à la consigne. — bagage (left)
Il avait apporté des gâteaux que nous avons mangé au goûter.
Parmi les films que nous avons vu, ceux que nous avons préféré sont les films de science-fiction.
Elle a préféré les vacances passé à l'étranger.
Dans la forêt la plupart des arbres ont été coupé et les forestiers les ont transformé en bois de chauffe.

Comment... CRITIQUER

DANS LA CONVERSATION

Nier une opinion qui vient d'être exprimée.

- Permettez-moi de ne pas être d'accord avec vous sur ce point.
- Je ne suis pas d'accord avec vous.
- (Ah bon ?) Vous croyez ? J'aurais plutôt pensé que...
- Non | je ne crois pas que...
      | ce n'est pas vrai,
- | tu as tort.
- Ah non alors !
- Je ne suis pas (du tout) d'accord.

Nier une affirmation vous concernant.

Par exemple : Vous êtes bien le chef du personnel ? Vous êtes le fils de Madame Durand ?
- Vous vous trompez.
- Absolument pas.
- Vous faites erreur.

Émettre un jugement nuancé à propos d'une opinion qui vient d'être exprimée.

- Je suis bien d'accord avec vous sur ce point. Cependant, en ce qui concerne cet autre point...
  j'aurais plutôt pensé que...
- Soit (prononcez : souat'). Pourtant je ne suis pas d'accord quand | tu dis que...
  | vous dites que...

Admettons	Cependant	je dirais plutôt que
		je pencherais plutôt pour | une autre solution
		| une autre explication.
Bon admettons	Pourtant	je crois que...
Bon d'accord	Mais	j'ai entendu dire au contraire que...

Jeu de rôle

▲ *Trois personnages interviennent dans la réunion du Comité d'entreprise CRIS.*
— X propose un voyage organisé aux Baléares. Il donne une raison à son choix.
— Y nie l'argument qui vient d'être avancé.
— Z exprime une critique nuancée de la position de X.

Pour ou contre cette affirmation : l'argent n'a rien à voir avec le sport.
— A est pour.
— B est contre.
— C reprend à son compte des arguments avancés par A et B et donne son opinion.

Monsieur Bourgeois, représentant en parfums, présente dans une parfumerie un nouveau modèle.
— Monsieur Bourgeois : trois arguments en faveur de son produit.
— La responsable de la parfumerie : arguments contre.
— Monsieur Bourgeois : nouveaux arguments répondant à ceux de la responsable.
— Réponse de la responsable de la parfumerie.

Fils de famille

Sur la page de couverture, un adolescent vous regarde. Visage d'ange, pensez-vous tout d'abord, puis aussitôt, tête à claques ! Et vous vous demandez soudain pourquoi l'élan qui vous portait vers la beauté de ce visage s'est soudain mué en répulsion. C'est simple, vous avez été saisi par l'harmonie des traits puis le regard a jailli et vous a repoussé, un regard accusateur, dont l'expression met mal à l'aise, auquel on voit bien que rien n'échappe.

François-Marie Banier
Balthazar, fils de famille
Gallimard éd., 260 p.

Alors, pour en savoir plus long, ou simplement tromper ce qui vous trouble à ce point, vous tournez la page et lisez cette phrase : « *Que l'Arc de Triomphe soit au bout de l'avenue ne me fait ni chaud ni froid.* » Vous venez de tomber dans un grand livre.

Balthazar, fils de famille est l'histoire d'un dressage raté. Car l'adolescent hait sa famille, son père surtout qui incarne l'autorité stupide. Quand il parle de lui, il dit Klimt, comme on dirait Dupont pour désigner un autre. Klimt du reste n'est pas son vrai nom. Il se l'est acheté, comme son commerce de meubles, comme sa conduite, comme sa femme qu'il couvre de bijoux et de vêtements chers. Klimt, c'est le clinquant. « *Son idéal, être donné en exemple et envié. Avoir la plus belle femme, la plus belle voiture, les enfants les plus intelligents.* » C'est le type même du maniaque, de l'homme en compétition, du petit tyran familial qui plie l'échine devant plus fort que lui ou simplement devant l'image de l'autorité, mais qui brime les siens lorsqu'il rentre chez lui. Quand il lui prend de corriger Balthazar, et les occasions ne lui manquent pas de le remettre dans le droit chemin, il agit beaucoup plus qu'en gendarme. Que sous le coup d'une gifle, la tête de Balthazar vienne à cogner contre un meuble, c'est le bois qu'il ira caresser de la main pour vérifier qu'il n'est pas abîmé. On sent cet homme prêt à tuer son propre fils pour un bibelot brisé.

Quant à la mère de Balthazar, c'est simplement un bel objet parmi les autres. Entretenir soigneusement sa beauté, c'est là son seul souci. Parfois, immergé dans son désespoir, Balthazar lui écrit une lettre, espérant qu'ainsi elle acceptera de lire en secret ce qu'elle refuse de s'entendre confier. Le lendemain, l'enfant retrouve la lettre dans la poubelle. Elle n'a même pas été décachetée. La famille Klimt ignore totalement ce qu'est une relation, elle ne connaît que les rapports. « *Ils prétendent qu'ils m'ont eu par amour. Ils m'ont eu pour eux, comme un objet.* » Le mot est lâché et il ne faut point s'y tromper, à travers le regard atrocement lucide que pose le jeune homme sur les siens, c'est beaucoup plus que le réquisitoire[1] d'un mode d'existence qui est dressé dans ce livre, c'est celui d'une société.

Claude Margat

La quinzaine littéraire
16/31 janvier 86.

1. Procès vigoureux.

---

1 Dans l'introduction, l'auteur analyse non pas l'ensemble du livre mais la couverture. *Pourquoi ?*

Quel effet produit cette introduction sur le lecteur ?

2 Dans le corps du texte Claude Margat *(cochez d'une croix les bonnes réponses)*

☐ raconte l'histoire ;

☐ analyse les personnages de l'histoire ;

☐ analyse les rapports entre Balthazar (celui qui, dans le livre, raconte l'histoire) et ses parents ;

☐ guide la lecture du livre en donnant un sens général à l'histoire ;

☐ raconte des anecdotes contenues dans le livre ;

☐ entretient le mystère pour donner envie de lire le livre.

3 *Relevez les mots, les adjectifs, les expressions par lesquels l'auteur de l'article porte un jugement sur le livre.*

Ce jugement porte-t-il sur ce qui est raconté dans le livre ? Sur la manière dont l'histoire est racontée ? (Expliquez l'insistance mise sur le nom de Klimt).

4 *Pourquoi Claude Margat cite-t-il des phrases du livre de François-Marie Banier ?*

5 *A la lecture de cet article, diriez-vous que critiquer un livre c'est* (rayez les mentions qui vous paraissent inadaptées) : relever ce qui ne va pas dans un livre — mettre en cause un auteur — expliquer un livre - donner aux lecteurs l'envie de lire un livre - indiquer le sens d'un livre - raconter l'histoire contenue dans un livre.

6 *Faites le plan de cet article, c'est-à-dire :*
résumez en quelques mots l'introduction ;
indiquer les différentes parties du développement et, brièvement, ce qu'elles contiennent ;
résumez la conclusion.

7 A votre tour, en vous inspirant de ce plan et des expressions, relevées en **3** , grâce auxquelles un auteur exprime un jugement, *vous ferez la critique d'un livre que vous avez lu, d'un film que vous avez vu ou d'un match auquel vous avez assisté.*

8 De la même manière, faites, par écrit, la critique de cette image publicitaire.

DIM S.A. PUBLICISTE

Communiquer c'est vivre

Télex, télétex, télécopie et la suite : un mode d'emploi

par Jacques Meaudre

Le télex compte 100 000 abonnés en France (+ 8 % par an). Son évolution récente, sous le signe du microprocesseur, en simplifie beaucoup l'emploi.

Cet outil permet à plus de 1,5 million d'abonnés dans le monde de communiquer 24 heures sur 24 plus rapidement qu'avec le téléphone, tout en conservant une trace écrite du dialogue. Il présente de nombreux avantages : un même texte peut être transmis à plusieurs destinataires sans être recomposé, le message peut être reçu en l'absence du correspondant, le codage des informations est standardisé internationalement, ce qui élimine les problèmes de compatibilité. L'inconvénient principal est une vitesse de transmission assez faible (400 caractères à la minute).

Les qualités et les défauts du télex en font un outil idéal pour transmettre des instructions importantes, courtes et précises. Divers perfectionnements sont en préparation qui en amélioreront sensiblement l'usage : vitesse de transmission quadruplée, code plus riche, informatisation plus poussée des terminaux.

• Le télétex est le dernier-né des procédés de transmission de l'écrit. Il utilise une ligne téléphonique pour acheminer des messages, d'une console de traitement de texte à une autre (...) C'est le plus rapide de tous : dix-huit secondes pour transmettre un document par le réseau téléphonique, moins de dix secondes par le réseau Transpac. Les textes sont transférés de mémoire à mémoire, ce qui n'exige donc pas la présence d'aucun des deux correspondants.

Il est évident que la fonction télétex se développera et se trouvera sur la plupart des micro-ordinateurs. Le service télétex peut être connecté sur le réseau télex, de façon à atteindre un correspondant étranger qui ne possèderait qu'un terminal téléimprimeur.

Le télétex convient parfaitement à la transmission rapide de documents dactylographiés. C'est un système très sûr, sans aucun risque d'erreur. Il constitue un outil idéal pour la diffusion en masse d'informations du type mailing ou notes de service, à l'intérieur comme à l'extérieur de l'entreprise.

• La télécopie. Le dessin du jour, dans *Le Figaro,* a sans doute été transmis téléphoniquement au journal par Jacques Faizant, de sa maison de campagne. La télécopie est une « photocopie par téléphone ». C'est la seule technique qui autorise aujourd'hui la transmission de graphiques. Le télécopieur analyse le document à photocopier (texte, photo, graphique) et transmet le résultat à un autre télécopieur qui reconstitue le document original (...)

Des travaux en cours laissent prévoir la possibilité d'échanges de données entre le télétex et la télécopie. A terme, un document analysé par télécopieur pourrait être retransmis et reproduit sur l'écran d'un terminal télétex.

Toutes ces nouveautés ont donné naissance à un concept plus riche que celui de courrier : la messagerie ou boîte aux lettres électronique. Elle se définit comme un système informatique qui désynchronise la communication entre l'émetteur et le destinataire. Elle permet de stocker les informations, de les traiter, de diffuser une information en même temps vers plusieurs destinataires, d'échanger enfin des messages entre divers types de terminaux, télex, télétex, télécopieur.

Le système idéal de l'avenir, accessible par abonnement, permettra la transmission quasi instantanée de messages écrits à partir de n'importe quel point du globe. Il n'exigera pas la disponibilité simultanée du destinataire et de l'expéditeur. Il garantira la sécurité dans la transmission et l'authentification du message, ultérieurement son inviolabilité. Les systèmes de messagerie qui apparaissent ou qui vont apparaître sur le marché prendront donc en compte les différents terminaux existants dans l'entreprise (télex, télécopie, Minitel, terminaux télétex, etc.) La perspective dans laquelle travaillent les PTT et des firmes comme Thomson avec son système Edith est d'aboutir à un poste de travail unique et intelligent capable d'uniformiser le travail et d'y intégrer de l'informatique (traitement de texte, mémoire, gestion de fichier, etc.).

L'Expansion. Nov.-Déc. 85.

PUBLICITÉ

Phone Marketing est « le leader incontesté de l'utilisation commerciale du téléphone » (Stratégies, janvier 86). Les applications créatives les plus originales ont été créées par Phone Marketing pour ses clients : prospection, vente directe, création de trafic en magasins, fidélisation de clients, lancement de produits, détection d'acheteurs... Phone Marketing a reçu, en 1984 et 1985, le Prix de la Meilleure Campagne Commerciale d'utilisation du Téléphone. L'expérience de Phone Marketing est donc pour votre entreprise une garantie de succès.
L'Expansion n° 285.

NOUVELLE NUMÉROTATION

• Tous les numéros de téléphone ont désormais 8 chiffres.

• La France est divisée en deux zones, la province et l'Ile-de-France.

Pour téléphoner à l'intérieur de chaque zone, il suffit de composer les 8 chiffres du numéro.

Pour téléphoner de province en Ile-de-France, composez le 16-1 + 8 chiffres.

Pour téléphoner de l'Ile-de-France en province, composer le 16 + 8 chiffres.

Pour téléphoner de France à l'étranger, composer le 19 et, après la tonalité, l'indicatif du pays et le numéro de votre correspondant.

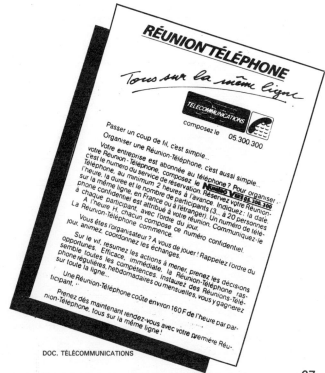

DOC. TÉLÉCOMMUNICATIONS

La Bureautique

• Qu'est-ce que c'est ?

On désigne par ce mot l'ensemble des projets de réorganisation du travail de bureau en fonction des contraintes nouvelles apportées par une économie moderne. Les machines à écrire dotées d'une mémoire, les mini-ordinateurs avec plusieurs postes de travail (terminaux écran/clavier et imprimante), les machines de traitement de texte (un écran, un clavier, une imprimante) sont les principaux éléments de cette réorganisation.

• Est-ce cher ?

Les récents progrès techniques accomplis tant sur le plan de l'intégration des composants (ex : microprocesseur) que sur l'imbrication de plus en plus poussée des techniques informatiques et de télécommunication ont entraîné une notable baisse des coûts.

• Est-ce rentable ?

La bureautique améliore la qualité du travail de bureau. Elle permet :
— de présenter des informations et des documents plus soignés ;
— d'établir des lettres types, restituées autant de fois que nécessaire, modifiées selon les destinataires (on peut changer le découpage en paragraphes et en pages, insérer des phrases nouvelles, des noms et adresses différents à chaque restitution) : tout ceci au moyen de quelques commandes simples et dans un temps très court ;
— de réduire, donc, les délais de réponse aux événements ; de faciliter la communication au sein de l'entreprise, entre l'entreprise et son environnement ;
— d'offrir des informations fiables : grâce aux possibilités de modification des textes, les rectifications et l'actualisation des informations sont plus aisées ;
— de multiplier, stocker, comparer les données numériques, textuelles et graphiques permettant d'analyser une situation : les décisions sont prises alors en toute connaissance de cause.

	Courrier traditionnel	Télex	Télétex	Télécopie
Réseau	Postal	Télex	Téléphone ou Transpac	Téléphone
Marché dans le monde	—	1 500 000	—	1 000 000
Marché en France	—	120 000	1 200	40 000
Progression annuelle	—	8 %	—	40 à 50 %
Prix d'achat (en francs)	—	De 30 000 à 55 000	De 50 000 à 90 000	De 16 000 à 40 000
Prix de location (en francs par mois)	—	De 750 à 1 400	—	De 700 à 800
Coût de transmission d'un message (en francs)	De 2,10 à 16 (France) ; de 2,10 à 85 (étranger)	0,75 pour 36 ou 18 secondes (France) ; 0,80 à 1,70 les 6 secondes (étranger)	0,74 à 1,58 par page	0,74 à 7,40 par page
Délai de transmission	De 2 à 8 jours	Instantané : 400 caractères à la minute	Instantané : de 10 secondes par page A4	Instantané : 35 secondes à 3 minutes pour une page
Entrée des données	Document écrit ou dactylographié	Clavier	Clavier	Aucune saisie
Sécurité de transmission	Risque de perte ou retard	Aucun risque	Aucun risque	Aucun risque
Comptabilité	Aucune comptabilité	Entre tous les télex Avec tous les télex	Entre toutes les machines Télétex Avec le télex	Entre tous les télécopieurs
Fabricants français		Sagem Télix-Alcatel (Sintra)	Sagem, Silintel, Télix-Alcatel, CGCT, Bull	Thomson-CSF Téléphone Télic

DOC. P.T.T.

ACTIVITÉS

Vous devez organiser les bureaux d'une petite entreprise : *présentez votre projet.*

Défendez le projet que vous venez d'élaborer auprès des responsables en expliquant l'intérêt de la bureautique dans ce cas précis.

Dans un court texte de style journalistique, *vous résumerez les changements provoqués par les nouveaux moyens de communication et vous donnerez votre opinion à ce sujet.*

Organisez une réunion téléphone dans votre classe. L'un de vos correspondants au moins est en France.

Le courrier répétitif

Les deux lettres que vous avez dû améliorer dans le dossier précédent :
- *lettre du Comité d'entreprise CRIS à Loisirs Voyages,*
- *lettre du concessionnaire Carraro aux Pépinières Poirier et Cie,*

étaient des *messages uniques,* conçus pour une situation particulière. Ces textes ne pourront donc être réutilisés.

Mais, dans l'entreprise, la grande masse du courrier est un courrier répétitif, c'est-à-dire un courrier :
- composé de **textes fixes** valables dans toutes les situations du même type,
- avec insertion de **renseignements variables**, spécifiques à chaque correspondant.

Ainsi, dans les services commerciaux, la plupart des problèmes à traiter sont répétitifs : accusés de réception de commande, réponse aux réclamations concernant les livraisons, la facturation, réclamations pour retards de règlement...

Lorsque, pour un même problème, les cas différents sont peu nombreux, on a intérêt à rédiger une **lettre type.**

Par contre, si les situations sont très variées, plutôt que de concevoir une lettre complète pour chaque cas, on prévoit les différents paragraphes nécessaires : **paragraphes standards ;** pour réaliser chaque lettre, on choisit alors les paragraphes adaptés à la situation.

L'utilisation de lettres types

On peut disposer :

- d'un **modèle de lettre** que l'on copie à la machine à écrire (MAE) en insérant les renseignements variables.
  Dans ce cas, la lettre est bien présentée, facile à réaliser, mais le travail de dactylographie subsiste.

- de **lettres préimprimées** sur lesquelles on reporte les mentions variables à la main ou à la MAE *(voir un exemple en page suivante).*
  Dans ce cas, la présentation est médiocre, mais le temps passé - donc le coût - est très réduit ;

- de **lettres enregistrées sur une machine de traitement de texte** (MTT) : il suffit d'appeler au clavier le numéro attribué à la lettre pour obtenir l'édition du texte fixe, la machine s'arrêtant dès qu'une mention variable doit être introduite au clavier *(voir un exemple en page suivante).*
  La présentation est alors parfaite et le coût réduit.

La même lettre établie sur MTT.

Hôtel de la Riviéra

Tél. : (010) 880 421

Via C. Menotti, 83
16100 GENOVA

Monsieur et Madame JEANDILLOU
5, rue de la Brégère

87000 LIMOGES

Genova,
le 4 novembre 198..

V/Réf. : V/ appel du 30/10
        V/ lettre du 2/11
N/Réf. : JT 830
Objet : V/ réservation

Monsieur, Madame,

Nous vous remercions pour votre demande de réservation et pour votre chèque de 500 F envoyé à titre d'arrhes.

Nous vous confirmons donc la réservation

d'une chambre double avec salle de bain sur cour

pour les 20 et 21 novembre

au prix de 650 F la nuit.

Par avance, nous vous souhaitons un agréable séjour.

Veuillez agréer, Monsieur, Madame, l'expression de nos sentiments dévoués.

Le responsable de l'accueil

J. TIBERTI

Une lettre-type complétée à la main.

Hôtel de la Riviéra

Tél. : (010) 880 421

Via C. Menotti, 83
16100 GENOVA

Monsieur et Madame JEANDILLOU
5 rue de la Brégère
87 000 Simoges

Genova,
le 4 novembre 19..

V/Réf. : V/ appel du 30/10
        v/ lettre du 2/11
N/Réf. : JT 830
Objet : V/ réservation

Monsieur, Madame,

Nous vous remercions pour votre demande de réservation et pour votre chèque de 500 F envoyé à titre d'arrhes.

Nous vous confirmons donc la réservation
d' une chambre double avec salle de bain, sur cour

pour les 20 et 21 novembre

au prix de 650 F la nuit.

Par avance, nous vous souhaitons un agréable séjour.

Veuillez agréer, Monsieur, Madame, l'expression de nos sentiments dévoués.

Le responsable de l'accueil

J. TIBERTI

Alain Piétri
5, rue Lucien Bonaparte
20000 AJACCIO

Ajaccio, le 20 nov. 198.

Vidéo-20 Club
20, rue des Pyrénées
75020 PARIS

Messieurs,

Le 18 octobre, je vous ai envoyé un chèque (Société-Générale n° 6868768) d'un montant de 480 F correspondant à l'abonnement à la revue Vidéo-20 pour 1 an.

Or à ce jour je n'ai pas encore reçu le numéro de novembre.

Je vous prie donc de bien vouloir vérifier si ma demande a été correctement enregistrée.

Veuillez agréer, Messieurs, mes meilleures salutations

A. Piétri

n° 12 92 20 à partir décembre (n° 512)

André Touchard
10, rue Péan
28200 Chateaudun

Chateaudun,
le 18 novembre 198.

Messieurs,

Abonné à Vidéo-20 sous le numéro 06.123.28, je n'ai pas encore reçu le numéro de novembre alors qu'il est en vente dans les kiosques depuis le début du mois et que mon abonnement doit être servi jusqu'en juin prochain.

Je vous remercie de bien vouloir me l'adresser au plus tôt.

Recevez, Messieurs, mes salutations distinguées.

Touchard

Le service a bien été assuré

TORCY Jean-Marc
18 avenue de la Marne
08200 SEDAN

Sedan, le 21 novembre

Monsieur le Directeur
Vidéo-20 Club
20 rue des Pyrénées
75020 PARIS

Erreur d'enregistrement (6 mois du lieu de 1 an)

Monsieur le Directeur,

Je suis très étonné de n'avoir pas reçu les deux derniers numéros de la revue Vidéo-20 ; par contre, vous m'avez adressé vos formules habituelles pour le réabonnement.

Or, j'ai renouvelé mon abonnement début mars (n° 08.24.08) pour un an et vous ai envoyé un mandat-carte de 480 F.

En conséquence, je vous serais reconnaissant de me faire parvenir les numéros d'octobre et de novembre et de faire le nécessaire pour que je reçoive normalement les numéros ultérieurs.

Je vous prie d'agréer, Monsieur le Directeur, l'expression de mes sentiments distingués.

J.M. Torcy

71

La rédaction des lettres types

2 | *Vérifiez que les lettres types présentées respectent bien les **règles de rédaction** ci-dessous.*

> ### LA RÉDACTION D'UNE LETTRE TYPE
>
> - La trame de la lettre ne comporte que des **informations permanentes,** valables pour tous les correspondants placés dans la même situation.
>
> - Les **mentions variables** doivent être réduites au minimum et, dans la mesure du possible, placées :
>
>> - en référence ;
>> - en énumération ;
>> - en fin de phrase ou de paragraphe.

3 | ***Complétez le texte*** *de la lettre type ci-dessous qui permettra de répondre aux abonnés en cas d'erreur d'enregistrement de l'abonnement (erreur de durée de l'abonnement) . Testez votre projet en répondant à la troisième lettre reçue (page précédente).*

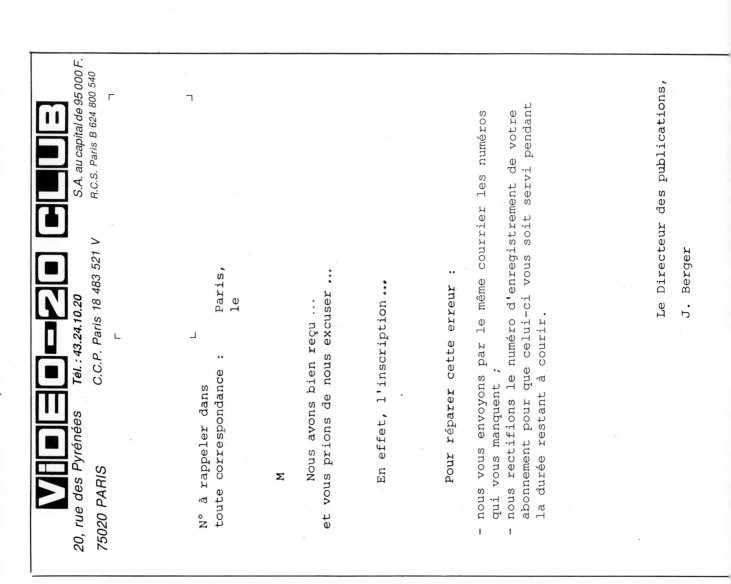

VIDEO-20 CLUB

S.A. au capital de 95 000 F.

R.C.S. Paris B 624 800 540

Tél. : 43.24.10.20

C.C.P. Paris 18 483 521 V

20, rue des Pyrénées

75020 PARIS

N° à rappeler dans
toute correspondance :

Paris,
le

M

Nous avons bien reçu ...
et vous prions de nous excuser ...

En effet, l'inscription ...

Pour réparer cette erreur :

- nous vous envoyons par le même courrier les numéros qui vous manquent ;
- nous rectifions le numéro d'enregistrement de votre abonnement pour que celui-ci vous soit servi pendant la durée restant à courir.

Le Directeur des publications,

J. Berger

ViDEO-20 CLUB

20, rue des Pyrénées Tél.: 43.24.10.20 S.A. au capital de 95 000 F.
75020 PARIS C.C.P. Paris 18 483 521 V R.C.S. Paris B 624 800 540

N° à rappeler dans
toute correspondance : Paris,
le

M

Le service de votre abonnement à Vidéo-20,
enregistré sous le numéro indiqué en référence, a été
normalement assuré. La revue qui ne vous est pas
parvenue s'est donc égarée en cours de transport.

Pour vous être agréable, nous vous remettons
ci-joint le numéro qui vous manque.

Cependant, si le cas se reproduisait, vous
voudriez bien adresser une réclamation au receveur
des PTT de votre commune.

Veuillez agréer, M   nos salutations
empressées.

Le Directeur des publications,

J. Berger

ViDEO-20 CLUB

20, rue des Pyrénées Tél.: 43.24.10.20 S.A. au capital de 95 000 F.
75020 PARIS C.C.P. Paris 18 483 521 V R.C.S. Paris B 624 800 540

N° à rappeler dans
toute correspondance : Paris,
le

M

Nous vous remercions pour votre lettre et avons
le plaisir de vous informer que votre abonnement à
Vidéo-20 a été enregistré sous le numéro indiqué en
référence.

Le service de la revue sera donc assuré à
partir du n°   (mois de   ).

Nous vous souhaitons de passer de bons moments
avec nous.

Veuillez agréer, M   l'expression de
nos sentiments dévoués.

Le Directeur des publications

J. Berger

L'utilisation de paragraphes standards

Le mot **standard** peut prendre, ou non, l's au pluriel suivant qu'on le considère comme un mot francisé ou comme un adjectif d'origine anglaise.

La Société Vidéo-20 Club reçoit fréquemment des chèques mal rédigés qu'il faut retourner aux abonnés (en leur précisant la nature de l'erreur pour qu'ils établissent un nouveau chèque correct).

Exemple de chèque incorrect (absence de la date)

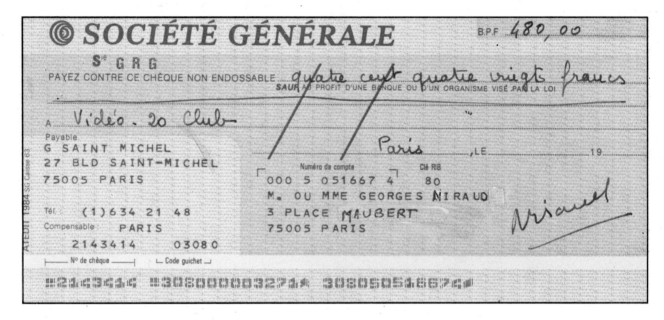

LE CHEQUE

Le chèque est un écrit par lequel le titulaire d'un compte appelé **tireur** (*M. ou Mme G. NIRAUD*) donne l'ordre au **tiré** qui a reçu des fonds (*la banque : Société Générale*) de payer une somme déterminée à un **bénéficiaire** (*Vidéo-20 Club*).

Pour que le chèque soit valable, i l doit comporter les mentions obligatoires suivantes :

montant en chiffres et en lettres, nom du bénéficiaire, date, signature du tireur.

De plus, il ne doit pas comporter de ratures et il doit être lisible.

Dans ce cas, on peut décider d'utiliser des paragraphes standard pour réaliser la lettre à l'abonné.
Il y a deux présentations possibles :

1. Lettre comportant des paragraphes à cocher.

Dans ce cas, il suffit de cocher *à la main* les paragraphes voulus. Le procédé est très rapide, mais la présentation est médiocre, la lettre n'étant pas bien personnalisée. De plus, il peut arriver que tous les cas n'aient pas été prévus sur la lettre.

4 | *Complétez la **lettre avec paragraphes à cocher** présentée ci-contre pour répondre au client Niraud (voir chèque ci-dessus) : il s'agit d'un réabonnement (n° 09.240.3).*

VIDÉO-20 CLUB
20, rue des Pyrénées   Tél.: 43.24.10.20   S.A. au capital de 95 000 F.
75020 PARIS   C.C.P. Paris 18 483 521 V   R.C.S. Paris B 624 800 540

N° à rappeler dans
toute correspondance :   Paris,
                                le

PJ : un chèque.

M

Nous vous remercions de votre demande

☐ d'abonnement ⎫
☐ de réabonnement ⎬ à la revue Vidéo-20.

Cependant, nous ne pouvons accepter votre chèque pour
le motif coché dans la liste suivante :

☐ la somme écrite en toutes lettres est illisible
  ou erronée ;

☐ votre chèque est surchargé ou raturé ;

☐ le montant en chiffres ne correspond pas au montant
  en lettres ;

☐ la somme que vous nous adressez ne correspond pas
  au montant de l'abonnement prévu ;

☐ la date est erronée ou omise ;

☐ votre chèque n'est pas signé.

Nous vous remercions d'établir un nouveau chèque et de
nous le retourner le plus rapidement possible.

Veuillez agréer, M., nos salutations empressées.

Le Directeur des publications,

J. Berger

2. Utilisation d'une bible de paragraphes :

Si l'on désire personnaliser le mieux possible le courrier aux abonnés, on pourra établir la liste des paragraphes nécessaires pour réaliser toutes les lettres ; cette liste est appelée **"liste des paragraphes"** ou, de préférence, **"bibliothèque de paragraphes"** ou **"bible de paragraphes"**.
Consulter en page suivante la bible "renvoi de chèques incorrects".

Avantages de ce procédé :

- il est possible à tout moment de modifier un paragraphe, d'ajouter les paragraphes correspondant à des situations non prévues à l'origine ;

- la numérotation des paragraphes facilite le travail du rédacteur : il lui suffit de noter en marge de la lettre reçue sur un imprimé spécialement préparé (**Fiche de courrier**) le numéro des paragraphes à utiliser.

Remarque :

- la bible de paragraphes peut être utilisée à des postes de travail traditionnels (présentation de la lettre sur MAE) ;

- Cependant, c'est sur machine de traitement de texte que ce procédé est le plus intéressant : à partir de la fiche courrier établie préalablement, il suffit d'appeler au clavier le numéro des paragraphes choisis et d'insérer les mentions variables à l'endroit voulu pour obtenir une lettre parfaitement présentée et personnalisée, sans aucune faute de frappe.

BIBLE DE PARAGRAPHES :
RENVOI D'UN CHÈQUE INCORRECT.

01	N° à rappeler dans toute correspondance :
02	PJ. : un chèque
03	Monsieur,
04	Madame,
05	Mademoiselle,
06	Messieurs,
10	Nous vous remercions pour votre demande d'abonnement du... à la revue Vidéo-20
11	Nous vous remercions pour votre demande de réabonnement du ... à la revue Vidéo-20
20	Cependant, nous ne pouvons l'enregistrer définitivement car le chèque transmis n'est pas correctement établi et serait refusé par la banque :
200	la somme écrite en toutes lettres est illisible.
201	le montant écrit en toutes lettres doit correspondre au montant en chiffres, soit ...
202	le montant en chiffres doit correspondre au montant en lettres, soit...
203	la somme que vous nous adressez ne correspond pas au montant de l'abonnement prévu, soit...
204	il est surchargé.
205	il est raturé.
206	la date est erronée.
207	la date est omise.
208	il n'est pas signé.
30	Nous vous remercions d'établir un nouveau chèque et de nous le retourner le plus rapidement possible.
40	Veuillez agréer, M., nos salutations empressées.
	Le Directeur des Publications, J. Berger.

5 *A partir de la **fiche courrier** ci-dessous, composez la lettre demandée.*

FICHE COURRIER : **RENVOI D'UN CHEQUE INCORRECT**

Destinataire
> M. Pierre DUPONT
> 18, rue de Londres
> 62 100 CALAIS

N° 50 621 48

Paragraphes :

(03) 04 05 06

10 ⟶ Date de la lettre reçue :

(11) ⟶ Date de la lettre reçue : 21 novembre

(20)

200 (201) 202 203 ⟶ Montant : 480 F

204 205 206 207 208

(30)

(40)

La rédaction de paragraphes standards

LA RÉALISATION D'UNE BIBLE DE PARAGRAPHES

• **Organisation de la bible.**
   Pour chaque type de lettre, rédiger tous les paragraphes nécessaires en les regroupant par niveaux :
   (début de lettre, introduction,... conclusion).

• **Rédaction.**
   - Ne traiter que d'une idée par paragraphe (paragraphe-idée).
   - Veiller à ce que l'assemblage de paragraphes donne une lettre agréable, non monotone.

---

6 *Vérifiez que, dans la **bible** présentée, les règles exposées ci-dessus sont bien respectées.*

7 ***Compiétez la bible** selon les indications suivantes :*

- Prévoir un paragraphe (n° 31) pour conseiller aux abonnés ayant demandé une date de départ de l'abonnement très prochaine d'envoyer leur nouveau chèque par retour du courrier pour éviter tout retard du début du service.

- Même objectif, pour le paragraphe n° 32, dans le cas d'un réabonnement pour éviter toute interruption duservice de la revue.

- Les abonnés ayant tendance à oublier de rappeler leur numéro d'abonné (alors que les fichiers sont classés d'après ce numéro et non d'après le nom de l'abonné), rédigez un paragraphe (n° 33) insistant sur l'importance du rappel du numéro en tête de tout courrier.

Tester ces textes en composant oralement diverses lettres.

Ex :   . pour une demande d'abonnement devant débuter le mois prochain, une personne envoie un chèque où la somme est illisible.
*   . pour une demande de réabonnement, un abonné a envoyé un chèque du montant de l'ancien tarif (450 F au lieu de de 480 F).*

Travail complémentaire

1 A l'Hôtel de la Riviera, certains clients, au lieu de prendre contact d'abord par téléphone écrivent pour demander une réservation.

Rédigez la lettre type qui, dans ce cas, permet au responsable de l'accueil d'indiquer aux clients francophones la **possibilité de réservation**, *celle-ci ne devenant ferme qu'après versement des arrhes (à demander par retour du courrier).*

Les avances sur commande

. **Acompte** : paiement partiel à valoir sur une somme due.
Lors du règlement définitif, le montant de l'acompte est déduit du total de la facture.

. **Arrhes** : somme d'argent versée lors de la conclusion d'un contrat pour en garantir la réalisation. En effet, si le client décide de rompre le contrat (ne pas acheter ou ne pas louer par exemple), il perd les arrhes ; si la rupture du contrat est le fait du vendeur, il doit rembourser les arrhes et en plus verser au client une somme équivalente.

Plan proposé :
- Accusé de réception de la lettre (remercier ; rappeler la date et l'objet de la lettre)
- Possibilité de réservation de ... pour le ... au prix de ...
- Réservation ferme après versement de ... à titre d'arrhes
- Demande de réponse par retour du courrier
- Espoir d'avoir le plaisir de confirmer prochainement la réservation.

Rédigez la lettre type qui sera adressée aux clients ayant annulé la réservation et demandé le remboursement des **arrhes**. *(Les arrhes ne seront pas remboursées, mais elles pourront être reportées sur une nouvelle réservation effectuée dans un délai de 6 mois, par exemple).*

2

Plan proposé :
- Accusé de réception de la lettre d'annulation de la réservation (date, type de chambre, durée).
- Impossibilité de répondre favorablement à la demande de remboursement des arrhes.
- Cependant, proposition de report de ces arrhes sur une nouvelle réservation à condition qu'elle soit effectuée dans un délai de…
- Offre de service.

Les arrhes - deposits

Faisons le point sur ... QUELQUES PROPOSITIONS RELATIVES

La proposition relative sert, comme un adjectif, à préciser le sens d'un nom.

Exemple : La revue qui *ne vous est pas parvenue* s'est égarée en cours de transport.

La *revue* ne vous est pas parvenue. *Elle* s'est égarée en cours de transport (p. 73).

Avec la relative, on évite la répétition du mot ou l'utilisation du pronom personnel.

Transformez en relatives :

1 • Nous avons lu avec attention votre lettre. Elle nous est parvenue hier.

........*La lettre que nous avons lu avec attention nous est parvenu hier*.........

....

2 • Nous avons reçu votre lettre. Nous l'avons lue avec attention.

....

....

3 • Nous vous envoyons ce catalogue. Vous nous l'avez demandé.

....

....

4 • Nous vous envoyons notre catalogue. Il est à jour.

....

....

5 • Nous vous offrons ces fleurs. Elles viennent des Tropiques.

....

....

6 • Je reconnais votre fille. Pourtant, je ne l'ai pas vue depuis longtemps.

....

....

7 • J'ai rencontré votre fille. Elle ne m'a pas reconnu.

....

....

8 • Il la remercie pour le colis. Ce colis lui a fait grand plaisir.

....

....

9 • Il la remercie de ce colis. Il l'a reçu hier.

....

....

10 • Je vous apporterai ce dossier. Il est maintenant complet.

....

....

11 • Je vous apporterai votre dossier. Je l'ai entièrement relu.

....

....

12 • Nous vous prions d'assister à cette fête. Nous l'organisons pour l'anniversaire de Jean.

....

....

Comment... REMERCIER

1   Dans les lettres p. 70, 71, 73, *relevez les formules de remerciements.*

Donnez un exemple, pris dans ces lettres, *d'un remerciement exprimé à l'avance* (avant que le client ait obtenu réellement satisfaction).

A quel temps est le mode ? Pourquoi ?

Chers amis,

La manière dont vous nous avez accueillis nous a beaucoup touchés et je tenais à vous remercier encore pour ce délicieux séjour.

Nous sommes rentrés sans encombre à Paris où, comme toujours, il pleut. Nous attendons déjà Noël et le plaisir de vous recevoir à notre tour.

Mille fois merci, et de tout cœur, pour votre gentillesse.

Nous vous embrassons.

Patrick et Joëlle.

---

2   *Quelle différence essentielle voyez-vous entre cette manière de remercier et celle utilisée dans les lettres commerciales ?*

Relevez les expressions différentes.

Construction du verbe « remercier ».

Nous vous remercions	de la confiance que vous nous accordez.
	d'être venu malgré vos obligations.
	de m'avoir épargné ce contretemps.
	des bonnes nouvelles que vous nous apportez.
Nous vous remercions	pour votre chèque.
	pour la caisse de champagne que vous nous avez envoyée.
	pour ces fleurs.

En règle générale, on utilise « remercier de » lorsqu'il s'agit de termes abstraits et « remercier pour » lorsqu'il s'agit d'objets concrets.

Cependant, pour éviter la répétition de la préposition de, on ne dira pas :

« Nous vous remercions de votre demande de réservation » mais « Nous vous remercions pour votre demande de réservation » (p. 70). De même, on évite la répétition de : « pour ».

3   *Remplacez les points de suspension par la préposition appropriée :*

Ils m'ont remercié ... les avoir accompagnés à la gare.

Elle m'a envoyé une lettre pour me remercier ... lui avoir envoyé des fleurs.

Nous te remercions ... nous avoir parlé de tes projets.

Il a téléphoné pour te remercier ... avoir gardé les enfants.

Nous vous remercions ... votre commande de parfums.

Vous devriez le remercier ... vous avoir prêté sa voiture.

4   La revue « Vision » a coutume de remercier les clients qui prennent un abonnement. *Rédigez les quelques lignes consacrées dans cette lettre aux remerciements.*

5   Un ami vous a prêté, pendant les vacances, son studio à Paris. *Vous lui écrivez une lettre de remerciements.*

6 | *X écrit à son vieil ami Z* pour lui demander d'accueillir à la gare sa fille qui vient passer ses vacances dans la ville où il habite. *Par avance, il l'en remercie.*

Remercier oralement :

- Je vous remercie beaucoup.
- Merci, monsieur !
- Merci beaucoup, monsieur ! (ou madame, ou mademoiselle, ou Jean, Georgette, etc.)
- Merci bien !

Remercier avec enthousiasme :

- C'est vraiment très aimable de votre part !
- Je ne sais comment vous remercier !
- Merci mille fois !
- Merci infiniment !

ATTENTION !!! Merci peut signifier un refus :

Mademoiselle, je vous raccompagne ? — Je vous remercie, je préfère marcher.

7 | Vous avez passé un week-end à la montagne avec la famille de votre copain. *Écrivez une lettre pour remercier ses parents.*

Jeu de rôle

La coutume veut, en France, que lorsqu'une personne part à la retraite ses collègues lui offrent un cadeau. On organise alors une petite fête ; celui qui est ainsi honoré fait, pour remercier les personnes présentes et pour prendre congé de l'entreprise, un petit discours. Composez puis dites ce texte qu'on appelle un *toast*.

L'école d'aujourd'hui prépare demain

ÉDITORIAL

L'École publique aujourd'hui

A la rentrée 1985, M. Chevènement (1) entreprenait une vigoureuse campagne d'opinion et prenait des initiatives destinées à restaurer l'image de l'école publique et à lui permettre de répondre au nouveau mot d'ordre gouvernemental : la modernisation. Ces modifications devaient toucher l'ensemble du système scolaire.

Toutes les mesures prises font partie d'une politique générale de prolongation de la scolarité, de façon que 80 % d'une classe d'âge atteignent, en l'an 2000, le niveau du baccalauréat. En même temps, un important effort est accompli pour moderniser les formations (notamment par l'introduction de l'informatique) et pour rapprocher l'éducation nationale du monde de la production (grâce à des jumelages entre des établissements scolaires et des entreprises).

Cette action pour l'éducation — qui se concrétise par le traitement de faveur dont bénéficie le budget de ce ministère, l'un des seuls à échapper à la politique de rigueur — s'est accompagnée d'un changement radical dans le discours officiel sur l'enseignement. Rompant avec un courant favorable aux méthodes nouvelles d'éducation, le ministère s'est rattaché à une autre tradition, qui met l'accent sur la transmission des connaissances plus que sur l'épanouissement personnel des élèves, sur le contenu de l'enseignement plus que sur les méthodes pédagogiques. Se réclamant de l'héritage de Jules Ferry (2) et de la IIIᵉ République, il a voulu réaffirmer la fonction libératrice et progressiste de l'école et son rôle de promotion sociale, contre ceux pour qui l'école reproduit les inégalités sociales et ne peut assurer la réussite de tous les enfants.

Ces prises de position ont provoqué des débats passionnés et ont jeté un trouble profond dans le milieu enseignant, notamment parmi ceux qui s'étaient engagés le plus résolument dans la rénovation pédagogique. Mais elles rencontraient un large écho dans l'opinion, lassée de trop d'expérimentations hasardeuses et satisfaite de ce qui apparaît comme un retour à l'ordre. L'accent nouveau mis sur l'effort, la compétition, l'efficacité, l'adaptation aux techniques et aux métiers reflète une évolution des esprits alarmés par les difficultés économiques et voyant dans la formation la meilleure assurance devant les incertitudes de l'avenir.

F. Gaussen, *Le Monde,*
Dossiers et documents,
octobre 1985.

1. Alors Ministre de l'Éducation.
2. Ministre et Président du Conseil sous la IIIᵉ République, il s'est attaché à instaurer l'école laïque, gratuite et obligatoire (ce qui représentait pour l'époque un grand progrès).

La « culture informatique » entre à l'école
120 000 ORDINATEURS DANS LES ÉTABLISSEMENTS

Après quinze ans d'expériences et de tâtonnements, le raz de marée informatique a obligé l'éducation nationale à apporter une réponse aux problèmes de l'utilisation de la nouvelle technique dans l'enseignement. *« Installons partout des ordinateurs ; il en sortira bien quelque chose ! »* Cette maxime désabusée avait parfois semblé tenir lieu de politique, au grand dam des quelques enseignants pionniers de l'informatique. Certains [...] affirment pourtant que *« rien ne prouve que l'introduction de l'informatique dans l'enseignement soit d'elle-même un progrès décisif »*, tandis qu'un rapport récent et alarmant de l'inspection générale (1) constate un *« décalage préoccupant entre [...] l'intérêt suscité chez les maîtres et les élèves par la nouvelle technologie [...] et la pauvreté des utilisations pédagogiques [...] ».*
La religion du ministère en la matière a été précisée [...]. L'informatique y est envisagée *« selon une double perspective »* : comme matière d'enseignement et comme outil pédagogique. Le débat qui opposait souvent ces deux conceptions est maintenant considéré comme une fausse querelle. Dès le cours moyen, les programmes incluent désormais l'acquisition d'une *« culture informatique »*, qui englobe, d'une part, les concepts mathématiques fondamentaux et d'autre part, la réflexion sur les conséquences économiques, politiques, voire éthiques, de la multiplication des ordinateurs. L'utilisation du nouvel instrument dans l'enseignement du français et des langues est par ailleurs recommandée.

Un enseignement optionnel

L'informatique fait son entrée dans les programmes de mathématiques et de technologie notamment. Dans le primaire, une cinquantaine d'heures au moins doivent être consacrées à l'informatique.
Suite logique au collège, où l'informatique est introduite comme un outil mais aussi en tant que *« champ scientifique et technologique propre »*. En français, l'usage de l'ordinateur peut conduire *« à plus de rigueur et à des efforts d'écriture »*. En mathématiques, il permettra de dégager progressivement les notions de codage et d'algorithme. Mais on cherchera à mieux connaître l'instrument lui-même, en apprenant par exemple à identifier les différents constituants d'un système informatique.
Les orientations pour le lycée ne sont pas encore arrêtées, mais la commission permanente de réflexion sur la technologie réunie au ministère devrait remettre prochainement son rapport. L'informatique pourrait imprégner l'ensemble des matières du lycée, mais également être offerte en tant qu'enseignement optionnel spécifique dès la seconde.
L'éducation nationale a donc précisé ses conceptions pédagogiques sous le choc du plan Informatique pour tous. L'initiation rapide de plus de 110 000 professeurs volontaires et souvent enthousiastes (trois candidats pour chaque place dans des stages proposés pendant les vacances), l'édition du premier catalogue de logiciels éducatifs sont aussi à mettre au crédit de l'opération [...]. IPT (2) a tenté de concilier les impératifs éducatifs avec la logique industrielle et politique qu'implique le choix de commandes massives et centralisées.

Le Monde, Ph. Bernard, 14/01/86.

1. Ensemble des « inspecteurs » chargés d'encadrer l'enseignement.
2. Plan « Informatique pour tous ».

LES CANCRES, LA CRAIE, L'ÉCRAN

L'école aujourd'hui.   © J.-M. CHARLES/RAPHO

PHOTO M. DESJARDINS/TOP

L'école hier 1955.

Caillou, chou, genou, hibou (1)... La craie grinçait au tableau noir, tandis que des doigts malhabiles faisaient gicler des constellations d'encre violette sous les plumes Sergent-Major. L'instituteur en blouse grise — comme le curé en soutane — était encore une figure vénérée : on l'appelait couramment le « maître d'école ».

Mais les années 60 ont passablement écorné l'imagerie de la « communale ».

De contestations en réformes, l'école ne pouvait ignorer les faits de société dont l'écho parvenait jusqu'aux cours de récréation. Pas plus qu'elle ne pouvait se tenir à l'écart des avancées technologiques de son temps. Une génération s'est écoulée entre ces deux photos : début 1985, le plan « Informatique pour tous » a ordonné l'installation de micro-ordinateurs dans tous les établissements scolaires, et beaucoup d'enseignants ont mis à profit leur été pour s'entraîner au clavier ; les éditeurs planchent sur les nouveaux « didacticiels » et les fabricants de cartables ont sûrement déjà prévu des compartiments pour disquettes dans leurs futurs modèles.

Fort bien, mais on n'est pas là pour s'amuser : le ministre Chevènement a mis cette année les points sur les i en supprimant les « activités d'éveil », en relançant l'orthographe, l'instruction civique et l'histoire chronologique.

L'Expansion, oct./nov. 85.

1. Règle d'orthographe concernant les pluriels des noms en x qu'on faisait autrefois réciter par cœur dans les écoles primaires. (La « communale ».)

L'organisation des enseignements primaire, secondaire et supérieur

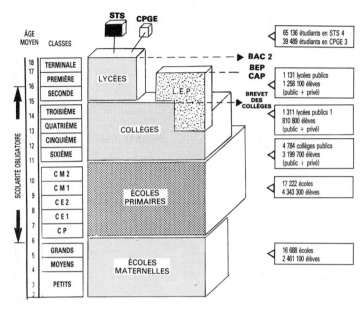

Source : Ministère de l'éducation. Effectifs d'élèves 1983-1984.

1. Lycée d'Enseignement Professionnel — prépare au Certificat d'Aptitude Professionnel (C.A.P.) et au Brevet d'Enseignement Professionnel (B.E.P.).

2. Baccalauréat : Diplôme de fin d'études secondaires.

3. Classes préparatoires aux grandes écoles (Écoles Normales Supérieures, École Polytechnique, École des Mines, etc.).

4. Sections techniques spécialisées : préparant au Brevet Technique Spécialisé (B.T.S.).

ÉCOLE PRIMAIRE

• *Statuts.*

Contrairement aux lycées et aux collèges, l'école élémentaire (comme l'école maternelle) ne peut prétendre à l'autonomie qui accompagne le statut d'établissement public. Elle n'a pas de budget propre, mais elle dépend du pouvoir local qui finance sa construction, assure son fonctionnement matériel, les fournitures et les livres scolaires, l'entretien des bâtiments et les dépenses du personnel de service. Seul le personnel enseignant est à la charge intégrale de l'État. Aucun argent ne circule dans l'école si ce n'est celui, officieux, de la coopérative.

• *Objectifs :*

D'abord, apprendre à lire.

Apprendre à lire : un thème sensible et un moment-clé qui conditionne le bon déroulement du cursus scolaire. L'enjeu est considérable. Le cours préparatoire (CP) est, avec le cours moyen deuxième année (CM2), second verrou de la scolarité primaire, la classe où l'on redouble le plus dans le premier degré (12,4 % en 1980). A l'origine de ces redoublements qui, bien souvent, en appellent d'autres, on trouve presque toujours des difficultés en lecture.

Le Monde. Dossiers et documents, oct. 85.

Il en résulte bien évidemment une autre répartition des pouvoirs, la commune prenant une place prépondérante et pouvant agir plus ou moins directement sur le projet éducatif. Que ce soit par le choix architectural, par la quantité de crédits accordés, par l'organisation de classes de nature, par la générosité en personnel de service, la politique du conseil municipal se lit dans la prospérité ou le dénuement de l'école.

Le Monde. Dossiers et documents, oct. 85.

Des chiffres et des lettres.

On estime généralement entre 15 et 20 % la proportion d'enfants ne sachant pas lire à l'issue de leur scolarité à l'école élémentaire.

S'il n'existe pas de mesure précise des capacités en lecture, il est intéressant de relever le taux de redoublement à l'école élémentaire : au cours préparatoire, là où commence l'apprentissage de la lecture, il atteignait 12,4 % en 1979-1980 (14,1 % cinq ans plus tôt) et 10,6 % au cours moyen deuxième année, soit juste avant l'entrée en sixième (11,4 % cinq ans auparavant).

A l'occasion de la publication du rapport Legrand sur les collèges, publié en décembre 1982, M. Yves Martin, doyen de l'inspection générale, observait à propos de la connaissance du français : « *En sixième, dix élèves sur vingt-quatre en moyenne n'ont pas atteint le niveau normal du cours moyen et quatre peuvent être dits illettrés.* »

Ph. BERNARD.
(15 novembre 1984.)

LE SECONDAIRE

Comprend deux cycles. Le premier cycle (collèges), le deuxième cycle (lycées et LEP). Au cours de sa scolarité au collège l'élève est *orienté* soit vers des filières courtes (apprentissage, CAP, CPA, CPPN) soit vers des filières longues (baccalauréat, B.E.P.).

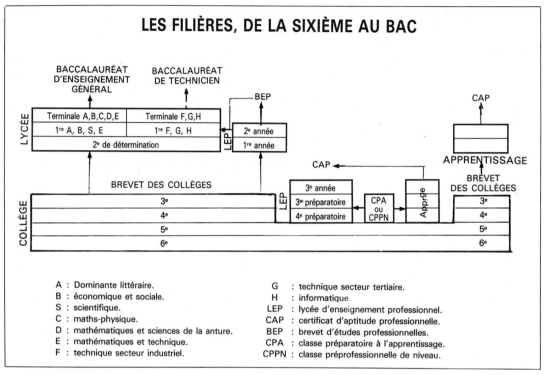

LES FILIÈRES, DE LA SIXIÈME AU BAC

A : Dominante littéraire.
B : économique et sociale.
S : scientifique.
C : maths-physique.
D : mathématiques et sciences de la anture.
E : mathématiques et technique.
F : technique secteur industriel.

G : technique secteur tertiaire.
H : informatique.
LEP : lycée d'enseignement professionnel.
CAP : certificat d'aptitude professionnelle.
BEP : brevet d'études professionnelles.
CPA : classe préparatoire à l'apprentissage.
CPPN : classe préprofessionnelle de niveau.

Sources : Ministère de l'Éducation.

UNIVERSITÉS ET GRANDES ÉCOLES

Après le bac, plusieurs possibilités s'offrent aux jeunes : entrer dans la vie active, préparer en un ou deux ans un diplôme professionnel — c'est le « choix » de la majorité — ou bien entrer à l'université ou dans une école préparatoire aux grandes écoles. Les effectifs de l'université (900 000 étudiants environ) et ceux des grandes écoles (quelques milliers) sont incomparables. Reste cependant que les grandes écoles sont des institutions auxquelles beaucoup de Français sont attachés, parce qu'elles représentent, à l'étranger, un aspect prestigieux de la France.

• *L'université.* Depuis le début des années soixante, les effectifs et l'origine sociale des étudiants ont beaucoup changé : les enfants de cadres moyens, d'employés, de petits fonctionnaires, de commerçants, qui jusque-là en étaient pratiquement exclus, ont fait à l'université une entrée massive. Le rôle assigné à l'institution s'en est trouvé modifié : elle dispensait autrefois la culture générale nécessaire à l'homme cultivé ; les nouvelles générations lui demandent de fournir des connaissances et un diplôme qui leur assure un emploi et leur garantisse une position sociale.

• *Les grandes écoles* sont en France des institutions tout à fait originales. Créées tout au long du XIXe siècle, pour la plupart, elles dispensent un enseignement de haut niveau et délivrent des diplômes incontestés. Les plus anciennes, le Conservatoire des arts et métiers, l'École polytechnique, l'École centrale, l'École des chartes, l'École des sciences politiques, pratiquent une séparation totale entre les sciences et les lettres. Seule l'École normale supérieure échappe à cette règle. L'École nationale d'administration, de création plus récente puisqu'elle date de 1945 est en passe d'éclipser, par sa notoriété, ses sœurs aînées. La réussite de cette institution est éclatante : les principaux ministres et dirigeants des grands partis, des grandes entreprises publiques ont été formés par l'ENA. Elle ne manque pourtant pas de détracteurs ; périodiquement certains remettent en cause son existence. Cependant son rôle et ses mérites en font une école au prestige inégalé, tant en France qu'à l'étranger.

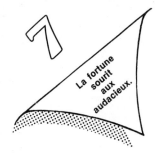

La fortune sourit aux audacieux.

La demande d'emploi

La plupart des demandes d'emploi sont adressées par les candidats à l'employeur après avoir pris connaissance d'une petite annonce d'offre d'emploi.

La lecture des petites annonces

1 *Analysez dans le tableau préparé les trois petites annonces d'offre d'emploi suivantes :*

En cas d'impossibilité de réponse (imprécision), inscrire un point d'interrogation.

LABORATOIRE PHARMACEUTIQUE
recherche
SECRETAIRE
STENO-DACTYLO
(MINUTIEUSE ET ORGANISEE)
LIEU DE TRAVAIL
15e ARRONDISSEMENT
Env C.V., lettre manuscrite + photo
Écrire au journal petites annonces
en précisant la réf. 4382 sur l'enveloppe.
25, avenue Matignon 75008 PARIS
qui transmettra

STE BONNET
pour sa division réfrigération
ventes export
recherche
SECRÉTAIRE EXPORT
BILINGUE ANGLAIS
Niveau BTS SECRÉTARIAT
Expérience contact clientèle
étrangère et notions italien souhaitées.
Horaire souple. Avantages socx.
d. lettre + C.V. + photo et prétentions à
SOCIÉTÉ BONNET
Direction des affaires sociales
10 bis rue Chante-Coq
92000 NANTERRE

Société 8e — St-Lazare
offre bon poste à
SECRÉTAIRE STÉNODACTYLO
dynamique, excellente
présentation + expérience
Très bon salaire
Voiture indispensable
Env. CV + photo à :
GK INTERNATIONAL
Conseil en recrutement
39, Champs-Élysées - 75008 PARIS

Employeur : • Nom • Secteur d'activité • Situation géographique			
Poste proposé : • Emploi • Nature du travail • Avantages			
Profil souhaité :			
Entrée en relations : (directe ou par un intermédiaire ?)			

C.V. =   *Prétentions* =

Quel est le nombre de points d'interrogation inscrits dans le tableau pour l'annonce n° 1 :   n° 2 :   n° 3 :
Pour quelles raisons principales peut-on dire que l'annonce n° 2 est la mieux rédigée ?

LES PETITES ANNONCES D'OFFRE D'EMPLOI. Mentions interdites :

- **une limite d'âge supérieure** (pour ne pas défavoriser les personnes d'un certain âge qui ont beaucoup de difficultés à trouver du travail) ;
- **le sexe** - sauf s'il s'agit d'une caractéristique essentielle de l'emploi - (pour préserver l'égalité des hommes et des femmes face à l'emploi).

D'AUTRES PROCÉDÉS DE RECRUTEMENT

- **l'ANPE** - Agence Nationale pour l'Emploi.
reçoit :
  - des offres d'emploi d'employeurs
  - des demandes de personnes à la recherche d'un emploi

  Actuellement, l'ANPE traite surtout des emplois peu qualifiés.

- les **"chasseurs de têtes"**, ou cabinets de recrutement : après avoir reçu une offre d'un employeur, ils prennent discrètement contact avec des personnes dont le profil convient, que ces personnes aient ou non manifesté le désir de changer d'entreprise. Ce procédé ne concerne que les cadres (coût élevé).

L'analyse d'une demande d'emploi et d'un C.V.

Après avoir fait paraître l'annonce d'offre d'emploi ci-contre dans la presse régionale, l'entreprise RIVA reçoit , entre autres, la demande d'emploi et le curriculum vitae reproduits en page suivante (formats réels = A4).

Nous sommes premier constructeur européen de matériel de détection incendie ; nous recherchons
EXCELLENTE
**SECRETAIRE
STENODACTYLO**
pour prendre la responsabilité de notre SECRETARIAT COMMERCIAL.
Bon contact téléphonique.
Anglais, Italien.
Ecrire avec C.V. + photo + prétentions à RIVA
20, rue de la République
92170 VANVES

2

Analysez ci-dessous ces deux documents.
1. **Le curriculum vitae.**
   Caractéristiques de la présentation :

   Le C.V. doit-il toujours comporter une photo ?
   Rôle du C.V. :
   Dégagez le plan du C.V. :

2. **La lettre de demande d'emploi.**
   Pourquoi doit-elle être manuscrite ?

   Soulignez les parties destinées à mettre en valeur les aspects de la personnalité correspondant aux exigences du poste.
   Pourquoi est-il habile, au lieu de fixer ses prétentions, d'indiquer le salaire actuel ?

   Dans quelles circonstances est-il préférable de négocier le niveau de la rémunération ?

   Quel est l'objectif recherché dans la conclusion ?
   Dégagez le plan de la lettre :

CURRICULUM VITAE

Sophie BARRET, née BAZZO
15, rue Ballard. 75015 PARIS
née le 21 juillet 1960

Formation

Etudes au Collège Pastau 75015 Paris   1971-1975
Etudes au L.E.P. Lecourbe 75015 Paris   1975-1977

Deux séjours en Angleterre de 15 jours et 1 mois (étés 1975 et 1976).

Pratique courante de l'italien parlé (langue maternelle).

Stages dans le cadre de la formation continue :
- pratique du téléphone   1978
- traitement de texte   1983

Diplômes

- Brevet des Collèges
- Brevet d'Etudes Professionnelles. Secrétariat

Emplois précédents

- d'octobre 1977 à mai 1979 : Standardiste-hôtesse
  Dean Witter Reynolds International
  8, rue d'Alger
  75001 PARIS

  Raison du départ : désir de changer de travail.

- de juin 1979 à octobre 1984 : Sténodactylographe
  Agence immobilière GERIN et LUCAS
  92150 SURESNES

  Raison du départ : amélioration de situation.

- depuis novembre 1984 : Secrétaire sténodactylo
  Dumez et Cie
  100, rue H. Barbusse
  92000 NANTERRE

Sophie Barret
15 rue Ballard
75015 PARIS

Paris, le 10 avril 19..

Entreprise RIVA
Service du personnel
20 rue de la République
92170 VANVES

Objet : Poste de secrétaire
sténodactylo

Messieurs,

Très intéressée par le poste de secrétaire sténodactylo qui a fait l'objet de votre annonce parue dans le journal "Les Echos" du 8 avril, je fais ma candidature pour cet emploi et vous transmets, ci-joint, mon curriculum vitae.

Je peux répondre aux conditions exigés. En effet, mes emplois précédents m'ont permis d'acquérir une bonne maîtrise de la communication téléphonique, y compris en anglais et bien sûr en italien que je parle couramment ; dans mon poste actuel, je travaille avec deux dactylos ; je suis chargée de répartir le travail, de le contrôler et j'assure la rédaction de textes courants.

Mon salaire est de 7 500 F par mois.

Je souhaite vivement que vous accueilliez favorablement ma demande car l'emploi proposé me permettrait d'utiliser mes connaissances en italien et de travailler à nouveau dans le secteur du bâtiment. Je me tiens donc prête à me présenter au jour et à l'heure que vous voudrez bien m'indiquer.

Veuillez agréer, Messieurs, l'expression de mes sentiments dévoués.

S. Barret

Rédaction d'une demande d'emploi

BLANC PAPIERS
Sté française en
pleine expansion
recherche

Secrétaire
STENO-DACTYLO

désirant s'intégrer dans une
équipe jeune et dynamique.
8 h 15 - 17 h x 5 - 13e mois.
Restaurant d'entreprise.

Env. lettre manuscrite avec
C.V. à la Dⁿ du personnel.
Piazza Garibaldi, 10
20 161 MILANO

3 Situez-vous à la fin de votre scolarité et **répondez à l'annonce ci-contre,** parue en français dans un journal italien.

Pourquoi l'annonce a-t-elle été rédigée en français ?

Soulignez les mots les plus importants pour définir le profil exigé. Quelles sont, éventuellement, les activités qui peuvent être considérées comme un début d'expérience professionnelle ?

Qu'est-ce qui vous a préparé à la prise d'initiatives et à l'intégration au sein d'une équipe :

- dans la formation scolaire ?

- éventuellement, dans les activités extra-scolaires ?

Pourquoi est-il possible, pour un débutant, d'intégrer le C.V. dans la lettre de demande d'emploi ?

Plan proposé :
- Rappel de l'annonce ; candidature pour le poste proposé.
- Présentation (état-civil, études, diplômes, séjours en France...)
- Caractéristiques en rapport avec les exigences :
  * connaissance de la langue française ; motivation pour ce poste
  * travail d'équipe
- Espoir d'être convoqué pour un entretien (ou "assurance de ses efforts pour donner toute satisfaction si la candidature est retenue.

Quelques points de repère : Je suis très intéressé(e) par....
Agé(e) de... je viens de terminer... et j'ai obtenu...
Par ailleurs, j'ai effectué...
J'apprécie... je souhaite...
Si ma candidature est acceptée...

Travail complémentaire

1 Présentez une lettre de **demande d'emploi spontanée** envoyée à la filiale d'une entreprise française dans laquelle vous aimeriez travailler.

Remarque : comme on ne répond pas à une petite annonce, il faut justifier la demande dans l'introduction ; le corps de la lettre consiste à décrire son C.V. et ses aptitudes.

2 Vous aidez une personne d'origine italienne à répondre à la petite annonce ci-contre. Cette personne a fait ses études en France et a obtenu le Brevet de Technicien Supérieur du Secrétariat (BTSS) ; elle a travaillé pendant 4 ans au Service Ventes - bureau des exportations - des Papeteries Mongeot, 20 quai Pasteur, 67000 STRASBOURG où elle était chargée des relations avec l'Italie. Sa candidature est motivée, en outre, par sa récente installation dans la région parisienne.

Rédigez la lettre de demande d'emploi en imaginant les renseignements qui vous manquent.

IMPORTANTE SOCIÉTÉ D'ÉDITION
recherche la
**SECRÉTAIRE DE SON
DIRECTEUR DU DÉPARTEMENT
INTERNATIONAL**

Après quelques mois d'expérience, cette collaboratrice sera chargée de la préparation et du suivi des dossiers.

Elle assurera les travaux courants de secrétariat. Le poste exige :
■ une expérience de 2 ou 3 années dans une fonction similaire,
■ une excellente connaissance de la langue italienne,
■ le sens des contacts et une grande disponibilité,
■ une formation BTSS.

Merci d'envoyer CV, photo et prét. sous réf. 309 à CONTE PUB, 25, avenue de l'Opéra 75001 Paris qui transmettra.

Comprendre... L'ENSEIGNEMENT EN FRANCE

1 | Après avoir lu l'éditorial *vous ferez le point, dans un court texte,* sur le renversement de perspective opéré dans les écoles depuis 1985.

2 | Quel est le statut des écoles primaires et maternelles vis-à-vis des pouvoirs publics ?

3 | *Relevez les arguments favorables à l'introduction de l'informatique dans l'enseignement.*
Quels sont les arguments opposés ?
Résumez la « double perspective » selon laquelle est envisagée l'informatique à l'école.
Quelles utilisations peut-on faire de l'ordinateur en mathématiques ? En français ?

4 | *Faites le schéma de l'organisation scolaire dans votre pays.* En la comparant à celui de l'organisation française, *remplissez le tableau suivant :*

Tel aspect de la scolarité française est-il		Identique ou équivalent dans votre pays	Différent
Caractères généraux	• La scolarité obligatoire jusqu'à 16 ans . . • La scolarité gratuite . . . . • La durée globale de la scolarité		
Organisation	• La division du temps de scolarité en cinq « écoles » distinctes (maternelle, primaire, collèges, LEP, lycées) . . . . • L'organisation de l'enseignement supérieur • Le nombre d'années passées dans chaque école		
Diplômes	• Un diplôme sanctionnant la fin du premier cycle (brevet des collèges) . . . . • Les diplômes sanctionnant la fin des étu-des techniques (CAP, BEP) . . . . • Un diplôme sanctionnant la fin des études secondaires		

5 | *Vous rédigerez un texte comparant l'enseignement français et celui de votre pays.*

*C*omment... CARACTÉRISER UNE PERSONNE

Messieurs,

J'ai lu dans *« Le Monde »* du 15 mai que vous recherchez pour votre service « Télex-Clients » une opératrice connaissant plusieurs langues et je me permets de poser ma candidature.

Je maîtrise bien l'italien et l'anglais dont j'ai approfondi la connaissance grâce à un stage de six mois en Italie et à un emploi d'un an en Angleterre comme jeune fille au pair.

Je pense être en mesure de répondre aux qualités requises et pourrais prendre mon travail immédiatement.

Je joins à cette lettre mon curriculum vitae.

Dans l'espoir de recevoir une réponse favorable de votre part, je vous prie d'agréer, Messieurs, l'expression de mon dévouement.

---

1 | *Relevez* dans la lettre ci-dessus et dans celle de la page 89 :
- *les formules d'introduction ;*
- *les formules signalant que les qualités du demandeur correspondent à celles qu'on exige ;*
- *les demandes de réponse.*

2 | *Complétez les formules suivantes :*
→ Je viens de prendre .... de l'annonce parue dans le journal « Le Monde ».
Comme suite à ....
En réponse ....
→ Je pense pouvoir .... aux conditions ....
Je pense être en mesure de satisfaire ....
Les qualités que vous .... semblent répondre à celles que j'ai développées.
→ Je serais heureux .... une réponse de votre part.
Dans l'espoir ....
Je souhaite vivement que .... favorablement à ....

3 | Parmi les demandes d'emploi ci-après :
— Quelles sont les plus percutantes ?
Pourquoi :
- parce qu'elles sont mieux présentées ?
- parce qu'elles donnent à l'employeur des éléments concrets ?
- parce que le demandeur a l'air sérieux ?
- parce que le demandeur a l'air combatif ?
- parce que le demandeur a l'air disponible ?

— Quelles sont les moins efficaces ?
Pourquoi :
- parce que le demandeur a l'air prétentieux ?
- parce qu'il paraît instable ?
- parce que l'annonce est mal présentée ?
- parce que la disponibilité du demandeur est trop grande ?
- parce que l'annonce manque d'originalité ?
- parce que le demandeur ne donne pas assez de précisions sur sa demande ?
- parce qu'il en donne trop ?

JEUNE FEMME 25 ANS
DIPLÔMÉE BTS DE PUBLICITÉ
(École Bessières)

**DIPLÔMÉE CHAMBRE DE COMMERCE
ET D'INDUSTRIE**
*(Secrétariat - gestion - bureautique - administration
et informatique)*

LANGUES : *Anglais courant
Italien parlé*

RECHERCHE
SITUATION ÉVOLUTIVE CORRESPONDANTE

Écrire sous le numéro 4240
LE MONDE PUBLICITÉ
5, rue de Monttessuy, Paris-7e.

CADRE POLYVALENT, 45 ANS

Expérience 10 ans ÉTRANGER

● Formation commerciale U.S.A..
● Habitué situation difficile.
● Discret et efficace.
● Sans attache familiale.

recherche **EMPLOI ITINÉRANT ou SÉDENTAIRE**
FRANCE - U.S.A. - AMÉRIQUE LATINE - AFRIQUE

Libre de suite. Etudierais toutes propositions

Écrire sous le n° 3987
LE MONDE PUBLICITÉ
5, rue de Monttessuy, 75007 PARIS.

Dessinateur illustrateur
maquettiste
cherche emploi
ou travaux à réaliser
Tél. : 45.24.23.24 de 15 à 18 h.

H. 50 ans, maîtrise eco rurale et agricole : cherche emploi cause lic. éco milieu agricole, para-agricole, exp. chargé d'études, animateur foncier, préf. géo Corse. Urgent. Gérard Bon, 48, av. de Montésoly, 92400 Les Bois.
Tél. : après 20 h : 51.60.81.81
C.V. sur demande

URGENT, célibataire,
ch. place CHAUFFEUR POIDS
LOURD. Permis C et C1
11 ans d'expérience
Écrire Georges Jean
20, allée des Tilleuls
93830 Sainte-Geneviève-des-Bois

GRADE III

CESB

Entièrement libre géographiquement offre son potentiel à banque dynamique
Écrire sous le n° 4572
LE MONDE PUBLICITÉ
5, rue de Monttessuy, Paris-7e.

J.F. 30 ans, réalisation livres exp. organisation culturelle, maîtr. lettres, anglais courant, cherche poste dans l'édition ou dans un secteur différent.

Secteur associatif HEC, 47 ans, exp formation, tiers-monde, urbanisme et collectivités locales, 5 a. collaborateur parlementaire, 2 a. gestionnaire association développement personnel, ch poste animation, gestion tps plein ou partiel. Écrire sous le n° 6783
LE MONDE PUBLICITÉ
5, rue de Monttessuy, 75007 Paris

CADRE TRÈS HAUT NIVEAU

15 ans expérience SECTEUR INDUSTRIEL RÉUSSI
NATIONALE ET INTERNATIONALE PROUVÉ

RECHERCHE POSTE

DIRECTEUR GÉNÉRAL
DIRECTEUR OPÉRATION

**PHASE RESTRUCTURATION/DÉVELOPPEMEN
DISPONIBLE TOUTE RÉGION.**

Écrire HAVAS N° 2412 B.P. 1311,
76065 LE HAVRE CEDEX.

J.F. 28 ans, dipl. maîtrise tourisme, 3e cycle de gestion, parlant anglais, italien, espagnol, expér. études de marchés et marketing/commercial recherche emploi marketing à responsabilités. Tél. : 45.40.73.83.

INGÉNIEUR 53 ans ch. travx gestion et comptab. Libre 1 jour/semaine. Tél. : 45.50.50.53.

Association protestante
cherche travaux divers
plein temps ou partiel pour
jeunes gens, gardes, traductions,
serveurs (es), ménages
ABRI 3, place Saint-Jean
Paris-6e.   Tél. :   45.73.70.73

4 | A l'aide de vos observations, rédigez et présentez la demande d'emploi « idéale ».

L'explicite et l'implicite.

Flaubert, romancier de génie, a donné à la littérature de la fin du XIXe siècle ses plus grands romans, parmi lesquels le célèbre « Madame Bovary ». En voici un extrait :

« Resté dans l'angle derrière la porte, si bien qu'on l'apercevait à peine, le nouveau était un gars de la campagne, d'une quinzaine d'années environ, et plus haut de taille qu'aucun de nous tous. Il avait les cheveux coupés droit sur le front, comme un chantre (1) de village, l'air raisonnable et fort embarrassé. Quoiqu'il ne fût pas large d'épaules, son habit-veste de drap vert à boutons noirs devait le gêner aux entournures (2) et laissait voir, par la fente des parements (3), des poignets rouges habitués à être nus. Ses jambes, en bas bleus, sortaient d'un pantalon jaunâtre très tiré par les bretelles. Il était chaussé de souliers forts, mal cirés, garnis de clous. (...) Le soir, à l'étude, il tira ses bouts de manches (4) de son pupitre, mit en ordre ses petites affaires, régla soigneusement son papier. Nous le vîmes qui travaillait en conscience, cherchant tous les mots dans le dictionnaire et se donnant beaucoup de mal.

1. Celui qui chante à l'église.
2. Partie du vêtement qui fait le tour du bras, là où s'ajuste la manche.
3. Revers qui ornent l'extrémité des manches.
4. Extrémité amovible des manches qu'on enlève pour ne pas les salir.

5 | Souligner les expressions qui caractérisent le personnage. Relevez celles qui rendent le personnage ridicule.

6 Quels adjectifs parmi les suivants vous semblent propres à caractériser le personnage :

grotesque - lourd - gauche - épais - timide - déplacé - fruste - prétentieux - étroit d'esprit - maniaque - sale - mal vêtu - stupide - étriqué.

Quelles expressions, utilisées par Flaubert, justifient tel ou tel adjectif ? L'adjectif en question y est-il présent effectivement ou sous-entendu ?

Pourquoi, à votre avis, l'auteur insiste-t-il tant sur le fait que le vêtement est trop étroit et mal ajusté ?

7 Résumez les caractères *explicites* (présents, écrits) *et implicites* (non-dits, suggérés) du personnage.

8 Parmi les demandes d'emploi parues dans « *Le Monde* » (p. 93) *voyez-vous des formules contenant un sens implicite ?*

Emploi : Cap sur le XXIe siècle

ÉDITORIAL

L'emploi en mutation

Depuis la Deuxième Guerre mondiale, on assiste en France à une modification profonde de la répartition de l'emploi. L'agriculture employait, en 1954, 26,6 % de la population active ; elle n'en emploie plus que 8 % et les effectifs ne cessent de baisser. De même, bien que dans une moindre proportion, il y a moins d'employés dans l'industrie : 36,8 % de la population active en 70 ; 34,2 % en 81. Le grand gagnant de ces modifications est le secteur tertiaire qui a augmenté de 23,4 % pour représenter aujourd'hui 57,4 % du total des emplois. Le déplacement vers le tertiaire a été particulièrement important au cours de ces 25 dernières années, avec un taux de croissance de 4 % par an dans les années 70. Entre 76 et 83, 900 000 emplois y ont été créés, tandis que l'industrie et le bâtiment en perdaient 1 million. Cependant, au cours des dernières années, le tertiaire a été à son tour touché par le chômage. En 1985, 200 000 employés de bureau, dactylos et secrétaires-sténodactylos sont inscrits à l'A.N.P.E. « Et la lame de fond bureautique » écrit Richard Clavaud dans l'Expansion « n'a pas encore produit ses effets. Pour l'instant, le ralentissement de la croissance économique supprime plus d'emplois que les machines de traitement de texte. »

Les difficultés de l'emploi sont aggravées en France par une structure ancienne de l'industrie, qui privilégie les entreprises de petite taille. En moyenne, la France compte 11 salariés par entreprise, c'est-à-dire des biens moins que

dans la plupart des pays industrialisés (17 en R.F.A. et au Japon, 27 en Belgique et 53 aux États-Unis). 90 % des entreprises françaises emploient moins de 10 salariés et un travailleur sur 4 est « indépendant » : c'est dire l'émiettement du tissu industriel et aussi sa difficulté à faire face sur le marché international.

Cette structure inadaptée, ajoutée à la persistance de traditions qui freinent le développement, à la faiblesse relative des moyens financiers et à une conjoncture économique mondiale difficile font de l'emploi en France un problème particulièrement complexe et aigu.

Croissance trop faible

La situation de l'emploi a continué de se détériorer après 1981 malgré les nombreuses mesures sociales prises par les gouvernements Mauroy et Fabius. Le nombre des chômeurs aura augmenté de plus de 870 000 entre mai 1981 et l'automne 1985. A l'origine de ce phénomène que connaissent tous les pays étrangers : une croissance économique insuffisante, qui n'aura même pas atteint 1,5 % par an en moyenne sur cinq ans, et des effectifs trop importants dans de nombreux groupes industriels.

Le Monde
Bilan économique et social 85.

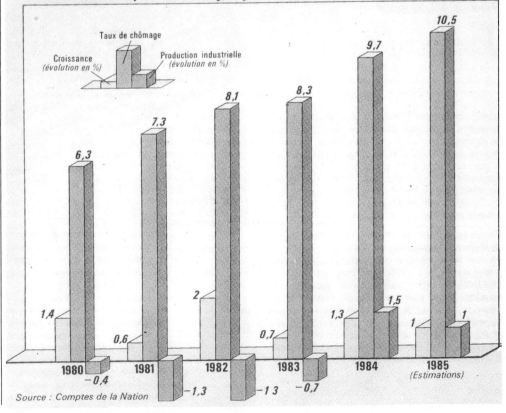

Croissance, chômage, production industrielle

Taux de chômage
Croissance (évolution en %)
Production industrielle (évolution en %)

Source : Comptes de la Nation

QUELS MÉTIERS POUR DEMAIN ?

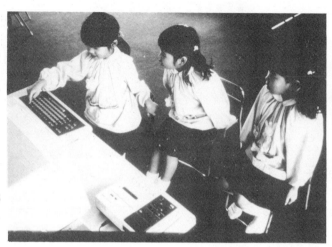

© R. KALVAR/MAGNUM

NIEPCE/RAPHO

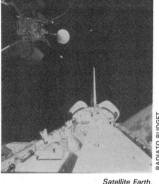

RADIATO BUDGET

Satellite Earth.

Richard Clavaud, journaliste à l'Expansion, passe en revue les différentes possibilités ouvertes à l'emploi par le progrès des techniques et surtout les transformations des mentalités :

☐ **Constructeur de robot ?**

« En 1980, le groupe d'étude sur l'automobile et son avenir » proposait la création de filiales « autos-robots », qui permettrait d'offrir de nouveaux emplois aux ouvriers touchés par l'automatisation. Aujourd'hui, la Régie Renault va supprimer 20 000 emplois alors que sa filiale robotique Renault-Automation n'occupe que 2 000 personnes, dont la moitié pour la production de robots proprement dite… ».

☐ **Informaticien ?**

D'une façon générale, l'informatique devrait connaître, pendant encore de longues années, une pénurie de personnel qualifié. En 1984, Syntec-Informatique estimait que, dès la fin de 1985, le marché aurait besoin de 12 000 spécialistes alors que l'on ne disposerait que de 7 880 diplômés. En 1990, il en faudrait plus de 250 000. Aujourd'hui, certains informaticiens ont des carrières de stars : niveau élevé des salaires, débauchages fréquents, turn-over supérieur à 10 %…

Mais il faut choisir les bons créneaux. Les 100 000 mécanographes des années 60 ont aujourd'hui quasiment disparu. Les perforatrices représentent 50 % des chômeurs dans ce secteur, 5 000 programmeurs ou analystes-programmeurs fréquentent les bureaux de l'A.N.P.E. L'évolution technologique va beaucoup plus vite que la formation.

☐ **Biotechnicien ?**

Les traqueurs de métiers d'avenir explorent d'autres secteurs de technologies avancées : les nouveaux matériaux, les biotechnologies, les travaux en milieux hostiles (industrie nucléaire, fonds sous-marins, espace). La percée des matières plastiques dans l'industrie offre des perspectives intéressantes aux plasturgistes et aux moulistes, de même que l'offshore (1) aux ouvriers du pétrole.
L'avenir paraît moins rose pour les biotechnologies. Celles-ci auront besoin de spécialistes de très haut niveau, mais pas d'une cohorte de techniciens, et encore moins d'ouvriers spécialisés.

☐ **Spécialiste
de la communication ?**

Après l'informatique et les sciences du vivant, on ne peut pas ignorer la « tarte à la crème » des prophètes de l'emploi : la communication. Le rapport Fast, publié en 1982, estimait que ce secteur créerait 4 à 5 millions de postes nouveaux dans la Communauté européenne à l'horizon 1995. En France, les experts du Plan pensent qu'un emploi sur deux concernera la communication en l'an 2000. Quels types de métiers vont créer le câble, les satellites, la télématique, les radios locales et les télévisions privées ? Dès à présent on forme les spécialistes de l'optoélectronique et les « soudeurs de verre » qui devraient raccorder 6 millions de foyers à des réseaux de vidéocommunication d'ici à 1992. Cette activité pourrait créer 30 000 emplois dans l'industrie, et 20 000 dans la gestion et la maintenance des réseaux. On recherche également des experts en faisceaux hertziens et en cellules photovoltaïques pour l'industrie des satellites. La télématique a donné naissance aux graphistes et aux rédacteurs vidéotex. En 1983 et 1984, le Centre de formation des journalistes a reçu 200 stagiaires venus s'initier aux techniques de l'écriture télématique et a sensibilisé 2 000 personnes à ce nouveau média. C'est l'industrie des contenus qui fournira du travail à la prochaine génération, et non, comme on l'avait cru, la fabrication de matériel. Le secteur télécommunications sera désespérément stable.

☐ Demain, l'expression « avoir un métier » aura-t-elle toujours un sens ?

Les structures professionnelles, aujourd'hui rigides, devront en tout cas s'assouplir. « L'idée qu'un métier recouvre un territoire social va disparaître, estime Thierry Gaudin, responsable du Centre de prospective et d'évaluation au ministère du Redéploiement industriel. Utiliser l'ordinateur ne signifie plus être infor informaticien : savoir interroger une banque de données fera partie des compétences d'une secrétaire. » Or, un ouvrier, un employé ou un cadre qui exerce pendant des années les mêmes occupations est de moins en moins apte au changement : attention aux « cancres du progrès ».
Quel impact auront ces évolutions sur les qualifications ? Certains experts estiment que la part des tâches déqualifiées va croître : postes de surveillance dans l'industrie, emplois de restauration rapide ou de gardiennage d'immeubles, etc. Pour d'autres, au contraire, la logique du progrès technique poussera toujours au remplacement systématique du nombre par l'intelligence. En tout cas, dans le brouillard actuel, on ne peut donner que deux conseils aux futurs chercheurs d'emploi : apprenez à apprendre, apprenez à changer.

(1) Installation de forage pétrolier sous-marin sur plate-forme.

Emplois et qualification

Un des phénomènes les plus importants de l'après-guerre a été la multiplication du nombre des élèves accédant au bac puis à l'enseignement supérieur. En un quart de siècle, les effectifs des élèves du secondaire (collèges et lycées) ont été multipliés par plus de cinq ; ceux des étudiants par plus de sept. Ces diplômés ont recherché naturellement des emplois dont la qualification et la rémunération étaient en rapport avec les études poursuivies. Du coup, et en particulier dans les années 60, les tâches peu qualifiées, pénibles, répétitives ont été confiées aux travailleurs étrangers, aux femmes, et aux jeunes. Si la situation a été modifiée par la crise, il n'en reste pas moins que ces trois groupes forment les « points sensibles » du marché du travail.

La main-d'œuvre étrangère est, en France, nombreuse. Dans les années d'expansion économique, entre 1955 et 1970, on a fait, en masse, appel à elle. « Il fallait produire toujours plus », écrit Jean-François Kahn, directeur de ''l'Événement du Jeudi'',« on avait donc besoin de toujours plus de producteurs. Où les trouver ? En France ? Possible... à condition soit d'offrir des salaires décents et d'humaniser les conditions de travail, soit d'accélérer de coûteuses mutations technologiques dans l'industrie. » On a donc assisté pendant plus de 10 ans à une immigration « sauvage », régularisée sur place. A partir de 1974, les frontières ont été officiellement fermées à l'immigration économique. L'immigration clandestine s'est cependant poursuivie. On compte aujourd'hui environ 4 millions de travailleurs étrangers, issus de pays divers (Portugal, Algérie, Italie, Espagne, Maroc, Tunisie, Yougoslavie, Sud-Est asiatique). En période de crise, la tentation est grande pour certains d'en faire les responsables du chômage. Pourtant, les travailleurs étrangers n'occupent pas, comme nous l'avons vu plus haut, les mêmes emplois que les travailleurs nationaux. D'autre part, la liaison entre la présence des immigrés et le taux de chômage dans une région ne résiste pas à l'analyse des données. Cependant le recours massif aux travailleurs immigrés pose indéniablement des problèmes d'ordre économique, sociologique et psychologique. Pour y remédier, les Pouvoirs Publics accordent à ces travailleurs une « aide au retour ». En une année plus de 13 000 d'entre eux en ont bénéficié et ont quitté, accompagnés de leur famille (c'est-à-dire 40 à 45 000 personnes), le territoire français.

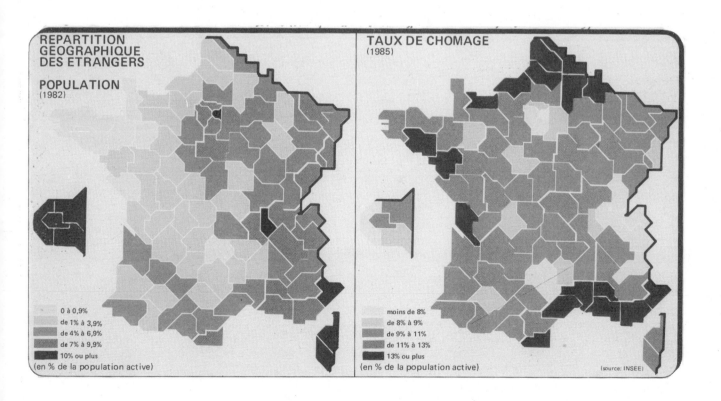

Le travail des femmes

Bien qu'en principe la scolarité et le droit au travail soient ouverts à tous, hommes et femmes, des inégalités importantes subsistent, en particulier dans l'industrie :

• La moindre qualification reste une des caractéristiques essentielles du travail industriel féminin. Ainsi, les femmes représentent 3,6 % des ouvriers qualifiés mais plus de 42 % des OS1 (main-d'œuvre sans aucune qualification). Les tâches qui leur sont confiées sont, sous prétexte d'être moins pénibles physiquement, des tâches d'exécution.

• Dans de nombreux cas la répartition entre travail masculin et féminin trouve son aliment dans des différences de formation professionnelle. Pourtant, les établissements publics de formation professionnelle sont, en principe, ouverts aux jeunes filles. Dans la réalité, ceux qui préparent à des métiers masculins recrutent principalement, sous prétexte d'inadaptation des locaux à la mixité, des jeunes garçons. De sorte que la formation des jeunes filles aux métiers industriels est sans commune mesure avec le nombre des femmes travaillant dans l'industrie.

• A ces différences de contenus des tâches correspondent bien entendu des différences de salaire. Malgré les lois européennes et françaises réaffirmant le principe de l'égalité en cette matière, l'écart moyen entre salaire masculin et féminin reste, pour une même tâche, de 3 % au détriment des femmes.

Le travail des jeunes

Les chiffres parlent d'eux mêmes : 50 % des demandeurs d'emploi sont des jeunes, et les 2/3 d'entre eux sont des jeunes femmes. A cela plusieurs raisons :

• Il n'y a pas équilibre, du point de vue démographique, entre ceux qui partent à la retraite et qui appartiennent aux classes creuses de la guerre et de l'immédiat après-guerre et ceux qui arrivent sur le marché du travail et qui appartiennent aux classes nombreuses des années 60.

• D'autre part, le système scolaire et le contenu des enseignements ont été jusqu'à présent très en retrait par rapport aux progrès techniques et scientifiques. Du coup, les diplômes sont assez mal adaptés aux nécessités industrielles. Le redressement opéré en la matière ne portera ses fruits que dans plusieurs années.

• En outre, si 25 % des jeunes appartenant à une même classe quittent le lycée avec le bac, plus de 16 % d'entre eux terminent leur scolarité sans aucun diplôme. Pour eux ce manque, ajouté à celui d'expérience professionnelle, rend problématique leur insertion.

• Les Pouvoirs Publics ont tenté de remédier à cette situation en mettant en œuvre des Pactes pour l'Emploi : les entreprises qui emploient des jeunes sont exonérées de charges salariales. Des travaux d'utilité publique (T.U.C.) ont été créés afin de permettre aux jeunes d'obtenir plus facilement un premier emploi et par là même une première expérience professionnelle. Mais ce double train de mesures n'a pas amélioré sensiblement la situation critique des jeunes sur le marché de l'emploi.

Toute lettre mérite réponse.

Réponse aux demandes d'emploi

Dans l'entreprise FOC, on reçoit de nombreuses demandes d'emploi, que les candidats répondent à une petite annonce d'offre d'emploi ou qu'ils présentent spontanément leur candidature. Toutes les demandes doivent recevoir une réponse, après étude.

Pour faciliter la réalisation de ce **courrier répétitif**, l'analyse du dossier est conduite selon le schéma ci-dessous et l'une des 5 **lettres types** prévues est envoyée au candidat. *(Voir le texte des 5 lettres types ci-après).*

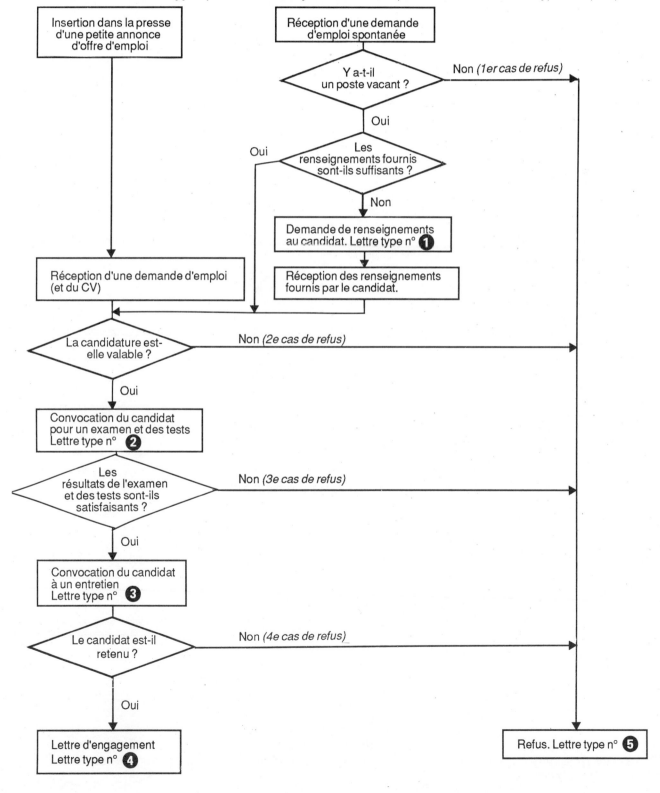

Les lettres types

1 | **Analyse des lettres types.**

Lettre n° 1. *Pourquoi faut-il remercier le candidat pour sa demande d'emploi ?*

Lettres n° 2 et 3. *Pourquoi le ton est-il très mesuré (pas de formule telle que "Nous avons le plaisir") ?*

Quelles sont les précisions à donner dans une convocation ?

Lettre n° 4. *Que constitue en fait cette lettre ?*

Précisions indispensables :

Précisions indispensables :

LE CONTRAT DE TRAVAIL

Le contrat de travail est une convention par laquelle une personne - le salarié - s'engage à travailler pour le compte d'un employeur, et sous sa direction, moyennant une rémunération - le salaire -.

La forme du contrat est libre : contrat verbal (matérialisé par la feuille de paie), lettre d'embauche, véritable contrat (obligatoire pour les contrats à durée déterminée).

Durée du contrat :
- contrat de durée indéterminée. C'est la forme normale : la durée n'est pas précisée.
- contrat de durée déterminée. Le contrat est conclu pour une durée définie (1 jour, 1 mois, 6 mois...) ; il comporte donc un terme précis, sauf :
* quand il s'agit de remplacer un employé absent (le contrat prend alors fin le surlendemain du jour où le salarié remplacé reprend son emploi) ;
* quand le contrat concerne un emploi saisonnier (les vendages par exemple) ou temporaire (exécution d'une tâche exceptionnelle).

Lettre n° 5. *Soulignez les termes qui essaient d'atténuer l'effet produit par l'annonce du refus. Quels sont les avantages de l'utilisation d'une seule lettre-type pour les divers cas de refus ?*

Ses inconvénients ?

Quelles solutions peut-on proposer pour concilier efficacité et personnalisation du courrier ?

Quelle que soit la solution adoptée, le plan de la lettre de refus est le suivant :

> - Rappel des opérations précédentes.
> - Refus de la candidature ; raison du refus ; regrets...
> - Conclusion (éventuellement) : encouragements pour la recherche d'un emploi;
>
> proposition d'un autre poste ; dossier conservé.

2 | *Rédigez le texte d'une lettre type pour le cas de **refus** le plus courant : à la suite de la réception d'une demande d'emploi spontanée, on répond au candidat qu'il n'y a pas de poste vacant et on lui souhaite de trouver un emploi lui convenant.*

FOUR, OGILL et Cie
Boîte postale n° 2058
59015 LILLE Cedex

Tél. : 20.30.28.23
CCP Lille 8 521 95 C
RCS Lille B 453 221 643
Société anonyme au capital
de 2 105 000 F

---

❶ Objet : V/demande d'emploi du...

M...

Votre demande d'emploi pour un poste de... nous est bien parvenue ; nous vous en remercions.

Pour nous permettre d'étudier votre dossier, vous voudrez bien remplir et nous retourner l'imprimé « Renseignements » ci-joint.

Veuillez agréer, M... l'expression de nos sentiments distingués.

---

❷ Objet : Poste de...

M...

Nous avons bien reçu votre demande d'emploi et vous en remercions.

Votre candidature ayant été retenue, vous voudrez bien vous présenter au Service du personnel le ... à ... h ... en vue de participer à un examen de sélection et à des tests.

Veuillez agréer, M... nos salutations distinguées.

---

❸ Objet : Poste de...

M...

Les résultats de l'examen professionnel et des tests que vous avez passés le ... ont été jugés satisfaisants.

En conséquence, nous vous prions de bien vouloir vous présenter au Service du personnel le ... à ... h en vue d'un entretien avec un responsable du service concerné et le Chef du personnel.

Veuillez agréer, M... nos salutations distinguées.

---

❹ Objet : Poste de...

M...

Nous avons le plaisir de vous annoncer qu'à la suite de l'entretien nous sommes disposés à vous engager en qualité de ... pour une durée indéterminée, à compter du ... Cependant votre engagement ne deviendra définitif qu'à l'issue de la période d'essai d'une durée de ...

Votre rémunération mensuelle brute correspondant à 39 heures de travail par semaine est fixée à ...

Vous bénéficierez des divers avantages et serez soumis aux obligations prévus dans le règlement intérieur dont nous vous remettons un exemplaire ci-joint.

Veuillez nous confirmer votre accord concernant votre engagement en nous retournant le double de cette lettre revêtu de votre signature précédée des mots manuscrits « Lu et approuvé ».

Nous vous prions d'agréer, M..., l'expression de nos sentiments distingués.

---

❺ Objet : Poste de...

M...

Nous avons examiné avec intérêt votre dossier relatif à votre demande d'emploi.

Malheureusement nous ne pouvons donner suite à votre candidature et nous le regrettons.

Veuillez agréer, M.... nos salutations distinguées.

Une bible pour les refus de candidature

Dans l'entreprise FOC, on décide de concevoir une bibliothèque de paragraphes pour permettre de bien personnaliser les lettres de refus.

> Certaines raisons de refus ne peuvent être données :
> - soit pour des raisons psychologiques (aspect physique de la personne, par exemple),
> - soit pour des raisons légales (âge trop avancé, sexe, race, situation de famille, état de grossesse).

3 | *Analyse*

Sur l'organigramme repérez les 4 cas de refus. Dans le tableau ci-dessous indiquez, au moyen de croix, pour chacun des 4 cas de refus :
- *les opérations précédentes (il faudra les rappeler dans la lettre) ;*
- *la (ou les) raison(s) du refus qu'il convient de donner ;*
- *la (ou les) conclusion(s) possibles.*

	Cas de refus			
	1	2	3	4
Opérations précédentes : - Réception d'une demande d'emploi spontanée. - Réception d'une demande d'emploi et du C.V. (ou des renseignements). - Examen et tests. - Entretien.				
Raison de refus : - Expérience insuffisante. - Profil non conforme au profil exigé. - Pas de poste vacant. - Formation insuffisante. - Aptitudes non conformes aux exigences du poste. - Qualification trop importante pour le poste à pourvoir. - Non dégagé des obligations militaires.				
Conclusion : - Espoir que le candidat trouvera un poste lui convenant. - Dossier conservé. - Proposition d'un autre poste.				

4 | *Paragraphes standard.*

Le projet de bible vous est remis ci-contre.
Vérifiez que les paragraphes 11 à 14 proposés pour l'introduction - rappel des opérations antérieures - sont bien adaptés à chacun des cas de refus.
Complétez les paragraphes donnant la raison du refus :

> 220 : formation insuffisante
> 221 : expérience insuffisante
> 222 : candidat non dégagé des obligations militaires
> 223 : qualification trop importante pour le poste
> 23 : profil inadapté
> 24 : aptitudes non conformes aux exigences du poste.

De même prévoir 3 conclusions :

> 31 : souhait de trouver un emploi
> 32 : dossier conservé
> 33 : proposition d'un autre poste.

Composez oralement les lettres de refus dans les cas où le responsable du recrutement a porté sur le dossier l'annotation suivante :

> - "expérience insuffisante"
> - " mauvais résultats aux tests"
> - "mauvaise impression à l'entretien. Dossier conservé"

00 01 02 03	Objet : Poste de... Monsieur, Madame, Mademoiselle,
11 (1er cas) 12 (2e cas) 13 (3e cas) 14 (4e cas)	Votre lettre du... par laquelle vous exprimez le désir de travailler dans notre entreprise nous est bien parvenue ; nous vous en remercions. Nous avons examiné avec intérêt votre dossier de demande d'emploi. Le.... vous avez passé un examen professionnel et des tests. Le.... vous avez eu un entretien avec un responsable du recrutement.
21 (1er cas) 22 (2e cas) 220 221 222 223 23 (3e cas) 24 (4e cas)	Malheureusement, nous regrettons de ne pouvoir y donner suite ; en effet, aucun poste correspondant à votre spécialité n'est vacant dans nos services. Malheureusement, nous regrettons de ne pouvoir y donner suite pour la raison suivante : Votre formation... Malheureusement, Malheureusement,
31 32 33	
40	Veuillez agréer,... nos salutations distinguées. Le Chef du personnel, R. Renaud.

Travail complémentaire

1 | Préparez la **fiche téléphonique** relative à une demande de renseignements au sujet de Mlle N. Prévost (voir la lettre de demande d'emploi ci-dessous) : demande effectuée par un responsable du S. du personnel FOC auprès de l'employeur de la candidate.

2 | En marge de la lettre ci-dessous, et en tenant compte de l'annotation, portez le numéro des paragraphes choisis et présentez la **lettre de réponse** correspondante.

Nathalie PRÉVOST
15 rue du Buisson
59110 LA MADELEINE

La Madeleine, le 8 décembre 198.

Monsieur le Chef du Personnel
FOC Four Ogill et Cie
Boîte postale n° 2058
59015 LILLE Cedex

Objet : emploi de secrétaire

Monsieur le Chef du Personnel,

Très intéressée par votre offre d'emploi parue dans la "Voix du Nord" de ce jour, je sollicite le poste de secrétaire correspondancière vacant dans l'usine de Lille.

Âgée de 18 ans, j'ai obtenu en juin dernier le BEP "Agent des services administratifs et informatiques". Depuis le 15 septembre, je suis employée à la concession Renault de La Madeleine ; j'utilise tous les jours une machine à écrire électronique ; le directeur des Ventes me confie souvent la rédaction de lettres simples et cette activité m'apporte beaucoup de satisfaction.

Je souhaite vivement que vous puissiez donner suite à ma demande.

Veuillez agréer, Monsieur le Chef du Personnel, l'expression de mes sentiments respectueux

N. Prévost

Expérience insuffisante
Voir pour poste d'opératrice
sur M. de T.T à compléter
du 1er janvier

Dubois

Comprendre... LES PROBLÈMES DE L'EMPLOI

1 | L'EMPLOI

Après avoir lu les différents articles du *Journal, vous expliquerez, dans un texte organisé* (comportant une introduction, un développement, une conclusion) *ce qui a changé dans la conception contemporaine du travail.*

RECHERCHE

Vous résumerez d'abord, en vous fondant sur l'éditorial, *les différentes modifications qui ont affecté la répartition de l'emploi.*

Puis *vous rechercherez des documents* (articles de journaux, d'encyclopédies, de manuels d'économie) afin de *comparer la répartition de l'emploi en France et dans votre pays. Vous mettrez en lumière, dans un texte organisé, les ressemblances et les différences.*

Faites l'inventaire, en lisant les articles du *Journal* et des *Dossiers des différentes mesures qui ont été prises touchant l'emploi.* Des mesures analogues ont-elles été prises dans votre pays ?

RECHERCHE

Vous rechercherez des documents d'actualité concernant l'emploi dans votre pays.

Sous forme d'EXPOSÉ, *vous expliquerez quelles mesures ont été prises pour l'emploi, quelle a été leur efficacité, leur impact dans la population.*

De nombreuses études laissent à penser qu'à l'avenir, un individu devra, plusieurs fois au cours de son existence, se recycler, voire changer de métier. Après avoir lu l'article « Quels métiers pour demain », *vous raconterez par écrit comment vous envisagez votre « carrière »,* depuis la sortie de l'école jusqu'à la retraite, comment vous imaginez vos emplois futurs, votre propre réaction face aux inévitables mutations.

2 | L'INÉGALITÉ DEVANT L'EMPLOI

En période de crise de l'emploi, un réflexe classique consiste à mettre en cause le droit au travail des femmes et des immigrés. Ce réflexe se manifeste-t-il dans votre pays ?

- *Vous constituerez un **dossier*** sur cette question en rassemblant articles de journaux, citations de commentaires à la radio et à la télévision, extraits de discours politiques, sondages, etc.

- Dans un **débat** avec la classe, *vous déterminerez s'il est juste, ou non, d'exclure telle ou telle catégorie de la population du droit au travail* lorsque l'économie traverse une crise trop importante.

- *Vous fabriquerez un questionnaire,* destiné à toutes — ou à certaines, que vous aurez choisies — classes de votre établissement. Par ce questionnaire, vous chercherez à savoir si les filles et les garçons se répartissent également entre les sections. Si non, quelle est la répartition et les raisons de cette répartition. Puis, à l'aide des résultats de ce sondage, vous réfléchirez à l'importance des traditions (culturelles, sociales, familiales) dans le choix du métier.

Par écrit, vous analyserez ce qui, dans votre entourage et votre éducation, vous a poussé à choisir telle ou telle section dans le cursus scolaire et, finalement, à vous diriger vers tel ou tel métier.

 **omment...** REFUSER

DANS UNE LETTRE

> Cher Monsieur,
>
> J'ai bien reçu votre lettre du 27 avril et je vous remercie de l'intérêt que vous portez aux ouvrages édités par notre maison.
>
> Comme vous le pensiez, il n'est malheureusement pas possible de vous adresser un si grand nombre d'ouvrages à titre gracieux, mais je vous les ai fait envoyer, par courrier séparé, avec une remise de 50 %, la plus importante que nous puissions accorder.
>
> Restant à votre disposition, je vous prie d'agréer, cher Monsieur, mes salutations distinguées.

1 | *Dans la bible de paragraphes p. 103 et dans la lettre ci-dessus, relevez les termes exprimant le refus.*
Vous remarquez que ce refus, bien que ferme, n'est pas brutal. Par quels moyens le refus peut-il être rendu acceptable ?

2 | Lisez attentivement la lettre ci-dessous. *Résumez en quelques mots précis la demande du client.* Quel est l'argument fourni à l'appui de cette demande ?

> Messieurs,
>
> Après avoir pris connaissance de votre catalogue, nous aurions l'intention de vous commander 50 imperméables, art. 62029 tergal mastic, tailles 36 à 44, qui paraissent correspondre aux besoins de notre clientèle.
>
> Toutefois, compte tenu de l'importance de cette commande, nous voudrions savoir si vous pouvez nous accorder une remise supplémentaire de 10 %.
>
> Nous restons dans l'attente de votre réponse et nous vous prions d'agréer, Messieurs, l'expression de nos sentiments distingués.

Voici la réponse du fournisseur :

> Messieurs,
>
> Nous accusons réception de votre lettre du 5 novembre et nous vous en remercions.
>
> Malgré notre désir de vous être agréable, il nous est impossible de vous accorder la remise de 10 % que vous demandez.
>
> En effet, compte tenu de la qualité de nos articles, nos prix sont déjà très compétitifs.
>
> A titre exceptionnel nous pourrions, en revanche, vous accorder un paiement par traite à 60 jours au lieu de 30 jours.
>
> Nous espérons que cette proposition vous conviendra et que vous nous réserverez la faveur de vos commandes.
>
> Veuillez agréer, Messieurs, l'expression de nos sentiments dévoués.

Quelle est la formule employée par le fournisseur pour refuser ?

Par quels moyens le refus est-il rendu acceptable ?

Par quels mots est introduite la justification du refus ?

Quelle formule souligne que le fournisseur fait à son client une offre conciliante ?

3 | Vous êtes gérant(e) d'une boutique de mode, Vous avez reçu d'une cliente une lettre de réclamation, par laquelle elle demande l'échange d'un pantalon acheté six mois plus tôt. *Rédigez la lettre de refus.*

4 Vous recevez le carton d'invitation suivant :

> Monsieur et Madame Lapierre
> seraient heureux de vous compter parmi leurs hôtes au dîner qu'ils offrent
> en l'honneur des fiançailles de leur fille Julie.
> Le 23 octobre à 21 heures.
> au 20, rue de Bourgogne
> 75013 PARIS.

Or, il se trouve que les Lapierre sont des gens qui vous sont très antipathiques, mais que vous ne pouvez pas vous permettre de froisser (de blesser).
Rédigez votre réponse.

REFUSER ORALEMENT

La valeur affective placée dans le refus est, d'une manière générale, plus nette à l'oral qu'à l'écrit.

Refus « neutre ».

- C'est très aimable à vous (de me faire cette proposition) | mais... | je ne peux l'accepter
- C'est très aimable de votre part
- Je vous remercie (de cette invitation) | mais... | je ne suis pas libre

- C'est très gentil | mais... | je suis pris ce jour-là
- Je suis vraiment désolé(e) | | je suis prise à cette heure-là
  | | j'ai un rendez-vous important...

- Je { vous / te } remercie (de { votre / ton } conseil) | mais... | cela me semble difficile à réaliser
- Votre suggestion me semble intéressante | mais... | difficilement réalisable

Refus ferme.

- Je regrette | mais...
- Je suis désolé(e)
- Désolé(e)
- Non, ça m'ennuie | parce que...
- Vraiment, ça me gênerait
- Écoute, ça m'embête
- Bof, ça ne me dit rien

Refus catégorique.

- Non merci.
- Merci, mais...
- Non, | il n'en est pas question
  | pas question.
- | je ne veux pas
  | je ne peux pas
  | ça n'est pas possible
- Tu n'y penses pas ! (sous entendu : ta proposition est stupide)
- Vous n'y pensez pas !
- Tu rêves !

Souvent, pour éviter de refuser catégoriquement, ou pour éviter de refuser sur le champ, on « prépare » le refus par des expressions comme :

- Je ne sais pas | si je suis libre
  | si ton conseil est judicieux
- Je vais étudier la question
- Je vais réfléchir
- Je vais voir
- Peut-être... il faut que je voie.

Jeu de rôle

A et B font connaissance à la terrasse d'un café.
— A propose à B une nouvelle rencontre (voir dossier 3).
— B refuse.
— A insiste, argumente (voir dossier 5).
— B refuse catégoriquement.

Un représentant propose à son client un nouveau produit.
— Le représentant vante la qualité de son produit (voir dossier 5).
— Le client ne manifeste pas d'enthousiasme.
— Le représentant insiste et donne d'autres arguments.
— Le client refuse fermement.

La « PUB » s'affiche

UNE VIEILLE DAME TOUJOURS JEUNE : L'AFFICHE

Philippe Benoît : « Il y a en France quatre grands patrons qui gèrent des entreprises à l'échelle nationale. Une véritable industrie de l'affiche ; alors que dans la plupart des pays (comme aux USA) l'affichage n'est pas un support national. De plus, les entreprises françaises ont su faire évoluer leur média en proposant aux agences des systèmes très souples qui permettent de poser des affiches en 24 heures quand il faut parfois une semaine dans d'autres pays. Cela en fait un média très événementiel... »

GERVAIS/DANONE

La nuit, les petits pots au pied du singe s'allument et éclairent le mur.

UNE APPARENTE SIMPLICITÉ

Les empires que se sont taillées peu à peu quelques sociétés sur le marché de ce qu'on appelle « la publicité extérieure » témoignent de la densité, de la vitalité d'un secteur qui réalise 13 % de la totalité des investissements publicitaires, soit un chiffre d'affaires global de 3,5 milliards de F, beaucoup plus que dans les autres grands pays industriels.

Dix mille panneaux éparpillés aux six coins du pays pour vendre des produits de luxe n'auront jamais autant d'impact et d'efficacité qu'une centaine soigneusement choisis. Recensement des styles de vie, études de motivation, analyse des segments de population, des déplacements des individus, des voies empruntées, des moyens de transport, des durées de fréquentation des lieux publics et des problèmes de circulation routiers ont progressivement conduit tous les afficheurs à penser leur activité en termes de « réseaux ».

Prospère, l'affichage n'en est pas moins un média fragile. Depuis quelques années son taux de croissance annuel s'effrite légèrement au profit de la télévision. Son utilisation est complexe, lourde. Connaître à chaque instant la disponibilité et l'affectation de chacun des milliers de panneaux qu'il gère est pour tout afficheur un véritable casse-tête. Solution obligatoire : la gestion informatisée des réseaux qui permet progressivement à l'entreprise et à ses clients de disposer d'une « photographie » du « parc ».

SOCIÉTÉ MARS/AGENCE TED BATES

ECOM/UNIVAS

La modernité de l'affiche, c'est d'abord la mobilité de ses supports. Le jeu avec les cadres (cassés ou vides de contenu) jusqu'à leur disparition finale. Il était logique que l'image elle-même joue avec sa propre ampleur : rapetisse (format cartes postales), ou s'étende, peinte, sur un mur entier. Puis se fractionne, comme sur les bus. Un morceau de texte dans une bulle : une parole prêtée aux passagers. D'une fenêtre à l'autre, une petite bande dessinée qui défile. Incohérente comme une parole brisée. Comme un histoire sans fin. (Conception : Arnaud Laffile/Sei Sekiguchi. Agence : Ecom/Univas.)

Le grand boum des années 70 :
« On est sorti de la réclame ; aujourd'hui, l'affiche doit être porteuse d'un concept.

La réussite par la modestie et l'humour. Mini prétentions, maxi concept : Mir décape la pub des lessives et produits ménagers. Deux idées fortes dans cette image : Mir peut tout faire et pour pas cher. Il suffisait d'y penser. Un coup de maître pour DDB. (Conception : C. Arfeuilleres et M. Brazier. 1974).

Belle approche d'un produit qui reste insensible au temps. Une autre image montrait le bar juché sur un îlot de terre, rescapé au milieu du trou des Halles. Dans le même esprit, l'agence avait poussé la sophistication jusqu'à faire peindre un « vieux » mur publicitaire, comme s'il datait de plus de 50 ans. (Conception : Pierre Berville, M. Reavley. Phot. : David Thorpe. Agence : TBWA, Année 1974).

DOC. LESSIEUR

AGENCE PUBLICITÉ TBWA

Pour vendre une lessive on crée une comédie musicale : mi-Fred Astaire, mi-Opéra de Pékin

Au carrefour de l'art, du commerce, de la technique, la publicité, au cours des dernières années, a changé son image dans l'esprit des Français. Elle est devenue pièce de collection (il existe des maniaques de l'affiche, du spot, du badge), prétexte à festival (à Cannes) ou objet d'analyse pour les esprits les moins suspects de futilité.

Bien que les industriels l'accusent quelquefois de « s'auto-promouvoir » au lieu de promouvoir les produits, la publicité sert avant tout à guider le goût du public et à influencer ses achats. Et bien souvent, il faut employer les « grands moyens » !

La dernière comédie musicale en vogue porte un drôle de titre, « *la nouvelle formule* » ; elle dure 45 secondes détergentes et se joue sur les seules planches de la Fantaisie publicitaire. Tout bonnement génial (ou l'enfer), ce tout nouveau film Skip réalisé par Philippe Bensoussan pour l'agence Lintas. On se croirait en Chine populaire, ou en Corée du Nord, un de ces pays de marxo-réalisme lyrique où le bleu de chauffe, le tracteur moissonneur et la clé à molette déploient sur scène les ballets chantants les plus invraisemblables. Sauf qu'on est en France, au printemps 1986, et que la star de cette hallucinante comédie musicale est un baril de lessive, le Skip nouvelle formule qui garantit aux ménagères inquiètes l'hygiène *totale*, la santé propre *absolue*, le *tout* sécurité grâce à son James Bond, l'agent bactéricide très spécial TAED.

On croit rêver.

« *C'était un jour comme tous les autres jours dans le laboratoire Skip* », chante l'homme. « *Quand tout à coup...* », reprend la femme. Sublime, l'arrivée en dansant du chœur de l'armée des fabricants de machines à laver (« *Et nous on dit bravo, bravo pour nos machines* »), après celui des laborantines en fête et des techniciens en blouse blanche célébrant l'heureux événement technologique. Rien ne manque au catéchisme Skip. Une révolution dans l'univers pesant de la communication lessivière si rarement secoué (il y a eu quand même la rue Gama (1) et le « *douce France, cher Omo* (1) *de notre enfance* » chanté par Charles Trenet).

Skip a toujours voulu se démarquer comme lessive à la pointe du progrès. Dès son lancement en 1959. Cette année-là, des industriels étaient venus trouver Lever. Époque des premières machines à tambour et non plus à agitateur. Il leur faut une lessive ad hoc qui ne mousse pas si on veut éviter des débordements catastrophiques. Affirmatif, répond-on à la multinationale, où logent déjà Persil (1), l'ancêtre, et Omo (1). Ce sera Skip, sur le slogan provocateur « *Skip mousse peu pour laver mieux* ». Quarante-neuf marques de machines à laver recommandent le produit. Une alliance qui se perpétue depuis vingt-sept ans, cet « *essayé et approuvé par les grandes marques...* ». En 1972, encore une innovation répondant à l'évolution des mœurs ménagères : la première lessive tous programmes de lavage. Et maintenant en 1986, le dix de der (2) de l'hygiène à toutes températures.

C'est qu'on ne lave plus son linge sale comme avant. Avec les textiles de toutes sortes, plus ou moins fragiles, gare aux petits Hiroshimas lessiviers, le pantalon qui rétrécit, la couleur qui déteint. L'angoisse au moment de mettre le linge dans le tambour. Alors madame ne javellise (3) ni ne bout plus. Elle fourre toutes les affaires ensemble, et met à basse ou moyenne température. Là intervient docteur Skip, psycho-

logue. Un doute atroce bassine (4) la ménagère : le linge familial est-il vraiment désinfecté de ses microbes et bactéries ?

L'agent TAED, activateur de lavage intégré, va vous exterminer ces affreuses bestioles. Au grand soulagement des ménagères contemporaines, qui veulent tout, la propreté de grand-mère sans chlore ni ébullition. Des ménagères, il n'en existe certes pas qu'une seule race. A chaque marque, son type de ménagère et inversement. Mais celles que vise Skip sont particulièrement troublées. Les « skipiennes » comme il y a leurs cousines germaines les « ariélistes », clientèles des deux marques leaders du marché (15 à 16 % chacune) et férocement concurrentes (Ariel (1) loge chez Procter & Gamble). Ces deux populations de femmes ont en commun de s'impliquer à fond dans leurs lavages. Peu importe d'acheter plus cher, il leur faut de la top performance. Question de mentalité plus que de classe sociale, elles continuent de croire à l'importance de leurs fonctions ménagères. Là s'arrête la ressemblance. Pour la skipienne, l'acte de laver n'est pas en soi une finalité. « *Plus ce sera bref, agréable, efficace,* explique Chris Parker, le commercial de Lintas, *plus elles pourront se désimpliquer.* » La skipienne n'a pas la fibre bobonne (5). Que ça saute et rapidement. Alors que l'ariéliste est plus pragmatique, plus motivée dans la corvée. L'ariéliste entend rester maître chez elle. Elle tient fermement les commandes du foyer et s'investit d'une mission ménagère dont elle fait presque une profession. Elle ne délègue pas, comme la skipienne, ses responsabilités au couple machine-lessive. Ce qui n'empêche pas que toutes deux veulent de l'irréprochable, de l'impeccable.

Aussi la pub ariéliste assène tandis que la skipienne argumente. Et c'est bien là le problème qui se posait à Alain Laurens, le directeur de création chez Lintas : « *Comment se faire entendre quand le spot se fond dans un tunnel de six à huit minutes de films souvent spectaculaires s'enchaînant les uns sur les autres ?* » Réponse : une comédie musicale grand spectacle dont le coût approche les 3 millions de francs. « *On ne pouvait continuer éternellement à ennuyer nos acheteuses,* s'exclame Alain Laurens. *Même si ça marche. Mais si on les prend pour des adultes, elles nous seront redevables. On est toujours flatté quand sa marque fait une communication intelligente et intéressante.* »

PHILIPPE GAVI
Le Nouvel Observateur, 13-19 juin 1986

---

1. Marques de lessive.
2. Nom d'un coup particulièrement réussi au jeu de cartes la belote.
3. Verbe formé d'après le nom d'un décolorant et désinfectant à base de chlore, l'eau de Javel.
4. Terme familier signifiant que le doute poursuit la ménagère et jeu de mot sur le nom de l'ustensile, la bassine.
5. Ménagère.

ACTIVITÉS

D'après les informations qui vous sont fournies dans le *Journal* et dans l'article des *Dossiers, expliquez à quels critères doit répondre une publicité pour atteindre son public.*

A l'aide de l'article de Philippe Gavi dans les *Dossiers, expliquez pourquoi certaines clientes préfèrent telle lessive tandis que d'autres restent fidèles à telle autre.*

Quelles sont les caractéristiques du produit Skip mises en valeur dans l'article de Philippe Gavi ?

Faites le plan du texte.

Analysez à votre tour la publicité Gervais reproduite dans le Journal. *Présentez cette analyse dans un texte organisé.* (Vous pouvez vous aider du plan de l'article de Philippe Gavi que vous venez de dégager.)

La circulaire d'information

Comparaison de la circulaire avec les types de courrier voisins

Les travaux suivants sont effectués dans un secrétariat :

- Préparation d'une note de service chargeant deux chefs de bureau de la réalisation d'une enquête relative au restaurant d'entreprise ;
- Dactylographie d'une lettre concernant un litige avec un client ;
- Présentation de différentes lettres répétitives à partir de lettres-types ou de paragraphes standards préenregistrés ;
- Réalisation d'une circulaire informant les clients d'un secteur du changement de représentant.

1   *Comparez les **différents types de travaux** en complétant le tableau ci-dessous au moyen de croix :*

	Note de service	Lettre personnelle	Lettres répétitives	Circulaire

Le texte :
    c'est un texte non réutilisable.
    c'est un texte réutilisable
    (le document est répétitif.)				

Le nombre de destinataires concernés :
    - il y a un seul destinataire.
    - il y a quelques destinataires.
    - il y a de nombreux destinataires.				

Le but du message à chacun des destinataires :
    - demander l'exécution d'un travail
    - donner une information générale
    - donner une information personnelle.				

LA CIRCULAIRE

Présentée sous la forme d'une lettre, la **circulaire** a pour but d'informer une catégorie de personnes au sujet d'un problème général : problème commercial ou problème relatif au personnel.

La circulaire est souvent établie par un imprimeur ou par tirage offsett. Quand c'est possible, il est préférable de l'imprimer sur imprimante de machine de traitement de texte ce qui permet de la personnaliser parfaitement et de lui donner l'apparence d'une lettre personnelle.

La lettre de vente

> La **lettre de vente** est une circulaire par laquelle un fournisseur propose ses produits ou ses services à des prospects, c'est-à-dire à des personnes choisies qu'il espère convaincre afin qu'elles deviennent ses clients.

2 | Consultez la **lettre de vente** (page suivante).
Si vous aviez à expédier cette circulaire, à quels types de personnes choisiriez-vous de l'envoyer ?

• Présentation.

Dans ce cas, la circulaire a été tirée à l'offset. *Comment a été reportée la suscription ?*

Souvent le nom du destinataire n'est pas reporté sur la lettre même. *Pourquoi ?*

Comment a été indiquée la date ?

Pour éviter le report d'une date, quels sont les autres procédés possibles ?

Que pensez-vous de la présentation ?

Quels moyens peut-on utiliser pour obtenir une circulaire parfaitement présentée et personnalisée ?

Quel que soit son mode d'établissement, pourquoi évite-t-on toute mention variable dans une circulaire ?

• Plan.

L'introduction doit "accrocher" pour que la lettre soit lue.
Comment, ici, est attirée l'attention du destinataire ?

Quels sont les arguments cités pour susciter l'intérêt pour le service offert ?

pour faire naître le désir de recourir au service ?

Quel est le but de la conclusion ?

• Style.

Soulignez dans la lettre - en bleu les termes de type publicitaire visant à convaincre le prospect ;

- en rouge les expressions de courtoisie.

Caractérisez le ton utilisé :

Duchesse Anne

TRAITEUR

5, place Duchesse Anne, 44000 NANTES

Tél. : 46.41.30.25

Tours 44
Agence de voyages
15, allée Brancas
44000 NANTES

Nantes, mai 19..

Madame, Monsieur,

Après Troigros à Roanne et Le Nôtre à Paris, Christophe Biret est maintenant à "La Duchesse Anne" ; ce jeune Chef de cuisine a donc le plaisir de mettre son talent et sa créativité à votre service.

> Palourdes farcies
> Coquilles nantaises
> Caneton au Muscadet
> Crêpes flambées au Marasquin

sont les spécialités qu'il a déjà ajoutées à notre carte.

Que vous ayez à organiser

- un cocktail, un buffet ou un repas à thème,
- un tête à tête ou un banquet de 1000 couverts,
- un repas d'affaire ou une réception familiale,

il vous accueillera et vous fera des suggestions originales adaptées à vos souhaits.

A domicile ou dans nos salons, La Duchesse Anne c'est, avec Christophe Biret, l'assurance de réceptions réussies.

A bientôt, et gastronomique vôtre

T. Kervégan

Tanguy Kervégan,

La circulaire d'information

Dans l'agence de voyages "Tours 44", d'importants travaux de rénovation vont être entrepris. Pendant deux mois (juin et juillet), il en résultera des difficultés pour le personnel et les clients, Le directeur, M. Mercœur, décide d'envoyer une circulaire à tous les clients des deux dernières années pour les informer ; on en profitera pour proposer, dans un dépliant joint, une sélection de voyages encore disponibles.

3 *On veut éviter tout report sur la* **circulaire.** *Conséquences :*

- quant à l'indication du destinataire :

- quant à l'inscription de la date :

- quant à l'interpellation :

- quant à la signature :

Quelles mentions habituelles supprimera-t-on ?

Pourquoi ne faut-il pas insister sur l'inconfort provoqué par les travaux ?

Quel argument vaut-il mieux développer ?

Plan proposé :

> - annonce des travaux ; avantages : conditions de travail et d'accueil nettement améliorées.
> - inconvénients pendant la durée des travaux (remercier le client pour sa compréhension).
> - proposition de voyages.

4 **Rédaction.**
Points de repère : Durant les mois de juin et juillet… vous apprécierez alors…
Mais, en attendant...
Nous profitons de ce courrier...

Travail complémentaire

1 *Présentez la* **carte** *qui sera adressée par le traiteur "Duchesse Anne", en même temps que la circulaire présentée dans ce dossier, à différentes personnalités locales pour les inviter à venir prendre gracieusement, un repas.*
L'invitation, pour 1 ou 2 personnes selon le cas, est valable un mois ; le bénéficiaire devra téléphoner pour réserver sa table ; la carte sera réclamée à l'entrée.

2 *Rédigez la* **circulaire** *à adresser à 11 clients pour les informer de l'annulation, en raison d'un nombre insuffisant de participants, du voyage C 06 prévu en Italie du 5 au 15 juillet et leur proposer des voyages encore disponibles pendant la même période (liste jointe).*

Remarque. Conformément aux conditions acceptées par les clients lors de la réservation du voyage, en cas d'annulation d'un voyage du fait de l'agence, le client est remboursé des sommes versées à l'exception de l'adhésion-assurance (ici, 112 F).

Faisons le point sur ... L'ELLIPSE

L'ellipse désigne la suppression d'un ou plusieurs mots, afin de donner à la phrase une allure spontanée et percutante. C'est donc une tournure qui convient tout particulièrement aux slogans publicitaires.

Ellipses : — du verbe : *« Les deux services les moins chers de l'année »* (Nous vous présentons les deux services...)

        — du sujet (en particulier dans les phrases impératives) : *Gardez le punch !* (Vous devez garder le punch.)

        — du sujet et du verbe : *Automatiquement plus rapide !* (Canon est une machine automatiquement plus rapide.)

        — du déterminant : *Fret aérien : rapidité, sécurité, économie* (Le frêt aérien assure la rapidité, la sécurité, l'économie.)

Souvent, le nom du produit est suivi d'un groupe de mots, mis en apposition : ainsi sont précisées les qualités du produit.

> *Banque Indosuez : tout un monde d'opportunités.*

L'apposition correspond fréquemment à une ellipse de la proposition subordonnée relative :

> *Indosuez* est une banque qui rassemble *tout un monde d'opportunités.*

ou une ellipse du présentatif « c'est » :

> *Conquerador,* (c'est) *le papier qui parle pour vous.*

N.B. Entre le nom et le groupe de mots mis en apposition, on place soit une virgule, soit un tiret, soit deux points.

Transformez les phrases suivantes en slogans publicitaires.
Vous pouvez être amenés à supprimer plusieurs mots en différents endroits de la phrase :

• Nous nous mettons absolument à votre service.

....

• L'équipe de Rossignol et Bayer est une équipe qui monte.

....

• La banque GHS met à votre service tout le savoir bancaire.

....

• Avec Giroform, vous possédez tous les atouts de l'efficacité.

....

• Les pellicules et le matériel photographiques Agfa permettent d'aller plus loin que l'image.

....

• B.R.A., c'est le brevet qui détient depuis 20 ans le monopole sur votre marché.

....

• Nous avons découvert l'intelligence de la cellule, qui donne l'espoir de la vie.

....

• Achetez le verre SIV où se reflète la technologie la plus avancée.

....

• Buvez l'eau d'Evian qui régénère les cellules.

....

• Nous vous présentons le photocopieur automatique qui est le plus rapide.

....

TOURS 44

AGENCE DE VOYAGES
15 allée Brancas
44000 NANTES

Tél. : (46) 24.21.01
Ad. tél. : TOUR QQ
C.C.P. : Tours 13 431 22
Télex : TQQ 230 748

Jean Boissonnat

Chère Madame, cher Monsieur,

Vous êtes de ceux qui animent une équipe, prennent des décisions, planifient, négocient au sommet ?

Alors sachez qu'un magazine entièrement nouveau vendu uniquement par abonnement, vous réserve le premier rôle : il s'agit de L'ENTREPRISE, créé par l'Expansion en association avec Ouest France.

Comment le magazine L'ENTREPRISE (pourtant introuvable en kiosque) a-t-il déjà conquis des dizaines de milliers de dirigeants ? En se consacrant, de la première à la dernière page à ceux qui s'affirment comme les "champions" de l'esprit d'entreprise.

Je ne vais pas vous dire que ces nouveaux entrepreneurs sont des surhommes. Souvent ils ne réussissent que parce qu'ils savent travailler avec d'autres et respectent leur personnalité ; parce qu'ils prennent des risques et sont capables de tirer les leçons de leurs échecs.

Pour toutes ces personnes, dont certaines sont de vrais entrepreneurs à l'intérieur de grandes firmes, il n'existait pas jusqu'à présent de magazine spécifique. Qui leur parle d'eux, dans leur langage, sans complaisance ni agressivité. Directement. Utilement.

Votre temps de lecture est compté : nous en tiendrons compte. Vos préoccupations sont précises : nous les cernerons. Et quand vous lisez, en dehors du travail, vous aimez aussi vous détendre : nous y veillerons.

Nous ne voulons pas ajouter un journal professionnel aux autres. Il y en a d'excellents. Chacun son métier. Le nôtre consiste à vous offrir un magazine attrayant, utile, rapide à lire. Nous le ferons avec les mêmes préoccupations que nos autres publications : indépendance d'esprit, soin de la réalisation, qualité de l'information, agrément de lecture. Nous aurons, bien sûr, quelques obstacles à surmonter. Nous nous y emploierons. Comme vous le faites quotidiennement.

Très sincèrement,

Jean Boissonnat
Vice Président du Groupe Expansion

*C*omment... CARACTÉRISER UN OBJET, UN PRODUIT

Sous quelle forme est présentée la publicité ci-contre pour L'ENTREPRISE, parue dans *L'Expansion* (oct-nov. 85).

1 *Soulignez les mots et les groupes de mots qui caractérisent le magazine L'ENTREPRISE.*
Vous remarquez que la caractérisation n'occupe qu'une faible part de cette lettre. A quoi celle-ci est-elle, en outre, consacrée ?

- ....
- ....
- ....

2 *Relevez les expressions qui caractérisent le client éventuel.*

- ....
- ....
- ....

Quels adjectifs, dans la lettre suivante, vous semblent propres à caractériser ce client :
Dynamique - Impatient - Lucide - Important - Très important - Responsable - Courageux - Intrépide - Insatisfait - Entêté - Vainqueur - Très occupé - Sérieux.

3 Par quels mots sont caractérisés :
- Les entrepreneurs dont il est question dans L'ENTREPRISE :
- L'équipe qui anime l'entreprise :

Les clients potentiels sont-ils : Très différents | des entrepreneurs ?
différents | des animateurs de l'équipe ?
Semblables à eux ?

- *Justifiez cette présentation.*

4 Quelle est, dans cette lettre, la part la plus importante :
- Celle qui est réservée à la présentation du produit ?
- Celle qui est consacrée à la caractérisation du client ?
- Celle qui est consacrée à la description des entreprises ?

Publicité Oméga

Omega Constellation
Quatre griffes à l'épreuve du temps.

5 La montre Oméga est photographiée de façon à mettre en valeur :
- le bracelet,
- l'attache du bracelet,
- le cadran,
- le mécanisme interne,
- une particularité technique,
- les quatre griffes autour du cadran,
- les aiguilles.

Quel mot est répété dans les quelques lignes de présentation de l'objet ?
A quoi vous fait penser ce mot ?

6 Quelles informations concrètes sur les performances et les qualités techniques du produit sont apportées par cette publicité ?

7 En vous aidant de toutes les remarques que vous avez faites à propos de la lettre de L'ENTREPRISE et de la publicité Oméga, en tenant compte d'autre part de la rubrique « Faisons le point »... consacrée à l'ellipse, *rédigez de courts textes, précédés de slogans publicitaires pour présenter les produits suivants :*

DOCUMENT FRALIB

PUBLICITÉ UGINE   GROUPE SACILOR

Un des deux premiers mondiaux de l'acier inoxydable.

AGENCE CRÉACOM   Salavin CHOCOLATIER.

Paris sera toujours Paris

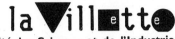

ÉDITORIAL

la Villette
cité des Sciences et de l'Industrie

LE PARIS DE L'AN 2000...
SUIVEZ LE FUTUR...

LE PLUS GRAND MUSÉE DU MONDE : Aux trois à cinq millions de visiteurs qu'elle attend chaque année, la Cité des sciences propose des parcours initiatiques, des jeux, des manipulations, des expériences et une présentation attrayante de principes savants dans plusieurs domaines : géologie, biologie, minéralogie, sciences humaines.

Explora, c'est le nom que l'on a donné à l'ensemble des expositions permanentes de la Cité, se divise en quatre grands secteurs : « De la Terre à l'Univers » ; « L'aventure de la vie » ; « La matière et le travail de l'homme » ; « Langages et communication ». Le parcours de la Terre à l'Univers s'effectuera sur trois niveaux. « Le

n'est pas toute donnée, qu'elle se fait, en même temps d'ailleurs que le « musée » se construit et se développe. »

Le secteur 2, ouvert partiellement, a pour objet de retracer l'aventure de la vie, de l'homme dans ses relations avec son milieu.

Le secteur 3, « La matière et le travail de l'homme », « Langages

Les sujets sont traités dans leurs dimensions historique, culturelle et industrielle. La présence industrielle repose, dans la Cité, sur quelques repères phares comme la maison de l'industrie, occupée par une exposition permanente des techniques de pointe ; l'espace, avec une maquette d'Ariane, aura la vedette. But des responsables : faire de l'endroit une vitrine des entreprise : faciliter la construction d'une nouvelle façon de présenter le monde de l'indus-

Beaubourg, c'est le nom donné habituellement au Centre Georges-Pompidou, construit en plein cœur de Paris sur le plateau de Beaubourg. Longtemps décrié, surnommé, à cause de son architecture moderne, la « raffinerie de la culture », il accueille 8 millions de visiteurs par an : la tour Eiffel et le Louvre n'en reçoivent que 3,5 millions.

Avec ses 100 000 m², Beaubourg est deux fois plus grand que le Louvre. Il contient plusieurs niveaux d'expositions temporaires, un musée d'Art Moderne dont les salles entièrement rénovées ont été présentées au public en décembre 86, une immense bibliothèque ; des conférences, des concerts, des visites guidées, des festivals de cinéma y sont régulièrement organisés (renseignements au 42.77.12.83, postes 4954 et 4981).

PATRICE ASTIER

Centre National d'art et de culture G.-Pompidou.

principe de cette exposition consiste à montrer comment fonctionne la « machine terre », son sol, ses océans, mais aussi quelle est la place du « vaisseau terre » dans l'univers » avance Rainer Verbitz, le chef de projet, un ancien de Beaubourg. « Ce qui importe c'est de déranger les gens, il ne s'agit pas seulement d'apporter des connaissances mais de provoquer des interrogations. » « Ce que l'on souhaite, renchérit Bernard Hagène, responsable scientifique du secteur, c'est montrer aux gens que la science

et communication » présente, en partie seulement, ses richesses. Élément vedette parmi d'autres, une étonnante « bulle de son », où chaque interlocuteur, situé de part et d'autre de l'objet, communiquera à voix basse, et de façon intelligible. Un jeu mystérieux destiné à faire comprendre les subtilités de la réfraction et de la propagation du son.

L'espace en vedette.

Autre pôle dynamique de la Cité : les expositions temporaires.

trie ; offrir des services, notamment aux créateurs d'entre prises. Autre ispositif parleur, l'« espace entreprise », précisément, qui ouvrira une surface de 4 500 mètres carrés à des secteurs économiques dynamiques.

Un panorama même partiel du centre ne serait pas complet si l'on omettait le territoire des enfants. L'Inventorium, comme son nom ne se le suggère pas, sera la halte obligée des parents au niveau de l'accueil. L'espace enfant reçoit les six-onze ans autour d'une maison à construire pour les plus petits, tan-

dis que les scientifiques en herbe partiront à la découverte des phénomènes naturels, de l'informatique ou du monde animal. Là, plus qu'ailleurs, une invitation impérative : on peut toucher, manipuler, agir et réfléchir.

Fleuron le plus « fédérateur » de l'édifice, la Médiathèque est distribuée sur les deux étages inférieurs. A la fois bibliothèque, vidéothèque, elle sera le lieu de rassemblement de toute l'information scientifique, technique et industrielle disponible actuellement.

Le Monde, 9-10 mars 86.

... ET LE PARIS DE TOUJOURS

En hélicoptère, faites le tour de Paris ! Rens. à : HELICAP, 4, av. de la Porte de Sèvres. Tél. : 45.57.75.51.

Vous pourrez aussi voir tout Paris du haut de la tour Montparnasse (M° Montparnasse).

KAMMERMAN/RAPHO

L'opération la plus spectaculaire :

La Défense, où le Paname fin des années 50 s'est mis en tête de prendre le look américain. Mal parti, plutôt bien arrivé, Manhattan-sur-Seine s'est édifié sur une banlieue banale HLM et ateliers, mais traversée par l'axe royal Louvre-Concorde-Étoile. Les Français raffolent des perspectives, ils n'ont pas raté celle-là.

Autour de l'esplanade en béton rigoureusement orientée, l'hélicoptère découvre en 1985 une ville de verre et d'acier presque achevée : 1,5 million de mètres carrés de bureaux, 20 000 habitants, 55 000 cols blancs qui font irruption chaque matin... Mais ouverte ou fermée, la perspective ? Ni ouverte ni fermée : elle s'achèvera sur un cube ouvert « comme une fenêtre », posé tout au fond. Le chantier de la Tête de la Défense a commencé cet été.

L'Expansion. Oct. Nov. 85.

J.-M. DEL MORAL

Cinéastes, peintres, photographes, poètes... Paris n'a cessé de les influencer.

D. DAILLOUX/RAPHO

A voir de toute urgence !
Musée Picasso : Hôtel Salé, 5, rue de Thorigny. Tous les jours sauf mardi de 10 h à 17 h 15 (M° Saint-Paul).

MICHEL BARET/RAPHO

Paris guide

... SE DÉPLACER — ÊTRE HÉBERGÉ DANS PARIS A DES PRIX « JEUNES »... SE DÉPLACE

| SE DÉPLACER |

MÉTRO ou BUS ?

A vous de choisir !

Le métro.

• *Pratique.* Vous trouverez toujours, près de l'endroit où vous êtes, une station Ⓜ.La R.A.T.P. offre des plans dans la plupart des stations. Des plans plus complets (rues, métro, bus) sont en vente dans les kiosques à journaux et les librairies.

• *Pas cher.* Si vous ne restez que quelques jours vous avez le choix entre le carnet de 10 tickets et la carte touristique (2, 4, 7 jours) : elle vous permet d'utiliser, autant que vous le voulez, le métro, le bus et le R.E.R., à un tarif forfaitaire.

Si vous restez un mois, vous pouvez acheter une carte orange, plus économique.

• *Rapide.* Une minute d'attente entre deux métros aux heures de pointe, 10 minutes après 19 heures. Pour calculer le temps nécessaire pour aller d'un point à un autre, compter une minute et demie entre deux stations.

• *Comment l'utiliser ?* Chaque ligne de métro porte un numéro et deux directions, selon le sens dans lequel vous voulez aller. Un panneau vous indique, sous la direction choisie, le nom des stations desservies.

Le bus.

• *Beau.* On voit tout Paris !

• *Moins rapide que le métro.* Il faut compter entre 7 et 15 minutes d'attente entre deux bus et faire attention aux embouteillages des heures de pointe...

• *... Mais plus rapide que la voiture* à cause des couloirs réservés à la circulation des bus.

• *Un peu plus cher que le métro.* Il faut compter un ou deux tickets par trajet. Un plan, placé à chaque arrêt de bus, vous indique combien de tickets vous devez composter. (Attention ! Ne compostez ni votre carte touristique ni votre carte orange ! Montrez-la seulement au conducteur.)

• *Comment l'utiliser ?* Dans la plupart des abris-bus vous trouverez un plan général des bus. Le numéro des lignes passant à un arrêt est inscrit dans un rond *blanc* (autobus quotidien), *noir* (ces autobus ne roulent pas les dimanches et jours de fête) ou *bleu* (ce sont les autobus de nuit qui circulent de 23 h 30 à 5 h 30 du matin). La direction dans laquelle se dirige l'autobus est inscrite en gros caractères sur le bus lui-même au-dessus du pare-brise.

L'A.J.F. (Accueil des Jeunes en France) dispose de quatre bureaux d'accueil qui garantissent votre hébergement temporaire (pour 4 ou 5 nuits). Il vous suffit de vous présenter, le jour où vous voulez la chambre, à l'une des 4 adresses suivantes :

- *A.J.F.,* dans la gare du Nord (M° Gare du Nord) près de l'arrivée des lignes internationales.
  Ouvert du lundi au vendredi de 9 h 30 à 18 h 30 (8 h à 22 h tous les jours en été). Tél. : 42.85.86.19.
- *A.J.F.,* 16, rue du Pont Louis-Philippe (M° Hôtel-de-Ville ou Pont-Marie).
  Ouvert du lundi au vendredi de 9 h 45 à 18 h 30. Tél. : 42.98.04.82.
- *A.J.F.,* 119, rue Saint-Martin (face à Beaubourg, M° Rambuteau Hôtel-de-Ville, R.E.R. Châtelet).
  Ouvert du lundi au samedi de 9 h 30 à 19 h 30. Tél. : 42.77.87.80.
- *A.J.F.,* 139, boulevard Saint-Michel (M° Port-Royal).
  Ouvert du lundi au samedi de 9 h 30 à 18 h. Tél. : 43.54.95.86.

Vous serez hébergé en Maison de Jeunes ou en hôtel pour un prix équivalent au tiers environ de celui d'une chambre d'hôtel de catégorie moyenne.

Maisons de Jeunes.
- 4, avenue Maurice-Ravel (M° Porte de Vincennes). Tél. : 43.43.19.01.
- 46, rue Louis-Lumière (M° Porte de Bagnolet). Tél. : 43.61.24.51.

ACTIVITÉS

Recherches. Sur un plan de Paris, situez Beaubourg, La Villette, la tour Eiffel, La Défense.

Vous organisez un séjour à Paris pour un groupe : A qui téléphonez-vous pour vous loger ? Comment allez-vous vous déplacer ? Que voulez-vous voir ? Combien changerez-vous d'argent ?...

Demande d'information à un fournisseur

CENTRE DE DOCUMENTATION ELECTRALARM

36, Rue Gassendi - 75014 PARIS
Téléphone : 47-34-31-32 et 43-06-37-46
Métro DENFERT-ROCHEREAU - Stationnement autorisé

Objet : Dispositifs d'alarme

Paris, le (date de la poste)

Madame, Monsieur,

Nous vous avons adressé, voici un mois, notre catalogue ELECTRALARM pour vous présenter nos divers dispositifs d'alarme.

Depuis, des chiffres effarants vous ont été donnés par les journaux, la télévision qui constatent, impuissants, le nombre sans cesse croissant des cambriolages, des actes de vandalisme, des agressions...

Nous espérons que vous ne figurez pas au nombre des victimes et que vous n'attendrez pas que l'irréparable soit accompli.

Aussi insistons-nous pour que vous profitiez de notre proposition de commande d'essai, qui vous permet d'étudier à loisir, durant 10 jours, notre Cellule ELECTRALARM, hors de l'influence gênante d'un vendeur pressant.

Si notre appareil ne vous convient pas, il vous suffit de nous le retourner immédiatement pour être intégralement **remboursé**, et ce, quelles que soient vos raisons.

Nous vous rappelons que la Cellule ELECTRALARM ne nécessite ni installation, ni compétence particulière ; **on la pose et c'est tout.**

Le Directeur

Société à Responsabilité Limitée au capital de 160 000 F. Siège social : 43, rue Froidevaux, Paris - R.C.S. Paris B 645 940 320

Demander (par écrit) les informations suivantes :
1° Conditions spéciales pour l'achat de 10 cellules "TKS Surpuissant" (prix, délai de paiement)
2° Est-il possible d'encastrer les dispositifs ?
3° Une telle installation permet-elle d'obtenir une réduction des primes d'assurance contre le vol ?

J. Kahn

Analyse des documents

1 **Analyse de la lettre reçue.**

> Il s'agit d'une *lettre de vente*, c'est-à-dire d'une lettre dans laquelle un fournisseur offre ses marchandises ou ses services à des personnes ou des entreprises sélectionnées ; ces destinataires qui ne sont pas encore des clients sont appelés des *"prospects"*.

Que pensez-vous de la disposition générale de la lettre ?

Plan :

- Introduction : _____

- Développement :

- _____

- _____

- _____

- Conclusion : _____

Style. *Soulignez, dans la lettre, les termes destinés à frapper le lecteur.*

2 **Analyse de la note manuscrite.**

Qui a écrit cette note ? _____

A qui est-elle destinée ? _____

Quelle est la nature de son contenu ? _____

> **Conditions générales de vente :** conditions applicables en principe à tous les clients. Certains clients peuvent obtenir des conditions plus favorables ou **conditions spéciales.**

Schématisation de la situation commerciale

3 Pour préciser la situation, (opérations, dates) complétez le schéma ci-dessous.

Fournisseur	Envoi d'un catalogue	Prospect
ELECTRALARM		AU SOLEIL LEVANT Maison KAHN et fils (Importateurs d'objets d'Extrême-Orient)

- *Vous devez demander les informations prévues. Situez-vous en coloriant la case correspondant à l'entreprise dans laquelle vous vous trouvez.*

- *Soulignez en rouge la flèche qui représente le travail à faire ; indiquez la date du jour au-dessous.*

La demande d'information par téléphone

Transcription d'une communication téléphonique.

4 | *Critiquez les différentes phrases de l'interlocuteur A dans la **conversation téléphonique**.*

A. (Appel)
B. ELECTRALARM - Bonjour !
A. *Allô. Je voudrais des renseignements.*
   Pouvez-vous me passer le service ?
B. Des renseignements à quel sujet ?
A. *Ben... sur les dispositifs d'alarme !*
B. Je vous mets en communication avec le service commercial.

   ...
C. Romain DUBART. Bonjour.
A. *Allô. Pourriez-vous me fournir des renseignements sur vos*
   appareils ?
C. Avec plaisir. C'est pour un particulier ou un commerçant ?
A. *C'est pour le magasin "Au Soleil Levant".*
C. Très bien. Que désirez-vous savoir ?
A. *Vos conditions pour 10 cellules TKS... Celles qui sont*
   présentées dans votre catalogue... et puis si on peut
   encastrer les dispositifs et si on peut obtenir une réduction
   des primes d'assurance.
C. Les dispositifs qui peuvent être encastrés sont indiqués
   sur le catalogue.
A. *Et les prix ? Et l'assurance ?*
C. Je vais vous faire parvenir le tarif spécial "Entreprise". Quant
   à la prime d'assurance, il est préférable que vous vous
   adressiez à votre assureur.
A. *Oui... Nous sommes assurés aux Mutuelles du Mans. C'est*
   une compagnie importante, mais savoir si les primes sont
   calculées en tenant compte des améliorations ?
C. ... En tout cas, nos systèmes sont très efficaces ; les clients
   les apprécient beaucoup.
   A qui dois-je envoyer la documentation ?
A. *Au magasin "Au Soleil Levant", à Paris.*
C. A quelle adresse s'il vous plaît ?
A. *5, rue aux Ours, dans le 3e arrondissement.*
C. Voulez-vous répéter le nom de la rue ?
A. *rue aux O U R S.*
C. Bien. Je vous envoie cela dès ce soir. Merci de votre appel.
A. *Au revoir Monsieur (raccroche).*

5 | *Quelles **règles** doit-on respecter dans une conversation téléphonique ?*

- Au début :

- Ce qu'on dit :

- Comment on le dit :

- A la fin :

6 | *Caractéristiques de la communication téléphonique par rapport à une demande écrite.*

- Avantages :

- Inconvénients :

AU SOLEIL LEVANT

Maison KAHN et Fils

Produits d'Extrême-Orient

5, rue aux Ours - 75003 PARIS

42.37.13.90   C.C.P. Paris 920513   R.C.S. Paris A 450 022 428

La demande d'information écrite

7 **Plan**

Complétez le plan ci-dessous :

- Introduction.   - *Manifester notre intérêt pour les cellules TKS ; raison.*

- Développement.   _____
_____
_____
_____

- Conclusion.   _____

- Formule de politesse.

8 **Rédaction de la lettre** *(utiliser éventuellement les exemples de lettres-types, ci-contre.*

Quelles modifications partielles pourriez-vous apporter à la note manuscrite pour que l'énumération des renseignements demandés se présente sous une forme homogène (deux solutions) ?

1. _____
_____

2. _____
_____

> Dans une énumération, tous les termes doivent se présenter sous la même forme grammaticale.
>
> **Exemples :**
> Les qualités de style sont :   *Enumeration*   Dans cette lettre, il faut :
>
>   - la clarté,
>   - la précision,   *de noms*   *de verbes*   - exprimer notre intérêt
>   - la concision,   - demander des renseignements,
>   - la courtoisie,   - remercier.
>   - la correction.

- Conclusion et formule de politesse doivent être indépendantes, de préférence.

Présentation de la lettre.

Présentez le texte de la lettre en respectant la disposition normalisée.

Objet : Votre catalogue

M.

Nous vous serions reconnaissants de nous faire parvenir votre catalogue et vos tarifs relatifs à

Nous vous remercions pour la rapidité de votre envoi.

Veuillez agréer, M.   , nos salutations distinguées.

Le Directeur des Achats

Objet : Votre catalogue n°

M.

Nous vous saurions gré de nous faire connaître dès que possible, sans engagement de notre part, les prix et conditions que vous pourriez nous consentir pour la fourniture éventuelle de

Nous espérons que les conditions proposées nous permettront de vous réserver notre commande.

Veuillez agréer, M.   , l'expression de nos sentiments distingués.

Le responsable Achats

Objet : Votre catalogue...

M.

Votre catalogue nous est bien parvenu ; nous sommes intéressés par

Cependant, avant de vous passer commande, nous souhaiterions un complément d'information :

Nous espérons une réponse rapide de votre part et vous en remercions.

Veuillez agréer, M.   , nos salutations distinguées.

Le Chef du service Achats.

Travail complémentaire

1 M. Kahn vous remet la note ci-dessous. Préparez les lettres demandées en complétant les trois **lettres-types** présentées à la page précédente.

> - Demander à Pélico-Import leurs meilleures conditions pour la fourniture de 100 pieds de lampe en porcelaine réf 421.60 (catalogue Japon 31) - 13 rue Crébillon. 75006 Paris.
>
> - Demander le catalogue concernant les objets d'art d'Extrême-Orient à Li-Fu, 20 rue de Chabrol. 75010 Paris.
>
> - Avant de passer commande des socles en bois pour vases chinois à Orient-International (catalogue 508) leur demander si le fond est bien revêtu d'une couche de feutrine -
>   Adresse : 9 r Varlin. 75010 Paris.
>
>   J. Kahn

2 M. Kahn désire faire imprimer 3 000 dépliants qu'il remettra aux visiteurs à son magasin ou enverra par la poste à des adresses qui lui seront communiquées par une entreprise spécialisée. Il a réalisé la maquette : le dépliant, réalisé sur une feuille A4 pliée en 3, comporte des photos - M. Kahn fournira les clichés - ; l'une des faces doit être réalisée en quadrichromie, l'autre en une seule couleur. Les dépliants devront être livrés au plus tard le 1er décembre.

Vous devez préparer la lettre d'appel d'offre qui sera adressée à 5 imprimeurs français et belges pour leur demander leur devis pour ce travail ; les imprimeurs devront joindre au devis un échantillon du papier proposé.

VOCABULAIRE

A4	: Format normalisé utilisé pour les lettres et documents courants 21 x 29.7 cm.
Appel d'offre	: Lettre adressée à un ou plusieurs fournisseurs pour leur demander à quel prix ils accepteraient de fournir des produits non décrits sur un catalogue ou pour exécuter un travail ; le client impose en général certaines conditions (délais, spécifications techniques,...).
Cliché	: Image négative d'une photographie.
Dépliant	: Annonce publicitaire réalisée sur une feuille qu'on doit déplier pour en prendre connaissance.
Devis	: Etat détaillé des travaux à exécuter avec l'estimation des prix.
Maquette	: Projet d'un document qui doit être reproduit.
Quadrichromie	: Impression en 4 couleurs (jaune, rouge, bleu et noir).

Faisons le point sur ... LES MOTS DE LIAISON MARQUANT *LA RESTRICTION OU L'OPPOSITION*

Ils provoquent une inversion du sujet, lorsque le sujet est un pronom.

Ex. p. 125 : *Aussi insistons-nous* pour que vous profitiez de notre proposition.

De la même manière, les mots de liaison suivants entraînent une inversion :
à peine, ainsi, au moins, du moins, et encore, peut-être, plutôt, à plus forte raison, aussi bien, sans doute.

Exemples :
A peine avions-nous quitté la maison qu'il se mit à pleuvoir.
Peut-être devrait-il prendre une assurance.
Du moins espérons-nous que vous n'avez pas subi de dommages.
Sans doute croyez-vous être à l'abri de tout danger.
Etc.

1 *Reliez les phrases proposées ci-dessous par un mot de liaison marquant la restriction ou l'opposition.*
• Il vient demain. Il l'a décidé.
• Il a habité Paris pendant trois ans. C'est ce qu'il dit.
• Elle va tous les jours à La Villette. Elle a une passion pour la science.
• Nous nous mettrons d'accord sur un jour de rendez-vous. Vous serez plus tranquille.
• Vous préférez Les Auberges de Jeunesse. Votre budget est limité.

2 En utilisant les thèmes et le vocabulaire de dossier, *composez des phrases exprimant la restriction et l'opposition.*

Comment... DEMANDER

DEMANDER UN RENSEIGNEMENT, UN SERVICE

A l'oral.

Régle générale : Plus le service demandé est important, plus la formulation doit être polie.

	Excuse-moi		Est-ce que tu peux...		
	Dis-moi		Est-ce que tu pourrais...		
	Pardon	Mme	Pouvez-vous...	m'indiquer	l'heure
	Excusez-moi	M.	Pourriez-vous...		où a lieu...
	Excusez-moi de vous déranger	Mlle	Est-ce que vous pourriez...	me dire	comment... où se trouve...
			Auriez-vous la gentillesse de...		à me repérer sur ce plan.
			Auriez-vous l'extrême amabilité de...	m'aider	à porter mon bagage. à rédiger ce courrier. à remplir ce dossier.

A l'écrit.

Lisez attentivement les extraits des lettres types p. 129.

Quelles expressions similaires trouvez-vous dans les lettres 1 et 2 ?

A quel temps est le verbe dans ces expressions ? Retrouvez-vous cette caractéristique dans les expressions orales ? Dans toutes ? Sinon, dans lesquelles précisément ? En voyez-vous la raison ?

LE CONDITIONNEL · CONJUGAISON (rappel)

Le conditionnel présent :

> POUVOIR : je pourrais tu pourrais, il pourrait, nous pourrions, vous pourriez, ils pourraient
>
> SAVOIR : je saurais
>
> AVOIR : j'aurais
>
> VOULOIR : je voudrais

Le conditionnel passé :

> AIMER : j'aurais aimé
>
> ÊTRE : j'aurais été

Lorsqu'on émet un souhait, on utilise fréquemment le conditionnel pour atténuer ce que la demande pourrait avoir de trop direct. Aussi peut-on employer, pour une demande actuelle, ce conditionnel passé : l'atténuation en est renforcée.

Exemple : J'aimerais recevoir votre documentation.

J'aurais aimé recevoir votre documentation.

---

1 | Dans les phrases suivantes, conjuguez les verbes entre parenthèses au temps désiré. Au besoin rajoutez le pronom personnel (attention à sa place !).

Je vous (savoir) gré de me faire parvenir votre catalogue.

Nous vous (être) obligés de nous procurer ce dossier.

Je (vouloir) bien que vous me donniez votre avis à ce sujet.

(Avoir) l'obligeance de venir ?

(Pouvoir) me dire ce que vous savez ?

J'aurais (aimer) lire quelques ouvrages concernant ce pays avant d'y partir en voyage.

Quelques subtilités nécessaires.

Dans une situation délicate qui risque de dégénérer en conflit ne dites pas :

- Monsieur, auriez-vous l'extrême obligeance de cesser d'asphyxier tous les voyageurs avec la fumée de votre cigare ? *(Une trop grande politesse risque de passer pour du mépris ou de rester sans effet.)*
- Dites-donc, vous ! C'est interdit de fumer ici et vous asphyxiez tout le monde ! *(Conflit garanti).* Adoptez un ton à la fois simple et ferme.
- Monsieur, il est interdit de fumer ici et la fumée de votre cigare gêne les voyageurs.

DEMANDER UNE PERMISSION

(Est-ce que)   • Je peux   te demander si tu es au courant ?

       ⟶ Je pourrais   fumer ?

       • Je peux me permettre de   utiliser votre téléphone ?

       Attention ! Je peux <u>me</u> permettre de fumer ?

           Vous <u>me</u> permettez de fumer ?

           Vous permettez que <u>je</u> fume ?

2   Le laisser-passer (page 134) pour Beaubourg vous donne droit à un certain nombre d'avantages. *Vous le remplissez.*

Vous joignez une lettre demandant des informations supplémentaires concernant les expositions, les tarifs, les horaires...

Jeu de rôle

Dans un syndicat d'initiative :

— *A* entre et salue l'employé(e).

— Réponse très sèche de l'employé(e).

— *A* demande un renseignement.

— Réponse brève, incomplète et faite de mauvaise grâce.

— *A* insiste. Il veut obtenir des précisions.

— Réponse.

Dans une entreprise.

— *X* entre dans le bureau de son employeur et le salue.

— Réponse.

— *X* demande à quitter plus tôt son travail ce jour-là. Il donne ses raisons.

— Réponse.

Centre Georges Pompidou

le Laissez-passer annuel

Une carte individuelle d'adhésion valable un an donnant droit aux avantages suivants:

gratuité d'accès
- au Musée national d'art moderne
- à toutes les expositions

information à domicile
- abonnement à CNACmagazine

réductions
- 30 % environ sur les spectacles, le cinéma, et la saison musicale de l'Ircam/Eic
- de 5 % à la Librairie, 10 % à la Carterie

participation gratuite
- à la visite guidée du Centre
- aux animations régulières du Musée et des expositions
- aux débats, rencontres, cycles...

pour souscrire une adhésion

Paiement joint à l'ordre de l'Agent Comptable du Centre Pompidou

☐ souhaite recevoir des formulaires complets sur l'adhésion et la saison 85/86

☐ souhaite recevoir des formulaires à tarif de groupe (80F et 60F pour inscription de 10 adhérents)

à retourner à:
Centre Georges Pompidou Service Liaison/Adhésion 75191 Paris Cedex 04

Nom _____

prénom _____

Adresse _____

_____

* Année de naissance ⌊1⌊9⌊ ⌊ ⌋
(obligatoire pour les tarifs réduits)

- **adhésion simple**   ☐ 115F
  —25 ans, +60 ans*   ☐ 85F

- **adhésion double**   ☐ 200F
  Nom, prénom du conjoint: _____

  _____

- **adhésion «famille»**   ☐ 230F
  Nom, prénom du conjoint: _____

  _____

prénoms des enfants (âgés de 13 à 18 ans):
_____ ⌊1⌊9⌊ ⌊ ⌋
_____ ⌊1⌊9⌊ ⌊ ⌋ ⌋

Terre de légendes : la Bretagne

La Bretagne

ÉDITORIAL

Paysages de Bretagne

L'ARMOR, c'est le « pays voisin de la mer », la côte. Elle est extraordinairement découpée : 1 200 km de développement alors que, sans baie ni promontoire, elle n'en aurait que 600.

Il faut aller voir, à l'extrémité ouest de la péninsule, les caps, hauts de 50 à 70 m, les îles, les rochers sombres, les écueils qui donnent à la côte son aspect sauvage. Les noms de localités en disent autant que les sites : passage de la Grande Peur, baie des Trépassés, enfer de Plogoff... D'autres paysages impressionnants attirent chaque année les touristes : les blocs de granit rose de Ploumanach et de Trégastel entassés sur 20 m de hauteur ; le promontoire en grès rouge du cap Fréhel qui domine la mer de 57 m ; l'immense rade de Brest...

Mais, entre les masses rocheuses, des plages accueillent les baigneurs, de petites criques ou de vastes espaces de sable fin, comme la plage de La Baule. Les marées, en Bretagne, impressionnent vivement. Elles sont, en certains endroits, comme dans la baie du Mont Saint-Michel, d'une amplitude et d'une rapidité remarquable (on prétend que la mer à cet endroit monte plus vite qu'un cheval au galop). Mais surtout, dès que le vent se lève, les vagues qui se brisent avec violence sur le rocher donnent un spectacle grandiose et étourdissant : on peut, parfois, entendre depuis Quimper les lames qui s'écrasent, à 30 km de là, sur les rochers de Penmarch. Sur les côtes, les habitants sont, pour la plupart, marins. On dit des Bretons qu'ils « naissent avec de l'eau de mer autour du cœur ».

L'ARGOAT, la Bretagne intérieure, procure au voyageur des sensations moins fortes. Aussi est-elle longtemps restée méconnue des touristes. Pourtant, les naturalistes y trouvent une grande variété d'oiseaux et de plantes à observer, les promeneurs ont la joie d'y découvrir, au détour du chemin, une ancienne demeure seigneuriale, une chapelle isolée que révèle son fin clocher, une gorge où disparaît la rivière. Lieu de prédilection des poètes, sensibles à un charme simple, à la mélancolie des landes brumeuses, au mystère des riches légendes transmises de génération en génération, l'Argoat est une région authentique, l'un des « cœurs » de la France.

LARRIER/RAPHO *Belle Ile - Le Palais.*

LES ALIGNEMENTS DE CARNAC.

MARC TULANE/RAPHO

Les alignements de Carnac constituent un site impressionnant. Ils s'étendent sur plus de 4 km et comptent 2 939 menhirs. On a la certitude qu'à l'origine ils étaient plus nombreux. Certains atteignent 4 m de hauteur. On pense qu'il s'agit de monuments religieux associés au culte des morts. En effet Carnac signifie « lieu des carns » et le mot carn désigne un amas de pierres sur une tombe. Pourtant l'orientation particulière des menhirs a conduit à penser qu'il s'agissait d'un lieu de culte solaire. De nombreuses interprétations plus ou moins fantaisistes ont tenté d'éclaircir le mystère de Carnac, mais aucune jusqu'à présent n'a emporté les faveurs de l'ensemble des scientifiques. On pense généralement que le lieu a connu diverses destinations.

LES BRETONS « BRETONNANTS »

Les traditions linguistiques (800 000 Bretons parlent le breton quotidiennement et non le français), les traditions vestimentaires et religieuses sont en Bretagne d'une persistance surprenante. On peut voir des femmes porter encore le costume traditionnel pour les marchés et les fêtes religieuses (en particulier pour les *pardons*, manifestations rituelles de ferveur religieuse). Le costume traditionnel féminin brille surtout par l'éclat du tablier : la richesse et l'abondance des broderies, le luxe du tissu utilisé révèlent l'aisance de la famille. La présence ou non de dentelles, la forme du tablier, des bretelles et de la bavette indiquent, elles, la ville ou la contrée dont la jeune fille est originaire. De même, la forme de sa coiffe, sorte de chapeau de dentelles, renseigne avec précision sur son origine. Si vous allez en Bretagne en juillet, aux Grandes Fêtes de Cornouaille, vous les verrez alors tous rassemblés dans leur extraordinaire diversité, que souligne le proverbe « kant bro kant giz - kant parrez kant itiz » (cent pays cent coutumes - cent paroisses cent églises).

ND/ROGER-VIOLLET

Brefs repères géographiques

• La Bretagne est une péninsule massive : plus de 300 km de l'est à l'ouest, et 160 km de la baie de Saint-Michel, au nord, au pied de la presqu'île du Cotentin, jusqu'à Nantes, au sud, située au fond de l'estuaire de la Loire. Le relief est fait en grande partie de plateaux peu élevés, battus par les vents et couverts d'une végétation maigre qu'on appelle la *lande*.

• Le littoral est très découpé, rocheux et abrupt au nord ; à l'ouest il est ourlé d'écueils, entaillé de baies profondes (appelées rades comme par exemple la rade de Brest). La côte sud, de Lorient à Nantes, est plus douce, creusée de larges baies ménageant des plages et des golfes.

La pêche en France

La pêche française est une activité en déclin. Elle n'obtient, en tonnage, que le 21e rang mondial et ses prises ne dépassent pas un pour cent des prises mondiales. Cette vieille activité comporte une structure double : la pêche artisanale et la pêche industrielle. La pêche est considérée comme artisanale quand le ou les propriétaires sont embarqués comme patrons et marins et lorsque le bateau jauge moins de 100 tonneaux. A l'heure actuelle, la pêche artisanale représente 95 % des bateaux de pêche : elle rapporte 29 % de la production nationale. La pêche industrielle, avec 5 % des bateaux, rapporte 71 % de la production. Le nombre des marins, qui dépassait 50 000 dans les années soixante, est maintenant inférieur à 30 000. Certes, cette diminution affecte surtout la pêche artisanale. Cependant la pêche industrielle n'a pas beaucoup augmenté ses effectifs au cours des vingt années passées : cette stagnation est bien le signe que la pêche se porte mal.

Les handicaps de la pêche française.

• L'éloignement des ports français par rapport aux lieux de pêche oblige nos grands chalutiers à passer en mer deux ou trois jours de plus, à chaque voyage, que leurs concurrents britanniques ou scandinaves. Cet allongement du temps de pêche provoque, outre une perte de temps, une perte d'argent, puisque les heures de salaire sont plus nombreuses et la quantité de carburant utilisée plus importante. D'autre part, cet éloignement oblige à construire des bateaux plus grands : le rapport entre le nombre de marins par bateau et le tonnage pêché est donc moins favorable que celui des pays concurrents.

• L'Europe bleue (de la pêche) est aussi morose que l'Europe verte. En effet, la mer s'épuise et il faut moins pêcher. Les pays membres de l'Europe ont donc tenté de répartir pauvreté et sacrifices. Cependant les Britanniques, dont les eaux sont de loin les plus poissonneuses, exigent l'exclusivité des droits de pêche dans une zone de 12 milles (plus de 22 km) au large de leurs côtes. D'autre part, ils demandent une répartition en leur faveur des quotas de poisson disponibles (cf. Dossier 3). Aussi, la construction de l'Europe bleue se heurte-t-elle régulièrement aux positions anglaises.

• Il faut ajouter à ces causes économiques des causes culturelles : les Français consomment peu de poisson ; c'est la viande qui constitue l'apport protéinique de la plupart des menus.

Les principaux ports de pêche en France.

BOULOGNE
Dieppe
Cherbourg
Fécamp
Morlaix □ / Port-en-Bessin
Camaret / □ ■ Granville
Douarnenez ■ St-Brieuc / St-Malo
St-Guénolé ■
Le Guilvinec ■
Loctudy ■ / Les Sables d'Olonne
CONCARNEAU ■ / La Rochelle
LORIENT ■ / Oléron □ □ Marennes
Noirmoutier
Arcachon
Sète
Marseille

| 135 000 t | 70 000 t | 25 000 t | 15 000 t | 5 000 t |
| ■ | ■ | ■ | ■ | ■ |

□ Centres ostréicoles. ■ Ports de pêche.

Quelle(s) solution(s) ?

On a tenté surtout d'apporter à la raréfaction de poisson une réponse industrielle : l'aquaculture. Mais, comme l'explique un journaliste du journal *Le Monde* dans un dossier paru en avril 84, « l'aquaculture ne peut intéresser que des espèces « riches ». Son rendement énergétique est déplorable. Le poisson d'élevage ne rend que 10 % de la nourriture qu'il a consommée ; il lui faut des protéines comprenant 40 % de farine de poisson, donc des protéines nobles. Le poulet, lui, se contente d'un repas contenant 20 % de protéines végétales qui sont bon marché. Il faut 18 mois pour fabriquer 1 kg de truites de mer, 3 ans pour qu'un turbot pèse 2,5 kg ; il suffit de 8 semaines pour qu'un poulet atteigne le même poids. »

Le problème de la pêche française reste donc à peu près entier, et le mouvement de déclin amorcé depuis vingt ans ne semble pas devoir s'inverser.

ACTIVITÉS

La Bretagne touristique.
• Sur une carte de France à grande échelle, *retrouvez les noms des lieux cités dans le journal.*
• Existe-t-il dans votre pays des régions où les traditions vestimentaires, linguistiques et culturelles sont restées très vivaces ? Sous forme d'EXPOSÉ, *vous présenterez celle qui vous touche le plus.*

La pêche.
• *Résumez les difficultés auxquelles se heurte la pêche en France.*
• En vous aidant au besoin d'une documentation, *vous présenterez les différents aspects de la pêche dans votre pays. Vous expliquerez les difficultés auxquelles se heurte cette activité.*
• Dans un texte d'une vingtaine de lignes, *comparez les problèmes de la pêche en France et dans votre pays.*

11

Bien faire
et le faire
savoir

Réponse aux demandes d'information

L'entreprise SORRENTE, grossiste, propose aux commerçants détaillants en ameublement des meubles contemporains d'importation italienne.
Elle reçoit de nombreuses demandes de documentation à ce sujet.

1 | *Les demandes d'information*

- Examiner la lettre reçue de "Jardins de Bretagne ". Dans ce cas, qu'est-ce qui a provoqué la demande de documentation ?

_____

- Une demande de documentation peut être également provoquée *par les faits suivants :*

_____

_____

_____

- La lettre est rédigée à la première personne du singulier "je". *Pourquoi ?*

_____

> En règle générale, il est préférable de rédiger les lettres commerciales à la première personne du pluriel : *NOUS*, le rédacteur s'exprimant au nom de l'entreprise.

- La conclusion indique l'action souhaitée par l'expéditeur de la lettre.

2 | *"Je vous saurais gré"*

Complétez le tableau ci-dessous

Forme	Je vous saurais gré	= Je vous serais reconnaissant (ou obligé)
Infinitif		
Première personne du singulier Présent de l'indicatif		
Première personne du pluriel Futur		
Première personne du pluriel Conditionnel		

Les réponses aux demandes de documentation

Les réponses à donner aux diverses demandes de documentation reçues sont, le plus souvent, identiques. Dans l'entreprise SORRENTE, on dispose de trois lettres types préimprimées qui permettent de répondre aux demandes de documentation formulées :
- par lettre,
- par téléphone (clients de la région),
- à un représentant.

Ces trois lettres sont présentées ci-après (présentation simplifiée ; les paragraphes identiques ne sont pas reproduits).

3 | **Plan** des trois lettres types. *(Tableau à compléter.)*

Lettre type n°	1	2	3
Introduction			
Développement			
Conclusion			

Complétez les mentions variables de la lettre qui sera choisie pour répondre à M. S. Tanguy.

Faisons le point sur ... L'EMPLOI DES TEMPS DANS LES EXPRESSIONS DE COURTOISIE

Lorsqu'on exprime un souhait on utilise peu le présent, qui serait ressenti comme trop catégorique ou trop brutal. Pour atténuer la demande, deux temps lui sont préférés :

• *L'imparfait :*
— Bonjour, monsieur, je voulais savoir si vous aviez pris une décision.
— Écoute, je voulais te demander si tu es libre demain.
— Messieurs, je me proposais par ce discours de vous demander quelque chose.

• *Le conditionnel présent :*
— Je vous saurais gré de me fournir cette documentation le plus rapidement possible (lettre ci-contre).
— Je voudrais bien savoir d'où vous tenez ce renseignement.
— Auriez-vous l'obligeance de venir demain soir ?

• *Le conditionnel passé :*
— J'aurais voulu savoir si vous venez demain.

Relevez, dans les chapitres 8 et 9, *les formules de politesse utilisées dans les lettres. Retenez la forme des temps employés.*

Conjuguez à l'imparfait, au conditionnel présent et au conditionnel passé les verbes suivants :

Vouloir - Savoir - Falloir - Être - Avoir.

138

Jardins de Bretagne

Maison S. Tanguy et fils
3, rue St-Vincent - 35400 ST-MALO

Tél. : 99.73.57.90

C.C.P. Rennes 54 87 90
R.C.S. Rennes 424 308 509

SORRENTE

5, Place Ste-Anne

35000 RENNES

V/Réf. :
N/Réf. : SP 63

St-Malo
10 septembre 19 ..

Objet : Meubles de jardin

P.-J. :

Messieurs,

Comme vous le proposez dans votre annonce parue dans "Le Courrier du Meuble",
numéro de juin-juillet, je vous prie de m'adresser votre catalogue et vos
tarifs concernant les meubles pour jardin.

Veuillez également me préciser vos conditions générales de vente.

Je vous saurais gré de me fournir cette documentation le plus rapidement
possible.

Agréez, Messieurs, l'expression de mes sentiments distingués.

S. Tanguy

Les conditions de vente

Pour les marchandises vendues au poids et en gros (café, cacao...), des **réductions sur le poids** sont accordées à l'acheteur.

* En effet, la marchandise est vendue dans un emballage (caisse, sac, bidon..) dont le poids doit être déduit du poids total - ou *poids brut* - pour obtenir le *poids net* de la marchandise, donnant lieu à facturation.
Le poids de l'emballage - la **tare** - peut être calculé :
- soit par pesage de l'emballage : c'est la **tare nette** ;
- soit par application au *poids brut* d'un pourcentage : c'est la **tare d'usage.**
* De plus, certaines pertes de poids peuvent se produire lors des manipulations et du transport. Pour en tenir compte, le fournisseur applique une réduction sous forme de pourcentage du *poids net.* Suivant les cas, cette réduction sur le poids porte le nom de **don, surdon, tolérance, freinte.**

Les principales conditions de vente concernent
→ les réductions sur le prix
→ les conditions de paiement
→ les conditions de livraison.

Réductions sur le prix.

4 *Prenez connaissance des définitions des réductions **sur le prix** et soulignez celles qui peuvent être proposées dans des conditions générales de vente.*

* La **remise** est une réduction accordée sur le prix des marchandises en raison de la **qualité du client** (revendeur par exemple), de sa **fidélité**, de l'**importance de sa commande.**

* Le **rabais** est une déduction accordée sur le prix des marchandises pour compenser un **défaut de qualité**, ou la fourniture de **marchandises non conformes** à la commande, ou un **retard de livraison.**

* La **ristourne** est une réduction accordée, suivant un taux progressif, sur le montant des **factures d'une période,** l'année en général, pour remercier le client de sa **fidélité.**

* L'**escompte** est une réduction accordée sur le montant d'**une facture** à un client qui paie **comptant** (alors qu'il pourrait bénéficier d'un délai de règlement).

5 **Conditions de paiement**

COMMENT ?   Le paiement peut s'effectuer :

- à l'initiative du client (en espèces, par chèque -revoir le dossier n° 6- , ou par mandat.
- à l'initiative du fournisseur (par traite ou lettre de change - voir le dossier n° 19).

Une **lettre de change** ou traite, est un effet de commerce par lequel le **tireur (fournisseur)** donne l'ordre à une autre personne, le **tiré (le client),** de payer, à une certaine échéance, une somme déterminée.

QUAND ?

. **Vente au comptant** : règlement à réception de la facture.
(Dans la pratique, le paiement a souvent lieu à la fin du mois de réception de la facture).
. **Vente à crédit** : règlement à 30, 60 ... jours fin de mois (soit 30, 60... jours après la fin du mois de réception de la facture).

Une facture datée du 6 octobre et payable à 30 jours fin de mois devra être réglée le ....
Une facture datée du 24 octobre et payable à 60 jours fin de mois devra être réglée le ....

1

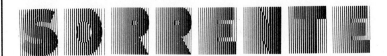

Objet : Meubles de jardin.

Rennes, le

Nous vous remercions de votre lettre du   par laquelle vous nous
demandez une documentation sur nos meubles pour jardin.

Dans le catalogue ci-joint, vous trouverez tous les renseignements concernant
les différents modèles ainsi que le tarif.

Nos conditions de vente sont les suivantes:

- Conditions de paiement

    * Règlement par traite à 30 jours fin de mois de livraison
    * Escompte de 3 % pour règlement comptant à la commande.

- Conditions de livraison

    * Expédition franco de port et d'emballage dans les 15 jours de la commande.
    * Livraison par nos soins dans un rayon de 100 km.

Nous pouvons vous assurer que la variété de nos modèles, leur robustesse et le
fini de leur fabrication seront très appréciés de votre clientèle.

Veuillez agréer,   nos salutations empressées.

                                    Jean Bellec
                                    Directeur commercial

2

Au cours de notre conversation téléphonique du   vous avez bien
voulu nous demander une documentation sur nos meubles pour jardin.

Nous avons le plaisir de vous remettre, ci-joint, notre dernier catalogue avec
le tarif en vigueur ce jour.

Nos conditions de vente sont les suivantes :

Nous restons à votre disposition pour vous fournir tous renseignements
complémentaires et vous invitons à venir visiter notre magasin d'exposition
pour mieux apprécier le confort et le sérieux de la fabrication de nos
meubles.

3

Nous vous remercions du bon accueil que vous avez réservé à notre représentant
le

Vous avez marqué de l'intérêt pour notre mobilier de jardin ; nous vous
adressons donc, ci-joint, notre catalogue et le tarif correspondant qui vous
documenteront sur les divers modèles.

Nos conditions de vente sont les suivantes :

Notre représentant se tient à votre disposition pour vous fournir tous
renseignements complémentaires que vous pourriez désirer.

6 **Conditions de livraison**

COMMENT ?

Livraison : remise de la marchandise au client (sens général),
Expédition : remise de la marchandise à un transporteur pour un destinataire indiqué.

Quel est le sens du terme "livraison" quand on l'oppose à "expédition"?

COMBIEN ?

Franco de port :	Port payé par le fournisseur (et à sa charge)
Port payé :	Port payé par le fournisseur, mais à la charge du client (les frais de port seront facturés)
Port dû :	Port payé par le client à la réception de la marchandise.

(Voir le dossier n° 23 pour les conditions concernant les échanges internationaux)

Dû : accent pour éviter la confusion avec l'article du.

Port dû ; chose due ; égards dus.

QUAND ?   Le délai de livraison est la durée qui sépare la réception de la commande de la livraison.

Autres conditions de vente

Emballages : franco d'emballage ; emballages repris (délai et prix sont précisés).
Garantie : la garantie peut porter sur les pièces, ou sur les pièces et la main-d'œuvre.

Travail complémentaire

---

1 *Portez, en marge de la lettre émanant de l'entreprise SORRENTE, l'annotation suivante :*
"Je serais disposé à commander 25 salons de jardin ; mais demander une **réduction** de 10 %
  (commande hors saison.)"   S. Tanguy

Rédigez la lettre correspondante.

2 *Proposez le texte du **télex** envoyé par SORRENTE pour proposer au client une réduction de 5 % et un délai de paiement de 60 jours fin de mois.*

Comment dire... LE PASSÉ

EXPRIMER L'ÉTAT DANS LE PASSÉ

Un logement en 1952.

Un logement moderne.

1 Imaginez que le cliché de gauche est une photographie d'enfance appartenant à l'un des deux adultes photographiés à droite. Il raconte : *« Quand j'étais enfant... »* A vous de continuer.

DÉCRIRE UNE ACTION ACHEVÉE

LE HAVRE : 1945.

LE HAVRE : Aujourd'hui

2 *Décrivez ce qui a changé :* « Aujourd'hui, la ville du Havre a été... »
Comparez les temps de ce texte et ceux du premier (exercice **1** *).* S'ils ont changé, expliquez pourquoi.

DÉCRIRE L'ACTION DANS SON DÉROULEMENT

3 Faites correspondre par une flèche les phrases ci-dessous aux dates placées en regard.

On va reconstruire	1945
On est en train de reconstruire	1946
Les travaux de reconstruction n'ont pas commencé	1948
On continue la reconstruction	1950
On vient de reconstruire	1951
On commence à reconstruire	1954
On finit la reconstruction	1955
On a fini de reconstruire	1957
On reconstruit	1960

4 Aujourd'hui, vous racontez ces événements au passé :
« En 45, les travaux de reconstruction... »

5 *Remplacez les dates* (en 43, en 46...) *par des mots ou expressions choisis dans la liste suivante :*
D'abord - ensuite - quelques années plus tard - deux ans plus tard - dans les années qui suivirent - dans les années cinquante - tout au long des années cinquante - au commencement - enfin - à la fin de cette décennie - plus tard - bien plus tard - par la suite - après - l'année suivante - en début des années soixante - dès la fin de la guerre.

LE PASSÉ RÉCENT

6 A la question : « Qu'est-ce que tu as vu à la télévision hier soir ? » *vous répondez :*

16.30 FOOTBALL US
· Et flash à **18.00.**
18.05 LES NANAS
▶ Prochaine dif. le 21 à 23.50. Film français d'Annick Lance (1985) avec Marie-France Pisier, Clémentine Célarié, Anémone, Dominique Lavanant, Macha Méril, Juliette Binoche, etc. *Etre une femme libérée, c'est pas si facile...*
19.35 ANARCHISTES GRÂCE A DIEU
Troisième épisode, *les Gattai ont de nouveaux voisins.*
20.25 FLASH
20.35 LES GRANDS FONDS
▶ Prochaine dif. le 22 à 22.45. Film US de Peter Yates (1977) avec Jacqueline Bisset, Nick Nolte. Robert Shaw, etc. *Découverte d'une épave mystérieuse, bien sûr.*
22.30 FLASH
22.40 LA FUGUE
▶ Prochaine dif. le 21 à 15.30. Film US de Arthur Penn (1975) avec Gene Hackman, Jennifer Warren, Susan Clark, etc. *Merci pour la VO, à une heure presque correcte.*
0.15 LA FEMME ET LE PANTIN
▶ Prochaine dif. le 24 à 23.15. Film français de Julien Duvivier (1959) avec Brigitte Bardot, Dario Moreno, *voir samedi,* **8.45.**
1.50 SUPERSTARS

> *Quelques mots utiles :*
> D'abord - ensuite - après - en fin de soirée - en fin d'après-midi - à l'heure du dîner - puis - enfin.

QUELQUES DIFFICULTÉS DE CONJUGAISON

7 *Conjuguez au passé composé et à l'imparfait :*
Aller - Falloir - Devoir - Faire - Finir - Lire.

Vivre en Alsace-Lorraine

Alsace-Lorraine

MULHOUSE EN MUTATION

La première manufacture de coton a été installée à Mulhouse au milieu du XVIIIe siècle. Puis le textile s'est répandu dans la région, jusqu'aux plus hautes vallées des Vosges.

La production a triplé au début du XIXe : au travail du coton s'est ajouté celui de la laine, puis on a fabriqué sur place les machines nécessaires au tissage, et aussi les teintures.

L'accroissement démographique était alors considérable malgré les deux guerres qui ont ravagé ces provinces. Pendant la première, en effet, l'Allemagne annexe l'Alsace et la Lorraine. Pendant la deuxième, Hitler l'utilise comme champ de manœuvres. Pourtant l'activité reprend en 45, à l'échelle européenne. Mais la crise du textile a, depuis vingt ans, durement touché les Vosges. Mulhouse représente un des centres qui ont su se reconvertir au mieux dans la mécanique, l'électricité, l'automobile.

Photographiée sous tous les angles pendant dix ans

Reporter photographe dans un journal local, Gérard Cenec a eu un jour une révélation : celle de la cathédrale de Strasbourg. Fasciné par sa beauté, son étrangeté, il a commencé à la photographier sous tous les angles, et il raconte l'histoire de son obsession : « 1968, Strasbourg, études de journalisme, premier sujet de reportage pour le « journal expérimental » de l'école : la flèche de la cathédrale. Il fallait la voir, prisonnière de ses immenses échafaudages ! Et puis, progressivement, sensuellement, comme un long bas résille glissant le long des jambes, les échafaudages se sont évanouis pour libérer la flèche et la laisser changer de couleur selon les caprices de la lumière.

PHOTOGRAPHIE GÉRARD CENEC

LES VINS D'ALSACE

Entre Strasbourg au nord et Mulhouse au sud, entre le Rhin et les contreforts des Vosges s'étend « la route des vins ». Elle serpente à travers les vignes, et tous les villages qu'elle traverse sont des pays de vignerons. Ici le vin est roi.

Il procure richesse et considération. Outre des vignerons vous rencontrerez des « gourmets », c'est-à-dire des commissaires en vin. Il faut voir ces villages à l'époque bénie des vendanges !

L'EXODE EN LORRAINE

De 1977 à 1980, 10 000 emplois industriels ont été supprimés chaque année en Lorraine. Le nombre des agriculteurs et des mineurs est aussi en baisse. Ainsi, malgré la création d'emplois dans le secteur tertiaire, le déficit des emplois s'aggrave. Beaucoup de Lorrains quittent alors définitivement la Lorraine pour aller chercher du travail dans une autre région : c'est tout un passé culturel, des habitudes, un langage qui ainsi s'éparpillent et meurent.

EN EXCLUSIVITÉ :
LA RECETTE ORIGINALE DE LA QUICHE LORRAINE

La charcuterie et la pâtisserie sont les deux mamelles gourmandes de l'Alsace-Lorraine. Les spécialités culinaires de ces régions sont bien connues : pâtés, foies gras, potées, choucroutes, et pour dessert le traditionnel kugelhof, font la joie des touristes.

Pour épater vos amis, voici l'économique et savoureuse recette de la vraie quiche lorraine.

Préparation : 20 mn. Repos de la pâte : 1 heure. Cuisson : 40 mn.

Ingrédients : Pâte brisée : 250 g de farine, 125 g de beurre, 1/2 l d'eau environ, 1/2 cuillerée à café de sel fin. *Garniture :* 150 g de lard maigre fumé, 2 œufs, 2 dl de crème, sel, poivre, 40 g de beurre.

Préparer et laisser reposer la pâte. Abaisser sur 3 mm. Foncer un moule à tarte beurré ; au fond disposez le lard coupé en languettes et 20 g de beurre en petits morceaux. Battre les œufs et la crème. Saler et poivrer. Verser sur le lard. Parsemer la surface avec le reste de beurre. Cuire 40 mn à four moyen. En cas de boursouflure, piquer la surface en cours de cuisson. A vos fourneaux !

• Vins : Tokay ou Riesling.

RIBEAUVILLE/PIX

Alsace-Lorraine :
deux régions liées par l'histoire ;
deux destinées économiques divergentes

Un peu d'histoire...

La « question d'Alsace-Lorraine » éclate le 8 octobre 1870 lorsque Bismarck, pour achever l'unité de l'Empire allemand, décide d'annexer l'Alsace et une partie de la Lorraine. Il fait placarder sur les murs de Strasbourg des affiches proclamant : « Strasbourg, à partir d'aujourd'hui, sera et restera allemande. » « Jamais ! » répondent les Strasbourgeois. Mais la France perd la guerre de 1870 et ces territoires resteront à l'Allemagne jusqu'à la fin de la Première Guerre mondiale. Dans la période entre les deux guerres, de nombreux mouvements autonomistes, s'appuyant sur le fait que l'Alsace possède sa propre langue, l'alsacien, revendiquent « une Alsace-Lorraine libre comme membre des Etats-Unis d'Europe et médiateur entre la France et l'Allemagne ». Au cours de la deuxième guerre, l'Alsace subit des dommages matériels et des pertes immenses. Il faudra du temps pour qu'elle puisse retrouver une infrastructure économique viable.

Aujourd'hui, l'Alsace et la Lorraine sont des régions comme les autres. Cependant, la presse régionale d'Alsace, héritière de ce passé compliqué, est bilingue.

... et d'économie

La richesse de l'Alsace tient surtout à la viticulture : 12 000 ha de vignobles adossés au versant est des Vosges produisent aujourd'hui des vins de qualité (Tokay, Gewurztraminer, Pinot blanc, Riesling, etc.) qui ont conquis le marché français. Cela n'a pas été sans mal, parce que la concurrence des vignobles du Bordelais et de la Bourgogne est importante, et aussi parce que, pendant toute la période d'annexion, l'Alsace n'a produit que des vins médiocres destinés au marché allemand. La principale industrie alsacienne, le textile, représentée surtout par la firme D.M.C. (Dolfus, Mieg et Cie), a été durement éprouvée par la guerre puis par la crise. Aujourd'hui la reconversion industrielle de ces secteurs semble réussie. La province bénéficie en outre de l'activité internationale de Strasbourg, siège du Parlement européen.

La Lorraine est dans une situation économique beaucoup plus difficile. Le charbon constituait sa richesse essentielle. Le gisement, situé à l'est de la Moselle, présente de bonnes conditions d'exploitation. Mais le charbon est concurrencé par le gaz et le nucléaire, aussi la production n'a-t-elle cessé de baisser. Elle semblait stabilisée en 1981 à 11 millions de tonnes ; il a fallu la réduire encore. D'autre part, la modernisation de ce secteur entraîne aussi des licenciements. En mars 1984, la direction des Charbonnages de France adop-

tait un plan de restructuration prévoyant la suppression de 6 000 emplois par an pendant cinq ans. La sidérurgie, autre richesse fondamentale de la Lorraine, paraît puissante. Mais elle souffre de handicaps. D'abord, lorsqu'elle naît en 1878, la vallée de la Moselle est allemande. Les sidérurgistes lorrains doivent donc s'installer dans les vallées de l'Orne et de la Fensch où ils sont à l'étroit. De plus, le caractère mono-industriel de ces vallées, voulu par les maîtres de forge, les rend particulièrement sensibles aux crises économiques. De sorte que, malgré quelques mutations effectuées au cours des dernières années, les sidérurgistes lorrains connaissent eux aussi massivement le chômage. En 1981, on prévoit de supprimer 25 000 emplois en cinq ans sur les 60 000 existants.

FRONTIÈRES DE 1871

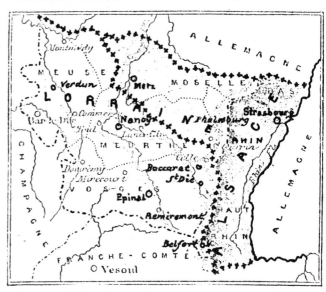

« On se trouvait alors en 1871, peu de temps après la dernière guerre avec la Prusse. A la suite de cette guerre l'Alsace et une partie de la Lorraine, y compris la ville de Strasbourg, étaient devenues allemandes ; les habitants qui voulaient rester français étaient obligés de quitter leurs villes natales pour aller s'établir dans la vieille France. »

(Extrait d'un manuel scolaire du siècle dernier, Le tour de la France par deux enfants.)

ACTIVITÉS

• **L'Alsace-Lorraine en mutation.**

A l'aide des différents articles du *Journal* et des *Dossiers du journal* vous expliquerez à quelles difficultés a pu se heurter l'économie de la région et quelles solutions ont été trouvées.

RECHERCHES : Y a-t-il dans votre pays des régions qui ont dû opérer une complète mutation économique ? *Vous rechercherez des documents à ce sujet que vous présenterez sous forme d'EXPOSÉ.*

• **L'Alsace et la Lorraine régions « européennes ».**

En utilisant les informations contenues dans le dossier *vous présenterez les événements historiques qui ont fait de l'Alsace-Lorraine une région un peu différente des autres provinces françaises.* Vous pouvez, au besoin, préciser ces informations par des recherches personnelles.

• **Strasbourg, capitale européenne.**

En utilisant des documents relatifs à tel ou tel événement ayant eu lieu au Parlement européen de Strasbourg, *vous décrirez cette ville, son « image de marque » en Europe, le symbole qu'elle représente.*

La commande

Les différentes présentations de la commande

Bon de commande ▶ Pour passer ses commandes, le client utilise en général un imprimé, le bon de commande.

Bulletin de commande ▶ Quand ce document est imprimé par les soins du fournisseur (une maison de vente par correspondance, par exemple) et à son en-tête, il porte le nom de bulletin de commande. Cependant, le terme "bon de commande" semble se généraliser.

Lettre de commande ▶ La rédaction d'une lettre de commande est toujours possible ; elle est nécessaire quand le client veut insister sur un point particulier ou demander des conditions différentes des conditions habituelles.

Télex ▶ Une commande urgente peut être passée par télex.

Téléphone ▶ Quand, pour une raison d'urgence, la commande est passée par téléphone, elle doit être confirmée par écrit.

> La qualité essentielle d'une commande est la précision.

1 *Prenez connaissance des commandes figurant en page 149. Entourez en couleur les zones communes aux deux documents dans lesquelles sont données les précisions nécessaires. Quel est l'intérêt de ces indications ?*

Numéro de commande :

Conditions de vente :

Référence des articles :

Unité et quantité :

Prix unitaire :

Dans la commande du 15 décembre, quel est le nombre et le montant total
{ des plaques "Aigle" commandées ?
{ des plaques "Armes de France" ?

2 *Précisez les conditions de vente des "Fonderies de la Moselle" concernant :*

- le port   * délai :
                * mode de livraison :
                * frais :

- le règlement   * délai :
                    * mode de paiement :

A quelle date seront livrées les marchandises commandées   le   15 décembre ?.......................
                                                                le   12 janvier ? ....

A quelle date seront-elle payées ?   ....
                                      ....

> On livre des marchandises ;
> on ne livre pas un client !

> Le **contrat de vente** est la convention par laquelle un vendeur s'engage à livrer un objet (ou à fournir un service) à un acheteur à un prix et selon des conditions acceptées par les deux parties.

Une demande de communication télex

Au Coin du Feu

Date : 18 / 12
Heure : 10 h 30

DEMANDE DE COMMUNICATION TÉLEX

EMETTEUR *Service : Direction
*Personne : J. Brabois

DESTINATAIRE : Fonderies de la Moselle
Adresse : 57500 Saint-Avold
Personne :

TEXTE :

Veuillez nous expédier, le plus rapidement possible, une plaque de cheminée Croix de Lorraine - Réf. 66 222. Merci. Salutations.

Réservé au service TELEX

Indicatif du destinataire :
F O N M O S E   4 3 5 0 2 1   F
Date : 18-12   Heure : 10 h 38

Signature : Brabois

Le télex reçu par le destinataire :

```
⊕FONMOSE 435021F
352 1038
COINFEU 624803E
NANCY LE 18 12
VEUILLEZ NOUS EXPEDIER LE PLUS RAPIDEMENT
POSSIBLE UNE PLAQUE DE CHEMINEE CROIX DE
LOREAINE REF 66222
MERCI-SALUTATIONS
J. BRABOIS
⊕
FONMOSE 435021F
COINFEU 624803
```

Remarques :

◄ Symbole "Début"
◄ Indicatif du destinataire (1)
◄ Date (quantième du jour) et heure
◄ Indicatif de l'émetteur
◄ Texte (bref et précis)

◄ Rédacteur
◄ Symbole "Fin"
◄ Accusé de réception par échange d'indicatifs provoqué.

(1) Indicatif des abonnés au Télex :
     * désignation (7 lettres)
     * numéro de code (6 chiffres et une lettre pour le pays)

---

3 | *Commande par télex*

Pourquoi la transmission des télex est-elle confiée à un opérateur spécialisé ?

Par rapport à la rédaction d'une lettre, quelles sont les difficultés, pour le rédacteur, concernant la rédaction d'un télex ?

Au Coin du Feu

3 place de la Carrière
54000 NANCY
Tél. : 28 52 83 63

FONDERIES DE LA MOSELLE
120 route de Metz
57500 SAINT-AVOLD

Nancy, le 12 janvier 19..

Objet : Commande n° 518

Messieurs,

Veuillez nous expédier, aux conditions habituelles,
les plaques de cheminée suivantes :

- Décor "Armes de France" - Réf. 66123 (U = 2) : 3 à 635 F
- Décor "Retour de chasse" - Réf. 66540 (U = 1) : 2 à 495 F
- Décor "IENA" - Réf. 66363 (U = 1) : 2 à 525 F

Comme nous comptons exposer ces articles lors de la
semaine commerciale qui débutera le 25 janvier, nous nous
permettons d'insister pour que le délai normal de livraison
de 10 jours soit strictement respecté ; nous vous remercions
d'avance pour votre diligence.

Recevez, Messieurs, nos salutations distinguées.

J. BRABOIS

S.A.R.L. au capital de 174 000 F R.C.S. Nancy B 621 438 005

Au Coin du Feu

3 place de la Carrière
54000 NANCY
Tél. : 28 52 83 63

FONDERIES DE LA MOSELLE
120 route de Metz
57500 SAINT-AVOLD

Nancy,
le 15 décembre 19..

BON DE COMMANDE

N° 503

Délai de livraison : 10 J.
Mode de livraison : Tr. OURAS
Délai de paiement : 30 J. f. de mois
Mode de paiement : lettre de change

Référence	Désignation	Unité	Quantité	Prix unitaire
66123	Plaque de cheminée "Aigle"	1	2	425,00
66221	Plaque de cheminée "Armes de France"	2	3	635,00
66179	Plaque de cheminée "Guyenne"	1	3	510,00

J. BRABOIS.

S.A.R.L. au capital de 174 000 F R.C.S. Nancy B 621 438 005

4 | *Comparaison des différentes présentations de la commande.*

Pour chacun des critères de comparaison énumérés ci-dessous, indiquez le moyen préférable par le chiffre 1, le moyen placé en n° 2 par le chiffre 2, etc.	Bon de commande	Lettre	Télex	Téléphone
- Rapidité de la préparation de la commande - Rapidité de la transmission au fournisseur - Sécurité : faibles risques d'erreurs ou d'omissions - Valeur de preuve pour les partenaires.				

Qu'en concluez-vous ?

La rédaction d'une lettre de commande

Au Coin du Feu   Le 13 janvier

Passer commande des articles indiqués sur le catalogue l'Art du Feu.
Remercier pour l'envoi du catalogue. (Commande d'essai)
Bien préciser les conditions de vente
• livraison sous 3 semaines = d'accord
• Règlement par traite à 60 j. f. de mois

Brabois

5 | *Complétez le **schéma** ; recherchez l'**objet** et complétez le **plan**.*

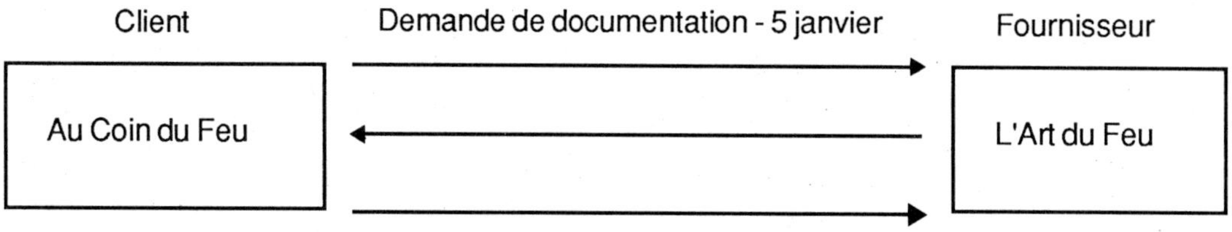

Client   Demande de documentation - 5 janvier   Fournisseur

| Au Coin du Feu | | L'Art du Feu |

Objet :

Plan ▷ - Remerciements pour l'envoi du catalogue (*facultatif*).
- Commande :

- Rappel des conditions ; demande d'un délai de paiement de 60 jours.
- Espoir d'accord.

Dans la lettre, il est inutile de rappeler toutes les opérations antérieures : seules doivent être citées les **comnications en relation directe avec le sujet de la lettre**.

6 | ***Rédigez la lettre*** *en vous aidant éventuellement des paragraphes standard proposés, puis présentez-la.*

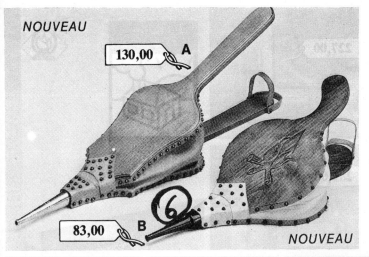

NOUVEAU

130,00 A

83,00 B

NOUVEAU

SOUFFLETS

Hêtre teinté chêne moyen doré patiné, finition verni satiné. Cuir véritable renforcé de bandes polyuréthane sur le chant bois. clous et embouts à cloche. Manches avec 2 attaches cuir.

A/ Modèle bourrasque
Cuir havane. 120 clous. Face "décor" chanfreinée. Embout en laiton. Long. totale 66 cm Ø galbé de 13 à 17 cm. Long. du manche 24 cm.
Réf. 21 798 A   Prix Franco : **130,00**

B/ Modèle sirocco
Cuir naturel. 66 clous. Sculpture motif flamme en creux. Embout en fer vieilli. Manche forme "crosse" long. 12 cm. Long. totale 48 cm Ø 19 cm.
Réf. 21 799 R   Prix Franco : **83,00**

PANIER A BUCHES

C/ L/H/P hors tout : 45 × 41 × 32 cm. Structure en rotin galbé renforcé. Ø 1,5 à 2 cm, verni naturel. Panier en éclisse de rotin tressé serré pour empêcher le passage des poussières.

● Réf. 21 077 H   Prix Franco : **245,00**

ENSEMBLE GRILLADE EN FER VERNI NOIR

D/ Support à tige crémaillère 4 positions. L/H/P : 30 × 48 × 34 cm. Accessoires avec trou de suspension : • 1 gril, 10 barres : L/H/P : 36 × 6,5 × 28,5 cm. Manche long. 48 cm. Encombrement total 72 cm. • 1 porte-brochettes : L/H/P : 35 × 12 × 26,5 cm. Manche long. 44 cm. Encombrement total 62,5 cm. • 1 lot de 6 brochettes, lame inox, manche bois tourné, long. 46 cm (dont 10 cm de manche). • 1 poêle Ø 30 cm, manche long. 48,5 cm. Encombrement total 71,5 cm (la profondeur nécessaire minimum est de 45 cm, manches à l'extérieur). Poids total 6 kg.

L'ensemble
● Réf. 21 009 R   Prix Franco : **300,00**

ACCESSOIRES DE CHEMINEE EN FER FORGE

E/ Serviteur
Haut. 64 cm, base 24 × 24 cm. Poing volute, pieds en fer limé. 1 tisonnier, 1 pince, 1 balayette, 1 pelle. Poids 4,900 kg.
● Réf. 21 218 A   Prix Franco : **358,00**

F/ Corbeille de cheminée
L/H/P : 47 × 25 × 37,5 cm. Pieds section 18 mm. 9 barres transversales larg. 30, épais. 12 mm, dont 5 avec retour galbé pour le maintien des bûches. Poids 12,600 kg.
● Réf. 81 385 A   Prix Franco : **396,00**

Le lot corbeille + serviteur
● Réf. 81 386 R   Prix Franco : **700,00**

G/ Paire de chenets
L/H/P : 24 × 32 × 40 cm. Poing martelé Ø 5/6 cm. Barre transversale section 35 × 10 mm, verticale 20 × 20 mm. Anneau décoratif, pieds volutes. Poids 6,200 kg.
● Réf. 81 383 J   Prix franco : **349,00**

Le lot chenets + serviteur
● Réf. 81 384 D   Prix Franco : **634,00**

245,00 C

LE LOT : 300,00 D

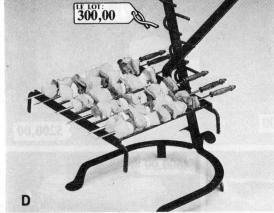

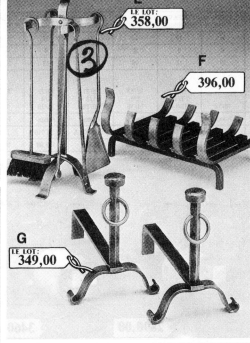

E LE LOT : 358,00

F 396,00

G LE LOT : 349,00

d   d

GRILLOIR EN FONTE "LE CAPUCIN"

H/ L/H/P : 42 × 23,5 × 34 cm. • 1 porte-bûches en fonte indéformable 5 barreaux section 20 mm, décor volutes. • 4 grilles intermédiaires amovibles, 3 barres extrémités relevées pour mieux retenir la braise. • 1 gril en fil d'acier 15 barres. • 1 bac à cendres en tôles d'acier épais. 1 mm. • 1 fourchette en fil d'acier long. 44,5 cm. Poids total 15 kg.

Réf. 21 508 D   Prix Franco : **480,00**

GRILLE FOYER EN FER FORGE

J/ Adaptable sur tous les chenêts existants. l/P : 52 × 38 cm. 9 barres serrées section 15 × 15 mm, soudées sur 2 barres support, retour avant 9 et 19 cm pour le maintien des bûches. Poids 9 kg.
● Réf. 21 498 B   Prix Franco : **325,00**

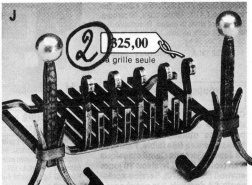

H 480,00

J 325,00 la grille seule

L'Art du Feu
5, rue du Soleil
68100 MULHOUSE

* Livraison sous 3 semaines franco de port.
* Règlement par traite à 30 jours fin de mois.

LA PREMIERE COMMANDE

- Objet : Notre commande n°

- Votre catalogue nous est bien parvenu ; nous vous en remercions.

- Votre documentation nous est bien parvenue ; nous vous en remercions.

- Faisant suite à la visite de votre représentant, nous vous adressons ci-joint une commande d'essai.

- Veuillez trouver ci-joint notre bon de commande n°...

- Veuillez nous expédier les articles suivants :

- Nous avons bien pris note de vos conditions de vente, à savoir :

    livraison : ....

    règlement : .....

- Conformément à vos conditions de paiement, nous règlerons votre facture par chèque, à réception.

- Parmi les modalités de paiement proposées, nous choisissons le règlement au comptant, déduction faite d'un escompte de...

- En ce qui concerne le règlement, nous souhaiterions bénéficier du délai de 60 jours que nous accordent la plupart de nos fournisseurs.

- Conformément à vos conditions de paiement, nous règlerons votre facture par lettre de change à 30 jours fin de mois.

- La livraison sera effectuée franco de port, dans un délai de...

- La livraison sera effectuée en port payé, dans un délai de...

- Nous vous remercions d'avance pour la bonne exécution de cet ordre.

Travail complémentaire

1   *Modification de commande*

> ### Au Coin du Feu
>
> Le 17 décembre
>
> Modification de n/ commande n° 503   (Espérer la livraison à la date prévue)
>
> aux Fonderies de la Moselle :
>
> 4 plaques "Aigle" au lieu de 2
>
> 1 plaque "Armes de F" au lieu de 3 (annulations de commandes de clients).
>
> Ecrire   J. Brabois

2   *Rédigez la lettre dans le cas où la note ci-dessus aurait comporté la mention : "Téléphoner et **confirmer par écrit**" à la place de "Ecrire". (Le fournisseur a accepté, au téléphone, la modification de commande).*

Faisons le point sur ... LES DÉSINENCES DE L'IMPÉRATIF

2ᵉ personne du singulier.

| s | — Cours ! Finis ! Lis ! Rends-moi ça ! Viens !

Attention ! — Offres-en ! Donnes-en ! Parles-en à ton père ! Vas-y ! Cherches-en les raisons. Cueilles-en un bouquet

| Ø | — Chante ! Marche ! Donne-moi de tes nouvelles. Parle-moi de ta santé. Cherche une solution. Cueille un bouquet. Va là-bas !

Attention ! — Ose en dire du bien. Va y mettre de l'ordre. Cherche à en découvrir les raisons.
— Va-t'en ! Souviens-t'en !

2ᵉ personne du pluriel.

| ez | — Courez ! Finissez ! Cueillez ces fleurs. Parlez-moi d'amour.

Conjuguez à l'impératif les verbes entre parenthèses dans les phrases suivantes :
• Tu as pris une place de théâtre en trop. (Inviter) Nadine.
• (Saluer)-le de ma part, je ne l'ai pas vu depuis longtemps.
• (Aller) ! (Courir) plus vite ! (Aller) -y !
• Je n'ai pas de monnaie. (Demander) en à ton frère.
• (Parler)-moi de tes vacances.
• J'ai trouvé quelques documents. (Chercher)-en d'autres pour avoir des informations plus précises.
• Si tu as peur de ne pas trouver le magasin, (aller)-y avec ta sœur qui connaît bien ce quartier.
• Au lieu de manger tous les bonbons, (offrir) nous en et (offrir) en aux voisins.

 **omment... COMMANDER**

Par écrit.

Le Clair Foyer
72, bd de la Libération
25000 Besançon

Fonderies de la Moselle
120, route de Metz
57500 Saint-Avold

le 15 juin

Messieurs,

Nous avons bien reçu votre lettre du 12 mai ainsi que le catalogue et le tarif joints, et nous vous en remercions vivement. Les conditions de vente que vous avez eu l'obligeance de nous proposer nous satisfont. C'est pourquoi nous vous prions de bien vouloir nous expédier les articles suivants :

— 10 ensembles grillades   réf. 21009 R à 300 F l'unité ;
— 20 paires de chenets   réf. 81383 J à 349 F l'unité ;
— 15 lots chenets + serviteur réf. 81384 D à 634 F l'unité.

Nous acceptons vos conditions de paiement, c'est-à-dire règlement au comptant à la réception de la marchandise avec un escompte de 5 %.

Expédition : par chemin de fer, régime ordinaire, franco notre domicile.

Délai de livraison : 30 jours à partir de la réception de la commande.

Recevez, Messieurs, nos salutations distinguées.

---

1 *Relevez par écrit,* après avoir relu les documents p. 149, 152 et ci-dessus, *les formules servant à :*

- *Introduire la commande.*
- *Préciser les modalités de paiement.*
- *Préciser les modalités d'expédition.*

2 *Complétez le corps des lettres* suivantes à l'aide des formules que vous avez relevées dans l'exercice **1**

Messieurs,

. . . . .la commande suivante :

15 soufflets modèle bourrasque   réf. 21798 A   130 F l'unité
15 paniers à bûches   réf. 21077 H   245 F l'unité
Conformément à vos conditions de paiement . . . .
la livraison . . . .
Dans l'attente de votre confirmation, nous vous prions d'agréer, Messieurs . . . .

3 Même exercice. En outre, *vous ajouterez la formule de politesse.*

Messieurs,

. . . ., dans les délais les meilleurs, ...

— 20 plaques de cheminée « Armes d'Aquitaine »   réf. 66237   450 F l'unité
— 20 paires de chenets   réf. 81383   500 F l'unité

. . . . nous souhaiterions bénéficier du délai de 60 jours . . . .
La livraison . . . .
. . . . .Messieurs, ...

4 A votre tour, *rédigez une lettre pour passer commande d'accessoires de cheminée.* Vous utiliserez, pour composer l'adresse du magasin et celle du fournisseur, les noms des villes d'Alsace et de Lorraine citées par le *Journal* et le dossier. Vous chercherez le code postal exact.

Dans un magasin, au café, au restaurant :

✎ J'aurais voulu	un aller simple pour Strasbourg	s'il vous plaît
← Je voudrais	un carnet de timbres	
← Donnez-moi		
← Il me faut		

← Une tablette de chocolat	s'il vous plaît
Deux places pour...	
(le nom du film, le titre du spectacle)	

Je voudrais ce modèle	de chaussures	Est-ce que vous avez	du 38 ?
	de veste		du 42 ?

Réponses

← — Oui		
← — Non,	on n'en a plus	
←	on ne le fait plus	
←	il n'y en a plus	
�	y'en a plus	

Si la réponse est négative : vous pouvez répondre...

← Bon. Alors je vais prendre autre chose.
← Ça ne fait rien, je prends ce modèle-là.

Si vous ne savez pas le nom de ce que vous demandez...

← J'aurais voulu	un gâteau comme celui-là, devant
←	quelque chose contre les coups de soleil
�	un truc contre le mal de tête

Au café, au restaurant :

← Monsieur !	un café serré	s'il vous plaît
� Garçon !	un sandwich	
← Mademoiselle !		
← Madame !		

← Donnez-moi :		
← (moi) Je vais prendre	une choucroute garnie	s'il vous plaît
← Je prends		
← Nous prendrons	trois menus à 65 F	

Après avoir consommé :

← Je vous dois combien ?	s'il vous plaît
� L'addition	
� Ça fait combien ?	

Jeu de rôle

Commande par téléphone : le magasin Clair Foyer téléphone aux Fonderies de la Moselle pour passer une commande.
— En vous reportant au *Journal 8* vous inventerez un numéro de téléphone en Moselle vraisemblable et vous chercherez comment faire pour téléphoner de votre pays en France.
— Vous passerez la commande.
— Vous remercierez (dossier 8) le fournisseur de vous avoir accordé une réduction.

Au restaurant, un client demande au serveur d'appeler le patron auquel il veut se plaindre de la qualité de la nourriture.
— Le client interpelle le serveur et formule sa demande.
— Le serveur tente de le convaincre (cf. dossier) que la nourriture est excellente.
— Le client renouvelle son ordre avec une très grande fermeté.

Dans un magasin de vêtements :
— Le ou la cliente demande, à sa taille, un modèle de pantalon qui se trouve en vitrine.
— La vendeuse répond par la négative à cette demande.
— Le ou la cliente choisit un autre modèle.
— La vendeuse annonce que cet article est disponible.

Joyeux Noël à tous !

ÉDITORIAL

Les Fêtes de fin d'année : religieuses, gastronomiques ou commerciales ?...

Fête religieuse aux origines, Noël s'est peu à peu, par la magie du commerce et des rigueurs de l'hiver qui invitent à se réchauffer le ventre sous n'importe quel prétexte, convertie en fête gastronomique et familiale.

Noël se prépare plusieurs semaines à l'avance. Dès les premiers jours de décembre, les rues sont illuminées grâce aux bons soins des municipalités et des associations de commerçants. Les vitrines des magasins se couvrent de faux givre et croulent sous les guirlandes, les branches de faux sapin surchargées de fausse neige : commence alors la grande chasse de l'année, la chasse aux cadeaux.

La maison elle aussi voit souffler sur elle le vent de la fête : on enguirlande le traditionnel sapin, au pied duquel les petits le soir venu poseront leurs chaussures. Car le Père Noël dépose les cadeaux dans les chaussures. Beaucoup de Français, y compris des non pratiquants, ont gardé la tradition catholique de la crèche. On peut l'acheter toute faite ou la faire soi-même. En Provence les artisans fabriquent de petits personnages en plâtre colorié, les santons (du provençal santoun qui signifie « petit saint »), pour décorer la crèche. De même, si peu de catholiques assistent à la messe de minuit, tous les Français en revanche ont conservé la coutume du réveillon. Il s'agit alors de manger somptueusement, c'est-à-dire beaucoup, et pas comme d'habitude : huîtres, saumon fumé, foie gras, dinde aux marrons et bûche de Noël sont les mets classiquement réservés à cette fête. Mais chacun adapte le menu à son goût, et plus encore à son portefeuille.

Jouets : de ce côté-ci de l'écran

Finis les canards à roulettes, les ours en peluche qui se ressemblent tous et les poupées anonymes ! Ce que veulent tenir dans leurs bras les enfants d'aujourd'hui ce sont leurs héros du petit écran. L'affaire n'est pas neuve, certes. Depuis des années Mickey est apparu dans les vitrines des marchands de jouets, en modèle réduit ou géant, en caoutchouc ou imprimé sur les T-shirts des chers bambins. Les Schtroumpfs (1) ont fait à leur tour un tabac.

Mais ce qui frappe aujourd'hui dans le phénomène c'est sa généralisation : feuilletons pour enfants et jouets assortis marchent immanquablement main dans la main. Un fabricant comme Mattel illustre bien cette stratégie d'ensemble. Il y a trois ans, ses bureaux d'études ont créé « Les Maîtres de l'Univers », une série de personnages fantastiques et guerriers. En même temps, Mattel a accordé des droits pour la production d'un dessin animé mettant en scène des personnages et a aussi vendu des dizaines de licences à des fabricants qui désiraient reproduire les figures sur les vêtements, trousses, sacs d'école, etc.

Et les enfants ? Ils s'y perdent, pour la plupart : ces nouveaux personnages sont trop nombreux, et à de rares exceptions près ils se ressemblent tous. Du coup les enfants se réfugient dans les valeurs sûres (comme l'indétrônable Mickey) si bien que la création, dans le domaine du jouet, n'est florissante qu'en apparence : sous l'abondance se dissimule une tragique absence d'invention.

(1) I. Puffi.

Destination Père Noël, terminus Libourne

Près de 300 000 lettres adressées au Père Noël échouent chaque année sur les bureaux du centre PPT de Libourne, qui tient les rênes de sa correspondance. Seule administration postale au monde à assurer ce service, les PTT se refusent à soumettre cette prose aux fabricants de jouets.

Pour leur commande au Père Noël, les vrais croyants ne mettent ni adresse ni timbre.

© J.-C. COUTAUSSE

Libourne
(envoyée spéciale)

(...) Pour le lire, ce courrier, il suffit de s'agenouiller devant les corbeilles à papier du centre de recherche du courrier à Libourne, en Gironde. C'est ce qu'ont fait les journalistes que les PTT avaient conviés pour une visite. Ils se sont vraiment mal tenus, ces invités, puisqu'ils n'ont pas hésité à faire les poubelles pour récupérer quelques-unes des centaines de milliers de missives envoyées en toute confiance par les enfants au Père Noël.

Tout cela arrive sur les bureaux d'une vingtaine d'employés. Pas le temps de s'émouvoir, on les ouvre, on note l'adresse du minot (1) sur une enveloppe et on lui envoie la réponse du Père Noël. Plus prudent qu'un homme politique, l'intéressé se cantonne dans un registre je-vais-voir-ce-que-je-peux-faire, disant qu'il est « très occupé » et qu'il faut aussi qu'il « pense aux autres enfants ». C'est écrit à la main pour faire plus vrai, mais dès qu'ils ont passé quatre ans, les enfants envoient plusieurs lettres pour constater avec perplexité qu'ils reçoivent à chaque fois la même réponse. La méchante graine du doute peut alors commencer à germer.

(...) les gamins alternent avec savoir faire entre le mielleux et l'impératif. Ils sont tout sucre pour dire : « je suis très gentille », « je t'embrasse très fort », « tu es le grand Père Noël du monde » et d'autres douceurs. Altruistes comme pas deux, ils demandent au Père Noël de « penser à papa et maman » ou donnent d'énigmatiques nouvelles de la famille : « Papa travaille beaucoup, il est tout le temps à l'hôtel, le pauvre. » Au plus fort de la générosité, ils espèrent qu'il « donnera beaucoup de cadeaux à tous les enfants ».

Mais ces petits se font plus énergiques pour obtenir ce qu'ils veulent : « Je sais que tu dois aussi penser aux autres enfants, mais pense à moi » ou, encore plus affirmatifs et en gros sur l'enveloppe : « Tu vas me rapporter BEAUCOUP de cadeaux. »

Manifestement inquiets à l'idée d'avoir affaire à un vieux gâteux, les gosses font des listes d'une précision digne d'une commande aux Trois Suisses (2). On lui laisse le choix entre deux bébés, l'un à 215 F, l'autre à 74,50 F, photos à l'appui, mais attention, il ne faut pas qu'il s'emmêle les pinceaux sur les lieux d'expédition : le bébé, c'est chez Mammie Raymonde, tandis que la Barbie (89 F) doit arriver chez papa et maman, et la poussette (75 F) chez Jeannot. « Je te verrai pas parce que je serai au lit, mais maman et papa t'ouvriront la porte pour mettre mes cadeaux dans mes chaussures qui seront au sapin qui sera allumé. » C'est tout juste s'ils ne laissent pas les clés chez la concierge.

Reste que les PTT constituent la seule administration postale au monde à mobiliser chaque année des employés pour envoyer près de 300 000 cartes réponses à 281 000 isolés et 6 000 écoles qui envoient des lettres par classes. Coût de l'opération : 224 000 F, si l'on additionne les salaires et le prix des cartes. Bénéfice financier : zéro, mais le bénéfice d'image pour la poste n'est pas négligeable.

Impitoyablement, toutes les lettres des enfants finissent dans l'incinérateur. Respectueux du secret de cette correspondance qui n'appartient qu'à ses expéditeurs et à son hypothétique destinataire, les PTT refusent depuis toujours de la donner aux nombreux fabricants de jouets qui rêveraient de mettre la main sur ce sondage grandeur nature à sincérité garantie.

Sibylle VINCENDON.
Libération 23 décembre 85.

(1) Nom affectueux donné à un enfant.
(2) Chaîne de vente par correspondance.

Il est de la fête : le champagne

Quelques chiffres... et les secrets de sa fabrication

UN RAISIN UNIQUE AU MONDE : le sol crayeux sur lequel repose la vigne de Champagne apporte aux ceps des éléments minéraux particuliers et donne aux raisins un goût original. D'autre part le climat difficile (la température annuelle moyenne ne dépasse pas 10,5 °C) fait que les grappes qui arrivent à maturité sont d'une qualité exceptionnelle. Trois cépages sont parfaitement adaptés à ce sol et à ce climat : le Pinot noir, le Meunier (raisins noirs à jus blanc) et le Chardonnay (raisins blancs). Au moment de la récolte, faite à la main, seule la meilleure partie du raisin a droit à l'appellation Champagne.

L'ART DES HOMMES :

— *le pressurage :* effectué dans des pressoirs spéciaux pour que le jus ne se teinte pas au contact des peaux colorées de raisin noir, le pressurage est très réglementé : 150 kg de raisin doivent donner 100 litres de jus. Au-delà le jus obtenu n'a pas droit à l'appellation de champagne.

— *le « débourbage » :* pendant 10 à 12 heures après le pressurage le jus est laissé en repos. L'essentiel des impuretés se dépose ;

— *la première fermentation :* après le débourbage le jus est placé dans des cuves. C'est là que s'effectue la première fermentation naturelle du vin.

— *au printemps* commence l'élaboration du champagne. Des spécialistes testent et mélangent divers crus afin d'obtenir un vin équilibré. Si la récolte est remarquable, on ne le mélange pas avec les crus des années précédentes : on obtiendra alors un champagne millésimé ;

— *la seconde fermentation :* lorsque la cuvée est constituée, on ajoute des ferments champenois et une légère quantité de sucre de canne pour faciliter la seconde fermentation. Le vin est ensuite mis en bouteilles, bouchées puis couchées dans les caves profondes, creusées à plusieurs dizaines de mètres dans le sol crayeux. La deuxième fermentation est lente. Elle provoque un dépôt qui adhère au flanc des bouteilles. Pour l'expulser, on les place tête en bas sur des pupitres. Chaque jour pendant 5 à 7 semaines la bouteille est tournée d'un quart de tour. Ainsi peu à peu le dépôt se détache et se rassemble dans le col de la bouteille ;

— *le dégorgement :* lorsque le dépôt est accumulé derrière le bouchon, il reste à l'éliminer. Le goulot des bouteilles est trempé dans une solution réfrigérante. Quand la bouteille est redressée, le dépôt, emprisonné par un glaçon, est chassé par la pression en même temps que saute le bouchon. Le vin est alors parfaitement clair. Le léger voile laissé par le dégorgement est comblé par la « liqueur de dosage », mélange de sucre de canne et de vin vieux. Sa teneur en sucre détermine la nature du champagne (brut, sec, demi-sec). La bouteille est alors définitivement bouchée et fermement muselée.

Un conseil avant de faire sauter le bouchon : le champagne se boit frais (6 à 8°) mais non glacé. Il ne faut jamais le mettre au freezer ou au congélateur.

La famille royale britanique, l'empereur du Japon Hirohito et le président Reagan ont un point commun : dans les grandes occasions, ils offrent le champagne à leurs convives. Depuis Louis XV, la boisson pétillante exerce son attrait sur les grands de ce monde, contribuant à maintenir l'image de la qualité française au plus haut niveau.

C'est si vrai que lorsqu'un pays entend manifester son mécontentement à notre égard, il s'en prend au champagne.

A l'époque des frictions entre Valéry Giscard d'Estaing et Pierre Elliott Trudeau, ce dernier a fait passer une loi défavorable aux importations. De même, lorsque les viticulteurs du Languedoc ont attaqué des camions transportant du vin italien, le gouvernement transalpin a réagi en augmentant massivement la TVA sur le roi des vins français. Résultat : les exportations vers l'Italie sont tombées de 8,8 millions de bouteilles en 1980 à 3,7 millions en 1984. Et un banal asti a remplacé le champagne sur les vols d'Alitalia. Heureusement, ces représailles ponctuelles n'ont pas empêché les exportations d'atteindre 63 millions de bouteilles l'an passé, soit un tiers de la production. Principal marché : les États-Unis, où les grands producteurs français sont implantés de longue date. Les Champenois sont persuadés que le feuilleton *Dallas,* où le champagne coule à flots, a beaucoup fait pour dynamiser leurs ventes outre-Atlantique.

L'Expansion, oct.-nov. 85.

ACTIVITÉS

Noël : les rites. Comment se déroulent, dans votre pays, les fêtes de fin d'année ?

Dans un texte organisé (comportant une introduction, un développement, une conclusion), *vous comparerez les rites français et ceux de votre pays.*

Noël : l'exploitation commerciale. En quoi les commerçants sont-ils concernés par les fêtes de Noël et de fin d'année ?

Après avoir relu les différents articles du *Journal* et les *Dossiers du journal* vous expliquerez l'importance des fêtes pour le commerce, et, plus généralement, l'économie nationale.

Confirmation de commande

Une commande téléphonée

On vous remet la fiche téléphonique ci-contre et
l'extrait du catalogue (page 161).

arlequin

3, rue d'Argent
1000 BRUXELLES
Tél. : 28.00.80

APPEL TÉLÉPHONIQUE du 25/11
à 10 h 20

Demandeur : R. Gatien

Appelé : PLAY-JEU - S. Ventes
Tél 5, rue du Puits Salé
84 24 19 10 39000 LONS LE SAUNIER

Objet

Commande des jouets cochés sur
catalogue à cond. que livraison soit
effectuée avant le 5/12 (délai normal =
3 semaines)
→ préparation vitrine Noël

Suite donnée

Accord → M. Mangin, D' Ventes jouets
traditionnels
Confirmer par lettre + bon de c^de

1 | *Complétez le schéma des relations.*

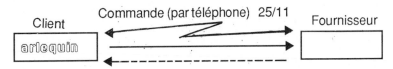

2 | *Analyse de la fiche téléphonique.*

Avant l'appel, M. Gatien a rempli les deux premières zones de la fiche.
Quels sont les avantages de cette façon de procéder ?

Quelles sont les caractéristiques des mentions portées ?

Au cours de la conversation (ou à la fin), il a rempli la zone "Suite donnée". Pourquoi ?

Pourquoi faut-il confirmer par lettre ?

La confirmation de commande

3   *Complétez d'abord le document ci-dessous (**Commande** n° 431).*
Ce document est intitulé "Bon de commande". Cette désignation est-elle correcte ?

4   *Dans la liste ci-dessous, cochez les idées à retenir dans la lettre d'accompagnement, puis classez-les pour obtenir le **plan**.*

- Proximité des fêtes de Noël.
- Rappel de l'accord pour le délai de livraison (délai exceptionnel).
- Assurance que les conditions générales seront désormais respectées.
- Annonce de la commande jointe.
- Importance attachée au délai convenu ; remerciements pour son respect.
- Intention de disposer les jouets en vitrine.
- Présentation d'excuses pour le retard de commande.
- Confirmation de la communication téléphonique.

Plan

PLAY JEU

BON DE COMMANDE N°

5, rue du Puits-Salé
39000 LONS-LE-SAUNIER
Tél. : (84) 24.19.10

Livraison - S.N.C.F. Franco de port
         Délai : 3 semaines
Règlement par traite à 60 jours fin de mois

...., le...............................

Désignation	Référence	Quantité	P.U.	

LADY BUGGY

...artir de 18 mois
...pour poupon de 40 cm environ. Capote amovible. Tinte
...t. Plastique solide lavable. L/H/l hors-tout : 45 ×
...9 cm.

...63 070 K   **137,00**

...OUET PORTEUR CARINO 1er AGE

...ble utilisation :
...apprendre à marcher grâce à sa poignée (roues fixes)
...utiliser en porteur (roues avant mobiles)
...ous la selle. Klaxon incorporé. Phares clignotants sono-
...mentation par 2 piles 1,5 V type R14 non fournies). Dès
...ncontre un obstacle, il fait un petit bruit, le capot se lève
...e apparaître le moteur. En plastique. L/H/l hors-tout :
...42 × 23 cm. Haut. sol/poignée 41 cm. Sol/siège.

...63 396 P   **192,00**

CHEVAL BEBE HENNY

...artir de 1 an
...e selle et les grosses roues d'Henny aident à assurer
...ore de l'enfant dès la période des premiers pas. Un brui-
...te le galop quand le cheval roule. La selle sert de coffre à
...Plastique solide lavable. Haut. sol/selle 24 cm. Long.
...ut 47 cm.

...63 227 R   **118,00**

EXPLORATEUR

...artir de 18 mois
...e porteur stable, tous terrains : 6 roues, 2 essieux
...urs, 1 klaxon, 1 levier de vitesse qui fait ronfler le
...1 chauffeur et son équipier. La porte arrière s'ouvre et
...à l'enfant de charger à sa guise. Plastique solide lava-
..."H/l : 48 × 33 × 23 cm. Haut. sol/siège 25 cm.

...63 245 N   **215,00**

JEU D'ASSEMBLAGE DUPLO

...ope les facultés manuelles et imaginatives. Les éléments
...ent de multiplier les combinaisons du plus simple au
...mplexe.

...ite de base 45 pièces. A partir de 1 an
...63 143 J   **176,00**

...in voyageurs. A partir de 2 ans
...ents (dont 2 personnages). Toit des wagons amovible.
...tive et wagons peuvent être démontés et reconstruits
...nment.
...63 383 M   **79,00**

BOITE DE BASE LEGO

...s standard pour toutes sortes de constructions, de diffi-
...graduées. Importé du Danemark.

...ite de base N° 366. A partir de 3 ans
...a 190 éléments.
...63 145 A   **160,00**

...ite de base N° 566. A partir de 5 ans
...a 310 éléments.
...63 146 R   **165,00**

A B C SURPRISE

...artir de 3 ans
...pour l'initiation aux lettres, aux mots, aux couleurs et
...iffres. Association entre image et mot, couleur et nom,
...et quantité. En plastique coloris orange. L/H/l : 29 ×
...29 cm. Notice explicative sur la boîte.

...63 341 A   **80,00**

MAGNETOPHONE

...artir de 5 ans
...lation aisée. Boutons de commande faciles à compren-
...utiliser. Micro incorporé. 1 seule touche d'enregistre-
...On peut enregistrer ou écouter. Cassettes recomman-
...durée totale 60 mn (30 mn par face). Ne pas utiliser de
...e à bande au métal ou bioxyde de chrome. L/H/P :
...20 × 8 cm. Fonctionne avec 4 piles (alcalines recom-
...es) 1,5 V type R14, non fournies. Notice d'utilisation et
...en jointe ainsi qu'une cassette 30 mn (15 sur chaque

...063 368 D   **390,00**

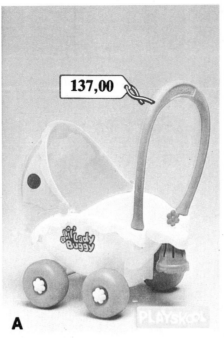

137,00

A

192,00

B   **FAVRE**

118,00

C   **Vulli**

215,00 D

176,00 E

165,00 H

79,00 F

160,00 G

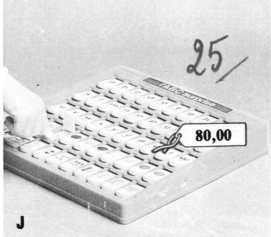

80,00

J

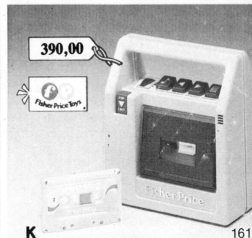

390,00

K

5 | **Préparation de la lettre**
A qui sera adressée la lettre ?   Pourquoi ?

Objet :   Date :

P.J. :   Interpellation :

6 | **Rédaction de la lettre :**
On vous propose la rédaction suivante que vous devez améliorer :

```
Nous vous confirmons notre conversation téléphonique du 25 novembre relative
à une commande de jouets.

Nous avons l'avantage de vous remettre ci-joint le bon de commande correspon-
dant.

Nous vous rappelons que vous avez accepté d'effectuer exceptionnellement la
livraison des articles avant le 5/12.

Ce délai étant très important pour nous, nous vous remercions de le respecter.

Nous vous prions d'agréer, Monsieur, nos salutations dévouées.
```

Rédaction

Premier paragraphe

Alors que le sujet "Nous" est à conseiller dans la plupart des lettres, le rédacteur s'exprimant au nom de l'entreprise, *pourquoi est-il préférable de rédiger la lettre à la première personne du singulier ?*

....

La lettre est écrite le jour même ; *remplacer "du 25 novembre" par* ....

2e paragraphe.
"Nous avons l'avantage" est à proscrire. (Les relations commerciales ne donnent pas d'avantage à l'une des parties). *Quelle est la formule similaire à éviter ?*

....

Rédiger ce paragraphe en ne commençant pas par "je" pour éviter la monotonie du style.

3e et 4e paragraphes.
La rédaction est trop sèche. Dans une lettre, il vaut mieux écrire le mois en toutes lettres.

Formule de politesse
Évitez de commencer par "Je". L'adjectif ne convient pas.

7 | Présentez la lettre.

Travail complémentaire

1 En rupture de stock de boîtes de base Lego pour enfants à partir de 5 ans, le 1er décembre vous passez commande par téléphone de 30 de ces articles.

Préparez votre appel sur l'imprimé **"Appel téléphonique"** ci-dessous.

Complétez l'imprimé par la réponse du fournisseur : la moitié des articles seront expédiés sous 48 heures, le reste après les fêtes de Noël.

2 Présentez la **lettre de confirmation de commande.**

---

arlequin 3, rue d'Argent
1000 BRUXELLES
Tél. : 28.00.80

APPEL TÉLÉPHONIQUE du
à

Demandeur :

Appelé :

Tél. :

———————————— Objet ————————————

———————————— Suite donnée ————————————

Faisons le point sur ... LES NOTES

Vous serez amenés à prendre des notes ou à lire des notes en français. Bien que cette manière d'écrire n'obéisse pas à des règles strictes, voici quelques indications pour vous permettre de décoder correctement le « petit mot griffonné à la va-vite ».

Suppression de la fin du mot :

à cond. que (p. 159)	=	à condition que
nov. déc. janv.	=	novembre, décembre, janvier.
conf. par lettre	=	confirmer par lettre
Tél. à M. Mangin	=	téléphoner à Monsieur Mangin
jouets cochés sur cat.	=	jouets cochés sur catalogue
Abrév.	=	abréviation
E	=	entreprise

Suppression de la plupart des lettres dans des abréviations courantes :

Remarquez que la ou les deux dernières lettres sont placées au-dessus de la ligne.

ts les j.	=	tous les jours
ttes les fois	=	toutes les fois
ns, vs	=	nous, vous
av^t	=	avant
pd^t	=	pendant
bon de C^{de}	=	bon de commande
q^d	=	quand

Suppression, quand le sens est évident, de la plupart des déterminants et prépositions :

Préparation vitrine de Noël	=	... de la vitrine...
Commande jouets	=	commande de jouets
Effectuer livraison	=	effectuer la livraison

Attentions aux temps !

Livraison effectuée le 5/11	=	la livraison a été effectuée le 5/11.
Livraison à effectuer le 5/12	}	la livraison devra être effectuée le 5/12.
Effectuer livraison le 5/12	}	

Écrivez, le plus rapidement possible, c'est-à-dire en utilisant des notes, un court texte destiné à transmettre des informations importantes.

Vous donnez ce texte à votre voisin de droite afin qu'il le reconstitue sous forme de texte rédigé. Vous-même, vous recevez de votre voisin de gauche la note que vous reconstituez.

Si la communication est passée, c'est-à-dire si toutes les informations que vous vouliez donner ont été comprises, votre système est au point.

Sinon, il faut, d'urgence, le perfectionner.

*C*omment dire... LA CAUSE

Distinguer la cause des circonstances.

TRAFIC PERTURBÉ CE DIMANCHE SUR L'AUTOROUTE DE L'EST
Reims (envoyé spécial)

Il était cinq heures ce mardi lorsqu'a eu lieu un accident qui a entravé la circulation pendant plusieurs heures. Sur la bretelle d'accès à l'autoroute de l'Est, un camion chargé de champagne a heurté une voiture qui venait en sens inverse. Le conducteur de l'automobile, interrogé sur la cause d'une erreur aussi incompréhensible, s'est contenté de répondre qu'il « avait voulu sortir parce qu'il s'était trompé de sens ». Mais d'après la police, il aurait agi moins par étourderie que parce qu'il était, ainsi que l'a révélé la prise de sang, complètement ivre. En voulant l'éviter, le camion a basculé par-dessus la barrière de sécurité et son chargement s'est écrasé sur l'autoroute en contrebas. Le chauffeur est, par bonheur, indemne. Quant au conducteur de l'automobile, comme, pour la deuxième fois en un mois, il a provoqué un accident en conduisant en état d'ivresse, son permis lui a été retiré sur-le-champ.

• Relevez les différents éléments qui ont amené l'accident.
A l'aide d'un schéma, expliquez leur enchaînement.
Relevez les circonstances de l'accident.

• Dans le texte ci-dessus, quels sont les moyens (prépositions, conjonctions, tournures...) qui expriment les causes.

EXPRIMER LA CAUSE	
PRÉPOSITIONS	• + **Complément circonstanciel :** il aurait agi <u>par</u> étourderie • + **infinitif :** il regrette <u>de</u> l'avoir écouté • + **participe présent :** il a provoqué l'accident <u>en</u> conduisant en état d'ivresse.
PARTICIPE PRESENT (p. 162) SEUL	• Le délai <u>étant</u> très important pour nous, nous vous remercions de le respecter (p. 162)
CONJONCTIONS DE SUBORDINATION	• + **Propositions subordonnées :** Il s'est trompé <u>parce qu</u>'il était ivre. <u>Comme</u> il a encore provoqué un accident, son permis lui a été retiré.
CONJONCTIONS DE COORDINATION	• L'accident aurait pu être grave <u>car</u> le camion était très chargé.
PRONOMS RELATIFS	• + **Propositions subordonnées relatives :** Moi <u>qui</u> le connais, je lui ai fait remarquer qu'il buvait trop. Le camion a heurté cette voiture <u>qui</u> venait en sens interdit.
PONCTUATION	• Il était cinq heures du matin <u>:</u> l'accident n'a pas fait d'autres victimes.

Prépositions et locutions prépositives. On utilise fréquemment, pour exprimer la cause : à cause de, à force de, pour, en.

---

 1 Dans les phrases suivantes, *remplacez les points de suspension par les prépositions ou les locutions adaptées.*

- . . . . vous remerciant de respecter les délais de livraison, nous vous prions d'agréer, Monsieur, nos salutations distinguées.
- Il a obtenu une réduction . . . . une commande de plus de 5 000 F.
- Nous vous avons demandé de réduire les délais de livraison . . . . de la quinzaine commerciale.
- Il a été condamné . . . . fraude fiscale.
- Il a fini par être malade . . . . manger des chocolats.

Conjonctions : parce que, puisque, étant donné que, comme, par crainte que, sous prétexte que, etc.

2 Même exercice que le précédent :
- Nous vous demandons de respecter les délais .... nous participons aux fêtes de fin d'année.
- .... vous nous avez fait cette proposition, nous vous passons la commande suivante...
- .... vous avez accepté cette solution lors de notre conversation téléphonique, vous auriez mauvaise grâce de vous dédire maintenant.
- .... un empêchement de dernière minute bouleverse ses plans, il avait déjà imaginé d'autres solutions.
- Je ne peux pas vous accorder de réduction .... vous seriez l'ami d'un de nos meilleurs clients.
- Il faut toujours demander confirmation .... il est nécessaire d'avoir une trace écrite.

3 *Remplacez,* dans les phrases suivantes, *les subordonnées causales par des propositions relatives.*
- Il lui a accordé une réduction parce qu'il est un client fidèle.
- L'accident n'a pas eu de conséquences graves à cause de l'heure matinale.
- Nous aimerions savoir si vous pouvez nous accorder une remise sur vos prix catalogue parce qu'ils nous semblent très supérieurs à ceux pratiqués par vos concurrents.
- Je lui ai parlé à cœur ouvert parce que je le connais depuis longtemps.
- Nous vous souhaitons de réussir cette fête parce que vous l'avez beaucoup préparée.
- Nous espérons que ce matériel vous conviendra parce que c'est le seul dont nous pouvons disposer actuellement.

Attention au mode !
- D'une manière générale, on emploie **l'indicatif** : la cause est un fait réel.
- *Mais* si la cause est seulement éventuelle, on utilise **le conditionnel.**
  Ex. : Ne faites pas cela, vous *risquereriez* d'en subir les conséquences.
- Après les locutions négatives, comme *non que... ce n'est pas que...* on emploie le **subjonctif.**

Ce n'est pas qu'il faille s'exagérer les dangers de cette aventure, mais il convient de rester prudent.

4 Dans la lettre suivante, *conjuguez les verbes entre parenthèses.* Vous pouvez être amenés à utiliser le participe présent.

> Messieurs,
>
> .... (prendre) connaissance de votre catalogue, nous aurions l'intention de vous commander 50 jeux d'assemblage Duplo réf. 1063143 J et 100 boîtes base Lego réf. 1063146 R. .... (paraître) correspondre aux besoins de notre clientèle.
>
> Toutefois, nous aimerions savoir si vous pouvez nous accorder la remise de 15 % faite habituellement aux Comités d'Entreprise. En cas de réponse positive de votre part nous .... (confirmer) notre commande.
>
> Nous restons dans l'attente de votre réponse et nous vous prions de croire, Messieurs, à l'expression de nos sentiments distingués.

5 Même exercice.

> Depuis quelques années, grâce à la qualité reconnue de vos produits, nous .... (enregistrer) à l'approche des fêtes de Noël une augmentation sensible des ventes de poupées.
>
> Vu le caractère d'urgence de cette commande, nous vous .... (être) obligés de vous faire savoir si vous êtes en mesure d'effectuer cette livraison à nos frais et aux conditions de vente fixées dans votre tarif, dès réception de la commande.
>
> Tout retard dans la livraison .... (signifier) pour nous une perte de vente.

6 *Imaginez la cause des actions suivantes et exprimez-la :*
- — d'abord à l'aide d'une préposition ;
- — puis à l'aide d'une conjonction de subordination ou d'un pronom relatif ;
- — enfin à l'aide d'un participe présent.
- Nous vous demandons de respecter les délais ....
- Nous passons la commande suivante ....
- Les services n'ont pas fonctionné ....
- Nous devons faire face à une augmentation sensible de la vente des jouets ....
- Le camion a basculé par-dessus la glissière de sécurité ....
- Le conducteur a provoqué l'accident ....
- Il a dû changer complètement de projet ....
- Nous avons demandé une remise ....

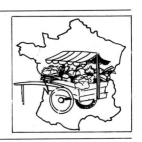

France des contrastes : richesse et pauvreté

ÉDITORIAL

Les inégalités

À l'époque de la Révolution française, il semblait que les Français allaient se distinguer des autres nations en appliquant leur devise si enthousiasmante : Liberté Égalité Fraternité. Mais à présent il est clair que la France, si elle a guillotiné un certain nombre d'aristocrates, n'a pu abolir l'aristocratie. Par exemple, le mythe selon lequel un esprit plus égalitaire régnerait entre les Français qu'entre les Allemands a perdu toute vraisemblance : il y a deux fois plus de contremaîtres en France qu'en Allemagne. Quant aux cadres, ils revêtent en France, plus que dans aucun pays comparable, le caractère d'une classe héréditaire. Dans les deux cents plus grosses entreprises allemandes, un quart des cadres seulement sont nés dans des familles aisées, contre les trois quarts en France et moins d'un dixième aux États-Unis. L'extrême discrétion dont font preuve les Français quant à leur fortune privée a toujours plus ou moins empêché les étrangers de savoir exactement à quel point la répartition des revenus et de la fortune était inégale.

Mais les choses commencent à changer (...). 85 % des Français sont salariés. La distinction entre le peuple et la bourgeoisie a perdu beaucoup de son sens traditionnel à une époque où un tiers des « prolétaires » sont des propriétaires. Tous ceux qui bénéficient de la sécurité de l'emploi, ceux qui ont une journée de travail courte et des vacances longues, avec la retraite assurée, occupent maintenant (quel que soit leur rang social) une position privilégiée qui ressemble, toutes proportions gardées, à celle des rentiers d'antan. Les défavorisés, ce sont aujourd'hui les femmes, les jeunes, les travailleurs temporairés, les immigrants, et ceux qui accomplissent des tâches matérielles répugnantes. Mais le mode de vie n'est plus déterminé par la naissance, le métier ou la fortune. Les gens puisent leur « standing » à des sources diverses dont ils s'efforcent de cumuler les prestiges, comme jadis les nobles se situaient en fonction du nombre de quartiers de noblesse[1] qu'arboraient leurs armoiries. On pourrait soutenir qu'il ne faut plus diviser les Français en trois classes sociales mais en soixante-trois classes, si l'on veut tenir compte de toutes les nuances apportées par le niveau culturel, la variété des expériences, des biens et les divers genres d'estime. (...) La révolution a établi le règne non pas de la liberté de l'égalité et de la fraternité, mais du « système D »[2] dans lequel chacun a ses propres « combines » et jouit d'avantages légèrement différents de ceux du voisin.

Théodore Zéldlin « Les Français en question ». in Symposium Encyclopaedia Universalis.

1. Quartiers de noblesse : le nombre de parents nobles (du côté de sa mère et de son père) qu'un membre de la noblesse pouvait compter dans son ascendance déterminait ses « quartiers de noblesse ».

2. « Système D » : D est l'initiale de « Débrouille-toi ».

Pouvoir d'achat en baisse

L'évolution du niveau de vie des Français a beaucoup varié ces dernières années. Le pouvoir d'achat du salaire horaire augmente d'abord fortement : (+ 1,6 % en 1981, + 3,3 % en 1982) puis stagne complètement en 1984 et 1985. Si l'on prend aussi en compte les revenus indirects (les prestations sociales) et les impôts payés, le pouvoir d'achat du revenu disponible après avoir beaucoup augmenté en 1981 (+ 2,8 %) et en 1982 (+ 2,6 %) baisse deux années de suite de 0,7 %. Mais, en 1985, cette évolution s'inverse. Le pouvoir d'achat recommence à augmenter : de 1,1 % selon les comptes prévisionnels du ministère de l'économie et des finances. La baisse du taux d'épargne atteint fin 1985 une ampleur jamais vue.

Le panier de la ménagère

Parmi les grands groupes de dépense, l'alimentation représente près du quart de la consommation des ménages. L'habitation (loyer, chauffage, éclairage et équipement du logement) environ un autre quart. La santé et l'hygiène absorbent à peu près un huitième. Le reste se partage entre l'habillement, les dépenses de transport, de culture et de loisirs.

Par comparaison avec les pays voisins, on peut dire que le Français mange bien, s'habille correctement, est médiocrement logé, bien qu'il fasse un effort pour s'équiper, et consacre une fraction importante de son revenu aux dépenses médicales et aux transports individuels.

Cette structure des dépenses évolue assez rapidement avec l'accroissement du revenu. Ainsi, en un quart de siècle, la part des dépenses alimentaires est passée de 40 à 25 %, et celle de l'habillement a baissé dans les mêmes proportions. Au contraire, la place relative de toutes les autres grandes rubriques, notamment de l'habitation et des transports, a augmenté. (...)

Ces résultats globaux doivent d'ailleurs être nuancés, les écarts autour de la moyenne pouvant provenir de nombreuses causes, en particulier du revenu du ménage et de la catégorie socio-professionnelle à laquelle il appartient. Il en résulte de grandes disparités de dépenses de consommation entre ménages appartenant à différentes catégories socio-professionnelles. Ainsi, entre le groupe des manœuvres et celui des industriels et professions libérales, le rapport des dépenses totales est d'environ 1 à 2,5, mais il est seulement de 1 à 1,4 pour l'alimentation et 1 à 1,9 pour la santé, tandis qu'à l'inverse il est de 1 à 3 pour l'équipement du logement et de 1 à plus de 5 pour la culture.

Pierre Maillet, France d'aujourd'hui (Encyclopaedia Universalis).

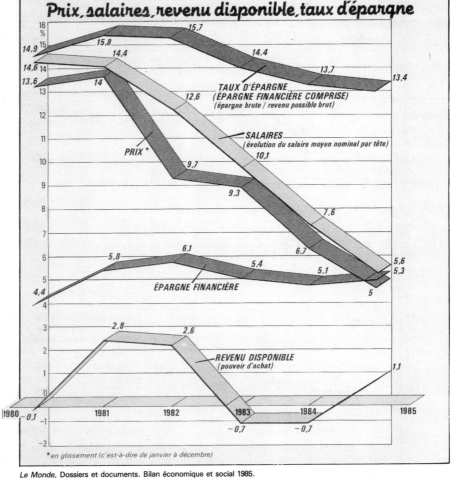

Prix, salaires, revenu disponible, taux d'épargne

Le Monde, Dossiers et documents. Bilan économique et social 1985.

LIBERTÉ ÉGALITÉ FRATERNITÉ :
la révolution française - 1789

Les origines.

En 1789, la société française était divisée en trois « ordres » : noblesse et clergé, ordres privilégiés, tiers-état. Elle avait pour fondements le privilège de la naissance et la richesse foncière (les terres). Mais, comme l'explique l'historien A. Soboul, « cette structure traditionnelle se trouvait minée par l'évolution de l'économie qui accroissait l'importance de la richesse mobilière (industrie, commerce) et la puissance de la bourgeoisie. (...) Le progrès du capitalisme, la revendication de la liberté économique suscitaient sans doute une vive résistance de la part des catégories sociales attachées à l'ordre économique traditionnel : ils n'en apparaissaient pas moins nécessaires aux gens de la bourgeoisie, dont les philosophes et les économistes avaient élaboré une doctrine conforme à ses intérêts sociaux et politiques. La noblesse pouvait bien conserver le premier rang dans la hiérarchie officielle ; elle n'en était pas moins en déclin dans sa puissance et son rôle social. Certes, « l'Ancien Régime », comme on l'a appelé plus tard, a bien cherché à s'adapter. Des ministres de valeur, comme Turgot et Necker, ont voulu faire de la France un pays moderne, en supprimant les privilèges des villes, les coutumes archaïques, les barrières douanières qui, à l'intérieur même du pays, entravaient gravement le commerce et l'industrie. Mais l'aristocratie résistait à tout projet de réforme.

Les grandes dates.

• *Janvier - Juin 1789 : Réunion des États généraux.* Cette assemblée extraordinaire réunit les trois ordres. Chaque ordre dispose d'une voix si bien que le tiers-état, largement supérieur en nombre aux deux autres ordres, se voit toujours mis en minorité par les deux voix de la noblesse et du clergé. Ses délégués demandent le « doublement du tiers » et le vote par tête, pour rétablir l'équilibre. Devant le refus du roi, le tiers se réunit à part et se déclare *Assemblée Générale Constituante* (c'est-à-dire : rassemblée pour rédiger une *Constitution*). Au moment où le roi se prépare à l'expulser par les armes, le peuple de Paris entre en scène.

• *14 juillet 1789 :* Symboliquement, le peuple prend d'assaut la Bastille, ancienne prison royale. L'Assemblée vote la *Déclaration des droits de l'homme et du citoyen* et se proclame *Assemblée législative.* Les troubles populaires gagnent toute la France.

• *1791 : Proclamation de la Constitution :* Le roi et une partie de la noblesse font appel à l'étranger pour restaurer la monarchie. Les révolutionnaires retiennent alors le roi au palais des Tuileries : il s'enfuit le 21 juin 91, démontrant par là l'opposition irréductible de la royauté et de la nation révolutionnaire. Sur le plan extérieur, sa fuite précipite le conflit. Le roi est rattrapé à Varennes.

• *1792 : L'assemblée Législative est remplacée par la Convention*, élue au suffrage universel. Les citoyens en armes arrêtent l'invasion des armées étrangères à Valmy (20 sept. 1792). La Convention ne peut maintenir la paix intérieure. Elle est déchirée par des groupes rivaux qui s'affrontent et ne peuvent établir leur autorité que par la répression.

• *1793 :* Commence alors, sous la conduite de Robespierre qui veut fonder une « république démocratique et égalitaire », le sanglant épisode de la *Terreur* : des milliers de personnes opposées au régime ou suspectes de l'être sont guillotinées. Le roi est décapité en janvier 93. La Terreur prend fin avec Robespierre lui-même, exécuté en juillet 94. Pendant toutes ces années d'affrontement, la guerre sur les frontières ne cesse pas.

• Dès 1795 commence une nouvelle terreur exercée par les « modérés » maintenant au pouvoir. La révolution qui visait à établir une « société égalitaire » était définitivement brisée, mais la haute bourgeoisie des finances et de l'industrie avait conquis le pouvoir.

ACTIVITÉS

Richesse et pauvreté. Qui sont, en France, les défavorisés ?

Au total, les membres des professions libérales et les industriels dépensent combien de fois plus que les manœuvres ?

RECHERCHE. A l'aide de documents actuels, vous établirez qui sont, dans votre pays, les défavorisés, et de combien est le rapport des dépenses entre les plus riches et les plus pauvres.

La répartition des richesses dans la population française et dans celle de votre pays vous semble-t-elle comparable ? Vous répondrez à cette question dans un texte structuré d'une dizaine de lignes.

Vous commenterez, oralement d'abord, le graphique intitulé « prix, salaires, revenu disponible, taux d'épargne ».

Vous rassemblerez par écrit les éléments qu'il vous semble important de retenir à ce sujet.

La Révolution Française. Comment se présentait la société de l'Ancien Régime ?

A-t-il existé, à un moment de l'histoire de votre pays, une organisation comparable ? Discutez-en avec votre professeur d'histoire et analysez ensuite les ressemblances et les différences entre celle-ci et la société française de l'Ancien Régime.

L'accusé de réception de commande (cas simple)

Une lettre type d'accusé de réception de commande

PLAY JEU

5 rue du Puits-Salé
39000 LONS-LE-SAUNIER

Tél. : 84.24.19.10
C.C.P. : Lyon 94 27 43 C

V/Commande n°   Lons-le-Saunier,
       du   le

M.

Nous avons biens reçu votre commande citée en référence et
nous vous en remercions.

Les articles demandés vous seront livrés dans le délai prévu
et le règlement s'effectuera conformément à nos conditions
habituelles.

Nous vous assurons que tous nos soins seront apportés à
l'exécution de votre ordre.

Veuillez agréer, M.   l'expression de nos
sentiments dévoués.

                  Le Directeur Commercial

                  J. MULLER

R.C.S. B Lons-le-Saunier 524 008 510 - Société Anonyme au Capital de 780 000 F.

---

1   *Complétez (à la main) la lettre ci-dessus pour **accuser réception de la commande** passée par le magasin "Arlequin" le 25 novembre (dossier précédent).*

2   **L'accusé de réception de commande :**

* Quel est son intérêt pour le client ?

* Était-il nécessaire, dans ce cas, de rappeler les articles commandés ?

* Dans quel cas est-il inutile d'accuser réception de la commande ?

* Dans quel cas la lettre type ci-dessus peut-elle être utilisée ?

* Dans quel cas faut-il rédiger une lettre spéciale ?

Les formules d'accusé de réception

Remarquer les expressions :

> Accusé de réception (substantif)
> Accuser réception (verbe).

FORMULES POUR ACCUSER RÉCEPTION

Formules traditionnelles :

- Nous vous accusons réception de la commande citée en référence
  et vous en remercions.

- Nous accusons réception de votre commande citée en référence
  et vous en remercions.

Formules de plus en plus utilisées :

- Nous avons bien reçu votre commande citée en référence et vous en remercions.

- Nous vous remercions pour votre commande citée en référence.

- Votre commande citée en référence nous est bien parvenue ; nous vous en remercions.

> *Attention :*
> N'employer dans la phrase qu'un seul des termes "Vous" ou "Votre" pour éviter un pléonasme.

La lettre type présentée ci-dessus n'est pas parfaitement adaptée à tous les cas, même simples.

Les différentes situations :

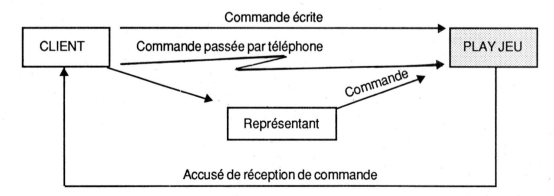

Remarque : Très peu de commerçants ayant passé une commande par téléphone s'astreignent à la confirmer par écrit ; on peut décider d'envoyer systématiquement un accusé de réception dans ce cas.

3 On vous demande de rédiger **une bible de paragraphes pour les accusés de réception simples :**

Pour l'introduction, vous reprendrez les trois formules courantes (voir ci-dessus) qui seront utilisées pour les commandes reçues par courrier ; vous concevrez pour chacune des deux autres situations si possible deux formules différentes.

Le paragraphe de développement et la conclusion de la lettre type peuvent être repris tels quels. Dans le cas d'une commande passée par téléphone, prévoyez l'énumération des articles commandés.

4 Profitez de l'**accusé de réception** relatif à la visite n° 1 du représentant Klein pour présenter au client la nouvelle collection de jouets en peluche "Arche de Noé" (un prospectus joint décrit les premiers éléments de la série) et pour annoncer une réduction de 5 % sur toutes les peluches pendant le mois de février.

Pour rédiger cette lettre, vous pouvez utiliser certains paragraphes de la bible.

Il est indispensable de prévoir un paragraphe de type publicitaire où peuvent être évoqués, par exemple l'originalité des modèles, la douceur et la résistance des matières utilisées, la gaieté des coloris, la facilité d'entretien, les prix très étudiés.

PLAY JEU

Représentant : A. Klein
Secteur : Est

RAPPORT DE VISITE du 13 janvier

Ordre de visite	Ville	Client	Résultat
1	Strasbourg	Colin - Maillard	Commande K21 : 5 boîtes Lego n° 366 10 " " n° 566

1 En vous plaçant à l'Hôtel des Alpes, rédigez la **réponse** à Play-Jeu en tenant compte des annotations apportées par le directeur, M. Schmit.

PLAY JEU

5 rue du Puits-Salé
39000 LONS-LE-SAUNIER

Tél.: 84.24.19.10
C.C.P. : Lyon 94 27 43 C

Hôtel des Alpes
15 quai du Mont-Blanc
CH-12 111 GENEVE
SUISSE

N/Réf. :
Objet : Réservation de chambres

Lons-le-Saunier,
le 8 janvier 19 ..

Messieurs,

Quelques personnes de notre entreprise devant participer au
Salon international du Jouet, nous vous prions de bien vouloir
nous réserver :

(annotation manuscrite : 980 F)

- 2 chambres à deux lits et 4 chambres à un lit avec salle de
  bains
  du 10 au 16 février compris ;   *(750 F)*

  (annotation manuscrite : 2 chambres à un lit avec douche (et we) seulement — 650 F)

- une salle de réunion pour 10 personnes avec téléphone et
  appareil de photocopie
  du 10 au 16 février, de 8 h à 10 h. *(500 F)*

(annotation manuscrite en marge gauche : D'accord téléphone et photocopie facturés en plus)

Nous vous remercions de bien vouloir nous préciser vos conditions
pour ces réservations au plus tôt.

Veuillez agréer, Messieurs, nos meilleures salutations.

Le Directeur Commercial

(signature) Muller

(annotation manuscrite : Demander confirmation le plus vite possible)

J. MULLER

2 PLAY JEU a confirmé les réservations le 12 janvier. Le 16, 2 chambres à un lit avec salle de bains se libèrent.
Rédigez le texte du **télex** avisant le client de cette opportunité.

Faisons le point sur ... LE PLÉONASME

• Relisez attentivement les formules employées pour accuser réception, p. 170.

On vous met en garde contre le pléonasme. **La règle en effet veut qu'en français on ne répète pas deux fois la même idée dans une phrase.** Par exemple on ne dit pas « monter en haut » ni « reculer en arrière ». Cette règle devient plus difficile à appliquer lorsque se trouvent réunis dans la phrase un pronom personnel et un adjectif possessif.

Exemple : « Nous *vous* accusons réception de *votre* commande » est un pléonasme puisque « nous vous accusons réception » signifie « nous vous confirmons que nous avons reçu *de vous... votre* commande ».

« *De vous* » et « *votre* » expriment bien ici la même idée, celle de l'origine de la commande.

En revanche : Nous *vous* remercions de *votre* commande n'est pas un pléonasme puisque le premier vous, ici, n'indique pas *l'origine de la commande* mais *la personne à laquelle s'adresse le remerciement.*

• **Le risque de pléonasme est grand dans les phrases complexes,** en particulier dans **les relatives.**

Exemple : Nous vous prions d'assister à notre soirée. Nous l'organisons pour le Nouvel An.

Relative : Nous vous prions d'assister à <u>la</u> soirée <u>que</u> nous organisons pour le Nouvel An.
(et non pas à notre soirée que nous organisons).

Transformez les phrases suivantes en principales et relatives.

• Nous vous remercions de votre lettre. Vous nous l'avez envoyée avant hier.

• Elle lui est reconnaissante de son aide. Il la lui a apportée sans attendre.

• Je vous donne votre récompense. Vous l'avez bien méritée.

• Il nous a reçu dans sa maison. Il l'a héritée de son père.

• Il m'a prêté sa moto. Elle lui a été offerte pour son anniversaire.

• Je garde votre livre. Vous me l'avez prêté.

• A la gare compostez votre billet. Vous l'avez auparavant acheté au guichet.

• C'est votre parapluie. Vous l'avez oublié hier chez moi.

• Je vous confirme votre rendez-vous. Nous en sommes convenus hier.

• Je vous rends votre dossier. Vous me l'aviez laissé pour que je l'étudie.

$\mathcal{C}$ omment dire... LA CONSÉQUENCE

Distinguez cause, conséquence, circonstance.

Play-Jeu
5, rue du Puits-Salé
39000 Lons-le-Saunier

    Messieurs,

Nous avons bien reçu votre commande citée en référence et nous vous en remercions.

Nombre de nos clients ont vu, comme vous, leurs ventes augmenter considérablement à cause des fêtes : ils nous ont donc adressé une demande identique à la vôtre concernant les délais. Vous comprendrez donc que nous sommes trop sollicités pour pouvoir exécuter votre commande en un temps si court. D'autre part, certains jouets connaissent un succès considérable auprès du public, de sorte que nous nous trouvons en rupture de stock pour ces produits.

Aussi, malgré notre vif désir de vous donner en toutes circonstances satisfaction, nous trouvons-nous dans l'impossibilité de vous livrer la marchandise dans le délai fixé préalablement.

Nous serons en mesure d'honorer votre commande dans 15 jours pour ce qui concerne les poupées et dans 30 jours, après réapprovisionnement de nos stocks, pour les Légo.

Si ces délais vous conviennent, nous vous prions de bien vouloir confirmer votre commande.

En vous renouvelant nos regrets de ne pouvoir, dans cette conjoncture tout à fait particulière, vous servir, nous vous prions d'agréer, Messieurs, l'expression de nos sentiments les meilleurs.

---

1   *Dans cette lettre, vous relèverez les circonstances de l'action (le report du délai).*
Vous distinguerez ensuite les causes et vous noterez quels mots ou expressions les introduisent.
Vous distinguerez enfin les conséquences. Vous noterez les mots ou expressions qui les introduisent et le temps des verbes concernés.

EXPRIMER UNE CONSÉQUENCE

PRÉPOSITION	: + infinitif : Nous sommes **trop** sollicités **pour** pouvoir exécuter votre commande...
PONCTUATION	: Leurs ventes augmentent à causes des fêtes **:** ils nous ont adressé une demande identique à la vôtre concernant les délais.
CONJONCTION DE SUBORDINATION	: Certains jouets connaissent un succès considérable (...) **de sorte que** nous nous **trouvons** en rupture de stock pour ces produits.
CONJONCTION DE COORDINATION	: Ils nous ont **donc** adressé une demande.
ADVERBE (ou LOCUTION ADVERBIALE)	: **Aussi** nous trouvons-nous dans l'impossibilité de vous livrer la marchandise...

---

2   *Dans les phrases suivantes, la conséquence est exprimée par la ponctuation. Vous remplacerez les deux points par l'un des autres moyens proposés ci-dessus.*

- Il fait très chaud : nous partons nous baigner.
- La circulation en ville devient impossible : l'idéal est de rouler à moto.
- Il a trop de problèmes en ce moment : il faut l'aider.
- Il n'y a que la peinture qui l'intéresse : il a arrêté ses études.
- Il est très fort : personne n'ose le provoquer.

La préposition pour, suivie d'un infinitif, peut exprimer la conséquence. Elle est alors précédée d'un adverbe.

Exemple :

• Il est assez intelligent pour ne rien avoir à craindre de l'examen.

• Il y a trop peu d'essence dans la voiture pour aller jusqu'au village.

• Il n'a pas assez d'argent pour se permettre des folies.

3 | *Transformez les phrases suivantes en vous inspirant des exemples précédents.*

• Il fait trop chaud : impossible de se promener.

• Il a assez d'argent : il s'achète une moto.

• Il n'est pas assez attentif : il n'aura pas son permis de conduire.

• Elle est assez sûre d'elle : elle se débrouillera dans la vie.

• J'ai trop peu de temps : je ne peux pas t'accompagner.

On peut trouver aussi, suivies de *l'infinitif,* les locutions en sorte de..., de manière à...

Exemple : Pour laisser gagner son ami, il a fait en sorte de perdre.

Je me suis installé de manière à ne gêner personne.

4 | *Composez des phrases utilisant préposition ou locution prépositive + infinitif pour exprimer la conséquence.*

Les conjonctions de subordination sont suivies, selon les cas, de l'indicatif, du subjonctif, voire du conditionnel.

Règle générale :

• **L'indicatif** exprime que la conséquence est un résultat incontestable, un fait réel.

Exemple : Certains jouets trop anciens ont été proposés en promotion de sorte que nous sommes conduits à renouveler notre stock.

• **Le conditionnel** signale que la conséquence est considérée comme éventuelle.

Exemple : Le succès de certains jouets est si surprenant que n'importe quel détaillant pourrait être conduit à renouveler sa commande.

• **Le subjonctif** est utilisé lorsque la conséquence apparaît comme une intention, un objectif.

Exemple : Certains jouets seront proposés en solde, de sorte que les stocks soient épuisés.

Attention ! Certaines locutions sont toujours suivies du subjonctif : assez pour que, trop pour que, etc., ainsi que certaines tournures négatives comme :

Il **n'**est pas stupide **au point** qu'il faille tout lui expliquer. Est-il **si** rusé qu'on **ne** puisse l'attraper ?

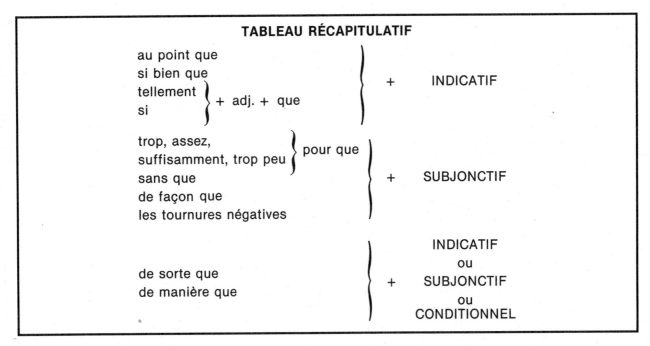

TABLEAU RÉCAPITULATIF

au point que si bien que tellement si } + adj. + que	+ INDICATIF
trop, assez, suffisamment, trop peu } pour que sans que de façon que les tournures négatives	+ SUBJONCTIF
de sorte que de manière que	+ INDICATIF ou SUBJONCTIF ou CONDITIONNEL

5 *Transformez les phrases suivantes en utilisant les locutions de sorte que ou de manière que. Puis, en jouant sur les modes (subjonctif, indicatif et conditionnel), vous proposerez deux, voire trois versions de la même phrase. Vous les comparerez en expliquant les variations de sens.*

- *Exemple :*

  Il a préparé la fête : chacun sera content.

  INDICATIF : Il a préparé la fête de manière que chacun sera content
  (aucun doute n'est émis quant au plaisir des invités).

  SUBJONCTIF : Il a préparé la fête de manière que chacun soit content
  (l'objectif poursuivi par celui qui a préparé était le plaisir de chacun).

  CONDITIONNEL : Il a préparé la fête de manière que chacun serait content
  (chacun serait content si, toutefois, seule comptait la préparation de la fête. Il semble que d'autres éléments, non mentionnés, viendront la troubler).

- Il est exaspérant : même les plus calmes s'énervent.

- Des stocks vont être épuisés bientôt : il faut les renouveler.

- Il agit toujours avec sagesse : on ne peut rien lui reprocher.

- Ce sont de vieux clients : ils ne pourront pas nous tenir rigueur de ce refus.

- Certains jouets connaissent un succès considérable : ils peuvent manquer.

- Certains jouets sont vendus en promotion : les stocks seront épuisés.

Qu'est-ce qu'on fait ce week-end ?

Savez-vous quand le Club Méditerranée ouvrit son premier village ? Sous Vincent Auriol (1), en 1950 ! Comme quoi la « civilisation des loisirs » a pris son élan de loin. Mais quel saut depuis lors ! Par la conjugaison de trois facteurs (temps disponible, pouvoir d'achat, état d'esprit), l'époque du petit vin blanc « qu'on boit sous les tonnelles » (2) a fait place à l'ère des loisirs marchands. Il est vrai qu'après guerre, « quand on allait sur les chemins, à bicyclette » (2), la durée des congés n'excédait pas deux semaines et le SMIC (3) n'était pas encore inventé. Jusqu'à l'aube des années 50, on pensera surtout aux tickets de rationnement... De nos jours, le temps de travail est, en moyenne plus court que le temps libre ; avec la montée du chômage, les entreprises sont d'ailleurs incitées (sinon, pas d'aides de l'État...) à négocier avec leur personnel sur l'utilisation de cette matière première rare : le temps. D'ores et déjà, les dépenses de « loisirs et culture » atteignent 8 % du budget familial et pèsent plus que les dépenses d'habillement. Les engouements défilent, les modes débarquent d'outre-Atlantique : jogging, surf, delta-plane, planche à voile... On les consomme et on en change. Aux dernières nouvelles, la planche à voile manque de vent, le vélo s'essouffle, et le jogging — sport rustique s'il en est — gagne du terrain. D'ici à ce qu'on retourne canoter sur la Marne (4)...

L'Expansion. Oct.-Nov. 86.

1. Président de la République de 1947 à 1954. Vincent Auriol était socialiste.
2. Chansons de l'après-guerre, très célèbres.
3. Salaire minimum interprofessionnel de croissance.
4. De la fin du XIX° siècle jusqu'à la Seconde Guerre mondiale, un des loisirs préférés des Parisiens, et surtout des classes populaires, était le canotage sur la Marne. On pouvait aussi, dans les guinguettes implantées sur les rives, se restaurer et danser.

SONDAGE EXCLUSIF ! LES JEUNES ET LES LOISIRS

75 % DES 15-20 ANS PRATIQUENT UN SPORT. D'ABORD LE TENNIS ET LE FOOTBALL POUR LES GARÇONS

74 % DES 15-24 ANS SONT LECTEURS DE BD ET PLUS DE LA MOITIÉ NE LIT PAS DE QUOTIDIEN NATIONAL

CHEZ 67 % DES 15-24 ANS INTERROGÉS, IL Y A UNE CHAINE HI-FI QUI, DANS 32 % DES CAS, APPARTIENT AUX JEUNES

POUR 62 %, LA DISTRACTION FAVORITE EST LA MUSIQUE AINSI QUE LA DISCUSSION ENTRE POTES

LE CINEMA (64 %) ARRIVE EN TETE DES DISTRACTIONS PREFEREES DES 15-24 ANS QUI RAFFOLENT DE LA PUB

LAISSE-MOI JAMAIS PENDANT LA PUB !...

SI C'EST PILE, C'EST KARAJAN, SI C'EST FACE C'EST DIRE STRAITS...

ET SI ÇA TOMBE SUR LA TRANCHE C'EST RINA KETTY...

DESSINS GIBRAT

L'Événement du Jeudi, 19 au 25 décembre 1985.

INTERVIEW DE GILBERT TRIGANO, P.-D.G. DU CLUB MÉDITERRANÉE

A vos yeux, qu'est-ce qui a le plus changé en quarante ans dans le domaine du tourisme ?

GILBERT TRIGANO. Les vacances ont suivi une prodigieuse évolution. Il y a quarante ans, il s'agissait seulement d'une récupération physique : on reconstituait la force de travail (1). Il y a une dizaine d'années, on a vu apparaître le désir à la fois de développer son corps et de faire vivre ses mains. Aujourd'hui, voici que surgit la soif de la découverte — par exemple, celle des nouvelles technologies. Cette évolution de l'homme en vacances traduit tout simplement le passage d'une civilisation de l'avoir à une civilisation de l'être ! Le Club est à la pointe de ce bouleversement, lui qui fonctionne un peu comme un laboratoire d'essai pour la part de la population la plus vivace, la plus audacieuse...

Que savez-vous de ce que sera votre entreprise en l'an 2000 ?

GILBERT TRIGANO. L'évolution à venir, dans cette nouvelle civilisation de l'être, sera de faire de la qualité pour des centaines de millions de personnes. Ne me demandez pas si ce sera possible, je vous répondrai qu'il sera impossible de faire autre chose, parce que ces gens-là sont comme vous et moi : c'est de la qualité qu'ils veulent.

D'autres entreprises suivront donc la voie ouverte par le Club. Et nous, nous allons demeurer en pointe, par notre créativité permanente et en industrialisant notre Club-laboratoire. Dans quinze ans, nous serons une fédération de labos de petite taille. Nous passerons, peut-être, à mille unités ; l'une sera une école du cirque, l'autre une école de cuisine, tout est imaginable. Quoi qu'il en soit, nous sommes outillés pour nous développer de 10 à 12 % par an. Il n'y a aucun obstacle en vue.

1. Terme d'économie marxiste désignant l'énergie et tout ce qui est quotidiennement nécessaire (nourriture, vêtements) pour travailler.

Le tourisme français

Le marché international du tourisme ? 285 millions d'individus qui sautent chaque année leurs frontières nationales ; la France en accroche 12 %. Les sommes mises en circulation ? Elles s'élèvent à quelque 700 milliards de francs pour la zone OCDE (qui représente 80 % du marché mondial) ; la France en rafle environ 11 %. Impressionnant, tout de même ! En réalité, il est peu de secteurs où nous possédions une place mondiale aussi avantageuse. Cela vaut la peine de jeter un coup d'œil sur le chemin qui, en quatre décennies, nous a conduits là.

On notera d'abord que les Français, dans ce domaine, ont su créer un solide « marché intérieur ». Pardi ! Ils n'ont pas rechigné à prendre eux-mêmes leur part dans l'explosion du tourisme et des loisirs qui a marqué l'après-guerre. Jusqu'en 1939, le nombre de ceux qui se lançaient sur les routes ou dans les gares pour partir en vacances n'avait jamais dépassé 4 à 5 millions, soit 10 ou 12 % de la population, malgré l'invention des congés payés. (...)

La guerre provoque apparemment le déclic : celle-ci à peine finie, dès 1946 ou 1947, il semble que l'on retrouve les chiffres d'avant le conflit (...). Quand l'INSEE entreprend sa première étude sérieuse du phénomène — en 1965 —, le taux de départs a déjà grimpé à 44 %. Il en est aujourd'hui à près de 58 %, c'est-à-dire 31,2 millions de personnes. Six Français sur dix s'en vont, au lieu d'un seul il y a quarante ans. C'est une proportion analogue à celle de l'Allemagne.

En outre, l'enrichissement général est venu s'ajouter à l'allongement des congés — troisième, quatrième, puis cinquième semaine — pour accroître la durée des séjours et multiplier les départs par individu. De sorte que la France vacancière recense en fait 30 millions de partants l'été pour 730 millions de journées ; et 14 millions de partants l'hiver pour 198 millions de journées. Leurs dépenses ? En France : 260 milliards de francs (1983). A l'étranger : 38 milliards.

Les touristes étrangers, quant à eux, ont réalisé chez nous des performances encore plus brillantes. Combien étaient-ils en 1946 ? Autour de 500 000 — moins que les bonnes années de l'avant-guerre. Mais la ruée commence aussitôt. Ils sont près de 5 millions dès 1950, leur nombre a doublé dix ans après. Ils atteignent les 14 millions en 1970, 30 en 1980 35 aujourd'hui. Ils passent chez nous près de 300 millions de nuitées. Et dépensent 66 milliards de francs (1984)...

Par l'importance de ses recettes en devises, la France se situe au troisième rang mondial (...).

En quarante ans, les changements qui sont intervenus dans ce secteur n'ont pas été seulement quantitatifs — dans l'hôtellerie par exemple, où le nombre des établissements homologués a été multiplié par quatre. Il y a eu aussi des changements de nature : les activités touristiques, depuis toujours artisanales, ont vu naître des entreprises de taille industrielle qui faisaient totalement défaut en France, et qui complètent désormais notre panoplie d'accueil et de « traitement » du touriste. (...)

C'est particulièrement évident dans le secteur de l'hébergement.

(...) En 1970, le palmarès des vingt premières chaînes hôtelières mondiales ne comprenait pas une seule française. En 1980, on en repérait deux. En 1984, il y a Accor, Club Méditerranée, Wagons-Lits-PLM... Et Méridien n'est pas loin. Les deux premiers sont les exemples les plus éclatants de ces entreprises d'envergure internationale qui ont poussé très vite — souvent dans les quinze ou vingt dernières années — sur notre terreau touristique. Gilbert Trigano plantait les premières tentes de son Club en 1950. Il règne aujourd'hui sur 820 000 adhérents (dont 57 % d'étrangers) ; et ses 5,3 milliards de chiffre d'affaires, ses 257 millions de bénéfices, personne au monde n'est capable de les réaliser comme lui. Accor ? Le premier Novotel de Paul Dubrule — vite rejoint par son compère Gérard Pélisson — a été ouvert près de l'aéroport de Lille seulement en 1967 ; Accor fait maintenant partie des leaders mondiaux, avec ses 45 000 personnes réparties dans 62 pays ; et la moitié de ses 9,6 milliards de francs de chiffre d'affaires s'effectuent hors de France...

Bref, le tourisme mérite bien ses lettres de noblesse économiques.

• Il occupe, directement ou en emplois indirects, 8 % des actifs.

• Il réussit à exporter plus que l'industrie automobile (66 milliards contre 44) ou que l'électronique (51 milliards).

• Il rapporte à la France plus d'argent que l'agriculture (27,6 milliards de solde contre 14) et que l'industrie agro-alimentaire (12 milliards).

(L'Expansion, oct.-nov. 85)

ACTIVITÉS

Les loisirs.

RECHERCHE

Préparez en groupe un questionnaire comprenant une dizaine de questions environ pour faire un sondage sur les loisirs. Vos questions doivent être bien préparées : vous devez auparavant définir le plus précisément possible ce que vous voulez savoir. Chaque groupe peut élaborer un questionnaire différent, l'un destiné aux 15-24 ans, l'autre aux 25-30 ans, l'autre aux 30-40 ans, etc.

Les résultats du sondage *seront présentés sous forme d'EXPOSÉ.*

Les loisirs : un fait de civilisation.

Après avoir relu les différents articles du *Journal* et des *Dossiers, vous résumerez l'évolution des loisirs* entre les années 30 et les années 80.

L'évolution des loisirs telle que l'analyse Gilbert Trigano vous semble-t-elle un progrès ? *Dans un court texte organisé* (comportant une introduction, un développement et une conclusion), *vous exprimerez votre opinion à ce sujet.*

Les loisirs : un fait économique.

Connaissez-vous les entreprises citées : le Club Méditerranée, Accor (Novotel), les Wagons-Lits-PLM, Méridien ? *Réunissez sur l'une d'entre elles de la documentation* comme si vous deviez, au cours de vos vacances, en être l'usager. A qui s'adresse-t-elle ? A quelle catégorie de la population ? Quel type de vacances supposent des installations de ce type ?

Après avoir lu les *Dossiers du Journal, vous représenterez sur un graphique la courbe de l'évolution de la population vacancière.*

Qui ne dit mot consent.

L'accusé de réception de commande (avec problème)

Parfois la commande reçue ne peut être exécutée conformément à la demande du client ; l'accusé de réception doit alors signaler la difficulté et proposer une solution au client.

Exemples de problèmes :	***Précision à donner au client ;***
* Un article est momentanément en rupture de stock.	▶ annoncer un délai de livraison plus long pour cet article.
* Un article est épuisé et ne sera pas renouvelé (en général, il peut être remplacé par un article équivalent).	▶ aviser de l'impossibilité de livrer l'article ; proposer un article de remplacement.
* Le client demande une livraison immédiate.	▶ indiquer la date de livraison possible.

Si une commande ne peut être exécutée conformément à l'ordre reçu, pour que le contrat de vente soit valable, un **accord du client** sur les nouvelles conditions est nécessaire ; cet accord peut être **explicite** - demandé par écrit - ou **implicite** - supposé.

Un article est momentanément en rupture de stock

1. *Consultez le bon de commande page suivante et complétez le **schéma** :*

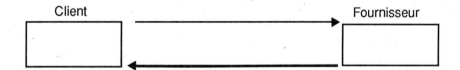

Client → Fournisseur

2. *Pour préparer l'accusé de réception de commande; vous commencez par consulter la bible de paragraphes mise à votre disposition . Puis, après avoir noté sur la **fiche courrier** ci-après le nom et l'adresse du destinataire, vous indiquez, en cerclant le numéro correspondant, les paragraphes choisis pour composer la lettre ; vous complétez les mentions variables nécessaires.*

3. *Composez oralement la lettre.*

*Recherchez la signification précise de "**contretemps**" :*

Donnez des synonymes de contretemps :

Attention à la formulation des excuses (on ne peut s'excuser soi-même).

Nous vous présentons nos excuses…
Nous vous prions d'accepter nos excuses…
Nous vous prions de nous excuser…
Veuillez nous excuser…
Excusez-nous…

PLAY JEU

FICHE COURRIER   Date :

ACCUSÉ DE RÉCEPTION DE COMMANDE
(article momentanément épuisé)

Destinataire : ▷

Cerclez les numéros retenus
et complétez les mentions variables.

N° de paragraphe	Nature	Mentions variables
10	Objet	N° de commande :
20	Accusé de réception	Date de commande :
30	L'article commandé est épuisé	Délai : Date d'expédition :
31	1 article est épuisé, les autres sont disponibles	Article : Délai : Date d'expédition :
311	Expédition des articles disponibles	
312	Demande avis pour livraison	
40 41 42	Excuses (livraison retardée) Excuses (livraison partielle) Demande instructions	
50 51	Salutations Sentiments	

ALI BABA

Tél. : 26.45.83.02
C.C.P. Châlons-sur-Marne 9 824 81 64

5, rue de l'Arbalète
51100 REIMS

PLAY JEU
5 rue du Puits-Salé
39000 LONS-LE-SAULNIER

Livraison :

Délai : 3 semaines

Mode : route

Paiement : traite à 60 j. fin de mois

COMMANDE
N° 24
le 10 janvier 19..

Référence	Désignation	Unité	Quantité	Prix unitaire	
637 B	Ours caramel 30 cm	6	8	540	
428 J	Kaola jaune 25 cm	2	9	168	
024 A	Maman ourse et son ourson	1	6	158	

Délai = 1 mois 1/2
Expédier articles disponibles
à la date prévue.

ACCUSÉ DE RÉCEPTION DE COMMANDE
(article momentanément épuisé)

10	Objet : V/commande n°......
20	Votre commande du ...... nous est bien parvenue ; nous vous en remercions.
30	Cependant, nous regrettons de ne pouvoir respecter les délais de livraison prévus ; en effet, à la suite d'une forte demande, le stock de l'article commandé est actuellement épuisé et ne sera reconstitué que dans un délai de...... Nous serons donc en mesure d'effectuer l'expédition vers le......
31	Cependant, nous regrettons de ne pouvoir exécuter complètement cet ordre dans les délais prévus. En effet, à la suite d'une forte demande, le stock de l'article suivant : est actuellement épuisé et ne sera reconstitué que dans un délai de...... Nous serons donc en mesure d'en effectuer l'expédition vers le ...... (1).
311	Les autres articles seront expédiés à la date prévue.
312	Vous voudrez bien nous préciser le plus rapidement possible si vous souhaitez un envoi partiel à la date prévue des marchandises actuellement disponibles ou si vous préférez une livraison globale à la date indiquée ci-dessus.
40	Nous vous présentons nos excuses pour ce contretemps ; sauf contre-ordre de votre part, nous exécuterons votre commande à la date proposée ci-dessus.
41	Nous espérons que ce contretemps ne vous gênera pas trop et nous vous prions de nous en excuser.
42	Nous vous prions de nous excuser pour ce contretemps et attendons vos instructions pour les modalités de la livraison.
50	Veuillez agréer,......... nos salutations empressées.
51	Veuillez agréer,......... l'expression de nos sentiments dévoués.
52	Le Directeur Commercial, J. Chazette

(1) Dans le cas où, la commande portant sur plusieurs articles, un article est épuisé, on utilise le paragraphe 31 suivi soit du paragraphe 311, soit du paragraphe 312.

PLAY JEU

5, rue du Puits-Salé
39000 LONS-LE-SAUNIER
Tél. : 84.24.19.10

Société anonyme au capital de 780 000 F. R.C.S. Lons-le-Saunier 524 008 510 - C.C.P. Lyon 94 2 7 43 C

L'article est épuisé et ne sera pas renouvelé

On vous demande de **répondre au client** "Rita Bambole" de votre ville qui a passé commande de 36 koalas réf. 4285, dans le cas où l'annotation du bon de commande est la suivante :

"Épuisé. Proposer le raton-laveur 26 cm, réf. 431 K, vendu par 6, P.U. 480 F."

Quel est l'objectif principal de la lettre ?

Quels sont les paragraphes de la bible que l'on peut utiliser tels quels ?

Quels sont les paragraphes faciles à transformer pour les adapter au cas ?

Quel argument pouvez-vous avancer pour décider le client ?

En conclusion; qu'attendez-vous du client ?

Rédigez la lettre et présentez-la.

Travail complémentaire

1 A l'occasion d'un appel téléphonique du client "Ali Baba", la fiche ci-dessous a été établie.

PLAY JEU

MESSAGE TELEPHONIQUE
du 30 janvier à 15 h 30 h.

Destiné à : S. Ventes
de la part de : Ali Baba - Reims

── MESSAGE ──

Commande urgente (pour vitrine 1er âge) :
- ourson hochet 228 J - 3
- baby couffin 540 B - 5   Demande livraison
- lapin rose 421 C - 6   immédiate

── SUITE A DONNER ──

Exceptionnellement, expédition dans les 8 jours.

---

2 Proposez le **plan** de l'accusé de réception de commande correspondant.
Rédigez le message sous forme de **lettre** et sous forme de **télex**.

Faisons le point sur ... LES MOTS DE LIAISON EXPRIMANT UNE NUANCE DE LA PENSÉE

Comme nous l'avons vu dans le dossier 3 « Comment passer d'un sujet à un autre... », les paragraphes sont liés par des mots de liaison exprimant soit des liens logiques, soit des nuances de la pensée.

• Dans la bible de paragraphes p. 181, *relevez le mot de liaison exprimant la conséquence* (lien logique).

• Les nuances apportées peuvent être d'ordre divers. On peut vouloir :

— **ajouter une idée ;** on utilisera alors : et, également, de la même manière, de plus, en outre.

   Exemple : Vous voudrez bien m'apporter les renseignements demandés. Je voudrais également savoir si Monsieur Durand a été averti de la réunion.

— **ajouter une idée secondaire, ou légèrement déplacée par rapport au sujet central :** d'ailleurs, par ailleurs, d'autre part, du reste, pour le reste, de plus, en outre, en particulier.

   Exemples : Je ne savais pas qu'il était malade. D'ailleurs, il ne m'a jamais parlé de sa santé.
   Vous trouverez ci-joint notre catalogue. D'autre part, je me permets de vous signaler que nous serons présents au Salon du Livre.

— **insister sur une idée :** aussi, assurément, certainement, certes, de toutes façons, en vérité, sans doute (au sens de sans *aucun* doute), tout à fait.

   Exemples : Vous avez consulté notre catalogue et vous avez certainement remarqué la quantité d'articles proposés.

— **temporiser** (remettre à plus tard) : pour l'instant, en ce moment, pour le moment, pour l'heure.

   Exemple : Nous ne disposons pas pour l'instant des articles que vous avez commandés.

— **exprimer un doute ou une suggestion :** peut-être, il est possible que, il serait possible de, c'est possible de, sans doute.

   Exemple : Votre abonnement n'a pas été enregistré. Peut-être avez-vous omis d'envoyer votre chèque.

— **mettre en valeur une idée :** c'est ... que/qui, il est ... de, voici ..., voilà ...

   Exemple : C'est précisément l'objection que j'allais faire.
   C'est Monsieur Durand qui a reçu la commande.
   Il est préférable de lui en parler directement.
   Voilà les marchandises que vous avez commandées.
   Voici ce que je propose.

   N.B. *Voilà* indique ce qui est présent ou ce qui précède ; *voici* annonce ce qui suit.

— **expliquer une affirmation, une opinion :** en effet, c'est-à-dire. On utilise plus fréquemment encore les « deux points ».

   Exemple : Nous avons le regret de ne pouvoir répondre favorablement à votre demande pour le motif suivant :

• *Retrouvez, dans le texte ci-dessous, la place des termes suivants :* peut-être, par ailleurs, c'est ... qui, aussi, tout à fait, en effet, sans doute.

   Monsieur,

Notre entreprise, l'Union Viticole de France, qui produisait uniquement jusqu'alors des vins « haut de gamme », a décidé d'étendre ses activités.

Nous avions .... décidé de vendre de très bons vins de table à des prix .... concurrentiels.

.... la possibilité que nous vous offrons est-elle susceptible de vous intéresser. .... serions-nous heureux de vous faire profiter dès à présent des conditions très avantageuses que nous réservons à nos meilleurs clients.

.... notre chef des ventes, Monsieur Fayes, ... viendra dans votre région à la fin du mois. .... désirerez-vous alors avoir une entrevue avec lui ?

... nous restons à votre entière disposition pour tout renseignement complémentaire.

Veuillez agréer, Monsieur, l'expression de nos sentiments dévoués.

C omment dire... LA TOURNURE PASSIVE

● *Selon une information diffusée le 13 janvier à 17 h 30 heure locale par la « Radio du Liban-Sud » (radio financée par Israël) au Liban, les otages français pourraient être libérés très prochainement.*

La Croix, 15 janv. 86.

● Vingt ans après son défilé triomphal de 1965 qui le fit connaître d'un coup jusqu'aux antipodes, André Courrèges, ou plutôt la société qui porte son nom, a-t-elle gravement dérogé à ces règles ou à d'autres, plus secrètes ? En tout cas, elle est aujourd'hui écartée de la sacro-sainte liste du club.

La Croix, 15 janv. 86.

Colombie

● *Trois journalistes français expulsés.* — Trois journalistes français d'Antenne 2 ont été priés, lundi 27 janvier, par le gouvernement colombien de quitter le pays. Richard de la Fuente, Dominique Tierce et Dominique Merlin ont été interrogés par la sécurité colombienne (DAS).

Le Monde, 9 janv. 86.

● *M. Georges Fillioud, secrétaire d'État chargé des techniques de la communication, doit annoncer ce mardi 28 janvier la naissance d'une sixième chaîne de télévision à dominance musicale. La concession de ce réseau multivilles national privé est accordée à un groupe d'opérateurs réunissant l'agence Publicis, la société cinématographique Gaumont, la radio NRJ et M. Gilbert Gross, qui dirige une importante société d'achat d'espaces publicitaires.*

Le Monde, 29 janvier 86.

● **Une information pour** *« rechercher les causes de la mort »* **d'un appelé du contingent de 21 ans, originaire de la Charente, retrouvé mort, torse nu, le 27 décembre, au bord d'une route, a été ouverte lundi par le parquet de Châlons-sur-Marne.**
C'est à Saint-Martin-sur-le-Pré, près de Châlons-sur-Marne (Marne) qu'avait été découvert au bord de la RN44 le corps d'un jeune homme.
Une enquête de la gendarmerie devait déterminer qu'il s'agissait de Laurent Puypalat, 21 ans, de Villejoubert.

Libération, 2 janv. 86.

---

1 | *Soulignez les tournures passives dans ces coupures de journaux.*

2 | *Rédigez un bref article pour commenter les résultats suivants.* Vous utiliserez de préférence les tournures passives, en vous aidant de la liste de verbes donnés en regard.

Football

27ᵉ journée de la Division 1

Toulon—Laval	9-0	battre
Monaco—Bordeaux	9-0	battre à plate couture
Paris-SG—Nice	3-2	contraindre de s'incliner
Lens—Lille	1-4	vaincre
Rennes—Le Havre	2-1	bousculer
Nantes—Marseille	0-2	écraser
Nancy—Brest	2-0	remporter la victoire
Sochaux—Auxerre	2-0	gagner
Strasbourg—Bastia	6-1	prendre l'avantage
Metz—Toulouse	6-1	tailler en pièces

Le complément d'agent du verbe passif désigne l'être ou l'objet grâce auquel l'action est accomplie, c'est-à-dire celui ou ce qui agit.

3 Dans l'interview de Gilbert Trigano page 177, trouvez un complément d'agent. Par quelle préposition est-il introduit ?

4 Dans les phrases suivantes, *soulignez les compléments d'agent et encadrez la préposition qui les introduit.*

- La musique de Mozart a longtemps été détestée des Viennois.
- L'équipe de Laval a été vaincue par celle de Toulon.
- A Noël, les grands boulevards parisiens sont superbement décorés de guirlandes électriques.
- A cause d'une altercation survenue entre deux conducteurs, le carrefour était encombré de curieux.
- Cet enfant est tourmenté par une insatiable curiosité.
- Il ne se sentait pas malade mais plutôt accablé de fatigue.
- La musique lui a été enseignée, lorsqu'il était très jeune encore, par sa sœur.
- C'était une voiture superbe, admirée de tous les amateurs.

Il n'existe pas de règle stricte quant à l'emploi des prépositions par ou de devant le complément d'agent. Toutefois on constate que par est plus fréquemment employé, et que de s'utilise quand le sens propre du verbe s'est affaibli et qu'on exprime, plutôt que l'action même, l'état résultant de l'action subie (par exemple : décoré de, accablé de, etc.).

• Style : à quoi sert la tournure passive ?

5 *Vous transformerez les phrases suivantes en utilisant une tournure passive.* Vous pouvez supprimer, si cela vous semble nécessaire, le complément d'agent.

- Vous paierez la facture à la réception des marchandises.
- J'ai constaté le très mauvais fonctionnement de ce service.
- Vous mettrez à jour ce dossier et vous me le présenterez.
- Le personnel de sécurité soupçonne les fumeurs d'accroître en permanence les risques d'incendie.
- Monsieur Dignon fera un rapport précis sur ce sujet.
- Je considère que la solution proposée n'est pas plus efficace que celle que nous avons jusqu'à présent adoptée.
- Vous rassemblerez le courrier et vous le porterez au bureau de poste.
- La fatigue et la lassitude l'accablent.

La formulation passive vous paraît-elle : plus vigoureuse - plus frappante - plus atténuée - plus polie - plus mesurée - plus neutre - plus personnelle - plus indirecte - que la précédente (rayez les adjectifs qui ne vous paraissent pas convenir).

Lorsque vous avez jugé bon de supprimer le complément d'agent, qu'avez-vous, par là même, enlevé ?

Quel intérêt, à votre avis, revêt ce type de tournure

- dans le cadre de la correspondance commerciale :
- dans le cadre de la correspondance personnelle :

Châteaux et douceur de vivre : la Touraine

BLOIS

Blois : un livre de pierre

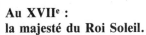

Il n'est pas de province française sans château. L'Ile-de-France à elle seule en compte 150. Souvent remaniés au cours des siècles, ils portent sur eux la marque du temps. Ainsi en est-il du château de Blois, dont la diversité est telle qu'on peut dans ses pierres lire l'histoire de France.

J.-F. DORÉ **Blois**

LÉPISSIER

Grande Salle.

Au commencement : un château-fort.

Les seigneurs et les rois, toujours à guerroyer, édifiaient au Moyen Âge des châteaux-forts dans des lieux élevés d'où ils commandaient les vallées. Blois n'échappe pas à la règle du temps : construit sur un promontoire le château est, aux XIIIᵉ et XIVᵉ siècles, une des plus redoutables forteresses du royaume. **La grande salle du château date de cette époque.**

Au XVᵉ siècle : un château gothique.

Louis XII, roi de France, entreprend de rebâtir l'aile qui sépare la cour principale de l'avant-cour dans le style de l'époque : le gothique. De cette époque vous pouvez encore admirer, **outre cette aile, le portail qui abrite une statue du roi à cheval sous un dais flamboyant.** ▶

Au XVIᵉ siècle : un château Renaissance.

Au XVIᵉ siècle, les menaces de guerre s'éloignent, on pense aux plaisirs. Les tours, les donjons, les toits deviennent alors des éléments de décoration.

Blois, sous l'influence de François Iᵉʳ, suit le même chemin.

La façade en pierre de taille, éclatante de blancheur, affiche une volonté de rompre avec les styles précédents. Richement sculptée, ornée de pilastres et de motifs infiniment variés elle est, avec **le fastueux escalier à claire-voie,** le joyau délicat du château.

Au XVIIᵉ : la majesté du Roi Soleil.

Gaston d'Orléans, maître du château de Blois, commence par édifier au fond de la cour une façade majestueuse flanquée de deux ailes, dans un style inconnu jusqu'alors. Versailles et Vaux-le-Vicomte, deux des plus prestigieux châteaux de France, seront édifiés dans ce style, qui prendra le nom du roi Louis XIV. L'entreprise de Gaston d'Orléans est interrompue en 1638.

J.-F. DORÉ **Blois.**

Les pays de Loire

On appelle Pays de Loire la vaste région qui s'étend, de part et d'autre du fleuve, entre Angers, à l'ouest, principale ville du Maine-et-Loire, et Nevers, à l'est, dans la Nièvre. Entre ces deux villes la Loire traverse plusieurs départements et villes importantes : Tours, dans l'Indre-et-Loire, Blois, dans le Loir-et-Cher, Orléans, dans le Loiret. Les pays de Loire doivent leur unité à la présence du fleuve, à un relief modeste et à un climat doux et ensoleillé : les précipitations y sont faibles, les printemps chauds et ensoleillés, les arrière-saisons lumineuses. La douceur de l'Anjou est légendaire et la Touraine a été surnommée « le jardin de la France ». Aussi les rois de France ont-ils fait de cette région, à la Renaissance, le cœur de la France. Pour les mêmes raisons, les Parisiens aisés en ont fait leur lieu privilégié de résidence secondaire.

Les richesses des Pays de Loire.

• **L'agriculture** : grâce au climat exceptionnel, à la proximité du marché parisien, l'agriculture est restée une ressource économique importante de la région. Pourtant les sols ne sont pas riches, mais des efforts considérables ont été faits depuis un siècle pour les améliorer. Une zone importante de marécages, la Sologne, située dans la courbe de la Loire au sud d'Orléans, a été draînée, assainie : elle s'orne maintenant d'une belle et giboyeuse forêt. Les cultures sont diversifiées : blé, orge, maïs, colza. Mais ce sont surtout les cultures délicates, plus étroitement localisées sur les deux berges du fleuve, qui font la renommée de la région : on y cultive des primeurs, des fleurs et des fruits, des vignes sur les coteaux, qui produisent des vins renommés : le Sancerre, le Vouvray, le Bourgueil et le Chinon. Dans les caves, creusées dans la craie tendre des rives, on cultive des champignons.

• **L'industrie** est plus récente, et son développement plus spectaculaire. Elle exploite des ressources locales : l'agriculture et l'élevage dans des industries alimentaires,

textiles, dans des industries du cuir ; le sous-sol avec les mines de fer et les ardoisières d'Anjou, avec les céramiques et les verreries du Berry (région au sud de la Sologne) et de l'Orléanais ; les bois, en Sologne. Cependant ces industries souffrent beaucoup de leur petite taille. Plus compétitives sont les industries récentes, venues s'installer dans cette région centrale et bien desservie par les réseaux routiers et ferroviaires. Ce sont surtout des industries mécaniques, électriques et chimiques. Deux centrales nucléaires importantes, Avoine-Chinon et Saint-Laurent-des-Eaux, fournissent l'électricité. Ainsi, cette région de tradition artisanale compte aujourd'hui 22 entreprises de plus de mille salariés et 60 de plus de 500, localisées surtout dans les grandes villes : Tours, Orléans, Le Mans dans la Sarthe, Angers et Bourges dans le Cher.

• **C'est une région d'échange et de transit,** aussi le secteur tertiaire y a-t-il cru rapidement. Les grandes villes sont d'importants centres de distribution. Des banques régionales et d'importantes compagnies d'assurance rayonnent autour de Bourges, Blois, Angers. Le tourisme a, bien entendu, lui aussi favorisé l'épanouissement du tertiaire.

• **Le tourisme** constitue en effet une des richesses les plus importantes de la région. Tout l'y prédisposait : le climat, les sites naturels, les plages, les possibilités offertes par le fleuve et la forêt aux pêcheurs et aux chasseurs, sans compter un patrimoine artistique unique, rassemblant quelques uns des plus beaux monuments romans, gothiques et Renaissance. Les châteaux de Blois, Chambord, Amboise, Chenonçeaux reçoivent 200 000 visiteurs par an. Tours a impulsé le tourisme en multipliant les formes d'accueil : hôtellerie, festivals, congrès. Chantés depuis des siècles par les écrivains Ronsard, Du Bellay, Rabelais, Balzac, les Pays du Val de Loire, vieilles terres d'arts et de légendes, constituent une des plus séduisantes régions de France.

ACTIVITÉS

Un peu d'histoire de l'art. Connaissez-vous un monument, dans votre pays, construit à la Renaissance. De quand date-t-il exactement ?

RECHERCHE : Cherchez, à son sujet, de la documentation. Quels artistes ont participé à sa construction ? Dans quel but a-t-il été édifié ? Quelles sont ses caractéristiques architecturales ?

Dans un texte très libre, *Vous décrirez ce monument, en quoi il vous touche ou vous déplaît, etc.*

Le mouvement dit de la « Renaissance » a concerné quels pays ? Interrogez votre professeur d'histoire et *décrivez, dans un court texte, les relations entretenues par les artistes et les souverains des différents pays touchés par le mouvement.*

Les pays de Loire. Sur une carte de France, *situez les Pays de Loire et les différentes villes dont le nom est mentionné dans les dossiers du Journal.*

Résumez les atouts, tant au plan économique que culturel, de la région des Pays de Loire.

L'heure c'est l'heure.

Le retard de livraison

La réclamation du client

Sté Flèche ††††

Route de Paris - 41000 BLOIS

S.A.R.L. au Capital de 150 000 F
R.C.S. Blois-B 451 528 021

Tél. : 54.48.21.60 - C.C.P. La Source 8 543 005

Gil Boutique
30, rue Réaumur
75002 PARIS

V/Commande n° 420
du 24 janvier

Blois le 27 janvier 19..

Messieurs,

Nous vous remercions pour votre commande enregistrée dans nos services sous le numéro cité en référence.

La livraison et le règlement s'effectueront aux conditions habituelles :

- livraison par route dans les 15 jours ;
- règlement par vos soins à 30 jours fin de mois.

Vos bien dévoués.

B. Ménard

---

gil boutique

APPEL TELEPHONIQUE
le 13 fév à 9 h 30

de : Gilbert-Dumas
à : Sté Flèche
adresse : Blois

Service : Ventes
Tél. : 16 (54) 48 21 60

Objet : N/ Commande d'imperméables du 24/1
Articles non reçus
Besoin urgent (stock épuisé)

Suite donnée : Promesse livraison sous 99 jours

---

gb

Le 21 février
Livraison Sté Flèche
non effectuée
Écrire
GD

---

1 | *Schéma* des relations commerciales (à compléter).

Commande n° 420 le ......

| Client | Accusé de réception le ...... | Fournisseur |

gil boutique

---

2 | ***Recherche des idées.***

• *Pourquoi est-il indispensable, dans la lettre de réclamation, de rappeler les faits et leur date ?*

• *Un retard de livraison peut-il, dans le cas général, porter préjudice au client ?*

• *Préciser la nature du préjudice :*

• *Dans le cas étudié, la considération de la période est-elle importante ?*

• *L'objectif essentiel de la lettre étant d'obtenir une livraison dans les plus brefs délais,*

     - est-il de l'intérêt du client d'annuler sa commande ?

     - la responsabilité du fournisseur sera-t-elle mise en cause explicitement ?   *implicitement ?*

3 | ***Plan*** *(à compléter)*

- Rappel des faits (commande n° ......, du ...... ; date normale de livraison ; importance du retard)
-
-

Plan général d'une première lettre de réclamation
- Rappel des faits
- Préjudice subi
- Réparation demandée.

4 | *Après avoir répondu aux questions ci-dessous,* **rédigez et présentez la lettre.**

• Vocabulaire. Rechercher des expressions synonymes de :

     - porter préjudice :

     - nous livrer les marchandises :

• *Ton de la lettre. Barrer les qualificatifs qui ne conviennent pas :*
aimable - conciliant - poli - calme - ferme - sec - cassant - désobligeant.

• *Quelques points de repère.*

     Objet :

     Le 24 janvier .... ; d'après votre accusé de réception ......

     Or, malgré notre rappel ......   Ce retard ......   En conséquence ......

Si, malgré la lettre de rappel, la livraison n'est pas effectuée, après un certain délai (10 jours par exemple), le client doit, dans une **deuxième lettre,** exiger une livraison immédiate, faute de quoi il annulera la commande et réclamera des dommages et intérêts.

Exemples de paragraphes pour formuler des réserves :

- Dans le cas où les marchandises ne nous parviendraient pas sous 48 heures, nous serions amenés à exiger le versement de dommages et intérêts pour compenser le préjudice subi du fait du retard ; un délai plus important nous autoriserait, en outre, à refuser la livraison.

- Nous faisons toutes réserves quant au préjudice que nous causerait un retard de livraison supplémentaire. Nous nous verrions alors dans l'obligation de vous demander une indemnisation pour couvrir le préjudice subi et, en plus, de refuser de prendre livraison si les marchandises nous étaient délivrées trop tardivement.

- Nous tenons à vous préciser qu'au cas où les marchandises ne nous parviendraient pas dans le délai convenu, nous vous rendrions responsables des difficultés rencontrées dans l'organisation de nos ventes ; de plus, si la livraison était effectuée trop tardivement, nous serions dans l'obligation de la refuser.

Vocabulaire

Dommages et intérêts :
indemnité pour compenser un préjudice.

Formuler ou émettre des réserves :
se réserver un recours ; envisager les actions pour répondre à une mauvaise exécution du contrat.

gil boutique

S.A.R.L. au Capital de 95 000 F
R.C.S. Paris B 624 438 521
C.C.P. Paris 8244 98 C

30 rue Réaumur - 75002 PARIS

Tél. : 42.23.51.22

La réponse du fournisseur

1er cas

5 | Pour répondre à Gil Boutique, d'après les directives données par le chef des ventes de la Société Flèche, vous remplissez d'abord la **fiche courrier** ci-dessous qui correspond à la bible "Réponse aux réclamations pour retard de livraison" : cerclez le numéro des paragraphes choisis et complétez les mentions variables correspondantes.

> Sté Flèche ✝✝✝
> Répondre à Gil Boutique
> Livraison ce jour
> B. Ménard

Sté Flèche ✝✝✝

REPONDRE A UNE RECLAMATION
POUR RETARD DE LIVRAISON

Date

Client :

Adresse :

Cerclez le numéro des paragraphes retenus ; complétez les mentions variables correspondantes.

10	V/Réf.	V/Réf. :
11	N/Réf.	N/Réf. :
12	Objet	Objet : Votre commande n° du
13	M.	
14	MM	
20	Accusé de réception	Date de la lettre de réclamation :
30	Difficultés d'approvisionnement	
31	Panne	
40	Livraison ce jour	
41	... sous huitaine	
42	... deux semaines	
50	Bonne réception	
51	Contretemps	
60	F. de politesse	

Composez oralement la lettre.
*Dans cette lettre * pourquoi est-il nécessaire de justifier le retard ?*

* pourquoi le fournisseur n'insiste-t-il pas sur sa responsabilité (il présente ses excuses, mais il n'abuse pas de mots tels que "regretter, déplorer, dommage, préjudice) ?

MONSIEUR CHIC

Tél. : 38.43.54.28 - C.C.P. La Source 43 83 84

10, Place du Martroi 45000 ORLÉANS

Société FLECHE
Route de Paris
41000 BLOIS

BON DE COMMANDE N° 428

le : 25 janvier ....

Livraison : 15 j.

Règlement : 30 j. f. de mois

Référence	Désignation	Quantité	P.U.
011 24	Trench coat beige tours de poitrine : 86, (92, 96,) 100, Chacun	3	525,00
011 13	Imperméable en PVC - gris tours de poitrine : 84, 86, (92,) 96. Chacun	2	135,00

Le 25/2
Réclamation par téléphone.
Expédition ce jour, sauf articles cerclés (accroiss. des ventes) (Exp. le + rapidement possible) Merci.

---

6 │ *Présentez la lettre de réponse à* **Monsieur Chic.**

Travail complémentaire

1 │ *Rédigez la* **réponse** *à Monsieur Chic dans le cas où l'annotation du bon de commande est la suivante :*

'Le 25/2. Réclamation par téléphone. Impossible de prévoir date exacte de livraison (trouver une bonne raison : retards dans des travaux d'aménagement des locaux ou retard de livraison de nos fournisseurs par exemple). Maintient-il sa commande ?

2 │ **Complétez la bible** *avec les paragraphes rédigés pour les deux réponses à Monsieur Chic.*

Sté Flèche ††††

Route de Paris - **41000 BLOIS**

Tél. : 54.48.21.60
C.C.P. La Source 8 543 005

S.A.R.L. au Capital de 150 000 F - R.C.S. Blois B 541 528 021

RÉPONSE AUX RÉCLAMATIONS
POUR RETARD DE LIVRAISON

10	V/Réf. :
11	N/Réf. :
12	Objet : Votre commande n° ...... du ......
13	Monsieur,
14	Messieurs,
15	Madame,
20	Par votre lettre du ... vous nous signalez ne pas avoir reçu la livraison correspondant à votre commande citée en référence.
30	- Veuillez nous excuser pour ce retard dû à des difficultés d'approvisionnement en tissu auprès de nos propres fournisseurs.
31	- Veuillez nous excuser pour ce retard dû à une panne de machine sur la chaîne de fabrication.
40	- Notre stock étant maintenant reconstitué, nous procédons ce jour à l'expédition des vêtements commandés.
41	- Nous nous engageons à vous expédier sous huitaine les vêtements commandés.
42	- Nous ne serons en mesure de vous expédier les vêtements commandés que dans deux semaines.
50	- Nous vous en souhaitons bonne réception.
51	- Nous espérons que ce contretemps ne gênera pas trop vos activités.
60	Veuillez agréer, ..., l'expression de nos sentiments dévoués. Le Chef des Ventes B. Ménars

Faisons le point sur ... QUAND et QUANT

Distinguez quand, adverbe et conjonction de temps, de quant, préposition.
- Quant à lui, il ne sort pas de sa maison quand il neige.

Quant à signifie généralement « pour ce qui concerne », « pour ce qui est de ».
- Nous faisons toutes réserves quant au préjudice que nous causerait un retard de livraison supplémentaire (p. 190).
- Nous réservons nos pronostics quant au résultat de cette course.

Quant à peut être utilisé pour mettre en relief une pensée, un mot.
- Quant à être brutal, vous l'êtes !
- Quant à la mécanique, il s'y connaît !

Il peut servir encore à distinguer ou à opposer deux éléments.
- Il sait utiliser les ordinateurs ; quant à les réparer, c'est une autre affaire.
- Nos amis aiment voyager. Nous préférons, quant à nous, les vacances plus calmes.

Transformez les phrases suivantes en utilisant la préposition quant.
- Nous ne pouvons faire aucune prévision concernant les ventes à l'étranger.

  . . . .
- Pour ce qui me concerne je préfère la lecture au cinéma.

  . . . .
- Il aime les courses automobiles ; mais pour ce qui est de la mécanique il n'y connaît rien.

  . . . .
- Pour ce qui est de son travail, on ne peut que le féliciter.

  . . . .
- Je ne connais aucun détail de sa vie privée.

  . . . .
- Tous ses amis ont la passion du football, mais lui a ce sport en horreur.

  . . . .
- Il ne veut pas donner son avis sur la suite des événements.

  . . . .
- Ils peuvent aller se promener s'ils le veulent, mais moi je reste à la maison.

  . . . .

C omment... FAIRE UNE RÉCLAMATION

RAPPELER LES FAITS

> Messieurs,   Tours, le 30 janvier
>
> Les cinquante vases de porcelaine correspondant à notre commande n° 34 du 13 janvier ont été livrés hier.
>
> Lors du déballage, nous avons constaté une avarie survenue probablement en cours de transport : 15 vases sont arrivés cassés. L'emballage n'était pas de nature à protéger efficacement la marchandise.
>
> Nous vous prions de bien vouloir retirer cette marchandise et de procéder, dans les délais les meilleurs, à une nouvelle expédition.
>
> Nous pensons avoir très rapidement satisfaction et vous prions d'agréer, Messieurs, nos salutations distinguées.

1 Vous remarquez que les deux premiers paragraphes de cette lettre consistent à rappeler des **faits passés.** *Quels sont ces faits ? Dans quel ordre, en réalité, ont-ils eu lieu ? Situez-les sur cet axe.*

                                                                    30 janvier, date de la lettre
————————————————————————————————————|————————▶ de réclamation.

2 *Quelles sont les **causes** de l'avarie ? Dans quelles circonstances est-elle survenue ?*

3 *Quels temps ont été utilisés dans ces deux premiers paragraphes ? Pouvez-vous expliquer pourquoi ?*

L'ENQUÊTE SUR L'ASSASSINAT DE Me PERROT

Affaires de famille

L'enquête de la brigade criminelle sur l'assassinat, à Paris, le 27 décembre 1985, de Me Jacques Perrot a mis au jour les relations complexes et tendues de la victime avec la famille de son épouse, Darie Boutboul, la célèbre femme jockey. En instance de divorce, Me Perrot menait ses propres investigations sur sa belle-famille. Ayant retrouvé à Paris son beau-père dont on lui avait toujours dit qu'il était décédé, il avait découvert la radiation du barreau de Paris de sa belle-mère, coupable de faux actes judiciaires qui lui avaient — apparemment — permis d'escroquer un client fort naïf, les Missions étrangères de Paris.

A la veille de sa mort, Me Perrot s'apprêtait à utiliser ses découvertes comme moyen de pression sur sa belle-mère afin de pouvoir librement rencontrer son fils, Adrien, âgé de trois ans et demi, qu'elle gardait jalousement.

Toutefois l'enquête policière n'a encore établi aucun lien direct entre ces sombres affaires de famille et l'assassinat de l'avocat.

Le Monde, 5-6 janv. 86.

4 *Reconstituez la chronologie des événements rapportés par cet article. Quels temps ont été utilisés ?*

5 En comparant les temps utilisés pour retracer la chonologie d'événements passés dans les deux textes, la lettre et l'article, *remplissez le tableau suivant.*

Temps	État dans le passé	Action terminée	Événement le plus récent	Événement le plus ancien
Imparfait				
Plus-que-parfait				
Passé composé				

Quelles conclusions en tirez-vous quant à l'utilisation des temps du passé ?

PROPOSER UNE SOLUTION

Messieurs   Angers, le 7 juillet

Les 30 robes d'été correspondant à notre commande n° 21 du 3 mai nous ont été livrées seulement hier.

En procédant à la vérification, nous avons constaté que 10 d'entre elles présentent un défaut de couture dans le dos, qui les rend impropres à la vente.

Par conséquent, nous vous retournons par les Messageries du Poitou ces dix pièces dont nous ne demandons pas le remplacement, la saison étant trop avancée.

Nous espérons que vous reconnaîtrez le bien-fondé de notre réclamation et nous vous prions de procéder au remboursement des pièces défectueuses.

Veuillez agréer, Messieurs, nos salutations distinguées.

6 Quels sont les faits rappelés dans les deux premiers paragraphes ? A quel temps sont les verbes ?

7 Quels mots introdulsent la formulation de la réclamation ?

En vous reportant, si besoin est, au chapitre 14, *trouvez d'autres transitions entre le deuxième et le troisième paragraphes.*

8 A partir des éléments épars ci-dessous, *vous reconstituerez le récit de faits devant amener à une réclamation. Vous trouverez la formule de transition nécessaire pour l'introduire.*

Panne du circuit électrique du camion frigorifique. Commande de 20 kg de langoustines. Mois d'août. Départs en vacances. Embouteillages.

PROTESTER

En cas de conflit, une personne peut être amenée à protester. On trouve surtout ces « explosions » spontanées de colère à l'oral. Elles sont, en principe, exclues de la correspondance, surtout de la correspondance commerciale.

- Comment cela tu ne viens pas ! Tu avais dit que tu viendrais.
- C'est inadmissible !
- C'est insupportable ! Inacceptable !
- Tu avais dit : « je viens » et tu ne viens plus. | Alors, quoi ?
  Qu'est-ce que c'est que cette histoire ?

Mais à l'oral comme à l'écrit vous êtes le plus souvent amené à exposer les faits avant d'exiger réparation.

Par exemple, dans un magasin :

- J'ai acheté cette montre hier. D'ailleurs, j'ai ici le ticket de caisse. Ce matin même elle s'est arrêtée.

Je vous demande | de la changer
                | de la remplacer

Je voudrais que vous la changiez.

Et si la vendeuse ou le vendeur refuse :

- Je voudrais voir | le directeur du magasin
- | le chef de rayon (dans un grand magasin)
- | le patron

Jeu de rôle

Au restaurant.

— Un client appelle le serveur pour lui demander de changer un plat (donnez la raison).

— Le serveur refuse (donnez la raison).

— Le client demande à voir le patron ou le gérant du restaurant.

— Le patron (le gérant) affirme que les raisons annoncées par le client sont mauvaises.

— Le serveur le soutient.

— Le client proteste énergiquement.

...PAS CUIT A LA BRAISE MON POISSON?

RESTAURANTS la criée

D'après ce schéma, *imaginez le dialogue des conducteurs des véhicules A et B au moment où ils sortent de leur voiture pour constater les dégâts.*

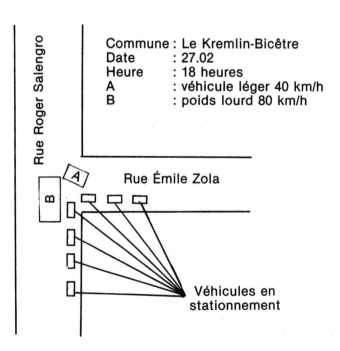

Rue Roger Salengro

Commune : Le Kremlin-Bicêtre
Date : 27.02
Heure : 18 heures
A : véhicule léger 40 km/h
B : poids lourd 80 km/h

Rue Émile Zola

Véhicules en stationnement

9 *Vous faites par écrit le récit des événements afin de l'envoyer à l'assurance. Vous insisterez sur les circonstances et sur les causes de l'accident.*

Structure du commerce
en France

Au carrefour de tous les échanges

ÉDITORIAL

✿ Rungis : le plus grand marché du monde à 7 km de Paris

Vue d'ensemble du MIN de Paris-Rungis.

DOC. SEMMARIS RUNGIS/A. TIBERGE

L e symbole de Rungis évoque un carrefour largement ouvert sur l'extérieur : vers lui convergent marchandises et informations qui seront redistribuées sur l'ensemble des marchés de l'Ile-de-France.

☐ **Un peu d'histoire :** Dès 1950, les Halles de Paris (situées à l'emplacement de l'actuel Forum des Halles) donnaient des signes d'évidente asphyxie. Aussi décida-t-on de les transférer dans un espace plus vaste : c'est ainsi qu'en 1969 s'ouvrait à Rungis un Marché d'Intérêt National (MIN) enfin adapté aux dimensions et aux exigences de la Région Parisienne. On compte aujourd'hui 19 MIN en France, situés dans les régions de grosse production alimentaire ou près des grandes villes. Bien reliés à la voie ferrée et à la route, dotés d'équipements modernes, ils assurent une part importante de la distribution de produits alimentaires frais (60 % de celle des fruits et légumes).

Fruits et légumes.

DOC. SEMMARIS RUNGIS/A. TIBERGE

☐ **Rungis est un marché de gros :**

• *Les vendeurs* sont soit des producteurs (horticulteurs et maraîchers de la région), soit des grossistes.
• *Les acheteurs* sont les détaillants, les restaurateurs et les collectivités de la région, parfois de la province et même de l'étranger.

☐ **Les cours des marchandises** (leur prix) se forment par confrontation entre l'offre et la demande. L'offre des produits maraîchers, par exemple, est soumise à des variations saisonnières. Lorsqu'il y a moins de produits sur le marché, les cours ont tendance à monter et inversement.
Une commission, présidée par un fonctionnaire du Ministère de l'Agriculture et comprenant des producteurs, des grossistes et des acheteurs se réunit chaque jour. Elle relève les cours : les plus bas, les plus élevés et les plus fréquents. Puis elle transmet ces informations au service des Nouvelles du Marché qui en assure la diffusion par télex, par téléphone et par un bulletin quotidien sur le marché, en France et à l'Étranger.

☐ **Six secteurs** regroupent à Rungis les différents produits : celui des fleurs et plantes en pots (4 500 000 colis de fleurs par an environ + les plantes en pots) ; celui des produits de la mer et d'eau douce, celui des fournitures pour restaurants et collectivités. Trois secteurs sont très importants : celui des fruits et légumes (9 milliards de chiffre d'affaires), celui des produits laitiers et avicoles (plus de 3 milliards et demi), celui des produits carnés (11 milliards).

☐ **Rungis en quelques chiffres.**
• 2 306 280 tonnes de produits alimentaires par an.
• 33 milliards de chiffre d'affaires.
Les marchandises sont acheminées chaque année par :
• 30 000 wagons et 435 000 camions.
Au total, le marché représente :
• 16 000 emplois.
• 25 000 acheteurs.

Produits carnés.

DOC. SEMMARIS RUNGIS/A. TIBERGE

Structure et évolution du commerce

• Avant la révolution industrielle qui s'est produite au milieu du XIXe siècle, les intermédiaires étaient peu utiles pour le marché intérieur : les artisans produisaient « à la demande » et les lieux de production et de consommation étaient suffisamment proches pour que la livraison ne soit pas un problème.

• La révolution industrielle a permis une production à grande échelle. Mais, comme les industries ont dû s'installer à la périphérie des villes, la distance entre producteurs et consommateurs s'est trouvée considérablement augmentée. Les intermédiaires sont devenus alors nécessaires ; leur rôle n'a cessé de grandir.

• Après la Seconde Guerre mondiale, la production de masse modifie le rapport entre l'offre et la demande : l'offre est très importante, la demande est assez réduite. Il faut donc vendre moins cher que ses concurrents, et vendre vite : par conséquent, il faut rationaliser les circuits de distribution. Ces nécessités toujours plus contraignantes ont entraîné une transformation radicale des structures du commerce au cours des vingt dernières années.

• Depuis 1960, le commerce de gros a subi une concentration spectaculaire. Le commerce de détail, a, lui aussi été restructuré profondément, comme en témoigne ce schéma de son évolution depuis 1970.

• La progression des super et hypermarchés suit donc, dans le domaine alimentaire, une courbe régulièrement ascendante. Cependant, le commerce indépendant constitue encore la majorité des ventes au détail. En 1980, on compte encore 400 000 commerces indépendants où travaillent plus de 24 millions de personnes. Selon le type de produits qu'ils distribuent, leur adaptation aux nouvelles formes de vente et leur implantation géographique, ils ont plus ou moins souffert de la concurrence des super et hypermarchés. Si leur nombre a diminué depuis vingt ans dans le domaine alimentaire, il a au contraire progressé dans les autres domaines.

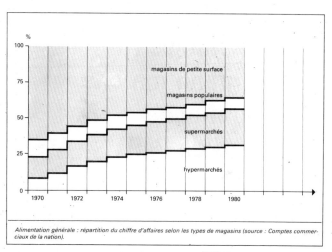

Alimentation générale : répartition du chiffre d'affaires selon les types de magasins (source : Comptes commerciaux de la nation).

DOC. ENCYCLOPAEDIA UNIVERSALIS

Légende :

Magasins de petite surface : ce sont, outre le petit et le moyen commerce indépendant, les petites succursales patronées par la maison-mère, et les petits et moyens commerces regroupés dans des coopératives.

Magasins populaires : les premiers magasins de ce type (comme Prisunic) ont été créés en France en 1928. Ils se caractérisent par un assortiment relativement restreint d'articles de bas ou de milieu de gamme, par des prix bas, par une présentation et un service clientèle sommaires.

Supermarchés et hypermarchés : forme moderne de la distribution, ils ont été developpés autant par des sociétés spécialisées (Leclerc, Carrefour...) que par les coopératives et les magasins populaires. Super et hypermarchés vendent en libre-service une gamme très large de produits, à des prix très compétitifs. Ils se distinguent par leur taille.

Les supermarchés ont entre 400 et 2 500 m² de surface de vente. On en comptait 1 072 en 1970 ; ils sont maintenant 4 500 et représentent 12 % de la vente au détail.

Les hypermarchés apparus en France en 1963 ont connu une extension difficile à cause de la *Loi Royer* visant à protéger le petit commerce. Cependant, ils sont passés de 26 en 65 à 500 en 1985 ; ils représentent plus de 13 % des ventes au détail.

ACTIVITÉS

RUNGIS

RECHERCHE : Comment est organisé, dans votre pays, le marché des produits frais ? *Recueillez des documents et racontez,* sous forme d'exposé, de récit écrit ou de bande dessinée, l'aventure des fruits et légumes, du marché à la table d'un habitant d'une très grande ville. *Comparez avec le fonctionnement de Rungis.*

STRUCTURE DU COMMERCE

Après avoir lu les *dossiers du Journal, répondez de mémoire au questionnaire suivant. Puis vérifiez vos réponses.*

	VRAI	FAUX
— Les intermédiaires se sont multipliés lorsque les producteurs se sont éloignés des consommateurs.		
— La production de masse ne peut pas s'effectuer dans les villes mais hors des villes.		
— Après la seconde guerre mondiale, la demande est devenue très importante.		
— Comme l'offre est très supérieure à la demande, l'objectif est de vendre moins cher que les concurrents et plus rapidement.		
— Le commerce de détail est ruiné par la progression des hypermarchés.		
— Le commerce indépendant constitue encore la majorité des ventes au détail.		

L'erreur de livraison

La réclamation du client

Semper Virens

Route de Bourg - 01100 OYONNAX - Tél. : 16 (50) 43-22-51

Plantes et arbres de décoration en plastique

Société Anonyme
au Capital de 950 000 F
R.C.S. Bourg-en-Bresse

C.C.P. Lyon 6 891 482

V/Commande n° : 106 du : 2 mars 198. Expédiée par : Transports M P Nombre de colis : 3 Poids : 33 kg	La Halle aux Fleurs " Tout pour le fleuriste " 103 av de la Côte d'Azur 94638 RUNGIS Cédex
BON DE LIVRAISON N° : 421 Date : 10 mars 198.	

Référence	Désignation	Unité	Quantité
48 230	Saule pleureur 1,90 m	1	5
50 211	Palmier 1, 60 m	2	4
24 043	Philodendron 1, 80 m	2	3

*livré au lieu de :
50 241 - Palmier coco 1,15 m
(u = 2) → 4 -
RF*

Reçu ce jour à *15* h   les marchandises détaillées ci-dessus.
A *Rungis*   le *12 mars 19..* *R. Faure*

Les documents qui accompagnent la marchandise

* **Le bon de livraison**   détaille les marchandises livrées ; il est remis au client lors de la livraison ; il permet au client de vérifier si tous les articles sont effectivement livrés.

* **Le bon de réception**   (ou accusé de réception de livraison) est le double du bon de livraison ; après contrôle des marchandises, si le client accepte la livraison, il signe le bon de réception et donne ainsi décharge au livreur ; si le client constate des manquants ou des détériorations, il mentionne des réserves sur le bon et préserve ainsi son droit de recours contre le fournisseur (il doit alors agir dans les 3 jours ouvrables qui suivent).

Vocabulaire

- **Donner décharge au livreur :** reconnaître avoir reçu les marchandises.
- **Droit de recours :** possibilité d'agir en justice, d'intenter un procès.
- **Jours ouvrables :** jours consacrés au travail (c'est-à-dire tous les jours sauf les dimanches et les jours fériés)

---

1 *Complétez le* **schéma** *de la situation commerciale.*

Client	Commande n° 106 le	Fournisseur
La Halle aux Fleurs	Livraison n°.....	

2 **La recherche des idées.**

Lors d'une livraison, le client doit immédiatement **contrôler les marchandises.**
Comment effectue-t-il ce contrôle ?

Dans le cas présent, quelle peut être l'origine de l'erreur ?

Le client se trouve en possession d'articles qu'il n'avait pas demandés et n'a pas reçu tous les articles commandés.

* *Pour les articles livrés par erreur, les différentes positions possibles sont les suivantes :*

les retourner au fournisseur en port dû ;

indiquer au fournisseur qu'on attend ses instructions au sujet de ces articles ;

aviser le fournisseur qu'on accepte de garder les articles.

Assemblez au moyen de flèches chaque position avec l'appréciation qui convient :

Solution conciliante, envisageable quand il s'agit d'articles courants.

Mauvaise solution commerciale (la plus coûteuse).

Solution la plus habile, le fournisseur étant en général amené à consentir un rabais pour éviter le retour des marchandises.

3 *Pour les articles non livrés, que va demander le client ?*

Complétez le **plan** *de la lettre au fournisseur (lettre de réclamation).*

- Remercier le fournisseur pour la livraison (n°, date) relative à la commande n° ......

4 **La rédaction**

Objet :

La réponse du fournisseur

Pour répondre à M. Faure (de La Halle aux Fleurs), la fiche courrier présentée ci-dessous a été préparée d'après la bible de paragraphes n° 14 (ci-après).

Semper Virens	FICHE COURRIER Date : *15 mars*

Bible n° **14**   Destinataire   *Monsieur FAURE*
La Halle aux Fleurs

V/Réf. :
N/Réf. :

Directives particulières	N° des paragraphes	Mentions variables
	10 11 20 30 40 43 50 60 70	*Livraison n° 421* *Transports M L*

---

5 | Lisez à haute voix **le projet de lettre ainsi composé.**
Le projet obtenu à partir de la bible est correct mais un peu sec. Nous allons analyser la situation et étoffer la liste de paragraphes pour réaliser une lettre plus satisfaisante.

6 | **Analyse du rappel des faits** (paragraphe n° 30).
* La formule d'excuses est volontairement brève. Pourquoi ?

* On n'a pas prévu de rappeler en détail l'erreur. Pourquoi ?

* Cependant, on aurait pu expliquer l'erreur.

	Est-il possible de donner cette explication au client ?	
(Complétez le tableau au moyen de croix) **Explications réelles**	Oui	Non
- Confusion entre des références d'articles - Faute de frappe sur le bon de livraison - Faute d'inattention d'un employé - Contrôle habituel non effectué - Confusion d'emballages - Désorganisation du service Expéditions en raison d'une grève - Inexpérience d'un jeune employé		

* Caractérisez les explications à écarter :

7 | *Analyse des solutions prévues pour les articles livrés par erreur.*

Indiquez les avantages (A) *et les inconvénients* (I) *de chaque solution :*

	POUR LE CLIENT	POUR LE FOURNISSEUR
Remise des articles au représentant (n° 42)	A. I.	A. I.
Renvoi des articles en port dû (n° 43)	A. I.	A. I.

Aucune des solutions proposées ne donnant entière satisfaction, M. Bourguignon décide, chaque fois que c'est possible (marchandises non endommagées et d'écoulement facile) de proposer au client de conserver les articles livrés par erreur, moyennant un **rabais**.

Appréciez cette solution :

Rabais	A. I.	A. I.

8 | **Rédaction de la réponse :**

Dans la réponse au client, vous donnerez comme explication à l'erreur une confusion entre des références ("Une confusion ... est à l'origine...") ; vous lui proposerez un rabais de 10 % et lui demanderez une réponse ("Pour éviter..., nous vous proposons ... vous voudrez bien... ").

Travail complémentaire

1 | *Préparez la réponse au* **client Quattro**, *décorateur, qui en raison d'une confusion d'emballages, a reçu une glycine (Réf. 24 540) au lieu d'un philodendron (24 043). Cette plante étant destinée à la décoration d'un hall d'entreprise, vous devez proposer le renvoi en port dû et annoncer l'expédition de l'article demandé.*

2 | *En raison d'une faute de frappe, le* **client Stella**, *architecte d'intérieur chargé de l'aménagement d'un restaurant d'entreprise, a reçu, parmi un ensemble important, 20 tiges de pois de senteur blancs (Réf. 00 854, prix : 36 F l'unité) au lieu de 20 tiges de liserons blancs (Réf. 00 354, prix : 28 F l'unité). Vous proposez au client de conserver les pois de senteur, ceux-ci étant alors facturés au prix des liserons. L'échange est cependant possible si le client le désire.*

RÉPONSE AUX RÉCLAMATIONS POUR ERREUR DE LIVRAISON

10	Objet : livraison n°
11	Monsieur,
12	Messieurs,
13	Monsieur le Directeur,
20	Votre lettre relative à notre livraison citée ci-dessus nous est bien parvenue.
30	Veuillez nous excuser pour l'erreur qui s'est produite dans l'exécution de votre ordre.
40	Nous faisons immédiatement le nécessaire pour vous faire parvenir au plus tôt, franco de port, les articles manquants.
41	Nous faisons immédiatement le nécessaire pour vous faire parvenir au plus tôt, franco de port, les articles conformes à votre commande.
42	Quant aux articles qui vous ont été livrés par erreur, vous voudrez bien les remettre à notre représentant lors de son prochain passage.
43	Quant aux articles qui vous ont été livrés par erreur, vous pouvez nous les renvoyer en port dû par les transports...
50	Nous espérons que ce contretemps n'aura pas gêné vos activités.
60	Veuillez agréer ...... l'expression de nos sentiments dévoués.
61	Nous vous prions d'agréer, ... nos salutations empressées.
70	Le Chef des Ventes B. Bourguignon

Semper Virens

Route de Bourg - 01100 OYONNAX - Tél. : 50.43.22.51

**PLANTES ET ARBRES
DE DÉCORATION
EN PLASTIQUE**

Société anonyme au Capital de 950 000 F
R.C.S. Bourg-en-Bresse B 695 683 022 - C.C.P. Lyon 6 891 482

Faisons le point sur ... QUELQUES MOTS DE LIAISON ET TOURNURES SERVANT A INTRODUIRE UNE EXPLICATION

Outre les conjonctions marquant de manière précise la cause (dossier 13), la conséquence (dossier 14), un certain nombre de mots de liaison et de tournures permettent d'introduire une explication.

Mots de liaison :

En effet : Je vous ai demandé de vous réunir aujourd'hui.

En effet, j'ai une	communication de la
J'ai, en effet, une	plus haute importance à vous faire.

En fait : Je vous ai dit hier que je partais en vacances. En fait, je vais d'abord en voyage d'affaires puis, de là, en vacances.

Effectivement : Vous m'avez fait remarquer à plusieurs reprises ma distraction.

Je suis effectivement très préoccupée en ce moment.

Effectivement, je suis très préoccupée en ce moment.

C'est que : Oui, j'ai oublié de faire votre commission. C'est que j'étais très pressé et qu'il y avait des embouteillages. Du coup, je me suis énervé et j'ai oublié.

Relatives explicatives.

J'ai suivi la rue de Rivoli, *qui était très embouteillée comme d'habitude.* Du coup, j'ai oublié votre commission.

Le conducteur, *dont les réflexes étaient diminués,* a grillé la priorité à droite.

Cette jeune femme, *que vous avez bien aidée il y a quelques mois,* a obtenu une excellente situation.

---

1 *Inventez l'explication qui pourrait suivre chacune de ces phrases,* sans oublier de l'introduire par un mot de liaison.

- Nous partons en voyage plus tôt que prévu...
- Il faudra renouveler la commande...
- Je me demande si ces transporteurs sont très sérieux...
- Vous le verrez, c'est quelqu'un en qui on peut avoir toute confiance...
- J'ai complètement oublié de lui téléphoner...
- Personne n'a vu exactement comment s'est produit l'accident...
- Le quartier a beaucoup changé depuis votre départ...
- Je vais faire une réclamation auprès du fournisseur...

---

2 *Transformez les phrases suivantes en une seule phrase comportant une relative explicative.*

Ex. : Le marché des Halles a été abandonné. Il était devenu trop petit.
Le marché des Halles, qui était devenu trop petit, a été abandonné.

- Rungis est situé à quelques kilomètres de Paris. Le marché est d'un accès facile.
- Rungis est largement ouvert sur l'extérieur. Son symbole représente un carrefour.
- C'est un marché de gros. Ses clients sont les détaillants de la région.
- Une commission fixant les prix est liée aux instances gouvernementales. Elle est présidée par un fonctionnaire du ministère de l'Agriculture.
- La commission des prix entretient des relations avec l'étranger. Elle diffuse les résultats de ses travaux par télex, téléphone et édite un bulletin quotidien.
- La révolution industrielle a permis la production à grande échelle. Elle marque le début de la migration des usines dans les campagnes.
- Les nécessités du marché sont toujours plus contraignantes. Elles ont entraîné une transformation radicale des structures du commerce.
- Les industries se sont installées à la périphérie des villes. L'éloignement des industries a entraîné la multiplication des intermédiaires.

Comment... LOCALISER UN OBJET, UNE PERSONNE

BALZAC (1799-1850) est un des plus grands romanciers du XIXe siècle. Son œuvre immense, rassemblée sous le titre de *La Comédie Humaine* décrit avec un luxe de détails la vie et les mœurs des financiers, des paysans, des étudiants, des bourgeois, des nobles, des industriels de son époque. *Le lys dans la vallée,* d'où est tirée cette page, constitue un des sommets de son art.

Donc, un jeudi matin je sortis de Tours par la barrière Saint-Éloy, je traversai les ponts Saint-Sauveur, j'arrivai dans Poncher en levant le nez à chaque maison, et gagnai la route de Chinon. Pour la première fois de ma vie, je pouvais m'arrêter sous un arbre, marcher lentement ou vite à mon gré sans être questionné par personne. Pour un pauvre être écrasé par les différents despotismes qui, peu ou prou, pèsent sur toutes les jeunesses, le premier usage du libre arbitre, exercé même sur des riens, apportait à l'âme je ne sais quel épanouissement. Beaucoup de raisons se réunirent pour faire de ce jour une fête pleine d'enchantements. Dans mon enfance, mes promenades ne m'avaient pas conduit à plus d'une lieue[1] hors la ville. Mes courses aux environs de Pont-le-Voy, ni celles que je fis dans Paris, ne m'avaient gâté[2] sur les beautés de la nature champêtre. Néanmoins il me restait, des premiers souvenirs de ma vie, le sentiment du beau qui respire dans le paysage de Tours avec lequel je m'étais familiarisé. Quoique complètement neuf à la poésie des sites,[3] j'étais donc exigeant à mon insu, comme ceux qui sans avoir la pratique d'un art en imaginent tout d'abord l'idéal. Pour aller au château de Frapesle, les gens à pied ou à cheval abrègent la route en passant par les landes dites de Charlemagne, terres en friche[4], situées au sommet du plateau qui sépare le bassin du Cher et celui de l'Indre, et où mène un chemin de traverse[5] que l'on prend à Champy. Ces landes plates et sablonneuses, qui vous attristent durant une lieue environ, joignent par un bouquet de bois le chemin de Saché, nom de la commune d'où dépend Frapesle. Ce chemin, qui débouche sur la route de Chinon, bien au-delà de Ballan, longe une plaine ondulée sans accidents remarquables, jusqu'au petit pays d'Artanne. Là se découvre une vallée qui commence à Montbazon, finit à la Loire, et semble bondir sous les châteaux posés sur ces doubles collines; une magnifique coupe d'émeraude au fond de laquelle l'Indre se roule par des mouvements de serpent.

Balzac, *Le lys dans la vallée,*
Éd. Classiques Garnier, p. 27, 28, 29.

1. Ancienne mesure de distance (4 km environ).

2. Comblé. L'auteur, dans son enfance, n'avait pu que rarement contempler la campagne.

3. Le jeune homme n'avait aucune expérience dans la poésie des paysages.

4. Non cultivées.

5. Raccourci.

---

1 Sur une carte de France, situez la région décrite.

2 Relevez les prépositions et les locutions introduisant un complément de lieu.
....
....

3 Relevez les verbes qui indiquent soit un déplacement d'un point à un autre, soit la localisation (d'un objet, d'un élément du paysage).
....
....

4 Conjuguez au passé composé le verbe prendre (à droite, à gauche, etc.), à l'imparfait le verbe déboucher et au plus-que-parfait le verbe longer.

Les propositions subordonnées relatives :

Où, adverbe relatif, ne peut s'appliquer qu'à des choses.

Précédé ou non des prépositions de, par, jusque, il exprime le lieu d'où l'on vient, par où l'on passe, jusqu'où l'on va.

5 Dans les phrases suivantes, remplacez les points de suspension par où, précédé, si besoin est, de la préposition adaptée.

- Si vous venez avec moi, je vous montrerai le village ...... je suis né.
- Il n'a plus jamais revu le pays ...... il est arrivé, un matin de l'hiver 1934.
- Il ne se souvient plus ...... il faut passer pour aller à la Bastille.
- Voici le passage ...... il faut lire.
- Elle ne reconnaît plus le quartier ...... elle avait coutume de passer pour aller au travail.
- ...... que vous alliez, conformez-vous aux usages du pays.

6 Transformez les phrases suivantes, présentées deux par deux, en une seule comportant une relative.

- Je te ferai voir le stade. Sur le stade j'ai, adolescent, beaucoup joué au football.

....

- Nous avons visité la maison de Balzac. Balzac a vécu là pendant presque vingt ans.

....

- Le club de planche à voile est situé à l'extrémité du lac. A cet endroit, il y avait autrefois des pédalos.

....

- L'autoroute va jusqu'à l'embarcadère. De l'embarcadère part, toutes les demi-heures, un bateau pour l'Angleterre.

....

- Il emprunte ce chemin. Il est déjà passé par là l'année dernière.

....

N.B. : Où n'est pas le seul relatif utilisé pour exprimer le lieu. On peut aussi trouver, souvent précédés par les prépositions par, de, jusqu'à, sous, vers, les pronoms lequel, laquelle, lesquelles.

Voici les chemins <u>par lesquels</u> je me suis promené toute mon enfance.

7 Dans les phrases suivantes, remplacez les points de suspension par un relatif précédé de la préposition adaptée.

- Nous avons atteint avant midi le restaurant .... nous avions décidé de déjeuner.
- Je me demande .... de ces deux trajets emprunter.
- Il a expliqué très clairement sur la carte le but .... tend son voyage.
- Il ne sait plus .... de ces deux villages il est passé la première fois.
- C'est une vieille maison, ... viennent les meilleurs cafés.
- Cette cave, ... il avait eu, enfant, si peur, il l'a retrouvée avec la même émotion.

Jeu de rôle

Se situer dans l'espace.

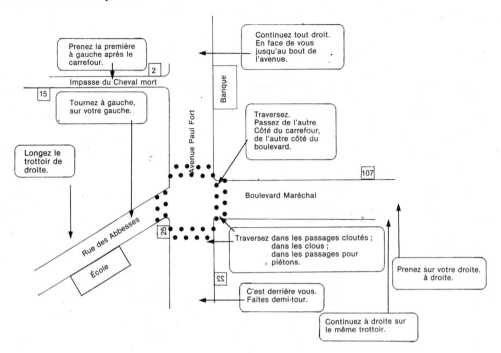

Deux personnes se rencontrent au niveau du n° 107 Boulevard Maréchal.
— A veut aller au 2, impasse du Cheval mort.
— B lui explique le trajet.

X raconte son trajet entre son bureau (à situer), l'école, la banque, et le 15 impasse du Cheval mort.

Du nord de la France (situez le lieu exact) où vous venez de boucler un grand circuit touristique, vous écrivez à votre ami pour lui raconter ce que vous avez vu.

— Utilisez la liste des prépositions, locutions et verbes que vous avez vous-même relevée en **2** **3**

— Au besoin reportez-vous aux dossiers 8, 9, 10, 14, pour le détail des régions traversées.

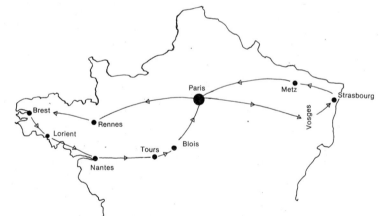

Habiter en France

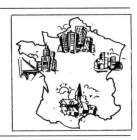

ÉDITORIAL

Grenoble : une ville exemplaire

Exemplaire, Grenoble l'est à plus d'un titre, mais la conception de l'urbanisme qui a présidé à la rénovation de la ville entre les années 60 et 80 mérite une mention particulière. Grenoble en effet se trouve dans les années 60 aux prises avec un problème grave : l'essor industriel conjugué à l'exode rural amène dans la ville un afflux de population qu'il faut loger. Dans la plupart des villes moyennes de province confrontées à ce phénomène, la réponse à cette époque est simple : on construit, en périphérie, des ZUP (Zone à Urbaniser en Priorité) formées de logements dits « sociaux », bâtis rapidement, sans infrastructure commerciale, scolaire, sportive ou de loisir. Le centre de la ville est occupé majoritairement par les activités de secteur tertiaire (ce qui pose d'énormes problèmes de circulation) et par une clientèle riche. La municipalité grenobloise prend dès 1966 le contrepied de cette tendance.

Elle consulte les habitants sur un schéma directeur d'aménagement de la ville. Une agence municipale rassemblant architectes, élus et usagers est créée afin d'instaurer un véritable dialogue entre ceux qui construisent et ceux qui habitent les constructions.

Au lieu de rejeter les logements sociaux à la périphérie, elle crée un vaste ensemble de 2 000 logements qui, à l'époque de son élaboration et de sa construction (entre 1968 et 1978) a été considéré comme une sorte de laboratoire social pour les grands ensembles : différents types de logements sont mélangés dans les étages sans qu'apparaissent extérieurement ni les logements de standing ni ceux à vocation sociale. Ce souci d'intégration est sensible aussi au niveau des équipements (écoles, garderies, maisons de quartier...) qui sont situées le long d'une rue-galerie sous l'immeuble, communiquant ainsi entre eux et avec les logements. Les commentaires ont été nombreux et passionnés sur cette réalisation. Elle n'en reste pas moins une tentative originale pour éviter la construction des « immeubles-dortoirs ».

L'action de la municipalité a aussi porté sur le centre de la ville : là encore, à rebours de la tendance générale à organiser les centres de villes pour le secteur tertiaire, elle a d'emblée affirmé sa vocation à l'habitat, et à un habitat mêlant logements de standing et logements sociaux. D'autre part, la création d'un important centre commercial à la périphérie de la ville, bien desservi par les transports en commun, permettait de fixer ailleurs les activités de service.

Enfin, la ville a mené un ensemble d'actions en vue de faciliter l'accessibilité du centre : le réseau de transports urbains a été entièrement réorganisé ; des parkings, des places, des voies de dégagement ont été créées.

Grenoble apparaît ainsi comme une ville assez particulière parmi les villes moyennes. Son exemple a été souvent cité, commenté, admiré ou combattu. C'est à l'usage que se manifeste la réussite de cet urbanisme d'un genre nouveau : si Grenoble souffre encore du manque de logements, elle ne connaît ni les problèmes insurmontables de circulation dont souffrent la plupart des villes, ni les problèmes sociaux posés par le rejet des logements de moindre qualité dans les banlieues.

LES VILLES NOUVELLES AUTOUR DE PARIS

Campagne d'affiches lancée par la Commission de développement des quartiers pour réhabiliter l'image des banlieues. A noter que pour cette campagne pas comme les autres, les publicitaires ont fait appel à des habitants directement concernés et non à des comédiens, comme c'est l'usage.

ÉVRY VILLE NOUVELLE :

La plus champêtre, mais aussi la plus martienne : elle apparaît au détour d'un échangeur, entre un champ de blé et une haie de peupliers. Direction les Pyramides, « génie du lieu ». Tronquées au sommet, dégradées sur les côtés comme une mauvaise coupe, couleur de mousse et de lichen, elles font figure de temples incas en déconfiture. Autour, des immeubles en terrasse qui pourraient s'appeler « les jardins de Babylone ». Seul rappel à la réalité, un portique d'enfant que l'on aimerait entendre grincer. Évry n'est pas pour autant une nécropole. Ces bizarreries architecturales ne l'empêchent pas d'être la ville la plus médiatique de France : le 7 mai 1983, devant les caméras de Jacques Martin (1), elle bat le record mondial du nombre de mains serrées (25 000 en 9 heures). A l'origine de l'événement, **Sortie de secours**, la radio locale. Évry est en passe de devenir une Silicon Valley : située au centre de la ceinture technologique du sud de Paris, les « grands » y ont investi, IBM, Hewlett-Packard France (5 000 emplois dans le secteur électronique-informatique).

L'Événement du Jeudi.
30 oct.-6 nov. 85.

(1) : Présentateur célèbre de la télévision française.

MARNE-LA-VALLÉE :

Marne-la-Vallée réhabilite l'image de l'est de Paris, tout au moins pour les investisseurs français et étrangers : PME et PMI à l'étroit dans Paris s'y installent, laboratoires de recherche, le CNRS (1) en tête, écoles d'ingénieurs, en passe d'émigrer, tels les Ponts et Chaussées. Sans compter la cité Descartes ou « cité du futur », un parc de 130 hectares dont l'activité sera centrée sur l'informatique et l'électronique (...) Sans oublier Disneyland (...)
Les Marnais-Valliens, quant à eux, vantent la proximité de la capitale (28 mn de l'Opéra par RER) et se félicitent d'habiter « une ville à la campagne ». La Marne et ses guinguettes, les bois de Grâce et de la Grange, celui de Champs-sur-Marne créé par la Pompadour (2) ou celui, à l'anglaise, de Noisiel. (...) C'est aussi la route des châteaux avec des noms qui chantent, tel celui de Guermantes.

L'événement du Jeudi.
30 oct.-6 nov. 85.

(1) : Centre National de la Recherche Scientifique.
(2) : (1721-1764) favorite du roi Louis XV.

PHOTO J. GOURBEIX/RAPHO

L'urbanisme en France

Les mouvements de population

La répartition des populations a beaucoup changé depuis la guerre. A cette époque, près de la moitié des Français vivaient à la campagne. Ils peuvent être aujourd'hui, à 80 %, considérés comme des citadins. Les causes de cette mutation sont nombreuses, mais on peut les rassembler en deux grandes rubriques.

• *L'exode rural,* d'abord, a massivement porté les paysans vers les villes.

• *La crise économique* d'autre part, frappant de plein fouet certaines régions comme le Nord, la Lorraine, a conduit leurs habitants à migrer vers des centres plus dynamiques, c'est-à-dire des villes déjà importantes. Il y a donc eu concentration des populations dans les grands centres urbains. Ce mouvement a particulièrement affecté la région parisienne qui rassemble actuellement 1/6ᵉ de la population française.

Certes, ces deux mouvements ont été accompagnés d'autres, en sens inverse, qui ne les ont pourtant pas compensés :

• *Beaucoup de retraités* quittent la ville où ne les retenait que leur travail, et reviennent vivre dans leur campagne d'origine.

• *Comme les villes* ne sont pas extensibles à l'infini et que les loyers y sont chers, beaucoup de citadins vont habiter dans la périphérie. Ces « nouveaux ruraux » ne sont pas assimilables aux anciens puiqu'ils conservent leur emploi citadin. Ce sont donc des « citadins à la campagne » qui contribuent, plus qu'au déversement des villes dans les campagnes, à l'extension lointaine des villes.

L'urbanisation des années 50 et 60 a tenté de faire face à l'afflux massif de population. Des tours de béton ont été construites, à la va-vite le plus souvent, puisque l'essentiel alors était de donner un toit à chacun. C'est encore dans la région parisienne que ce type d'urbanisation a produit ses plus évidentes catastrophes. Ainsi Sarcelles, construite en banlieue nord, est-elle devenue le symbole du mal de vivre dans ces grands ensembles sans espaces verts, sans équipements sociaux et collectifs, sans commerçants, sans transports en commun.

En outre, puisqu'il s'agissait de répondre rapidement à une demande immédiate, tous les efforts se sont portés vers les centres urbains importants : de sorte que dans certains départements très ruraux, ceux du Sud-Ouest par exemple, le taux d'urbanisation ne dépasse pas 35 %.

Depuis 20 ans, on a cherché des solutions plus adaptées :

• *Des capitales régionales* ont été désignées par le Vᵉ plan (1966-1970) comme des « métropoles d'équilibre » et bénéficient de moyens accrus pour compenser le centralisme parisien. Elles sont au nombre de huit : Lille - Roubaix - Tourcoing ; Nancy - Metz ; Strasbourg ; Lyon - Saint-Étienne - Grenoble ; Aix - Marseille ; Toulouse ; Bordeaux et Nantes - Saint-Nazaire. La loi sur la décentralisation (dossier 7) a accentué cette nouvelle répartition des pôles d'attraction sur le territoire. Les villes moyennes ont, elles aussi, bénéficié de la décentralisation.

• *Les villes nouvelles* ont été conçues comme une réponse aux grands ensembles du type Sarcelles. Comme eux, elles sont construites à la périphérie des grandes villes, parfois à plusieurs dizaines de kilomètres, là où le prix du terrain est raisonnable. Mais, à l'inverse des cités-dortoirs, elles veulent offrir, outre le logement, tous les équipements sociaux et collectifs nécessaires aux habitants. Il en existe ainsi 5 dans les environs de Paris. Pourtant, les villes nouvelles n'apportent pas de solutions aux problèmes d'équilibre et de relations entre une grande ville et sa périphérie. La plupart de leurs habitants, irrésistiblement tournés vers la métropole, restent dans « l'entre-deux », contraints chaque jour à de longs trajets entre leur résidence et leur travail.

• *Paris futur :* C'est en partant de ce constat qu'un groupe d'architectes a imaginé le projet « Banlieue 89 » visant à faire de Paris et de sa grande banlieue (jusqu'aux limites de l'ancien département de la Seine) une seule ville, à la dimension européenne. En établissant un nouveau réseau de circulation, non pas convergent vers le centre de Paris, mais permettant la communication entre les banlieues, en reculant les limites de la vieille ville, en repoussant les gares à la périphérie, ils ont imaginé d'autres solutions aux problèmes des grands centres urbains. Reste à savoir ce qu'il adviendra de ce rêve, dont le dessin sur le papier a pourtant fière allure.

ACTIVITÉS

L'urbanisme depuis la Seconde Guerre mondiale.

Résumez les transformations qui ont influencé la répartition de la population sur l'ensemble du territoire.

Comparez avec votre pays : le processus décrit pour la France vous semble-t-il proche de celui qu'a vécu votre pays ? Voyez-vous des différences ?

En recourant au besoin à une documentation plus précise, *vous expliquerez par écrit les ressemblances et les différences en matière d'urbanisme entre votre pays et la France.*

L'urbanisme moderne.

Relisez les articles du *Journal* et des *Dossiers* concernant les villes nouvelles. Existe-t-il des villes de ce type dans votre pays ?

DÉBAT : Aimeriez-vous vivre dans une ville nouvelle ? En vous aidant des articles proposés, et en recourant au besoin à une documentation plus complète, *vous envisagerez les avantages et les inconvénients qu'il y a à vivre dans une ville nouvelle.*

L'erreur de facturation

L'Oie blanche COUETTES ET ÉDREDONS

L. AUQUE

20, place Plumancy
24000 PÉRIGUEUX *Tél. :* **53-28-13-05**

VERCORS LITERIE
5, rue du Vercors

38000 GRENOBLE

Commande n° : 36   du : 15 mars 19..

Livraison : .   SERNAM
              FRANCO DE PORT

Paiement :   chèque, à réception

FACTURE

N° :   4 010
Date :   3 avril 19..

Réf.	Désignation	U.	Prix unitaire	Quantité	Montant H.T.	
912 B	Couette Duvet oie blanche neuf 140 x 200	1	900,00	3	2 700,00	
924 C	Couette 3/4 Duvet oie blanche neuf 240 x 220	1	870,00	5	4 350,00	
804 L	Couette 1/2 Duvet canard neuf 200 x 200	1	450,00	2	900,00	
452 G	Couette Dacron 240 x 220	2	650,00	2	(2 600,00)	

erreur SM

Total H.T................	10 550,00
T.V.A. 18,60 %.........	1 962,30
Net à payer	12 512,30

LA FACTURE. La facture est le document par lequel le fournisseur indique à son client le prix à payer à propos d'une vente de marchandises.
- Une facture est obligatoire pour toutes les ventes entre commerçants.
- Mentions obligatoires : nom du fournisseur, nom du client, mode de paiement, "Facture", prix unitaire (PU) hors taxes (HT), quantité, montant total HT, TVA, montant total toutes taxes comprises (TTC) (ou net à payer).

LE SERNAM. Le SERNAM est le service national des messageries de la SNCF, Société Nationale des chemins de Fer Français.

Analyse de la situation

1 | *Compléter le schéma.*

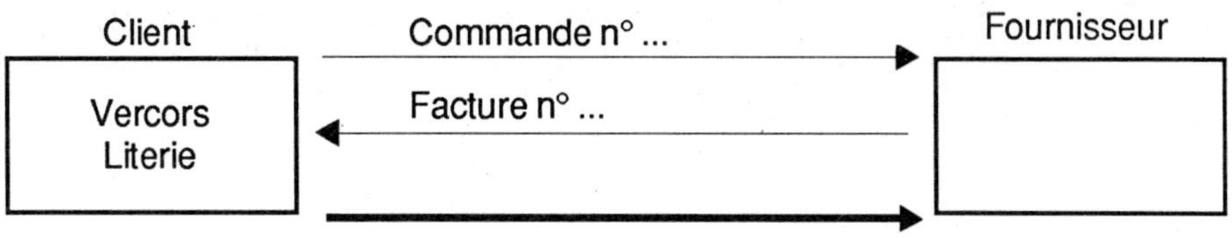

Client	Commande n° ...	Fournisseur
Vercors Literie	Facture n° ...	

En quoi consiste l'erreur signalée par le directeur, M. Saint-Martin ?

2 | *En marge de la facture, reportez les calculs exacts.*

> Les factures doivent être vérifiées lors de leur réception.

3 | *Complétez le tableau ci-dessous par l'indication des procédés de contrôle des factures.*

Erreurs possibles	Comparaison avec un autre document *(lequel ?)*	Autre moyen de contrôle
- Modalités de règlement inexactes (moyen, délai)		
- Erreurs - sur la nature des articles ; - sur la quantité ; - sur le prix unitaire.		
- Erreur de calcul.		
- Omission d'une réduction (remise, rabais, escompte).		
- Erreur sur le taux de T.V.A.		

> **LA T.V.A.** La T.V.A., taxe à la valeur ajoutée, est un impôt indirect qui frappe les ventes de biens et de services. Elle est collectée par les commerçants.
>
> Il y a 4 taux de TVA : 5,5 %, ou taux super-réduit, qui frappe les produits alimentaires.
> 7 % ou taux réduit (livres, transports de voyageurs, produits agricoles...).
> **18,60 %**, ou **taux normal.**
> 33,33 %, ou taux majoré qui frappe les produits "de luxe" (bijoux, fourrures, matériel photographique, voitures de tourisme...).

La réclamation est facile à formuler car l'erreur n'est pas contestable.

NATURE DE L'ERREUR	LE CLIENT DEMANDERA :
• L'erreur porte sur les modalités de règlement.	... *une lettre de confirmation des modalités de règlement.*
• L'erreur affecte le montant à payer : - erreur sur les éléments pris en compte ou erreur de calcul ;	...*l'annulation de la facture erronée (le client renvoie la facture avec la réclamation) et l'envoi d'une nouvelle facture.*
- omission d'une réduction.	... *l'envoi d'une facture d'avoir.*

Le plan et la rédaction

Plan *(à compléter)*

- Accuser réception de la facture (n°, date)

- Signaler...

- Demander....

4 | **Rédaction.**

Objet :

P.J. :

Points de repère :
- Votre facture...
- Nous constatons...
- En conséquence
  vous voudrez bien...

- **Ci-joint** est adverbe et invariable s'il figure en début de phrase ou s'il peut être placé entre deux virgules.

- Sinon, c'est un adjectif et il s'accorde avec le nom

- Même règle pour **ci-inclus.**

Veuillez trouver, ci joint, votre facture.
Sur la facture ci-jointe...

Travail complémentaire

1 | *Préparez la **lettre de réclamation** à adresser à L. Auque dans le cas où, en supposant que le total HT de la facture n° 4010 (10 550 F) soit exact, le directeur a porté sur la facture l'annotation suivante :*

Omission de la remise de 5 % promise par lettre du 30 mars.
→ Envoyer un chèque de 12 512, 30 F , mais demander l'établissement d'une facture d'avoir (en précisé le montant)-

---

FACTURE D'AVOIR. C'est un document, établi comme une facture, par lequel le fournisseur reconnaît devoir une certaine somme à son client en raison d'un retour de marchandises ou de l'octroi d'une réduction.

CALCUL DES RÉDUCTIONS. Les réductions commerciales - rabais, remises et ristournes - se calculent sur le prix H.T. On obtient alors le net H.T. (La T.V.A. se calcule sur le net H.T.).

---

2 | *Rédigez la **réponse du fournisseur** L. Auque à la réclamation précédente.*

VERCORS LITERIE

5, rue du Vercors

38000 GRENOBLE - Tél. : 76.28.30.21.

S.A.R.L. au capital de 350 000 F - R.C.S. Grenoble 423 821 005 - C.C.P. Grenoble 8 42166

Faisons le point sur ... QUELQUES RELATIVES

Observez les définitions données p. 213 et 215.

« La facture est un document *par lequel* le fournisseur indique à son client le prix à payer. » « La facture d'avoir est un document *par lequel* le fournisseur reconnaît devoir une certaine somme à son client. »

Les pronoms relatifs qui, quoi, lequel, laquelle, lesquels, lesquelles, où, peuvent être précédés d'une préposition (par, à, de, en, dans, devant, sous, sur, pendant, parmi, grâce à, etc...)

1 *Remplacez, dans les phrases suivantes, les points de suspension par une préposition suivie du pronom relatif approprié.*
- Il rencontra plusieurs parents ...... son cousin Jean.
- Voilà le chemin ...... nous sommes passés tout à l'heure.
- C'est la personne ...... j'ai retrouvé mon portefeuille.
- Je me souviens de la leçon ...... nous avons commencé.
- C'est une amie ...... j'ai confiance.
- Il habite une maison ...... je ne pourrais pas vivre.
- Je me suis approché d'une fenêtre ...... on voyait la mer.
- Il connut des difficultés ...... ordinairement on s'arrête.

Lequel précédé de : *à* ou *de* se contracte : auquel, duquel, auxquels, desquels, auxquelles, desquelles.

2 *Même exercice*
- Il évoque toujours le hasard sur le compte ...... il met ses malheurs.
- Il n'y avait dans la pièce que des meubles ...... il n'attachait pas d'importance.
- Il a perdu ces lettres ...... il tenait tant.
- Elle enfile son manteau ...... il manque plusieurs boutons.
- Ce sont les paroles sur la foi ...... il a forgé son opinion.
- Ce sont toujours les mêmes livres ...... il fait référence.
- C'est un lieu ...... on s'attache.
- Il a passé un contrat, en vertu ...... il doit partir travailler à l'étranger.
- Il m'a présenté les amis, avec le concours ...... il a monté son affaire.
- Il a appris par cœur les verbes, sur la construction ...... Il hésitait sans cesse.

Comment dire... LA QUANTITÉ

Sondage « Les patrons et la ville »

Le rôle et la place de l'entreprise dans la ville n'étaient pas, il y a quelques années, parfaitement compris. Quant aux chefs d'entreprises, ils voyaient, dans la proximité des municipalités, plus un risque d'ingérence dans leurs affaires que des services à utiliser. Aujourd'hui, les choses ont changé.

1 *Commentez les résultats de ce sondage réalisé auprès des chefs d'entreprises par la SOFRES (société française d'études statistiques) et publié par Murs-Murs (jan.-fév. 86).*

Vous utiliserez pour cela des **quantificateurs** choisis dans la liste suivante :

plus de...	autant de... que de...
moins de...	un nombre plus important de... / moins
autant de...	
fort peu de...	quelques
très peu de...	certains
beaucoup de...	presque autant de... que de...
peu de...	un petit nombre de... / grand

Exemple : Il y a plus de patrons satisfaits par le cadre de vie dans la ville que de mécontents.

Pont de Tancarville inauguré le 25 Juillet 1959 par M. Robert Buron, ministre des Transports.

Ça vous a plu.
On vous en met combien ?

Un pays sans grands travaux est un pays sans grand dessein. Renoncer à équiper la France, c'est entrer dans l'avenir à reculons. Nous avons encore besoin de ponts, d'autoroutes, de TGV, d'équipements d'assainissement, de voies navigables à grand gabarit.
Les citoyens mesurent les besoins. L'amélioration de leur vie quotidienne, de leur confort et de leur sécurité dépend de la réalisation de nouveaux équipements.
Des ouvrages comme Tancarville ont illustré le savoir-faire des entreprises françaises de travaux publics. Ils sont la fierté de notre pays.
De tels équipements, nous en réalisons aujourd'hui au Gabon, en Arabie Saoudite, en Indonésie, au Brésil, au Canada ou en Algérie. Nous portons haut le drapeau de la technologie française et contribuons, puissamment, à l'amélioration de la balance des paiements de notre pays.
Ce que nous faisons à l'étranger peut et doit être fait chez nous. L'enjeu, pour la France, c'est sa capacité à se moderniser et à créer des emplois.
Décider une vigoureuse relance avec les travaux publics, c'est conserver à la France les outils de son progrès.

Le Monde, 4 février 86.

C'EST MAINTENANT QU'IL FAUT AMÉNAGER LA FRANCE
LES ENTREPRISES FRANÇAISES DE TRAVAUX PUBLICS.

PUBLICITÉ DES ENTREPRISES FRANÇAISES DE TRAVAUX PUBLICS

• L'environnement urbain de l'entreprise.

D'une manière générale, considérez-vous l'environnement urbain de votre entreprise comme...

... très satisfaisant.....	15	73
... plutôt satisfaisant .	58	
... plutôt pas satisfaisant...............	17	25
... ou pas du tout satisfaisant...............	8	
– Non réponse	2	
	100 %	

En ce qui concerne les services offerts à votre entreprise par la ville, êtes-vous très satisfait, plutôt satisfait, plutôt pas satisfait ou pas du tout satisfait pour...

		TRES SATIS-FAIT	PLUTOT SATIS-FAIT	PLUTOT PAS SATIS-FAIT	PAS DU TOUT SATIS-FAIT	NON REPONSE
... *les services habituels comme l'enlèvement des ordures, la surveillance, les pompiers ou l'entretien des infrastructures*	100 %	30	47 (77)	13	9 (22)	1
... *l'aide ou le soutien en cas de recherche, de développement, ou de modernisation de votre activité (prêt de locaux ou facilités financières par exemple)*	100 %	6	24 (30)	17	26 (43)	27

En ce qui concerne les services offerts à *votre personnel* dans le quartier ou la ville, êtes-vous très satisfait, plutôt satisfait, plutôt pas satisfait ou pas du tout satisfait pour...

		TRES SATIS-FAIT	PLUTOT SATIS-FAIT	PLUTOT PAS SATIS-FAIT	PAS DU TOUT SATIS-FAIT	NON REPONSE
... *Le cadre de vie (squares, parcs, magasins)*	100 %	17	42 (59)	19	16 (35)	6
... *Les services proposés (crèches, activités culturelles et de loisir par exemple)*	100 %	9	29 (38)	22	19 (41)	21

• Les critères d'implantation.

Si vous deviez envisager une nouvelle implantation pour votre activité, indiquez, pour chacun des critères suivants, s'il serait pour vous très important ou pas très important.

	TRÈS IMPORTANT	PAS TRÈS IMPORTANT	NON-RÉPONSE
– *Une opportunité foncière*[1] .... 100 %	66	27	7
– *L'existence d'une main-d'œuvre adaptée* .... 100 %	55	42	3
– *Le rapprochement avec d'autres activités* .... 100 %	51	45	4
– *Un cadre valorisant pour votre activité* .... 100 %	64	32	4
– *La qualité des contacts avec les élus locaux* .... 100 %	56	40	4
– *Un cadre de vie attractif pour votre personnel* .... 100 %	66	31	3
– *La possibilité d'obtenir des subventions* .... 100 %	67	28	5
– *Les infrastructures de services et d'accès* .... 100 %	87	11	2

Emploi de ASSEZ : attention, assez est un faux-ami !!

• Il peut signifier : *suffisamment.* Elle est assez grande pour son âge. Il a assez neigé pour qu'on puisse skier. J'ai assez mangé.

• Il peut *atténuer le mot qu'il modifie.* Ce devoir est assez bon. Il est assez aimable.

• Ou au contraire *le renforcer.* Cette nouvelle est assez dure pour elle. C'est un imbécile assez ordinaire.

2 | Transformez les phrases suivantes pour y introduire le mot ASSEZ et remplissez le tableau placé en regard.

	Suffisamment	Atténuation	Renforcement
C'était une belle femme dans sa jeunesse.	....	....	....
Il a plu depuis l'automne, de sorte que les terres sont inondées.	....	....	....
J'ai eu du mal à le convaincre de venir avec nous.	....	....	....
Tu as mangé des gâteaux.	....	....	....
Nous l'avons vu.	....	....	....
Il était autrefois intelligent.	....	....	....
Il est gros pour sa taille.	....	....	....
Vous n'avez pas vu ce genre de spectacles ?			

Il n'y a plus rien ! *Remplissez le tableau suivant.*

Vous avez des glaces à la pistache ? Il ne nous reste plus de glaces à la pistache.	Il ne nous en reste plus.
Je voudrais des croissants.	Il n'y en a pas non plus.
Il vous reste de la daube ?	Presque plus.
Je voudrais cinq baguettes ?	Il ne m'en reste pas assez.

*Transformez les phrases suivantes en utilisant le pronon **en**.*

Il n'y a pas beaucoup de vin cette année.   Il n'y en a pas beaucoup.

Nous n'avons pas assez d'argent pour le train.   . . . .

Il nous reste encore un peu de temps.   . . . .

Il ne nous reste ni pain ni brioche.   . . . .

Nous n'avons pas non plus de frites.   . . . .

Je n'ai plus du tout de légumes.   . . . .

Je ne bois pas de vin du tout.   . . . .

Je mange d'autant moins de pain que je suis
au régime.   . . . .

L'horlogerie : un artisanat de pointe

ÉDITORIAL

Une activité longtemps artisanale : l'horlogerie

L'horlogerie est en France une très ancienne industrie. On raconte que Gilbert d'Aurillac, qui devint Pape en 999 sous le nom de Sylvestre II, aurait fabriqué la première horloge à poids il y aura bientôt 1 000 ans. Ce qui est sûr c'est que, depuis que l'horloge existe, la France a toujours fabriqué des pendules, puis des montres. Le berceau de l'horlogerie française a d'abord été Blois, où était installée la Cour du roi. Quand la Cour s'installe à Paris, le centre de l'horlogerie française se déplace avec elle. Au cours des siècles suivants, c'est dans la capitale et dans le Jura que la production horlogère est la plus féconde. La production du Jura est artisanale, fondée sur la tradition ; mais c'est à Paris qu'on vient chercher la consécration dans le domaine de la création artistique. Au XVIIIᵉ siècle l'horlogerie quitte le stade artisanal pour devenir une véritable industrie, implantée essentiellement en Franche-Comté (l'artisanat désignait à l'époque la production de pièces uniques ; il n'avait donc pas le même sens qu'aujourd'hui). Dans le même temps, le coût de revient des pièces est divisé par trois. En 1880, la France occupe la première place pour la production horlogère mondiale.

La crise qui s'abat sur l'horlogerie est récente, puisqu'elle date de 1978, mais elle est grave : en effet, la révolution introduite par le quartz fait chuter vertigineusement les ventes de l'horlogerie mécanique. La seule alternative pour les industries françaises consistait en une reconversion rapide. C'est ce qu'elles firent. En même temps, face à l'importation massive des montres bon marché en provenance du Sud-Est asiatique, il fallait définir le « créneau » français : s'appuyant en cela sur l'image de mode et de qualité qui fait la réputation des produits français, les horlogers ont opté pour la fabrication de montres de qualité, élégantes, à la mode, et d'un prix moyen. En contrepartie, la montre-bijou, véritable objet d'art, fabriqué parfois en un seul exemplaire et d'une très grande valeur, reste une tradition qui a acquis à la joaillerie française sa réputation mondiale.

ÊTRE APPRENTI AUJOURD'HUI

L'apprentissage, mode privilégié de formation des jeunes dans l'artisanat, constitue un type d'enseignement tout à fait particulier : il allie en effet formation théorique et formation pratique. Un maître d'apprentissage, ayant signé avec la Chambre de Métiers un contrat d'apprentissage, engage un jeune apprenti. Il va lui apprendre le métier, non pas en le cantonnant, comme ce fut longtemps le cas autrefois, dans un poste subalterne, mais en lui apportant une connaissance pratique complète. En même temps, l'apprenti est inscrit dans un C.F.A. (Centre de Formation d'Apprentis), géré par la Chambre de Métiers. Il reçoit alors des professeurs une formation théorique (à raison de 8 heures environ par semaine) et un complément de formation en pratique (4 heures par semaine).
L'essentiel de la formation s'effectue donc dans l'entreprise (environ 2 000 heures par an) ; mais la formation en C.F.A. est obligatoire (au moins 860 heures par an).
En contrepartie de sa charge de formateur, le maître d'apprentissage est exonéré des charges sociales pesant sur le salaire de l'apprenti. De son côté l'apprenti est soumis aux dispositions du Code du travail relatives à l'emploi des jeunes : durée du travail, salaire, couverture sociale.

PREMIÈRE ÉTAPE DE LA CRÉATION : LE DESSIN AU CRAYON...

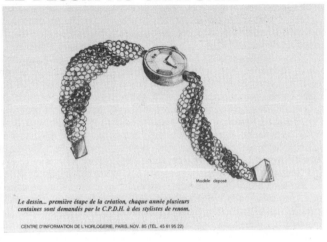

Le dessin... première étape de la création, chaque année plusieurs centaines sont demandés par le C.P.D.H. à des stylistes de renom.

CENTRE D'INFORMATION DE L'HORLOGERIE, PARIS, NOV. 85 (TÉL. 45 61 95 22)

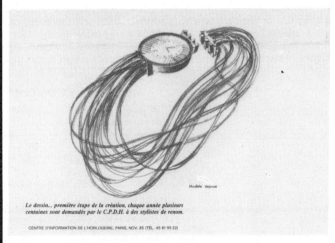

Le dessin... première étape de la création, chaque année plusieurs centaines sont demandés par le C.P.D.H. à des stylistes de renom.

CENTRE D'INFORMATION DE L'HORLOGERIE, PARIS, NOV. 85 (TÉL. 45 61 95 22)

AVEC L'ORDINATEUR...

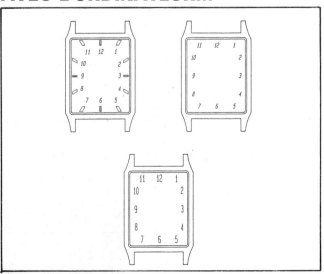

Étude de cadran pour un boîtier de montre-bracelet : un dessin inscrit en mémoire est progressivement transformé.

DOC. CETEMOR

L'artisanat

L'artisanat regroupe près de 855 000 entreprises de petites dimensions, 2,5 millions d'actifs répartis dans 230 métiers différents et implantés sur tout le territoire, à la ville comme à la campagne. C'est un secteur économique important : 5 fois celui de l'aéronautique. Les entreprises artisanales se définissent par leur activité et leur dimension. Sont artisanales les activités de production, de transformation, de réparation ou de prestation de service.

Les entreprises artisanales n'emploient pas plus de 10 salariés. Avec ses nombreuses branches d'activités : alimentation, bâtiment, bois et ameublement, mécanique et électricité, textile cuir et habillement, hygiène et services, métiers d'art, l'artisanat présente un très large éventail de métiers modernes et traditionnels dont l'exercice implique le sens des responsabilités, le goût des initiatives, des tâches diversifiées et des contacts humains.

Par leurs productions ou leurs services, les entreprises artisanales répondent aux besoins quotidiens des ménages (alimentation, transport, réparation et entretien des automobiles, construction et entretien des bâtiments, culture et loisirs). Elles assurent ainsi un service adapté à chacun, que la production de masse ne pourrait satisfaire.

L'artisanat est un partenaire de l'industrie. Il peut pratiquer la sous-traitance, c'est-à-dire fabriquer pour le compte d'une entreprise industrielle des pièces qui demandent une spécialisation ou un soin tout particulier. Il peut distribuer des produits industriels ou intervenir dans la grande entreprise pour installer du matériel et en assurer la maintenance.

C'est aussi un partenaire de l'agriculture. Il peut assurer l'installation et la maintenance de machines agricoles, construire et réparer des bâtiments d'élevage, transformer et diffuser des produits agro-alimentaires.

La variété des activités artisanales, la personnalité de chaque artisan, donne à l'entreprise sa couleur et son style. Être artisan suppose cependant qu'on possède des qualités précises : une qualification professionnelle importante, une capacité d'écoute du client, de formation des apprentis, d'animation de l'équipe avec laquelle on travaille. L'artisan est un homme de contacts. Il est nécessaire en outre qu'il soit un gestionnaire, capable de définir l'orientation de sa production et de prendre des décisions. Il est donc à la fois ouvrier qualifié et chef d'entreprise.

L'artisan travaille fréquemment avec son conjoint. Les employés sont appelés « compagnons » et les jeunes, employés souvent à temps partiel ou pour la durée des stages, apprentis. Il est, à l'inverse des grandes entreprises, installé à proximité de sa clientèle. Pour pallier l'inconvénient de sa petite taille, l'entreprise artisanale ne reste pas isolée : il existe des groupements par profession et par secteur géographique où peuvent être organisés à plus grande échelle achat, promotion des produits, services administratifs communs.

Les artisans sont représentés auprès des Pouvoirs Publics par les **Chambres de Métiers.** Instituées en 1925, elles sont composées d'artisans élus : 24 chefs d'entreprise ou conjoints élus au suffrage universel et représentant les 6 catégories professionnelles, 10 représentants des organisations syndicales, et 6 compagnons élus au suffrage universel. La vocation des Chambres de Métiers est de sauvegarder les intérêts professionnels et économiques des artisans et d'organiser l'apprentissage. Les Chambres de Métiers se concertent entre elles au niveau régional, et disposent de représentants dans différents organismes régionaux. L'Assemblée permanente des Chambres de Métiers représente l'ensemble des Chambres de Métiers auprès des Pouvoirs Publics. Elle effectue la synthèse de leurs positions et est leur porte-parole au plan national.

De nombreux syndicats professionnels artisanaux interviennent d'abord pour défendre et aider leurs adhérents mais aussi sur le plan de la technologie du métier et de la gestion de l'entreprise. Les organisations syndicales, affiliées à une confédération représentative au plan national, participent aux élections aux Chambres de Métiers.

LE POIDS ÉCONOMIQUE DE L'ARTISANAT

En 1983 :
— 850.500 entreprises
— 1.082.000 salariés   soit 2.300.000 personnes actives.
— 149.000 apprentis   420 milliards de francs de chiffre d'affaires
— 243.000 auxiliaires familiaux

RÉPARTITION DES ENTREPRISES ARTISANALES PAR SECTEUR D'ACTIVITÉS

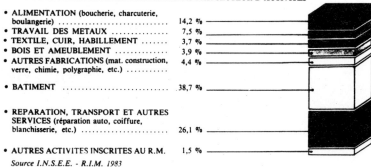

- ALIMENTATION (boucherie, charcuterie, boulangerie) .... 14,2 %
- TRAVAIL DES MÉTAUX .... 7,5 %
- TEXTILE, CUIR, HABILLEMENT ...... 3,7 %
- BOIS ET AMEUBLEMENT .... 3,9 %
- AUTRES FABRICATIONS (mat. construction, verre, chimie, polygraphie, etc.) .... 4,4 %
- BATIMENT .... 38,7 %
- REPARATION, TRANSPORT ET AUTRES SERVICES (réparation auto, coiffure, blanchisserie, etc.) .... 26,1 %
- AUTRES ACTIVITES INSCRITES AU R.M. 1,5 %

Source I.N.S.E.E. - R.I.M. 1983

Le chiffre d'affaires de l'artisanat est le double de celui de l'agriculture et près du tiers de celui de l'industrie. Dans certaines branches professionnelles, l'artisanat a une place prépondérante : dans le bâtiment, l'artisanat réalise 29 % du chiffre d'affaires total du secteur ; l'artisanat de l'alimentation a un chiffre d'affaires qui représente 21 % de celui du secteur agro-alimentaire.

NOMBRE D'ENTREPRISES INSCRITES AU RÉPERTOIRE DES CHAMBRES DE MÉTIERS AU 1er janvier

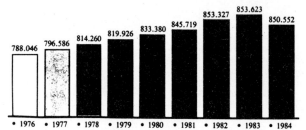

788.046 • 1976
796.586 • 1977
814.260 • 1978
819.926 • 1979
833.380 • 1980
845.719 • 1981
853.327 • 1982
853.623 • 1983
850.552 • 1984

Source : Chambres de Métiers

A chacun son dû.

Les règlements

Les conditions de paiement ont été précisées préalablement à la commande.

Les modalités les plus courantes sont les suivantes :

Mode de règlement : *par chèque ou par lettre de change. (Le règlement par billet à ordre et peu fréquent).*

Délai de paiement : *au comptant* (dans les 48 h de la réception de la facture),
ou à crédit (à 30, 60 ou 90 jours de fin de mois).

Le mode de règlement

Le chèque

- Les *ventes au comptant* sont presque toujours réglées par chèque. *(Revoir le dossier n° 6)*

- Les *ventes à crédit* peuvent également être réglées par chèque. Mais dans ce cas, le client ne doit pas oublier d'envoyer son chèque à l'échéance prévue.
Pour éviter les omissions des clients, les rappels nécessaires, le fournisseur préfère en général matérialiser sa créance sur le client par un effet de commerce, la lettre de change ou, exceptionnellement, le billet à ordre.

La lettre de change

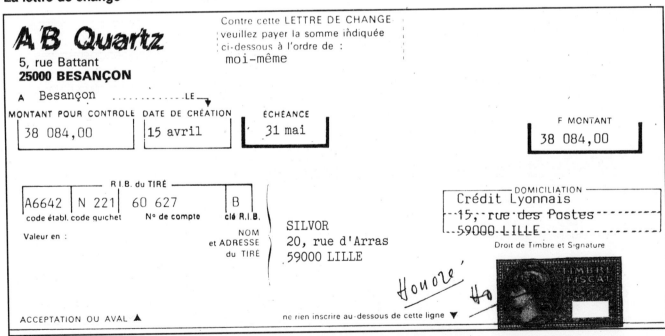

La **lettre de change** (ou traite) est un effet de commerce par lequel le créancier - le **tireur** - *(AB Quartz)* donne l'ordre à son débiteur - le **tiré** - *(Silvor)* de payer à une date fixée - l'**échéance** - *(31 mai)* une somme déterminée à une personne désignée - le bénéficiaire - *(très souvent le tireur lui-même).*

Mentions obligatoires :	Autres mentions :
"Lettre de change"	- Tireur
Nom et adresse du tiré	- domiciliation (banque du tiré)
Bénéficiaire	- acceptation du tiré (signature du tiré)
Echéance	- timbre fiscal acquitté
Montant	
Signature du tireur	

1 *Sur le schéma ci-dessous relatif à la **circulation de la lettre de change** tracez les pointes de flèche pour visualiser le sens de la communication et numérotez les flèches dans l'ordre d'exécution des opérations.*

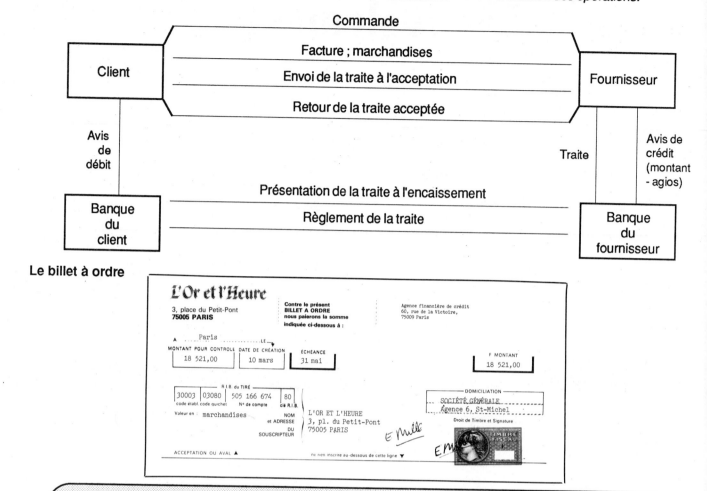

Commande

Client — Facture ; marchandises — **Fournisseur**

Envoi de la traite à l'acceptation

Retour de la traite acceptée

Avis de débit

Traite

Avis de crédit (montant - agios)

Banque du client — Présentation de la traite à l'encaissement — **Banque du fournisseur**

Règlement de la traite

Le billet à ordre

> **Le billet à ordre** est un effet de commerce par lequel le débiteur - le souscripteur - (L'OR et L'HEURE) s'engage à payer à une date fixée - l'échéance (31 mai) une somme déterminée à une personne déterminée, le bénéficiaire (Agence Financière de crédit). Le billet à ordre est très peu utilisé en France..
> Les mentions obligatoires sont les mêmes que celles de la lettre de change ; le billet à ordre est en général domicilié à la banque du souscripteur.
> Par contre un billet à ordre ne comporte pas d'acceptation puisqu'il est rédigé par le débiteur lui-même.

Les règlements ne posant pas de problèmes

La plupart des règlements s'effectuent sans difficultés : les opérations sont nombreuses mais simples : le courrier est répétitif ; en général, on utilise des lettres types.

*Prenez connaissance d'exemples de **lettres types** utilisées pour les règlements (ci-après).*

Quelles sont leurs caractéristiques générales ?

En quoi consistent les mentions variables :

- pour la description du chèque :

- pour la description de la traite :

- pour l'indication de la raison de l'envoi :

Une conclusion ne s'impose que si l'on attend une réponse du correspondant.

Exemple pour l'envoi d'une traite à l'acceptation :

*   pour l'envoi d'un chèque (éventuellement) :*

L'Or et l'Heure

3, place du Petit-Pont
75005 PARIS

*A.B. Quartz
5, rue Battant
25000 BESANÇON*

Objet : V/facture
      n° 428   Paris, le *15 avril 19..*

Messieurs,

Veuillez trouver ci-joint notre chèque
n° *0542898* de *4528,00 F*
sur la Société Générale, en règlement de
votre facture n° 3543.

Nous vous prions d'agréer, Messieurs,
nos salutations distinguées.

Le Chef Comptable,

E. Mille
E. Mille

On peut éviter l'envoi d'une lettre d'accompagnement d'un chèque si le chèque comporte un talon pour la correspondance :

SOCIÉTÉ GÉNÉRALE	
Série EAW	
Date : *15 avril 19..*	
Veuillez trouver ci-joint chèque de F *4528,00* sur la Société Générale en règlement de *votre facture n° 3543*	
Expéditeur : *L'Or et l'heure*	
Adresse : *3, pl du Petit Pont 75005 PARIS*	
Chèque n° 0542899	

© SOCIÉ'
S⁶ EAW
PAYEZ CONTRE CE CHÈQUE

A *A B Quartz*
Payable
G SAINT MICHEL
27 BLD SAINT-MICH.
75005 PARIS

Tél. **(1) 634 21 48**
Compensable : **PARIS**
    0542899   030

N° de chèque   Code gu.

⑈0542899⑈ ⑈306⑈

ATEDIT 1983 SG Caisse 63

AB Quartz

5, rue Battant
25000 BESANÇON

*L'Or et l'Heure
3, place du Petit Pont
75005 PARIS*

Objet : Notre traite
     au *30.6..* . Besançon, le *20 avril 19..*

Messieurs,

Veuillez trouver ci-joint la lettre de change
de *6328 F* au *30 juin 19.*
que nous tirons sur vous en règlement
de *notre facture n° 459* du *18 avril 19..*

Nous vous prions de bien vouloir nous la
retourner revêtue de votre acceptation.

Recevez, Messieurs, nos salutations empressées.

Le Directeur de la Comptabilité,

B. Carrat
B. Carrat

L'Or et l'Heure

3, place du Petit-Pont
75005 PARIS

*A.B. Quartz
5, rue Battant
25000 BESANÇON*

Objet : V/traite
    au *30/6/.* . Paris, le *22 avril 19..*

Messieurs,

Nous vous renvoyons, ci-joint, acceptée,
votre lettre de change de *6328 F*
au *30 juin 19..*

Veuillez agréer, Messieurs, nos salutations
distinguées.

Le Chef Comptable,

E. Mille
E. Mille

A B Quartz

5, rue Battant - 25000 BESANCON   Tél. : 81.60.78.51

Société Anonyme au capital de 850 000 F - RCS Besançon B 521 423 620 - CCP Dijon 492953 K

Les règlements donnant lieu à contestation

1. Le chèque

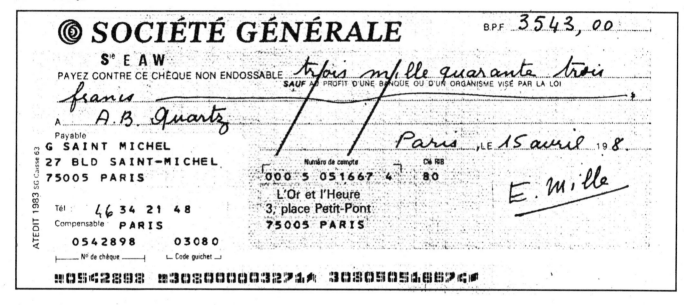

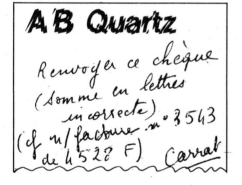

Papillon agrafé
au chèque ci-dessus.

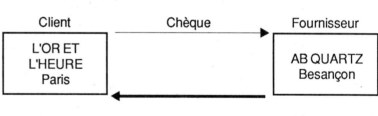

3 | *Complétez le **schéma** ; préparez la **rédaction** de la lettre. (Ensuite, vous la rédigerez et la présenterez)*

Objet :   *P.J. :*

Plan :

4 | ***Écriture des sommes en lettres :***

180

200

3 124

121

> - Vingt et cent prennent l'"s" du pluriel s'ils ne sont pas suivis d'autres chiffres.
>
> - On met un trait d'union entre les chiffres pour les sommes inférieures à 100, sauf s'ils sont reliés par la conjonction "et".

2. La lettre de change

La lettre de change est établie, sur un imprimé, à la machine ou par une imprimante d'ordinateur. Les causes de rédaction incorrecte tiennent surtout à des indications erronées concernant le montant ou la date d'échéance.

5 Complétez le projet de **lettre avec paragraphes à cocher** figurant ci-dessous par l'indication des causes possibles de renvoi.

Pour le tester, remplissez-le d'après la situation suivante :

Le fournisseur AB Quartz, en établissant la facture n° A 098 et la traite correspondante de 38 084 F au 31 mai, n'a pas tenu compte de la facture d'avoir n° 23 du 4 avril d'un montant de 6 000 F.

SILVOR

20, rue d'Arras, 59000 LILLE
Tél. : 20.43.20.21

V/lettre de change
au

Lille, le

Messieurs,
Vous trouverez ci-joint la lettre de change que vous avez tirée sur nous en règlement de

Cette traite n'a pas été acceptée pour la raison suivante :

☐

☐

☐ ...

Nous vous prions de bien vouloir

Veuillez agréer, Messieurs, nos salutations distinguées.
Le Directeur, J. CHARLES.

La lettre de change est émise en règlement d'une facture ou d'un relevé de factures.
Le **RELEVÉ DE FACTURES** est un document récapitulant les factures d'un mois. On établit un relevé pour les clients qui passent habituellement plusieurs commandes chaque mois et qui paient la totalité à la fin du mois (paiement au comptant) ou à la fin d'un des mois suivants (paiement à crédit : à 30, 60 ou 90 jours fin de mois).

Travail complémentaire

1 | Lettre de réclamation

A B Quartz

Contre cette LETTRE DE CHANGE veuillez payer la somme indiquée ci-dessous à l'ordre de : moi-même

A   Besançon   ———LE→

MONTANT POUR CONTROLE	DATE DE CRÉATION	ÉCHÉANCE		F MONTANT
6 328,00	18 avril	31 mai		6 328,00

R.I.B. du TIRÉ

30003	03080	50516674	80
code établ.	code guichet	N° de compte	clé R.I.B.

Valeur en :

NOM et ADRESSE du TIRÉ

L'OR ET L'HEURE
3, Pl. Petit Pont
75005 PARIS

DOMICILIATION
SOCIETE GENERALE
Agence G St Michel

Droit de Timbre et Signature

Cassat   Cassat

ACCEPTATION OU AVAL ▲   ne rien inscrire au-dessous de cette ligne ▼   2 F

L'Or et l'Heure   le 20 avril.

Le fournisseur AB Quartz (lettre du 15 mars) nous a accordé exceptionnellement un crédit de 60f. fin de mois pour le règlement de sa facture.
Facture n° 459 daté du 18 avril.
Retourner la traite

E mille

(Complétez les dates par l'indication de l'année.)

2 | **Réponse du fournisseur** : il s'excuse de son erreur et adresse au client une nouvelle traite pour acceptation.

Comprendre... L'ARTISANAT

1. Le passé.

PAR ÉCRIT

Résumez l'histoire de l'horlogerie française en quelques lignes.

Cherchez des documents sur Voltaire et Beaumarchais. Dans un court texte, d'une demi-page au maximum, *vous présenterez la vie d'un de ces deux personnages. Trouvez des textes qu'ils ont écrits et faites-en une présentation succincte.*

Connaissez-vous une activité qui, dans votre pays, possède une tradition artisanale importante comme l'horlogerie ?

Rassemblez, sur cette activité, quelques documents dont vous présenterez l'essentiel sous forme d'article de journal.

2. L'artisanat aujourd'hui.

Après avoir analysé les graphiques présentés sous le titre : « Le poids économique de l'artisanat », *vous rédigerez sur ce thème un texte organisé* (comportant une introduction, un développement, une conclusion).

Après avoir relu les *Dossiers du Journal,* vous répondrez de mémoire au questionnaire suivant. Puis vous vérifierez vos réponses.

	VRAI	FAUX		VRAI	FAUX
L'artisanat ne représente qu'une faible part du secteur économique.			Les apprentis effectuent leur formation chez un artisan et dans un centre de formation d'apprentis.		
Les entreprises artisanales emploient moins de 10 salariés.			Les Chambres de Métiers sont des musées de l'artisanat.		
Est dite artisanale une entreprise de petite taille qui produit, transforme ou répare.			Les Chambres de Métiers servent à représenter les artisans auprès des Pouvoirs Publics.		
Une entreprise artisanale ne peut se contenter de vendre seulement des produits.			Dans les Chambres de Métiers sont élus, en plus des chefs d'entreprise, quelques compagnons.		
Les entreprises artisanales sont mieux adaptées aux besoins quotidiens des populations.			Les artisans se regroupent aussi dans des syndicats professionnels.		
L'artisanat peut être un partenaire de l'industrie en pratiquant la sous-traitance.			Les organisations syndicales ne sont pas représentées aux Chambres de Métiers.		
N'importe qui peut devenir artisan. Être artisan suppose qu'on possède des qualités précises.			Le bâtiment est le secteur artisanal le plus important.		
L'artisanat peut être un partenaire de l'agriculture.			La part des services est presque aussi importante que celle du bâtiment.		
On appelle « compagnons » les employés de l'artisan.			Le nombre des entreprises artisanales ne cesse d'augmenter depuis 1976.		
Les apprentis sont employés à temps partiel.					

DÉBAT : Est-il intéressant, pour un jeune, actuellement, de créer sa propre entreprise artisanale ?

Après avoir rassemblé des documents, des comptes rendus d'expériences, vous débattrez de cette question en classe.

Comment... COMPARER

Skin Perfecting Crème est une formule ultra-légère, développée par Estée Lauder à partir du Firmex,™ un complexe d'ingrédients révolutionnaire, capable de rendre et de conserver à la peau un un aspect plus jeune. Il suffira de deux semaines d'utilisation quotidienne pour que votre peau soit, de façon mesurable :

- **plus ferme,**
- **plus élastique,**
- **plus lisse et plus douce.**

D'après Samivel.

Le plus tendre des parfums

PARIS

1 *Relevez, dans ces publicités, les termes marquant une comparaison.*

Ordinairement, la comparaison met en rapport deux termes (deux objets, deux images, deux personnes, etc.). Que constatez-vous ici ? Indiquez, lorsque c'est le cas, quel terme de la comparaison est sous-entendu. Lorsque rien n'est sous-entendu, qu'est-ce que cela signifie ?

Remarque de style : le mot hyper, tiré du grec huper, a d'abord été surtout employé en médecine et en sciences pour exprimer « le plus haut degré ». Depuis une dizaine d'années il s'est étendu aux domaines de la publicité et du commerce (après les supermarchés sont venus les hypermarchés). Il est même devenu, dans le langage très familier, une exclamation ; ainsi vous pourrez entendre, outre le désormais classique : « C'est super ! », « C'est hyper ! ».

Comparer suppose de dégager les ressemblances et les différences entre les qualités de différents objets, de différentes personnes ou entre leur quantité.

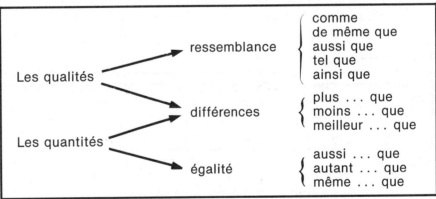

Dans les comparaisons portant sur la quantité, on peut exprimer les proportions à l'aide de :

> d'autant plus ... que
>
> d'autant moins ... que
>
> à mesure que ...
>
> dans la mesure où ...
>
> selon que ...

2 Dans le texte suivant, *remplacez les points de suspension par un terme de comparaison.*

Les boulevards étaient noirs de monde .... nous ne les avions jamais vus et la foule semblait .... plus dense qu'elle était contenue derrière les barrières de sécurité. Le ciel était .... pur que les jours précédents. Une musique de fanfare enflait .... que nous approchions du carrefour. Peu à peu le soleil avait envahi les boulevards et la foule était .... bruyante que la musique était .... forte. D'un seul coup sont apparus les premiers masques du carnaval, ... colorés mais, semblait-il, ... fantasques, ... difformes, ... énormes que l'année passée.

3 *Vous comparerez ces deux photographies* (par écrit), puis :
- vous relèverez les subordonnées de comparaison ;
- vous encadrerez le mot subordonnant qui introduit chacune d'elles, sans oublier, s'il y a lieu, le mot qui l'annonce dans la principale.

Exemple : ces photographies sont | **d'autant plus** | réussies | **que** | les sportifs ont été saisis dans le feu de l'action.

© PH. CHARLIAT/RAPHO

J.-P. VIEIL

Modes.

Le verbe de la proposition comparative se met d'une manière générale à **l'indicatif.** Cependant, on utilise le **conditionnel** lorsqu'il s'agit d'un fait éventuel, d'une hypothèse.

Exemple : Il vous traite comme il traiterait son propre fils (s'il avait un fils).

4 Dans les phrases suivantes, *remplacez les points de suspension par des termes de comparaison, et justifiez l'emploi que vous aurez fait du mode.*
- Il accomplira cette tâche ... vous le (faire) vous-même.
- Il va devenir ... grand et peut-être même (dépasser) son père.
- Nos promenades furent ... agréables ... nous les (faire) alors que l'automne était encore chaud.
- Il était ... agréable ... il (préférer) être ailleurs.
- Il était ... maladroit au ski ... (avoir) horreur de la neige.
- Notre ami n'était pas ... gravement malade ... les déclarations du médecin le (laisser) supposer.
- Elle a agi exactement ... vous le (faire) à sa place.
- Nous n'avons pas pu aller ... loin ... nous le (espérer).

La comparaison sans « que » :

> Il peut arriver que les deux propositions, principales et subordonnées, soient introduites par le même mot comparatif :
>
> autant ... autant ..., tant ... tant ..., tel ... tel ..., plus ... plus ..., moins ... moins ...,
> ou bien par des mots comparatifs de sens approchant : comme ... ainsi ...

Exemples : Tel il était, tel il reste.

Plus l'examen approche, plus j'ai peur.

Autant celui-ci est vif, autant celui-là est paresseux.

De même, l'augmentation ou la diminution proportionnelles s'expriment par plus ... (et) moins ..., moins ... (et) plus ...

Plus il grandit et moins il est nerveux.

Moins il travaille et plus il réussit.

5 *Inventez des phrases comparatives sans « que » à partir des canevas proposés ci-dessous.*

Exemples : Travailler / se fatiguer → Plus il travaille, moins il se fatigue.

Pratiquer un sport / être maître de soi.

Apprendre / savoir.

Posséder une grosse cylindrée / faire des excès de vitesse.

Imaginer / apparaître en réalité.

Affirmer / croire.

Être gai / être triste.

Le tour de France des festivals

ÉDITORIAL

Une maladie qui gagne du terrain : la festivalite

Toute l'année — mais surtout l'été — les festivals se multiplient dans les régions : l'hiver, les Alpes accueillent, à Avoriaz, le festival du film fantastique ; Angoulême, dans le Sud-Ouest, celui de la bande dessinée ; au printemps a lieu le festival du cinéma, à Cannes ; en été quelque trois cents festivals, dans toute la France, attirent les plus grands artistes et des centaines, ou des milliers, de spectateurs : festival du théâtre à Avignon, de la danse à Montpellier, de l'art lyrique à Orange...

Entre tous, le festival de Cannes, qui voit chaque année déambuler sur son célèbre boulevard bordant la mer, la Croisette, des stars mondialement connues, apparaît comme le plus prestigieux, le plus « médiatique » : le « festival des festivals », en somme. S'y rassemblent les producteurs, les réalisateurs, les techniciens, les auteurs de films à grand spectacle et ceux de courts-métrages, les actrices et les acteurs les plus célèbres et celles qu'on appelle les « starlettes », jeunes femmes en quête du coup de chance, de « l'occasion de leur vie », d'un producteur qui brusquement va les remarquer dans la foule pour les projeter à l'avant-scène.

A Cannes donc, comme dans nombre de festivals, se mêlent le rêve et l'économie, dans une sorte de parenthèse féerique qui ne perd jamais de vue les lois du marché et le pouvoir de l'argent en la personne des producteurs. Cannes n'est donc pas seulement le lieu où l'on fête le cinéma : c'est celui d'un équilibre fragile entre l'art et sa commercialisation.

Pierre Viot, président du Festival en 1986, et Gilles Jacob, son délégué général, priant les dieux pour la bonne marche des événements (photo Philippe Frécon).

Mais qu'est-ce qu'ils font tous à Cannes ?

Avant le festival, une vingtaine de films qui en principe n'ont pas encore été montrés aux spectateurs sont retenus par le jury du festival. Ces films composent la sélection officielle. Au cours du festival, les films sont visionnés par le jury et les critiques, les journalistes, les acteurs, les réalisateurs, etc., qui composent le public cannois. A l'issue de ces représentations, le jury délibère puis remet solennellement des récompenses : la palme d'or (la plus haute distinction), le grand prix spécial du jury, la caméra d'or (à une première œuvre), la palme d'or du court métrage, etc. Les meilleurs acteurs sont récompensés par le prix d'interprétation masculine et féminine, le meilleur metteur en scène par le prix de la mise en scène, les meilleurs techniciens reçoivent le prix de la commission technique...

Le jury n'est pas composé uniquement de producteurs et d'artistes du cinéma (comédiens, réalisateurs, décorateurs, etc.). Y participent aussi des chanteurs, des personnalités marquantes de l'art, des écrivains. Les distinctions accordées par le jury contribuent largement à la popularité de tel ou tel, ou au succès commercial d'un film : c'est même un des enjeux essentiels du festival.

Le mirage cannois

Cannes, heureusement, ne se résume pas à cette cérémonie tristounette et bon enfant de la remise des prix. C'est aussi autre chose, à la fois euphorique (1) et un peu angoissant, sinon morbide. Question de rythme. Chaque journée crée son événement, vite effacé le lendemain, parfois dans l'heure qui suit, par le suivant. La « fatigue » relative des festivaliers est moins due au travail qu'à ces brusques baisses de tension qui suivent de subites montées d'adrénaline (2), provoquées par des événements extérieurs à nous, sur lesquels nous ne pouvons (presque) rien. Tout juste émettre un regard, faire peser le poids minime d'un avis critique, d'une subjectivité éphémère, pour contrebalancer la force du grand « show » cannois (« Cannes must go on »). Cette fatigue vient également de la frustration largement partagée d'assister à une des manifestations parmi les plus prestigieuses au monde, d'où est exclue toute communication. Les images défilent, mais il est impossible d'en arrêter le cours, d'y regarder à deux fois, plus lentement, plus sûrement, ensemble (c'est-à-dire à plus qu'un). Les conférences de presse quotidiennes, ritualisées (3) en diable, sont à cet égard la sinistre caricature de cette non-communication qui règne douze jours durant (on plaint les cinéastes d'être contraints de répondre aux questions qui leur sont infligées). Le Festival, pourtant relayé nuit et jour avec le reste du monde par télévisions, radios et presse interposées, fonctionne en circuit fermé. Le fameux « bunker » (4) ressemble architecturalement à un énorme poste de télévision à

Rue de Cannes.

écrans multiples où viennent s'imprimer et s'effacer presque instantanément toutes les fictions possibles de notre temps. Tout ce qui a demandé du labeur, de l'argent, parfois de l'imagination, en tout cas de l'énergie et pas mal d'angoisse, se joue sur un coup de dés : ça passe ou ça casse.

Telle est la règle, de plus en plus soumise à un double verdict : celui du public cannois, exigeant et fébrile, pressé, et celui des premiers spectateurs « réels », reliés en duplex (5) dans les salles parisiennes ou provinciales, à qui sont offerts presque simultanément en pâture la plupart des films. Si les effets médiatiques tournent parfois au paroxysme à Cannes, il suffit de lire le terrifiant « Ciné-chiffres » (6) pour comprendre que le public ne s'en laisse pas toujours compter. L'effet Cannes est un mirage, un trompe-l'œil. L'auto-célébration du

cinéma, des films et des stars ne trouve pas toujours son répondant public.

Les Cahiers du Cinéma, juin 86.

1. Qui crée une gaieté artificielle.
2. Hormone responsable de l'accélération du rythme cardiaque.
3. Obéissant à un rituel, des habitudes et des convenances déterminées une fois pour toutes.
4. Bâtiment où sont visionnés les films.
5. Transmission simultanée dans les deux sens.
6. Cote chiffrée des films établie par le public.

A Cannes, journalistes et photographes assaillent les vedettes (ici Christophe Lambert).

LE SHOW ET LE FROID
par Serge Toubiana (1).

Les lendemains de Cannes laissent toujours une impression étrange ; on a bien le sentiment que quelque chose s'est joué, sans très clairement situer l'enjeu, ou les enjeux. Ce dont on est au fond certain, c'est que ceux-ci ne se réduisent pas au traditionnel Palmarès qui, d'année en année, ne lasse pas de ne plus nous surprendre, tellement sa surdétermination géo-économique (2), diplomatique, est évidente. Ce sera sans doute le seul mérite du jury 86, présidé par l'honorable Sydney Pollack, que d'avoir contribué, par son choix anodin (3), à dédramatiser l'enjeu-Palme d'or, et à nous aider à y voir plus clair dans le cinéma d'aujourd'hui. En couronnant Mission *de Roland Joffé, rarement palmarès aura été si défensif, précautionneux, en retrait par rapport à une évolution quasi irréversible du cinéma d'« auteur », ou du « cinéma spectacle ».* Mission *n'est évidemment pas un événement de cinéma, c'est un film moyen qui permet à un cinéaste débu-*

tant (son deuxième film après Killing Fields*), hyper professionnel, de parfaire son métier sous l'œil attentif et vigilant de son producteur, David Puttnam.* Mission *est également un film européen — britannique — qui singe l'Amérique, en « oubliant » la folie ou ce qu'il peut y avoir de démesuré dans certaines grosses machines cinématographiques d'outre-Atlantique. Entre* Apocalypse Now *(Palme d'or en 1979, partagée avec* Le Tambour) et Mission, *on mesure le taux de dévaluation du cinéma-spectacle, sa normalisation (4) esthétique, idéologique et économique. Dur, dur.*

Les Cahiers du Cinéma, juin 86.

1. Directeur de la rédaction et rédacteur en chef d'une des plus importantes revues de cinéma « Les Cahiers du Cinéma ».
2. Selon Toubiana, la qualité du film est moins déterminante que la nationalité du réalisateur et du producteur et que les lois économiques du marché.
3. Sans importance.
4. Soumission à la norme, c'est-à-dire la règle médiocre de ce qui plaît à tout le monde.

Le tour de France des festivals d'été

Profiter d'un séjour en France pour participer à un festival témoigne d'une autre conception du tourisme. Outre le contact avec des mouvements et des villes anciennes (car les festivals ont lieu le plus souvent dans un site remarquable), vous y trouverez un « état présent » d'un aspect de la culture française. Qu'il s'agisse de théâtre, de musique, de jazz, de danse, les spectacles sont en général d'une grande qualité. Le festival est pour les artistes un « tremplin » pour l'année à venir.

D'autre part, les festivals sont des lieux de rencontre : rassemblés par une passion commune, les « estivants » communiquent plus librement.

Quelle que soit, donc, votre passion, vous trouverez un festival où vous pourrez la satisfaire, tant est grande la variété des manifestations proposées. En voici une très brève sélection, Vous pouvez, pour obtenir de plus amples renseignements, écrire ou téléphoner aux deux organismes suivants :

- **Secrétariat d'État chargé du tourisme auprès du Ministère du Temps libre,** 17, rue de l'Ingénieur Robert Keller, 75740 Paris Cedex 15. Tél. : 45.75.62.16. Métro Charles-Michel.
- **Office du Tourisme de Paris,** 127, avenue des Champs-Élysées, 75008 Paris. Tél. : 47.23.61.72. Métro Charles-de-Gaulle - Étoile.

La liste complète des festivals de l'année est disponible en général dans le courant du mois d'avril. Pour obtenir des précisions concernant les manifestations sélectionnées ci-dessous, vous pouvez vous adresser aux organismes dont les références vous sont données.

N.B. D'une année à l'autre, les dates des festivals peuvent subir un décalage de quelques jours, rarement plus. Renseignez-vous avant de partir !

AUVERGNE

1er FESTIVAL DE THÉÂTRE DE RUE, à Aurillac, les 28, 29 et 30 août.
Théâtre de rue par des troupes de Belgique, d'Italie, d'Espagne et de France.
• ADACA, 2, rue de la Coste, 15000 Aurillac. Tél. : 71.48.30.14.

VIe FESTIVAL DE LA MARIONNETTE, au Mayet-de-Montagne, du 9 au 17 août.
Spectacles présentés par des troupes différentes. Stages, expositions. Douze heures de spectacle non-stop avec marionnettes, bateleurs, etc.
• Maison de la montagne bourbonnaise, 03250 Le Mayet-de-Montagne. Tél. : 70.59.75.24.

CENTRE

FESTIVAL NATIONAL DU LIVRE VIVANT. CENTENAIRE D'ALAIN-FOURNIER, à Ainay-le-Vieil, du 23 juillet au 9 août.
Au château d'Ainay-le-Vieil, spectacle vivant créé autour d'un livre.
• SI, place de la République, 18200 Ainay-le-Vieil. Tél. : 48.96.16.86.

RENCONTRES INTERNATIONALES DE LUTHIERS ET MAITRES SONNEURS, à Saint-Chartier, du 11 au 14 juillet.
Des groupes d'une dizaine de pays d'Europe. Des expositions, une manifestation originale et parfois insolite.
• Michèle Fromenteau, 5, place du Marché, 36400 La Châtre. Tél. : 54.48.23.54.

BOURGOGNE

RENCONTRES INTERNATIONALES DE MUSIQUES BAROQUES ET CLASSIQUES DE BEAUNE, à Beaune, du 27 juin au 14 juillet.
Concerts dans la cour des Hospices de Beaune.
• Office du tourisme, 21000 Beaune. Tél. : 80.22.24.51.

ESTIVADE à Dijon, du 27 juin au 15 août.
Animations de rue, ballets, théâtre et concerts. Du 9 au 15 août, un étonnant festival de carillons.
• Direction des Affaires culturelles, mairie, 21000 Dijon. Tél. : 80.67.51.51.

LANGUEDOC-ROUSSILLON

FESTIVAL DE LA CITÉ 86, à Carcassonne, du 6 au 29 juillet.
Danse et théâtre dans la cité médiévale.
• Théâtre municipal, BP 236, 11000 Carcassonne. Tél. : 68.25.33.13.

INTERNATIONAL JAZZ FESTIVAL, à Nîmes, du 15 au 20 juillet.
• Jazz Club, 45, rue Flamande, 30000 Nîmes. Tél. : 66.21.34.02.

VIe FESTIVAL INTERNATIONAL MONTPELLIER. DANSE à Montpellier, du 23 juin au 8 juillet.
• Bureau du festival, 2, rue Girard, 34000 Montpellier. Tél. : 67.66.35.00.

FESTIVAL INTERNATIONAL DE RADIO-FRANCE ET DE MONTPELLIER, du 27 juillet au 4 août.
Œuvres lyriques, jazz et variétés.
• Hôtel de Castelnau, centre Sully, BP 9156, 34042 Montpellier cedex. Tél. : 67.53.84.84 ou à Radio-France 55.24.14.60.

BRETAGNE

FESTIVAL INTERCELTIQUE DE LORIENT, à Lorient, du 8 au 17 août.
Cinquante groupes folkloriques venus de Bretagne, Cornouailles, Ecosse, Galice, Irlande, Pays de Galles, île de Man participent à ce festival. Soit 1 000 artistes et 3 500 sonneurs. Spectacles de danse et concerts un peu partout dans la ville. Expositions, conférences, université populaire bretonne d'été. Interdit de parler français.
• Festival interceltique, mairie de Lorient, 56100 Lorient. Tél. : 97.21.24.29.

POITOU-CHARENTES

FRANCOFOLIES 86. FESTIVAL DE CHANSON FRANCOPHONE, à La Rochelle, du 9 au 13 juillet.
• Maison de la culture, 4, rue Saint-Jean-du-Pérot, 17000 La Rochelle. Tél. : 46.41.37.79.

PROVENCE-CÔTE D'AZUR

FESTIVAL INTERNATIONAL D'ART LYRIQUE ET DE MUSIQUE, Aix-en-Provence, du 4 au 31 juillet.
• Palais de l'Ancien Archevêché, 13100 Aix-en-provence. Tél. : 42.23.37.81 (locations : 42.23.11.20).

XVIIe RENCONTRES INTERNATIONALES DE LA PHOTOGRAPHIE, à Arles, du 5 au 11 juillet.
Expositions et chaque soir projection sur écran au théâtre antique.
• Office du tourisme, 13000 Arles. Tél. : 90.96.76.06.

FESTIVAL DE JAZZ ROCK ET MUSIQUES MÉTISSÉES DE SALON-DE-PROVENCE, à Salon-de-Provence, du 15 juillet au 21 juillet.
• Bureau du festival, Office du tourisme, 13300 Salon-de-Provence. Tél. : 90.43.92.30.

FESTIVAL D'AVIGNON, à Avignon, du 11 au 31 juillet.
Le lieu sacré du théâtre.
• Bureau du festival, 8 bis, rue de Mons, 84000 Avignon. Tél. : 90.82.67.08. A Paris : 42.06.38.10.

CHOREGIES, à Orange, du 12 juillet au 29 juillet.
Concerts au Théâtre antique et récitals de chants cour Saint-Louis.
• Place des Frères-Mounet, 84105 Orange. Tél. : 90.34.24.24.

ACTIVITÉS

Dans un texte d'une quinzaine de lignes *vous résumerez les idées principales de l'article de Serge Toubiana* : « Le show et le froid ».

Quelle est l'idée générale qui guide cet article ? *Vous la formulerez en une phrase, puis vous donnerez à son sujet votre opinion.*

EXPOSÉ

Vous rassemblerez des documents sur un festival auquel vous avez assisté ou auquel vous aimeriez assister. *Vous présenterez, sous forme d'exposé, cette manifestation.*

La demande
d'un délai de règlement

La demande du débiteur

Artisanat d'Art

S.A.R.L. au capital de 120 000 F   R.C.S. Bordeaux B 421 628 641

100, rue Sainte-Catherine
33000 BORDEAUX
Tél. : 56.43.58.20

Les Filandiers Basques

20 place des Basques

64100 BAYONNE

Objet :   V/facture n° 148   Bordeaux, le 3 mai 19..

Messieurs,

Votre facture n° 148 du 29 avril, d'un montant de 4038 F, payable par chèque à réception, vient de me parvenir.

Je regrette de ne pouvoir en effectuer le règlement immédiatement en raison de difficultés de trésorerie.

En effet, des travaux de voirie puis le ravalement de l'immeuble ont rendu difficile l'accès de mon magasin pendant près d'un mois, ce qui s'est traduit par un net ralentissement de mes ventes.

En conséquence, je vous prie de bien vouloir m'accorder un délai de paiement d'un mois.

Par avance, je vous remercie de votre compréhension.

Veuillez agréer, Messieurs, mes salutations distinguées.

A. Dargaut

Armelle DARGAUT

La cliente sollicite un service : son objectif est d'obtenir un délai de paiement.

La lettre doit donc être rédigée de façon à inciter le fournisseur à répondre favorablement.

1 | *Analyse de la demande.*

- *Quand la cliente doit-elle formuler sa demande ?*

- *Souligner en rouge, dans la lettre, les expressions marquant la courtoisie du demandeur.*

- *Repérer en bleu les parties de la lettre destinées à justifier la requête, à montrer sa bonne foi.*

   Quels autres arguments auraient pu être invoqués :

   - *dans le cas considéré (petite entreprise) ?*

   - *dans une grande entreprise ?*

   - *Donner une expression synonyme de "solliciter un service" :*

   - *Dégager le plan de la lettre.*

La réponse du créancier

Le créancier ne peut avoir que trois attitudes :

   - accorder le délai demandé ▷

   - refuser ▷

   - accepter partiellement ▷

2 | *A côté de chacune des réponses possibles, porter la référence des critères qui permettront au créancier de prendre la **décision**.*

Client   (*a*)   Sérieux, régulier.   Fournisseur   (*d*)   Problèmes de trésorerie.

        (*b*)   Peu important ou peu connu.   (*e*)   Pas de problèmes de trésorerie.

        (*c*)   Ayant plusieurs fois demandé
              des délais de paiement.

De même, indiquer l'argument à invoquer pour expliquer la décision :

        (*f*)   Désir d'être agréable au client.

        (*g*)   Ancienneté ou importance des relations.

        (*h*)   Nos propres difficultés financières.

Serait-il judicieux, pour la réponse, d'utiliser une lettre circulaire avec des paragraphes à cocher concernant la décision prise et sa justification ?   *Pourquoi ?*

LES FILANDIERS BASQUES

Société Anonyme au capital de 1 200 000 F
R.C.S. Pau 854 521 046
C.C.P. Bordeaux 452 145

20, place des Basques
64100 BAYONNE
Tél. : 59.48.24.30

LES FILANDIERS BASQUES

Mme Dargaut.
Cliente récente (6 mois)
mais T. bonne impression
A ménager
Accord exceptionnel

AE

Client	Facture n°... du.....	Fournisseur
Artisanat d'Art (Mme Dargaut)		

▶ Note agrafée par M. A. Etcheverry, Chef des ventes, à la lettre de Mme Dargaut.

3 | **Analyse de la situation.**

Complétez le schéma des relations.
Pourquoi le responsable a-t-il souligné "Accord exceptionnel" ?

Puisque le règlement sera effectué avec un mois de retard, que pourrait exiger le fournisseur ?

Dans ce cas, que fera-t-on ?
Pourquoi ?

4 | **Plan** *(à compléter).*

> - Accusé de réception de la demande (date ; objet)
> -
> -

Rédaction.

Quelques points de repère :

Votre lettre...
Exceptionnellement, et pour vous être agréables...
En conséquence, vous voudrez bien...

Dans le courrier privé, il est d'usage que, lorsqu'un homme écrit à une femme, il lui exprime son respect.

Exemples : - *Je vous prie d'agréer, Madame, l'expression de mes sentiments respectueux.*
- *Veuillez agréer, Madame, mes respectueux hommages.*

De même, une femme qui écrit à un homme ne doit pas exprimer de sentiments.

Dans le courrier d'affaires, ces nuances ne se justifient pas.

Travail complémentaire

1 **Réponse à une demande de prorogation d'échéance.**

M. Marty, directeur financier aux "Filandiers Basques" vous remet la lettre ci-contre qu'il vient d'annoter pour que vous fassiez le nécessaire.

Rédigez la réponse au client Lisio après avoir pris connaissance de l'encadré ci-dessous relatif à la prorogation d'échéance d'une lettre de change.

LA PROROGATION D'ECHEANCE D'UNE LETTRE DE CHANGE

Lorsque le débiteur craint de ne pouvoir assurer le paiement de la traite, il doit demander une prorogation d'échéance, c'est-à-dire le report de l'échéance à une date ultérieure.

Quelle va être la réaction du fournisseur ?
En général, il acceptera la demande du client. En effet, celui-ci se trouve dans l'impossibilité de payer ; une attitude intransigeante du fournisseur risquerait d'entraîner la perte du client.

Quelles seront les modalités de l'opération ?
- Si le fournisseur a encore "en main" la lettre de change, il lui suffit de l'annuler et d'en créer une nouvelle, à l'échéance fixée, puis de l'envoyer au client pour acceptation.

- l'opération est plus compliquée si le fournisseur a négocié la traite auprès de sa banque. (Ayant besoin de fonds avant l'échéance, il a présenté la traite à l'**escompte** : le banquier est devenu le créancier ; il a versé au tireur le montant de la traite diminué du montant des agios - escompte et frais -).

Dans ce cas, il est impossible d'annuler la traite.

Le fournisseur fait alors l'avance des fonds au client : il lui envoie un chèque du montant de la traite pour qu'il puisse la payer à l'échéance et une nouvelle traite, à l'échéance fixée, pour acceptation. Le montant de la nouvelle traite peut être majoré d'intérêts de retard et de frais administratifs.

---

2 **Rédigez les paragraphes à modifier** *dans le cas où l'annotation aurait été :*

> Accord exceptionnel - Mais traite négociée.
> Frais : intérêts de retard à 10 %
> + 38 F de frais administ.

LISIO

Tissus d'Art
130, rue de Rivoli
75005 PARIS

Tél. : 42.60.50.45

Les Filandiers Basques
20 place des Basques
64100 BAYONNE

Objet : V/lettre de change
du 18 mars.

Paris, le 15 avril 19..

Messieurs,

Lorsque nous avons accepté votre lettre de change du 18 mars, d'un montant de

16 820,00 F nous pensions, compte tenu de nos prévisions de trésorerie, être
en mesure d'en effectuer le règlement sans problème le 30 avril.

Or, en raison de la défaillance de deux clients importants, il ne nous sera
pas possible - et nous le regrettons vivement - de faire face à notre échéance
de fin de mois.

En conséquence, nous vous demandons de bien vouloir accepter
exceptionnellement de reporter l'échéance de cette traite à la fin mai.

Nous comptons sur votre compréhension et vous en remercions.

Veuillez agréer, Messieurs, l'expression de nos sentiments distingués.

Accord exceptionnel
sans frais
(traite non négociée)
Marty

Le Chef comptable

Romero

A. Romero

Société à Responsabilité Limitée au capital de 200 000 F - RCS B 384 500 168 Paris - CCP Paris 8 784 22 2

LES FILANDIERS BASQUES

Société anonyume au capital de 1 200 000 F
R.C.S. Pau 854 521 046
C.C.P. Bordeaux 452 145

20, place des Basques
64100 BAYONNE
Tél. : 59.48.24.30

Faisons le point sur ... EN et Y

Distinguez *en* **préposition de** *en* **pronom.**
Préposition : ... en raison de difficultés de trésorerie (p. 235).

... en conséquence, je vous prie de bien vouloir m'accorder un délai de paiement (p. 235).
Pronom : (la facture), vous auriez dû en effectuer le règlement.

En **préposition** se construit généralement sans article défini :

Contestation *en* justice

Il part *en* vacances.

En le, employé autrefois, a été remplacé par *au.*

J'ai envoyé ces fleurs en mon nom et *au* vôtre.

En **et y pronoms adverbiaux :**
- Ils représentent, comme les autres pronoms, des êtres ou des choses :
Ces choses-là, je n'y pense jamais. Des fraises, j'en ai mangé tout l'été. Ce monsieur, j'en ai beaucoup entendu parler. Notre cousine, j'y ai pensé l'autre jour...
- Mais, à la différence des autres pronoms, ils sont généralement considérés comme « neutres ». **C'est pourquoi le participe passé précédé de en est laissé généralement invariable.**

De ces fraises, vous en avez mangé ?

Transformez les phrases suivantes en utilisant *en* et *y.* Attention à l'accord du participe.
- Je n'avais jamais vu autant de fruits dans le jardin. Jamais je n'avais mangé autant de fruits.
- Je suis revenue dans le village où je suis née. J'ai passé la journée là-bas.
- J'ai aperçu Monsieur Dupont au musée. La presse a beaucoup parlé de lui ces derniers temps.
- J'ai revu l'exposition de cet artiste dont je vous ai parlé à plusieurs reprises.
- Je connais des gens qui ont peur de tout, des accidents de la route, etc. Moi je ne pense jamais à ces choses-là.
- J'ai revu Julie hier : c'est curieux, la veille nous avions parlé d'elle ensemble, tu te souviens ?

*C*omment... RACONTER

L'ordre des faits

1 Relisez les deux lettres p. 235 et 239.
— Dans quel ordre sont présentés les idées et les faits ?
— Les faits sont-ils présentés dans l'ordre réel où ils ont eu lieu ?
— Quels sont les temps utilisés dans la lettre p. 235 ?
Pourquoi l'auteur de la lettre utilise-t-il l'expression « vient de me parvenir » au lieu de « m'est parvenue » ?

2 *Vous raconterez, dans l'ordre que vous utiliseriez pour demander un délai à un client, les faits suivants,* proposés à l'infinitif et sous forme « télégraphique ».
Recevoir une commande.
Subir un incendie : destruction d'une partie des bâtiments et des stocks.
Penser pouvoir assurer la livraison : mais partie non détruite des stocks détériorée par des fumées.
Constater les dégâts aujourd'hui même.
Demander un délai.

3 En utilisant la même liste d'événements, *vous rédigerez la lettre du fournisseur à sa femme ou à son frère, dans laquelle il lui apprend la nouvelle du sinistre.*

4 *Comparez ces deux lettres :* l'ordre dans lequel sont racontés les événements est-il le même ? Comment qualifieriez-vous l'ordre utilisé dans la lettre commerciale ? Et dans la lettre personnelle ?

Les temps : expression du passé, du délai.

5 *Relevez les verbes de la lettre p. 239,* selon l'ordre de leur utilisation dans le texte. Quels sont les temps utilisés ?
Placez, sur l'axe suivant, les faits selon l'ordre dans lequel ils ont eu lieu réellement.

Paris, le 15 avril.

6 Dans l'exercice suivant, *remplacez les verbes à l'infinitif, présentés entre parenthèses, par des verbes conjugués.*
• Lorsque nous (recevoir) cette facture, nous (penser) que nous (pouvoir) l'honorer.
• Lorsque Jean (se présenter) à ce concours, il (être) sûr d'(être) capable de réussir.
• Quand elle (partir) pour le Tibet, elle n'(imaginer) pas que des paysages aussi grandioses (pouvoir exister).
• Au moment où il (monter) dans sa voiture, il ne (pouvoir imaginer) qu'il ne lui (rester) plus que quelques minutes à vivre.
• Quand Georges (décider) de fonder son entreprise, il n'(imaginer) pas les obstacles à (franchir).
• Lorsque nous (accepter) votre invitation, nous (penser) (pouvoir) nous (libérer) ce soir-là.
• Dès l'instant où je le (voir), je (savoir) que nous nous (rencontrer).

241

7 En conclusion, *remplacez, dans le schéma ci-dessous, les pointillés par les temps que vous avez utilisés dans l'exercice* **6** *(il peut y avoir plusieurs solutions).*

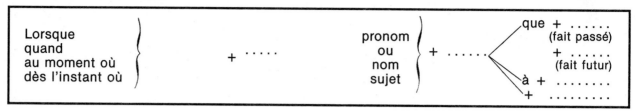

Un peu de style.

8 Dans quel contexte pourrait-on trouver les phrases suivantes : lettre personnelle ? lettre commerciale ? roman classique ? conversation entre amis ? réunion mondaine ?

- Dans le premier instant où je l'aperçus, je compris qu'à cet homme était réservé le plus grand avenir.
- Quand il a quitté sa famille il ne s'est pas rendu compte qu'il allait devoir se débrouiller tout seul.
- Lorsque nous avons accepté ces conditions de vente, le crédit nous était beaucoup plus favorable.
- Qui aurait cru, lorsque nous avons décidé d'assister à cette soirée, que nous rencontrerions là nos meilleurs amis ?
- Quand je l'ai vu sur le quai de la gare je n'ai pas imaginé tout d'abord qu'il était venu m'attendre.
- Au moment où nous avons conclu le marché, nous pouvions espérer que la conjoncture économique s'améliorerait.

Pour aller plus loin : comment écrire un récit vivant.

Flaubert, écrivain français de la fin du XIXe siècle, a donné à la littérature de nombreux chefs-d'œuvre, parmi lesquels *L'éducation sentimentale.* Dans cette page, une des plus admirables, le jeune héros, Frédéric, rencontre Madame Arnoux, à laquelle il va vouer toute sa vie un impossible amour.

> Le pont était sali par des écales[1] de noix, des bouts de cigares, des pelures de poires, des détritus de charcuterie apportée dans du papier ; trois ébénistes, en blouse, stationnaient devant la cantine[2], un joueur de harpe en haillons se reposait, accoudé sur son instrument ; on entendait par intervalles le bruit du charbon de terre[3] dans le fourneau, un éclat de voix, un rire ; et le capitaine, sur la passerelle, marchait d'un tambour[4] à l'autre, sans s'arrêter. Frédéric, pour rejoindre sa place, poussa la grille[5] des Premières, dérangea deux chasseurs avec leurs chiens.
>
> Ce fut comme une apparition :
>
> Elle était assise au milieu du banc, toute seule ; ou du moins il ne distingua personne, dans l'éblouissement que lui envoyèrent ses yeux. En même temps qu'il passait, elle leva la tête ; il fléchit involontairement les épaules ; et, quand il se fut mis plus loin, du même côté, il la regarda.
>
> Elle avait un large chapeau de paille, avec des rubans roses, qui palpitaient au vent, derrière elle. Ses bandeaux noirs, contournant la pointe de ses grands sourcils, descendaient très bas et semblaient presser amoureusement l'ovale de sa figure. Sa robe de mousseline claire, tachetée de petits pois, se répandait à plis nombreux. Elle était en train de broder quelque chose ; et son nez droit, son menton, toute sa personne se découpait sur le fond de l'air bleu.
>
> Comme elle gardait la même attitude, il fit plusieurs tours de droite et de gauche pour dissimuler sa manœuvre ; puis il se planta tout près de son ombrelle, posée contre le banc, et il affectait d'observer une chaloupe sur la rivière.
>
> Jamais il n'avait vu cette splendeur de sa peau brune, la séduction de sa taille, ni cette finesse des doigts que la lumière traversait. Il considérait son panier à ouvrage avec ébahissement, comme une chose extraordinaire. Quels étaient son nom, sa demeure, sa vie, son passé ? Il souhaitait connaître les meubles de sa chambre, toutes les robes qu'elle avait portées, les gens qu'elle fréquentait ; et le désir de la possession physique même disparaissait sous une envie plus profonde, dans une curiosité douloureuse qui n'avait pas de limites.
>
> *Flaubert, L'éducation sentimentale.*

---

1. Enveloppe extérieure qui renferme la coque des noix.
2. Pièce où l'on sert à manger sur le bateau.
3. Houille.
4. Caisse cylindrique en menuiserie protégeant les roues à aubes.
5. Dispositif destiné à protéger l'escalier.

9 Comment sont situés les personnages et les circonstances de l'action ? Par quels moyens Flaubert rend-il cette situation limpide ? Quels temps sont utilisés ? Justifiez cette utilisation ?

Comment, en même temps, réussit-il à créer une atmosphère (quels détails, quelles remarques précises sont apportés ?).

Comment est préparée la rencontre ? Comment est-elle décrite ? Qu'est-ce qui vous frappe à ce moment du texte ?

Comment sont liés entre eux les différents faits, menus événements, les différents moments de cette rencontre ? Relevez les mots précis grâce auxquels s'effectue le passage de l'un à l'autre.

Relevez les mots qui vous paraissent importants, qui vous étonnent, dans lesquels il vous semble que l'auteur a mis une intention particulière. Quelles sont les caractéristiques de ces mots ? Expliquez pourquoi vous les avez choisis.

10 *Regardez* (à la télévision ou en réalité) *un match* (football, tennis), une course à pied, de chevaux, etc. Pendant le déroulement de la rencontre, prenez des notes sur les images qui vous paraissent fortes, qui vous font choc. *Puis racontez,* de la manière la plus vivante possible, cette rencontre, en essayant de mettre en valeur un événement, un moment, qui sera comme le petit drame, le fait marquant du match.

11 *Racontez par écrit un film que vous venez de voir.*

Le lendemain et sans avoir relu votre texte, *racontez ce même film à vos camarades* qui noteront vos paroles. Puis comparez les deux versions de l'événement.

• Le contenu (les événements, les impressions) est-il le même ?

• Qu'est-ce qui a changé dans l'expression ? Relevez ce qui vous paraît être typiquement du langage oral et, à l'opposé, ce qui vous semble du registre écrit.

• Les temps utilisés sont-ils les mêmes ? Quel temps avez-vous employé à l'oral ? Et à l'écrit ?

12 Le lendemain d'un événement majeur (politique, culturel, social), *achetez les journaux des deux partis les plus radicalement opposés. Comparez les deux récits de ce même événement. Relevez les différences et expliquez-les.*

Lyon, ville d'histoire et d'industrie

Lyon

ÉDITORIAL

PETITE HISTOIRE D'UNE GRANDE ASCENSION

Lugdunum, fondée en 43 avant J.-C. « à l'endroit où la Saône et le Rhône mèlent leurs eaux », est déjà à l'époque romaine une ville importante. Au Moyen-Age, sa prospérité vient des foires : grâce au Rhône qui trace une voie de communication aisée avec les provinces du Sud, grâce à l'arc de la Saône qui la lie aux provinces et à l'Europe du Nord, Lyon se présente d'emblée comme un carrefour essentiel.

C'est à la Renaissance que commence à se développer cette autre activité qui a fait de Lyon une ville riche : l'industrie textile de la soie. Son importance croît malgré les crises, jusqu'au début du XIXe siècle. Napoléon en fait alors un des grands centres européens de l'industrie textile. Les négociants en soierie, les soyeux, dont la fortune a trouvé à cette époque-là son assise, ont constitué jusqu'à ces dernières années de véritables dynasties régionales d'industriels.

Aujourd'hui, la fabrication de la soie a reculé devant celle des fibres synthétiques. Les besoins nouveaux créés par cette mutation ont permis l'implantation d'une importante industrie chimique, qui s'est peu à peu développée de manière autonome et diversifiée (produits pétro-chimiques lourds, plastiques, pharmacie). Aujourd'hui, c'est la métallurgie qui emploie le plus de salariés lyonnais.

LYON N'EST PLUS DANS LYON

Au cours de la dernière décennie, Lyon a perdu environ 10 000 habitants par an : la ville ne rassemble plus que 40 % de la population totale de l'agglomération, répartie dans les banlieues voisines. Cette migration a entraîné d'autres problèmes : ceux de la liaison entre les banlieues et le centre, que la mise en place de voies rapides, d'échangeurs et de tunnels a tenté de résoudre, mais au prix de la défiguration de la ville. Parallèlement, deux grands projets ont été réalisés :

☐ **La Part-Dieu :** Vaste ensemble de hautes tours construites à l'emplacement d'une ancienne caserne, la Part-Dieu veut être un « centre directionnel ». Ici sont rassemblés des bâtiments administratifs, de vastes ensembles culturels : la bibliothèque (une des plus grandes d'Europe), l'Auditorium, immense salle de 2 000 places en forme de coquille. La plus grande partie du quartier est occupée par les « affaires ». Une rue piétonne, surélevée à 6 mètres, relie les bâtiments tandis que le niveau du sol est réservé à la circulation des véhicules. La gare centrale, construite dans le même quartier, accueille le TGV et permet ainsi à Lyon de se trouver à 2 heures de Paris.

☐ **L'Isle-d'Abeau** est une ville nouvelle, créée pour désengorger l'agglomération lyonnaise. Tour à tour « petite sœur de Lyon » dans les années 1970, « terre d'avenir » dans les années 80 et « Californie lyonnaise », l'Isle-d'Abeau a attiré nombre de nomades dans ses rets (1). S'ils ne s'en félicitent pas, ils ne s'en plaignent pas non plus. C'est tout simplement que l'Isle-d'Abeau n'a pas tenu ses promesses. C'est une ville comme une autre. Le dimanche, un peu de jardinage, de sport, de convivialité et, comme partout, les jeunes qui s'ennuient.

I.G.
L'événement du Jeudi,
30 oct.-6 nov. 85

(1) Mailles d'un filet.

Cordon-bleu (blanc, rouge)

« La cuisine est comprise dans toutes les langues du monde », aime à dire Paul Bocuse. Sans doute son accent est-il meilleur que celui des autres car, pour les étrangers, il n'est cuisine que de Bocuse. Il faut dire que le « chef » se double chez lui d'un as du marketing et qu'il est allé porter la bonne chère hors de nos frontières bien avant que les Américains n'inscrivent Collonges (1), au même titre que la tour Eiffel ou Beaubourg, sur leurs itinéraires. N'avait-il pas, dès 1967, pris l'initiative en débarquant outre-Atlantique, armé de sa toque, de ses casseroles et de ses recettes, pour y mitonner sa soupe aux truffes devant la presse américaine médusée qui en fit... tout un plat ? Depuis, il a ouvert à Epcot, avec ses amis Vergé et Lenôtre, un restaurant qui sert 3 500 repas par jour. Au Japon, il a fondé une école de cuisine, et livre — par télévision interposée — les secrets de « la cuisine du marché » aux ménagères japonaises.

(1) Paul Bocuse tient son célèbre restaurant à Collonges-au-Mont-d'Or, à 12 km de Lyon.

PHOTO DIEGO GOLDBERG/SYGMA

Le XIXe siècle et les révolutions industrielles

Deux séries d'événements, étroitement liés entre eux, occupent le XIXe siècle :

• La lutte entre la noblesse qui veut reprendre le pouvoir et la bourgeoisie qui, à la tête d'une industrie en plein épanouissement, veut conserver les acquis de la Révolution de 1789.

• Les « révolutions industrielles » qui transforment en profondeur la société, et donnent naissance à une classe nouvelle, la classe ouvrière.

La lutte pour le pouvoir entre la noblesse et la bourgeoisie.

Quelques dates essentielles :

— 1815 : Restauration de la monarchie.

— 1830 : Insurrection de Paris (menée par la bourgeoisie et le peuple).

— 1848 : Nouvelle insurrection de Paris. **Proclamation de la IIIe République.** Élections au suffrage universel.

— 1851 : Coup d'État de Napoléon III. Second Empire.

— 1870 : Effondrement de l'Empire après la défaite de Sedan contre la Prusse. **Proclamation de la IIIe République.**

Les révolutions industrielles se poursuivent tout au long du XIXe siècle jusqu'à la Première Guerre mondiale. Deux facteurs conjugués les ont provoquées : l'utilisation de nouvelles sources d'énergie et la mécanisation. Elles ont touché en particulier la sidérurgie et le textile, et ont assuré le passage d'une économie artisanale à une économie industrielle moderne.

• La première de ces révolutions a lieu au début du siècle. L'utilisation de l'énergie nouvelle, la vapeur, implique le regroupement d'une quantité de petits ateliers dispersés dans des unités plus grandes, à proximité des centres urbains qui offrent une réserve inépuisable de main-d'œuvre. Rassemblés dans les villes, soumis à des conditions de vie et de travail qui n'ont rien à voir avec celles qu'ils connaissaient antérieurement, les anciens artisans et paysans forment la classe ouvrière : les salariés travaillent sans limitation de durée (15 à 16 heures par jour tous les jours, dimanche compris) ; les enfants travaillent dès le plus jeune âge ; les salaires ne permettent qu'à grand peine de nourrir une famille. Ainsi, l'écart se creuse et ne cesse de grandir tout au long du siècle entre une bourgeoisie de plus en plus riche (industriels, financiers) et la masse des salariés qui vit dans une misère effroyable. Dans cette première moitié du siècle, l'utilisation des machines-outils se généralise. Le symbole de cette mutation, dans le textile, est le **métier Jacquard** (du nom de son inventeur) qui

se répand à partir de 1910 : grâce à ce système, on pouvait effectuer des tissages complexes avec une main-d'œuvre réduite. Un métier Jacquard supprimait cinq ouvriers. Cette énorme réduction de main-d'œuvre, jointe à la misère, déclenche à Lyon en 1831 la **Révolte des Canuts** (les ouvriers du textile) : ils brisent les machines, investissent la ville et contraignent l'armée, appelée en renfort, à battre en retraite. Mais cette révolte n'arrête pas la mutation amorcée.

La deuxième révolution industrielle commence aux environs de 1850. Plus radicale que la première, elle provoque l'extension à tous les secteurs de la mécanisation et de l'automatisation. En effet, les découvertes dans le domaine de l'énergie (turbine à vapeur, dynamo, moteur à explosion) réduisent de plus en plus la part manuelle de la fabrication. Les progrès des transports, l'extension des chemins de fer, dynamisent l'industrie et permettent d'écouler une production de masse. A la fin du siècle, dans le textile, les opérations essentielles de la fabrication des fils et des tissus sont entièrement mécanisées et automatisées.

Une des conséquences sociales des révolutions industrielles a été l'organisation du prolétariat pour tenter d'obtenir des conditions d'existence plus supportables et la naissance des mouvements socialistes, en particulier après 1848.

UN DOCUMENT D'ÉPOQUE SUR LA RÉVOLTE DES CANUTS DE LYON

« Les négociants-fabricants voulurent baisser le prix des salaires. Par la diminution successive du prix des façons (1), les ouvriers avaient été réduits à la condition la plus misérable ; il ne leur était plus possible de procurer le nécessaire à leurs familles. C'est de cette époque que date la création de la Société des Mutuellistes. Il était urgent pour les ouvriers de s'organiser afin de résister aux malheurs nés de cette situation. Le Comité des Mutuellistes établit un minimum du prix des façons. La majorité des fabricants refusa l'acceptation du tarif.

Le 21 novembre 1831, l'autorité militaire avait fait occuper les points principaux de la ville par des détachements de la Garde nationale et de la troupe et des postes avancés de la Garde venaient jusqu'aux portes de la Croix-Rousse (2) provoquer les ouvriers par les insultes les plus grossières. Les premiers agresseurs furent repoussés par les ouvriers. (...) Pendant trois grandes journées, Lyon fut un immense champ de bataille. »

G. Benoit.
Les Confessions d'un prolétaire.

1. Fabrication du vêtement à partir de la matière première, le tissu.
2. Faubourg de Lyon.

Les difficultés de règlement

Le fournisseur doit surveiller attentivement les règlements de ses clients et veiller à faire rentrer les fonds à la date prévue.

Quand le client doit **régler par chèque**, en cas de retard le fournisseur lui envoie des lettres de rappel.

1 *Consultez la facture présentée en page suivante : à quelle **date** aurait-elle dû être réglée ?*

Complétez le schéma

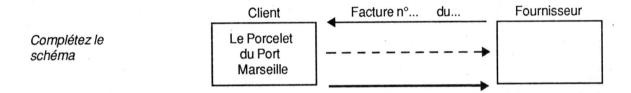

- *Classez les trois raisons possibles du retard de règlement du client dans un ordre de gravité croissante.* ▶
    * difficultés de trésorerie ;
    * simple oubli ;
    * mauvaise volonté évidente.

Le premier rappel

L'objectif du fournisseur est d'obtenir le règlement au plus tôt sans froisser le client.

2 ***Le premier rappel*** *consiste, en général, à envoyer au client une copie de la facture portant la mention "Rappel" ou un relevé de compte. Pourquoi ?*

Dans quel cas ce rappel suffit-il ?

LES CHARCUTIERS DE LYON

5, rue Fantasques - 69001 LYON   Tél. : **78.21.83.51**   C.C.P. Lyon 18 521 44

FACTURE
n° F 503

Le Porcelet du Port

10 Quai du Port

13000 MARSEILLE

Commande : 230
Transports : Helminger
Règlement : 30 j. fin de mois   Lyon, le 20 mars 19..

Référence	Désignation	Unité	P.U.	Quantité	Montant
S 423	Saucisson sec au poivre vert (250 g)	2,5kg	220,00	20	4 400, 00
C 200	Saucisse sèche d'Auvergne (environ 250 g)	2 kg	175,00	10	1 750,00
V 048	Suprême foie de volailles (200 g)	5	98,00	20	1 960,00
F 093	Foie gras de canard (400 g)	–	170,00	15	2 550,00

Non réglé, le 10 mai -

Total H.T.	10 660,00
T.V.A. 7 %	746,20
Net à payer	11 406,20

R.C.S. Lyon B 423 548 504
S.A. au capital de 1 550 000F

Exemplaire 3
Dossier client

LES CHARCUTIERS DE LYON

5, rue Fantasques - 69001 LYON   Tél.: 78.21.83.51   C.C.P. Lyon 18 521 44

N/facture n°   Lyon, le

Messieurs,

Le   nous avons adressé la facture n°   ; suivant
nos conditions de vente, vous auriez dû en effectuer le
règlement pour le

Or à ce jour, sauf erreur de notre part, votre paiement n'a pas
été enregistré ; nous pensons qu'il s'agit d'un oubli que nous
vous serions obligés de réparer.

Si entre temps vous avez fait le nécessaire, veuillez ne pas
tenir compte de cette lettre.

Nous vous prions d'agréer, Messieurs, l'expression de nos
sentiments dévoués.

                    Le Chef Comptable ,

                    J. PAQUET

R.C.S. Lyon B 423 548 504   -   S.A. au capital de 1 550 000 F

---

3 | Complétez la **lettre type** ci-dessus (date : 15 jours après le premier rappel, par exemple) ;

Soulignez   - en noir la cause "supposée" du retard de règlement ;

        - en rouge les parties de la lettre montrant les précautions que prend le fournisseur,
          son souci de ne pas commettre d'erreur psychologique ;

        - en bleu les formules de courtoisie.

Les troisième et quatrième rappels

Si le client n'a pas réglé sa dette après le deuxième rappel, le fournisseur va se montrer plus pressant et va essayer d'obtenir une réponse du client.

4 | *Le troisième rappel.*

A quelle date (approximativement) l'enverra-t-on ?

Quelle hypothèse retiendra-t-on pour expliquer le retard ?

Que peut-on proposer au client pour l'inciter à se manifester ?

Plan proposé :

> - Rappel de la lettre précédente et constatation de l'absence de paiement.
> - Demande de règlement (au plus tôt).
> - Proposition d'un nouveau délai.

Complétez la rédaction de la lettre type ci-dessous, puis présentez le rappel avec l'exemple.

> Malgré notre rappel du   , le règlement
>
> Nous vous prions donc
>
> Toutefois, si un délai supplémentaire vous était nécessaire,
>
> Veuillez, dans ce cas, nous faire vos propositions concernant

Pour attirer l'attention du client, parfois le troisième rappel est présenté sur une feuille de couleur. Quelle couleur proposeriez-vous ?

5 | *Le quatrième rappel.*

Complétez la rédaction de la quatrième lettre type de rappel ; présentez cette lettre avec l'exemple.

> *Nous constatons que, malgré*
>
> *Ayant à faire face à nos propres échéances, il ne nous est pas possible*
>
> *Nous vous mettons donc en demeure de nous faire parvenir*
>
> *Sans réponse de votre part, nous nous verrions contraints, à notre grand regret, d'entamer la procédure habituelle de recouvrement. Nous espérons que nous n'aurons pas à prendre de telles dispositions.*

Travail complémentaire

Effet impayé

M. Paquet vous remet l'avis d'impayé reçu de la banque, sur lequel il a porté les renseignements complémentaires qui vous sont nécessaires pour écrire au client. (L'effet avait été accepté ; il est retourné sans motif).

Nous vous retournons ci-joint les chèques ou effets (cochez la case concernée)

☒ revenus **impayés** ou **réclamés**, dont nous débitons votre compte ;
☐ **réclamés**, déduits de votre remise à l'encaissement du

observations (1)	échéance	tireur/tiré et lieu de paiement	valeur	montant net (2)	
A. Sans motif	15/2	Les Charcutiers de Lyon / *LUCULLUS*	15/2	. 45 20	00
Accepté le 18/11 En règlement n/Facture n°148 du 17 janvier		Crédit lyonnais . Libourne			
		3 pl Joffre 33500 Libourne			

total des chèques ou des effets 4 520 F 00

Ainsi que de nos frais unitaires (h.t.) de traitement, de F 35 : soit, pour 1 impayés =

t.v.a. à %

frais t.t.c. 35 F 00

Soit net au **DÉBIT** de votre compte numéro libellé valeur

| 0 0 1 5 8 5 4 6 6 7 4 | L O C U T I L | 1 5 0 2 8 4 | 4 555 F 00 |

(1) Mentions concernant : *l'acceptation* - A = accepté - NA = non accepté ;
l'escompte ou l'encaissement - effets escomptés classés en tête du tableau ci-dessus (escompte ou encaissement spécifié) ;
ou le motif du rejet.

(2) Il s'agit du montant initial du chèque ou de l'effet, augmenté des frais éventuels des correspondants.

SOCIÉTÉ GÉNÉRALE
Société anonyme fondée en 1864   capital 1 142 810 600 f   r c s   Paris b 552 120 222
siège social : 29, bd Haussmann 75009 Paris

126 - 600.000 - 09/83

chèques ou effets impayés

avis de débit
4.6.87

LES EFFETS IMPAYÉS

Il arrive que la banque du débiteur ne puisse payer un chèque ou une traite :

le compte n'est pas suffisamment approvisionné ; le débiteur n'a pas donné d'avis de domiciliation à sa banque (il ne l'a pas avisée que la traite serait présentée pour paiement).

Dans ce cas, l'effet est retourné au fournisseur avec un **avis d'impayé** portant ou non le motif du refus.
Le compte du fournisseur est débité du montant de l'effet et de frais administratifs.

Le fournisseur doit alors demander des explications à son client et surtout le règlement du montant augmenté des frais.

S'il s'agit d'un récidiviste (le cas s'est produit plusieurs fois), d'un client "douteux", il le menace de remettre le dossier au service du contentieux et de faire dresser protêt.

Service du contentieux : service qui s'occupe des affaires litigieuses, de toutes contestations en justice.

Protêt : constatation du non-paiement d'un effet de commerce par un huissier.

1 *Rédaction des paragraphes nécessaires à la réalisation des lettres.*

*Complétez la bibliothèque de paragraphes ci-dessous qui sera utilisée dans l'entreprise "Les Charcutiers de Lyon" pour tous les **retours d'impayés**.*

Code	Section		
00	DÉBUT	Objet	N/lettre de change au ...
01		M.	Monsieur,
02		MM.	Messieurs,
03		M. le Dr	Monsieur le Directeur,
10	AVIS D'IMPAYÉ	Retour avec motif:	Notre banque nous retourne la lettre de change de ... F au ... que nous avons tirée sur vous en règlement de notre facture n° ..., le motif indiqué pour le refus étant :
100		provision	provision insuffisante.
101		pas d'avis	pas d'avis de domiciliation.
11		Retour sans motif	Notre banque nous retourne...
21	MOTIF PRÉSUMÉ	Cas 1 Pas d'acceptation client régulier	Nous sommes surpris par cet incident, mais nos relations antérieures nous inclinent à penser qu'il s'agit d'une erreur ou d'un malentendu.
22		Cas 2 Traite acceptée	Cette traite ayant été acceptée par vous le ..., nous pensons...
23		Cas 3 Client douteux	Nous regrettons cet incident.
31	DEMANDE DE RÈGLEMENT	Cas 1	En conséquence, vous voudrez bien nous préciser par un prochain courrier comment vous comptez assurer le règlement du montant de l'effet augmenté des frais de retour, soit ...
32		Cas 2	En conséquence, vous voudrez bien assurer, par tout moyen à votre convenance, le règlement de...
33		Cas 3	En conséquence, nous vous demandons...
			A défaut de régularisation...
41	CONCL.	1	Nous attendons votre proposition et vous en remercions par avance.
42		2	Nous vous remercions par avance de...
43		3	Nous espérons...
51	F. DE POL.	1	Veuillez agréer, M., l'expression de nos sentiments dévoués. Le Chef Comptable, J. Paquet
52		2	Veuillez agréer, M.,
53		3	Veuillez agréer, M.,

8 *Présentez la lettre à envoyer au client Lucullus.*

Comprendre... LES RÉVOLUTIONS INDUSTRIELLES

1. LYON

Après avoir lu le journal, *vous répondrez de mémoire au questionnaire suivant, puis vous vérifierez vous-mêmes vos réponses en vous reportant au texte.*

	OUI	NON
Peut-on dire de Lyon qu'elle est une ville. figée, en pleine expansion, longtemps endormie, tournée vers le passé, encore prisonnière de son passé.		
L'urbanisation du centre de Lyon .... a été pleinement réussie, a défiguré la ville, a permis la création d'un nouveau quartier.		
Lyon est situé dans le delta du Rhône, sur la côte méditerranéenne................		
L'Isle-d'Abeau est une île du Rhône, située au sud de Lyon		
Depuis toujours, 40 familles possèdent, seules, l'ensemble de la ville et ses richesses économiques		
Paul Bocuse est un cuisinier célèbre dans le monde entier.......................		
L'industrie textile a commencé de se développer à Lyon .... dès le Moyen Age, à la Renaissance, au XIXe siècle.		
Les négociants en soie sont appelés les .... moyeux, soireux, soyeux.		
L'industrie chimique s'est développée.... à cause du remplacement progressif de la soie par les fibres synthétiques, depuis la reconversion industrielle de Lyon, depuis l'abandon du textile.		

2. Les révolutions industrielles.

En vous fondant sur les renseignements fournis dans les *Dossiers du Journal, vous résumerez le plus schématiquement possible, les phrases principales des révolutions industrielles en France.*

RECHERCHE :

Vous rassemblerez avec l'aide de votre professeur d'histoire, des documents concernant la période où votre pays est passé d'une société artisanale à une société industrielle.

Dans un EXPOSÉ, vous présenterez cette période à la classe en différenciant bien les aspects techniques, économiques et sociaux du problème.

Dans un texte organisé, vous *comparerez cette période historique de votre pays à celle de la France. Vous analyserez en particulier en parallèle les causes et le déroulement du mouvement. A l'aide des documents que vous aurez rassemblés et de ceux fournis par les dossiers, vous examinerez les répercussions d'un tel phénomène dans les deux pays.*

Quelles étaient les intentions des ouvriers en créant le Comité des Mutuellistes ? Ce projet vous semble-t-il, ou non, défendable ? Pourquoi ?

C omment dire... LA CONDITION AVEC SI

1 Dans la lettre des **Charcutiers de Lyon,** relevez les tournures exprimant une action hypothétique. A quel(s) temps sont les verbes ?

EXPRIMER UNE HYPOTHÈSE

2 *Observez ces deux phrases :*

Si vous *passez* en Provence, venez nous voir.

Si demain le mal *a empiré,* appelez-moi.

En choisissant soit le présent, soit le passé composé, en variant les pronoms et en ajoutant au besoin des adverbes et des compléments circonstanciels, faites des phrases introduites par *si* à partir des canevas proposés ci-dessous.

• Venir à Paris / visiter la tour Eiffel.

• Ne pas recevoir de nouvelles / prévenir.

• Passer ses vacances en Bretagne / revenir en pleine forme.

• Admettre cette opinion / avoir tort.

• Pleuvoir / ne pas travailler au jardin.

• Revenir au village de son enfance / être ému.

3 Si entre-temps vous avez fait le nécessaire, veuillez ne pas tenir compte de cette lettre.

Si vous avez déjà envoyé le colis, ne tenez pas compte de cet avis.

S'il a terminé son travail, qu'il reste.

Choisissez la formulation adaptée aux situations suivantes :

• S'il vient en ami ... (entrer).

• Si la facture a été réglée ... (tenir compte du rappel).

• S'il aime les livres ... (se servir dans la bibliothèque).

• Si vous voulez envoyer de belles fleurs ... (allez chez Interflora).

• Si vous pensez qu'il a raison ... (suivre le conseil).

• Si vous avez déjà fait ce travail ... (oublier la remarque désobligeante).

Monsieur,

Nous nous étonnons de ne pas avoir encore reçu le solde de notre facture C772 du 3 avril dernier. Suivant nos conditions de vente, vous deviez régler la moitié de la somme à la livraison, et le solde à 30 jours fin de mois. Le premier règlement (soit la somme de 1 860 F) nous est bien parvenu, mais, en date du 1er juillet, le second versement n'a pas encore été enregistré.

S'il s'agissait d'une erreur de votre part, vous nous obligeriez en y remédiant au plus tôt.

Veuillez croire, Monsieur, en nos sentiments les meilleurs.

---

4 *Relevez, dans cette lettre, les tournures exprimant une action hypothétique. A quel(s) temps sont les verbes ?*

5 *Conjuguez au temps voulu les verbes présentés entre parenthèses à l'infinitif, puis indiquez si le fait vous semble possible ou imaginaire.* Quelle conclusion en tirez-vous quant à l'utilisation du conditionnel présent ?

	Possible	Imaginaire
Si j'étais riche, je (vivre) dans des palaces	....	....
Si tu (vouloir), nous pourrions aller au cinéma	....	....
Si tu admettais son opinion, tu te (tromper) lourdement	....	....
Si j'étais petit oiseau, je (voler) de ville en ville	....	....
Si je lui répétais ce que tu viens de dire, tu (être) bien ennuyée	....	....
Si tu n'avais pas tant d'orgueil, tu t'(apercevoir) de ton erreur	....	....

6 Diriez-vous que la formule « S'il s'agissait d'une erreur de votre part... » est (barrez les mentions inadaptées) plus directe — plus polie — plus insolente — moins précise — moins aimable — plus sèche — mieux adaptée — que la formule « S'il s'agit d'une erreur de votre part... ».

L'IRRÉEL

Dans la lettre p. 249, un événement qui aurait dû avoir lieu ne s'est pas produit :
« Suivant nos conditions de vente, vous *auriez dû* effectuer le règlement. »
Le verbe est conjugué au conditionnel passé.

7 Conjuguez au conditionnel passé, les verbes entre parenthèses.
S'il avait pris la direction des événements, nous (obtenir) satisfaction.
Si vous étiez venus en voiture, vous (trouver) le voyage plus agréable.
Selon notre accord, il (devoir) livrer plus tôt la marchandise.
D'après votre contrat, il (vendre) son stock à perte.
S'il avait suivi nos conditions de vente, nous (recevoir) le règlement.

L'automobile à la recherche de la meilleure formule

ÉDITORIAL

L'industrie automobile : point mort ou changement de vitesse ?

Après avoir été longtemps le premier producteur mondial d'automobiles, la France occupe aujourd'hui le cinquième rang. Elle est au 3e rang pour l'exportation, puisqu'un véhicule sur deux sur lui est destiné.

L'industrie automobile emploie 800 000 ouvriers qui produisent plus de 3,5 millions de voitures de tourisme par an, et plus d'un demi-million de camions. On estime que cette branche fait vivre 1 million et demi de personnes et que l'ensemble des recettes fiscales provenant de l'automobile est égal au montant de l'impôt sur le revenu.

Cette activité industrielle est rassemblée aujourd'hui en deux groupes, après de multiples concentrations : la R.N.U.R. (Régie Nationale des Usines Renault), 4e constructeur mondial, et Peugeot S.A. (qui a englobé Citroën, Talbot et Simca-Chrysler France), 7e constructeur mondial. Quant à l'entreprise Renault Véhicules Industriels, elle a absorbé Berliet et Saviem. La concentration a donc été massive depuis la guerre tandis que la localisation géographique de la production s'est diversifiée. La région parisienne garde sa prééminence en employant la moitié des effectifs, mais il faut noter le développement de Sochaux, Montbéliard, Rennes, Caen, La Rochelle, avec des usines du groupe Peugeot ; celui du Mans, d'Orléans et du Havre avec Renault. Le Nord (Douai, Valenciennes, Maubeuge) ainsi que la Lorraine, ont également accueilli des usines importantes.

L'industrie automobile connaît des problèmes récents liés à la saturation partielle du marché et surtout à la pénétration étrangère qui a atteint 80 % du marché en 82. Les concurrents sont les européens mais également les japonais (leur part a été limitée à 8 % du marché). Pour stimuler les exportations, Renault se lance à la conquête du marché américain.

PEUGEOT

La 205 sort ses griffes ! La dernière-née de Peugeot réussit tout ce qu'elle entreprend. Côté ventes, elle a conquis la première place sur le marché français avec plus de 13 % de taux de pénétration au premier semestre 1985. A l'exportation, elle marche aussi bien. En Allemagne où elle a reçu le Volant d'or, décerné à la meilleure automobile de l'année, elle est devenue le premier véhicule importé. Elle s'est également imposée en Italie (biens que les Transalpins aient toujours préférés Talbot à Peugeot). Idem en Espagne, en Belgique et au Royaume-Uni. Côté compétition, la 205 Turbo 16 a gagné à Monte-Carlo, en Nouvelle-Zélande, en Grande-Bretagne, en Finlande. Elle sera championne du monde des rallyes en 1985. Dans ces conditions, les performances des autres modèles de Peugeot ne peuvent que pâlir. Néanmoins, la 305 et la 505 (exportées à 60 %) ne font pas mauvaise figure à l'étranger. Les choses se présentent moins bien en Afrique, domaine de prédilection de la firme jusqu'au début des années 70 ; le lion (1) s'est fait manger par les voraces constructeurs japonais...

L'Expansion. Oct.-Nov. 85

1. Symbole de la marque Peugeot.

© P. FRECON

RENAULT

Même si ses monoplaces de Formule 1 n'ont pas été championnes du monde, l'aventure pour la Régie Renault n'a pas été inutile : elle a été la première à introduire en course la technologie du turbo-compresseur, désormais adoptée par tous, ce qui a renforcé son image d'entreprise innovatrice. En outre, la permanence des bolides jaunes (plus de vingt victoires dans les grands prix) sur l'écran des téléviseurs, lui a rapporté un soutien publicitaire non négligeable dans une période où elle connaît des difficultés.

L'Expansion. Oct.-Nov. 83.

DOC. RENAULT

L'USINE : LA CHAÎNE UN JOUR DIT AU ROBOT...

S'il fallait, pour la période des « Trente Glorieuses » (1), désigner une fonction symbolique de la société industrielle, l'expression « ouvrier à la chaîne » viendrait sans doute la première à l'esprit.
Dès le lancement de la 4 CV, en 1946, la régie Renault doit faire appel à une abondante main d'œuvre non qualifiée et recrute, notamment, de nombreux Algériens : ils représentent 5 % de l'effectif de Billancourt (2) en octobre 1946 et déjà 12 % en janvier 1952. En même temps, au secteur carrosserie-montage, la proportion d'ouvriers qualifiés diminue : 33 % en 1948, 25 % en 1953, 13 % en 1965.
Ainsi est née la chaîne automobile (à gauche, le montage des Renault aux usines Chausson), aboutissement du taylorisme, système considéré comme inhérent (3) à la production en grande série. Ses vices cachés n'apparaîtront qu'au fil des

Usine Chausson. Chaîne de montage des voitures Renault.

EDIMEDIA

© M. SETBOUN/BLACKSTAR/RAPHO

Chaîne robotisée de tôlerie polyvalente.

décennies, le paroxysme se situant en 1975, lors de la grande grève des OS du Mans : ce sera l'année charnière. On entreprend alors de transformer le travail ouvrier, on s'attaque à l'enrichissement des tâches, au démantèlement des chaînes, à la création d'équipes autonomes. L'automatisation commence, les robots vont peu à peu se substituer aux hommes. (La chaine des robots Acma travaillant à Flins (2) sur les Supercinq). Actuellement, les OS représentent encore environ 40 % des emplois dans l'industrie automobile. Mais leur nombre va continuer à fondre et le problème de leur reconversion vient d'être posé — très exactement un demi-siècle après *Les temps modernes* (4) — dans un rapport du commissariat du Plan.

(1) : Les 3 décennies après la guerre.
(2) : Usines Renault.
(3) : Inévitable quand la production s'effectue en grande série.
(4) : Film de Charlie Chaplin.

Train-train quotidien : les routiers

Les tranporteurs sont soumis à deux statuts juridiques différents :

• *Les transports privés* sont le fait d'entreprises dont l'activité principale n'est pas le transport, mais dont les besoins en déplacements de marchandises sont importants : ils effectuent donc du transport « en compte propre ». Ce sont eux les plus nombreux : ils représentent 65 % du trafic.

• *Les transports publics* sont des entreprises spécialisées qui effectuent le transport « pour le compte d'autrui ». Ils ne représentent que 35 % du trafic. Ce sont eux pourtant qui, en février 84, au moment où des millions de touristes partaient pour les vacances d'hiver, ont réussi à paralyser la France, en barrant avec leurs camions tous les grands axes routiers. Pourtant, à l'origine du conflit, un problème mineur : une grève de douaniers à la frontière franco-italienne avait provoqué une gigantesque file d'attente pour les camions. Pourtant encore, après quelques jours, le gouvernement se disait prêt à négocier. Néanmoins, les routiers continuaient de paralyser les routes. C'est que le malaise de cette profession souvent méconnue allait bien au-delà d'un simple problème frontalier.

C'est une profession très réglementée.

Le transport par route est contingenté depuis la nationalisation de la SNCF en 1938. Dans le but avoué de protéger le transport ferroviaire, l'État a institué un régime de coordination qui contraint le transporteur à demander au ministère des Transports une licence. Cette licence détermine le type de transport que le transporteur aura le droit de pratiquer : c'est-à-dire le poids du véhicule et la longueur des trajets. L'État contrôle aussi, grâce à un système d'enregistrement placé dans chaque véhicule, le temps de conduite et la vitesse.

Or, cette surveillance de l'état s'exerce sur une profession fortement marquée par l'individualisme. Les entreprises sont souvent petites, employant moins de 5 salariés, et disséminées sur l'ensemble du territoire. Il existe entre les routiers le fort sentiment d'appartenir à une « caste »,

en marge des autres professions. Les routiers, seuls au volant de leur machine, travaillent dur, 50 à 56 heures par semaine ; ils ont leurs héros, leurs « aventuriers », ceux qui font « l'international ». Souvent, ce sont d'anciens paysans, qui par désir d'indépendance n'ont pas voulu devenir ouvriers, et portent encore en eux la certitude d'être mal-aimés des villes, qu'ils nourrissent, et où, la plupart du temps, leur circulation est interdite, ou permise seulement quelques heures par jour. Nul doute donc que le grand « gel des routes » de février 1984 soit à la fois une révolte contre l'État, en même temps qu'une démonstration de force motivée par le désir d'être reconnus.

En outre, la profession subit une véritable mutation. Elle a commencé à prendre de l'ampleur après la guerre, en 1945, et n'a cessé de croître jusqu'en 1975. La crise, déclenchée par la baisse du fret, s'est poursuivie jusqu'en 1983. Pourtant cette diminution de l'activité n'a pas affecté les petites entreprises, parce que la réduction du trafic a porté surtout sur les matières pondéreuses (charbon, minerais) qui ne rapportent pas beaucoup. En revanche, le trafic « riche », celui des marchandises diverses, a augmenté. La mutation a surtout consisté en une complexification des activités menées par les transporteurs : au simple transport se sont ajoutés le stockage, l'emballage, la distribution ou la gestion des transports. Or le malaise des petits transporteurs vient précisément de cette complexification, et de leur crainte de ne pas pouvoir, ou de ne pas savoir s'adapter à la mutation.

Aussi, une manifestation comme le « gel des routes » de février 1984 est-elle apparue comme un symbole, celui d'une France inquiète devant une mutation nécessaire, et qui touche tous les secteurs économiques. En ce sens, le mouvement des routiers était profondément différent des mouvements de revendications classiques. Comme l'écrit R. Kempf dans Universalis 85, « on ne les (les chauffeurs) aura pas entendu se plaindre de leur salaire, de leur temps de travail, de leurs maladies professionnelles. (...) Ce silence reste un mystère dont l'orgueil de maîtriser la machine et le goût de la liberté sont peut-être les clés.

La route transporte d'abord le rêve.»

ACTIVITÉS

L'AUTOMOBILE

RECHERCHE

Après avoir rassemblé des documents récents sur cette question, et en utilisant les informations fournies par le *Journal*, *vous comparerez l'industrie automobile de votre pays et celle de la France,* son rang au plan mondial, la compétitivité, la qualité et l'esthétique de ses produits.

Dans un texte organisé, *vous analyserez quelles transformations peut, selon vous, apporter l'automatisation des chaînes, dans les domaines économique et social ?* (vous pouvez vous appuyer sur des exemples de votre pays).

LES ROUTIERS

Cherchez une ou plusieurs images publicitaires (peu importe le produit promu) mettant en scène des routiers et des camions.

Analysez les caractéristiques principales de cette ou ces image(s), l'atmosphère, l'attitude du personnage, le cadrage du camion, etc. Quels sont les traits dominants du personnage du routier ? De quoi est-il le symbole ?

Résumez les contradictions qui expliquent le malaise des routiers (quelques lignes).

Les relations avec les transporteurs

22 Ce n'est pas tout que de vendre, il faut livrer.

LES TRANSPORTEURS

* Le transport des marchandises par chemin de fer est assuré en France par le **SERNAM**, Service National de Messagerie de la SNCF.

   Le SERNAM effectue les transports de moins de 5 tonnes par voie ferrée. L'expédition peut être faite en port payé (port payé par l'expéditeur) ou contre-remboursement (le destinataire paie les marchandises et le port) ; l'expédition en port dû (port payé par le destinataire) ne se pratique que pour les transports de 2 à 5 tonnes.

* Les **transports routiers** utilisent divers types de véhicules plus ou moins spécialisés. Beaucoup d'entreprises ont leur propre service de transport ; les autres confient
   - les colis à des entreprises de messageries ;
   - les expéditions de détail à des transporteurs qui effectuent des groupages (groupeurs) ;
   - les chargements complets en général à des transporteurs spécialisés.

* Les **transports aériens.** Les marchandises - le fret - sont transportées soit dans des appareils mixtes - passagers fret - soit dans des cargos. On distingue :
   - les colis postaux, d'un poids maximum de 20 kg, accompagnés d'un **bulletin d'expédition**
   - les messageries, pour la plupart des envois, accompagnées d'une **lettre de transport aérien.**
   Paris dispose de deux aéroports : Orly (au sud) et Roissy (au nord).

* Les **transports maritimes** de marchandises s'effectuent surtout par des navires spécialisés (pétroliers, porte-conteneurs...). Le document de transport est le **connaissement.**

(Les problèmes relatifs aux transports internationaux seront étudiés dans le dossier suivant).

Beaucoup de communications échangées avec les transporteurs sont du même type que les relations commerciales courantes : demande d'information, commande, facturation, règlement.

LES DOCUMENTS

La plupart des relations avec les transporteurs ne donnent pas lieu à la rédaction de lettres ; ainsi, lors d'une expédition par route, on établit un document en plusieurs exemplaires :

- Un exemplaire remis à l'expéditeur lors de l'expédition et qui constitue la preuve du contrat de transport. } *C'est le **récépissé** (ou bon ou bordereau d'expédition)*

- Un exemplaire remis au destinataire lors de la livraison. ▶ *C'est le **bon de livraison.***

- Un exemplaire, signé par le destinataire lors de la livraison après vérification des marchandises, et conservé par le transporteur. } *C'est le **bon de réception** (ou bordereau de livraison) qui décharge le transporteur de sa responsabilité.*

*Complétez le **schéma des relations** (marchandises et documents) entre les parties.*

Marchandises   Marchandises

| Expéditeur | → ← | Transporteur routier | → ← | Destinataire |

Mais en cas * de **retard de livraison,**
         * d'**avaries,**
         * de **perte de la marchandise,**
les parties concernées sont amenées à correspondre par courrier.

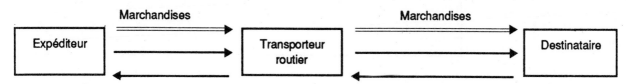

En règle générale, les marchandises voyagent **aux risques et périls du destinataire.** En cas de problème, c'est donc le destinataire qui doit intervenir aurpès du transporteur.

La Société Vermont de Vire assure le ramassage du lait dans le bocage normand et la fabrication de camemberts "Vermont". Les fromages, d'un poids moyen de 250 g sont ensuite stockés, pendant le temps nécessaire à l'affinage, dans des caves, à Flers. Le transport entre la fromagerie et les caves est assuré par camion isotherme des "Transport Normands".

Retard de livraison ; perte des marchandises

2   * Prenez connaissance de la note de service relative à la **réception des marchandises** page 263.

    Donnez la définition des termes suivants :

    - avarie :

    - émargement :

    - camion isotherme :

    * Consultez la bible de paragraphes de la page 264 et composez oralement les deux lettres correspondant aux fiches de courrier présentées ci-après.

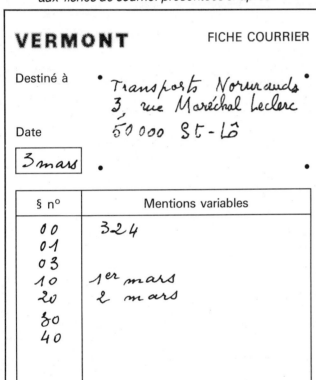

VERMONT	FICHE COURRIER

Destiné à   Transports Normands
3, rue Maréchal Leclerc
Date   50000 St-Lô

3 mars

§ n°	Mentions variables
00	324
01	
03	
10	1er mars
20	2 mars
30	
40	

Directives particulières :

VERMONT	FICHE COURRIER

Destiné à   Tr. Normands

Date   6/3

§ n°	Mentions variables
00	31.8
02	
03	
10	28 février
22	1er mars 2528 F
32	
40	

Directives particulières :

Nature de l'incident :

Nature de l'incident :

Plan des deux lettres ▷

Avaries

3 *Prenez connaissance de la fiche "Message téléphonique" ci-dessous.*

VERMONT

Le _20 mai_ à _17_ heures _15_

MESSAGE TÉLÉPHONIQUE

destiné à _M. A. MIRAN_
Directeur du S. Commercial

de la part de _M. Delsol_

Objet : *Reçu livraison de 100 caisses expédiées ce matin (bon 403) 8 caisses enfoncées - 175 fromages plus ou moins écrasés. A déclasser - Réserves formulées sur la feuille d'emargement du transporteur*

Suite donnée : *Adresser au transporteur, dans les 3 jours, une lettre recommandée pour confirmer les réserves et demander réparation du préjudice. (Les fromages, vendus habituellement 7 F l'un, seront écoulés sans marque et en deuxième choix au prix de 2 F.)*
A. Miran

Les magasiniers ont-ils bien appliqué les directives reçues ?

Nature de l'incident :

Schéma de la situation commerciale (à compléter ; les numéros indiquent l'ordre des opérations) :

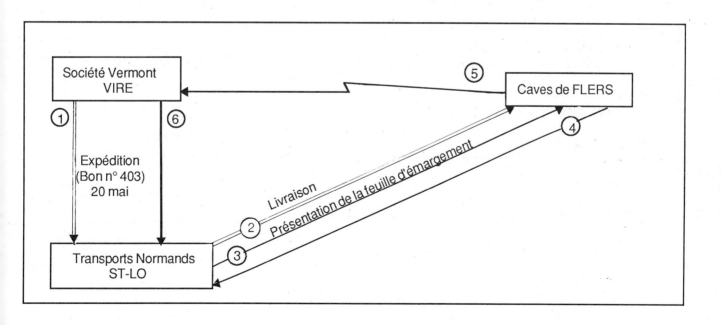

4 | *Rédaction de la lettre .*   Objet :

P.J. : L'expédition elle-même n'étant pas contestée, il n'est pas nécessaire dans ce cas de joindre une copie du récépissé à la lettre.

Plan proposé :

> - Rappel de la livraison (date :...   ; expédition n°...   ; nature des marchandises....)
>
> - Constatation de l'avarie ; formulation des réserves.
>
> - Demande d'indemnisation.

Rédigez la lettre en vous aidant de la bibliothèque de paragraphes et en rédigeant les paragraphes complémentaires nécessaires. (Ces paragraphes pourront être ajoutés à la bibliothèque).

5 | Dans certains cas, le transporteur peut dégager sa responsabilité en apportant la preuve d'une **cause étrangère.**
Pour chacune des catégories de causes énumérées ci-après, donnez un exemple :

> - *cas fortuit et force majeure :*
>
> - *faute de l'expéditeur :*
>
> - *vice de la chose :*
>
> - *fait d'un tiers*

Rédigez la réponse du transporteur qui refuse de verser des dommages et intérêts. (Sur le bordereau d'expédition, il avait signalé le mauvais état de certaines caisses.)

LES MODALITÉS DE CHARGEMENT

* Transport en conventionnel.
- *Transport en vrac* : pour les matières premières minérales et agricoles.
- *Colis* : pour les petites expéditions.

* Transport en unités de charge.
- *Palettes* : la marchandise chargée sur la palette est maintenue par cerclage ou par film plastique rétractable ; la manutention s'opère par des chariots à fourche.

- *Conteneurs* (de 32 ou 64 m3).

Ces deux procédés pemettent de réduire les risques et les coûts ; ils facilitent les groupages.

VERMONT

20, route de Caen
14500 VIRE

NOTE DE SERVICE　　　**n°** : 54

date : 1 mars 19.

Monsieur DELSOL, Chef Magasinier

Messieurs JARDEL
ROBERT, magasiniers

Caves de FLERS

Objet :
Réception des
marchandises

Faisant suite à plusieurs incidents qui se sont produits à propos des transports entre la fromagerie et les caves, nous vous rappelons les règles à suivre lors de la réception des fromages pour que nous soyons en mesure de faire valoir nos droits.

Le transporteur doit vous remettre un bon de livraison sur lequel figurent :
- la date d'expédition
- le nombre de colis
- le poids total.

Comme sa responsabilité est engagée en cas de retard de livraison d'avaries ou de perte totale ou partielle des marchandises transportées, vous devez systématiquement vérifier :

- que le délai de livraison de 24 heures est bien respecté ;
- que le nombre de colis livrés est égal au nombre de colis expédiés ;
- que le poids est conforme au poids annoncé.

Toute anomalie (retard, caisse détériorée, poids insuffisant) sera signalée au livreur et le contenu sera immédiatement contrôlé.

Tout retard, anomalie ou manquant donnera lieu à la formulation de réserves sur la feuille d'émargement présentée par le livreur. Pour que nous puissions confirmer ces réserves et demander réparation du préjudice subi, vous voudrez bien nous prévenir immédiatement.

Le respect de ces directives doit améliorer le fonctionnement de nos services ; nous vous remercions de leur stricte application.

A. MIRAN

REGLES A RESPECTER LORS D'UNE LIVRAISON

* Lors de la livraison, les marchandises doivent être vérifiées en présence du livreur (quantité, état).

* Toute anomalie - retard, avaries, manquants - doit être mentionnée dans la zone "réserves" du bon de réception.

* La réclamation au transporteur doit être faite par le destinataire dans les trois jours ouvrables de la réception, par lettre recommandée. Quand c'est possible, joindre à la lettre copie de la facture du fournisseur pour justifier l'indemnité demandée.

00	Objet : Expédition n°
01	P.J. : Copie du récépissé
02	P.J. : Copie du récépissé ; état estimatif
03	Messieurs,
04	Monsieur le Directeur,
10	Le .. vous avez pris à la fromagerie des caisses de fromages destinées aux caves de Flers ; le détail de l'expédition figure sur la copie ci-jointe du récépissé remis par vos services.
11	
20	Ces marchandises auraient dû parvenir à destination le lendemain, soit le ... ; or, actuellement la livraison n'est pas encore effectuée. Etant donné la nature des produits, tout retard supplémentaire risquerait de provoquer leur détérioration, ce dont nous vous rendrions responsables.
21	Ces marchandises auraient dû parvenir à destination le lendemain. Or, malgré notre rappel du ..., vous n'avez toujours pas effectué la livraison. Si celle-ci n'a pas lieu dans les 24 heures, nous considèrerons que la marchandise est perdue et vous demanderons de nous verser une indemnité correspondant au dommage subi.
22	Malgré nos précédents rappels, la livraison qui aurait dû être effectuée le ... n'a toujours pas eu lieu. Nous considérons maintenant que la marchandise est perdue et évaluons le préjudice à ...F conformément à l'état estimatif ci-joint.
23	Lors de la livraison les magasiniers n'ont pas jugé utile de procéder immédiatement à l'ouverture des colis car les emballages paraissaient intacts. Or, au déballage, des détériorations ont été constatées ; nous les estimons à ...F conformément au décompte suivant : ... Ces dégâts n'ont pu être provoqués que par des manipulations brusques et maladroites lors du chargement ou du déchargement.
24	
30	En conséquence, nous vous prions d'effectuer la livraison immédiatement.
31	Nous comptons donc sur une livraison immédiate.
32	Par conséquent, nous attendons votre indemnisation dans le meilleur délai et vous en remercions.
33	
40	Veuillez agréer, ... nos salutations distinguées. Le Directeur du Service Commercial A. Miran.

20, route de Caen - 14500 VIRE

Société anonyme au capital de 1 280 00 0F.

R.C.S. Caen B 341 228 674
C.C.P. Rouen 8287 90
Tél. : 31.22.20.78

Travail complémentaire

1 Un exportateur de produits agro-alimentaires, **France-Agro,** 20, rue Dante, 93500 Pantin, s'étonne de ne pas avoir reçu le 19 mai, la tonne de camemberts commandée le 17 avril et qui devait être livrée au plus tard le 17 mai.

L'expédition a été effectuée par la Société Vermont, le 13 mai : les marchandises, transportées par camion isotherme des Transports Bernis auraient dû être livrées le 15 mai . (Récépissé n° 420; Poids 1024 kg. Port payé.)

Les marchandises voyageant aux risques et périls du destinataire, vous donnez au client toutes indications pour qu'il puisse intervenir lui-même auprès du transporteur. Par ailleurs, vous prendrez contact par téléphone avec le transporteur (15, rue des Cordes, 14000 CAEN. Tél. : 31.24.52.10).

- Rédigez la lettre à France-Agro.

- Préparez sur une fiche l'appel téléphonique aux Transports Bernis.

2 La Société Vermont reçoit ce jour livraison par le SERNAM d'une caisse-carton en provenance de l'imprimerie Garnaud à Angoulême et contenant des étiquettes. Le carton ayant été manifestement mouillé en cours de transport, le réceptionnaire a ouvert le colis en présence du livreur, lui a fait constater la détérioration de la moitié environ des étiquettes et a effectué les réserves d'usage sur le bulletin présenté par le livreur.

Vous devez maintenant adresser une lettre recommandée au SERNAM pour demander réparation du préjudice subi. (La facture de l'imprimeur s'élève à 346 F.)

Rédigez la lettre au SERNAM.

Faisons le point sur ... SE RAPPELER / SE SOUVENIR

Se rappeler est transitif.
Exemples : Je me rappelle ce rendez-vous. Cet événement, **je me le rappelle.**
           C'était, je **me le** rappelle, un jour d'été.
           Je me rappelle **avoir vu** quelqu'un, **avoir fait** quelque chose.

En revanche, se souvenir se construit avec de.
           Je me **souviens de** l'avoir rencontré au bois ; **je m'en souviens.**

1 Supprimez dans les phrases suivantes le pronom.
    Exemple : Je l'ai vu ;   je me le rappelle. Je me rappelle l'avoir vu.

        Ces vacances ! Il s'en souviendra toujours.
        J'ai entendu raconter cette histoire, je me la rappelle.
        Il a affirmé cela, je me le rappelle.
        Quelle sécheresse ! On s'en souviendra longtemps.

2 A l'inverse, remplacez dans les phrases suivantes le groupe de mots approprié par un pronom.
        Il ne se souvient plus de la date exacte de l'événement.
        Elle se rappelle avec plaisir ces paysages.
        Vous vous rappelez votre équipée ?
        Il se souvient d'elle.

Comment dire... LA CONDITION (dans les phrases non introduites par si)

Cette lettre est adressée à la société des Transports Normands.

> Monsieur,
>
> Le 3 avril, vous avez pris aux entrepôts de L'UNION LAITIÈRE 300 caisses de yoghourts destinés à M. Albazard, 52, rue de Bordeaux, Bât. D6C PLA 435, RUNGIS (94619).
>
> Ces marchandises auraient dû parvenir à destination le lendemain. Or, malgré notre rappel du 5 avril, vous n'avez toujours pas effectué la livraison. <u>Au cas où celle-ci n'aurait pas lieu dans les 24 heures, nous considérerions que la marchandise est perdue et nous vous demanderions de nous verser une indemnité correspondant au dommage subi.</u>
>
> Nous comptons donc sur une livraison immédiate.
>
> Veuillez agréer, Monsieur, nos salutations distinguées.

Au cas où, dans le cas où, dans l'hypothèse où.

1 Quels sont dans la lettre ci-dessus, les verbes dépendant de la locution *au cas où* ? A quel temps sont-ils ?

Transformez la phrase soulignée en l'introduisant par *dans le cas où, dans l'hypothèse où*, suivis du même temps.

[handwritten: PROVIDED THAT] *[handwritten: either ... or]*

Pourvu que, Il se peut que, que (lorsqu'il introduit une condition), **soit que... soit que... ; pour peu que** sont suivis, eux, du SUBJONCTIF.

2 *Remplacez les infinitifs entre parenthèses par les temps appropriés.*
- Au cas où un incident (se produire), appelez-moi immédiatement.
- Les marchandises se conservent très bien pourvu que (emballer) correctement. *[handwritten: soient emballées]*
- Les colis sont arrivés éventrés, soit que le conducteur (conduire) comme un fou, soit que les manutentionnaires (avoir) des gestes maladroits.
- Il se peut que les marchandises (se briser) pendant le transport. *[handwritten: se soient brisées]*
- Que je le (retrouver), et il va m'entendre !
- Pour peu que la route (être) mauvaise, nous mettrons plus d'une heure. *[handwritten: soit]*
- Dans l'hypothèse où (falloir) annuler le rendez-vous, prévenez-moi à l'avance. *[handwritten: faudrait]*
- Au cas où vous (venir), téléphonez pour nous prévenir.
- Je vous pardonne, à condition que vous (disparaître). *[handwritten: Disparaissiez]*

3 Vous venez de recevoir 27 caisses de desserts lactés. Vous en aviez commandé 50. Vous constatez que pendant le transport par route (Société « Le Froid Normand »), 23 caisses ont disparu. Rédigez le corps de la lettre de réclamation en utilisant au moins une phrase qui ne sera pas introduite par si et exprimera la condition.

Autres tournures verbales de condition.

A en juger par ce qu'il dit, il n'est pas responsable. *[handwritten: If one is to judge by]*

Nous ne serons jamais dédommagés, **à moins de** lui faire un procès. *[handwritten: unless we sue him]*

Nous arriverons avant 17 heures, **à condition de** partir tôt le matin.

En y allant avant la sortie des bureaux, nous en avons pour moins d'une heure. *[handwritten: by going there before]*

Pour un peu, il nous aurait fait peur. *[handwritten: He almost frightened us (with a little bit more)]*

4 | *Mettez au temps voulu les verbes entre parenthèses.*
- C'est en (forger) qu'on (devenir) forgeron.
- A l'en (croire), nous (être) toujours perdants.
- En (partir) dès l'aube, nous (être) à la mer avant midi.
- Il (être) possible de travailler avec lui, à condition de (supporter) son mauvais caractère.
- A moins de le (faire) taire, tout le monde (savoir) la nouvelle avant ce soir.

5 | En choisissant parmi ces mêmes tournures, *construisez des phrases à partir des canevas ci-dessous.*
Ex : entendre / ne rien voir.
    A l'entendre, il n'a rien vu, ou : en l'entendant, on pourrait penser qu'il n'a rien vu.
Demander le renseignement / savoir y aller.
Croire la météo / pleuvoir demain.
Prendre son mal en patience / arriver au but.
Se présenter habilement / trouver un emploi.
Aimer l'air conditionné / pouvoir faire de l'informatique.
Partir à la campagne / se reposer.

SPECIAL

PROVENCE CÔTE-D'AZUR

Marseille, un carrefour international

ÉDITORIAL

MARSEILLE : PORTE OUVERTE SUR LE MONDE

Marseille, admirablement située au fond d'une baie surplombée de majestueuses chaînes calcaires, est la plus ancienne ville de France et son premier port maritime. Depuis sa création, elle a été le point de départ des voyages les plus audacieux. Aujourd'hui, son trafic moderne et diversifié en fait un pôle important dans les liaisons internationales.

AUTREFOIS PHOCÉE, REINE DE LA MÉDITERRANÉE

En 600 avant Jésus-Christ, quelques galères montées par des Grecs d'Asie Mineure, les Phocéens, abordent dans la crique où se trouve aujourd'hui le Vieux Port. Ils s'y installent et fondent une petite ville, Massalia. Grecs, ils ont le génie du commerce : très vite, ils créent, sur la côte proche, des comptoirs actifs, Arles, Nice, Antibes, les îles d'Hyères, qui produisent les fruits et olives qui seront exportés d'abord vers les côtes proches et plus loin au Sénégal et même en Islande !

Menacés par les Celtes, les Massaliotes appellent les Romains à leur secours. Le dégagement de Massalia, puis la conquête de la région sera une entreprise longue et difficile. Après la victoire, et pendant presque un siècle, la ville restera une république alliée de Rome ; elle saura profiter au mieux du savoir des Romains en matière d'aménagements et de navigation.

AU MOYEN AGE, MARSEILLE, PORTE DE L'ORIENT

L'époque des Croisades, ces guerres menées par la Chré-

tienté contre les non-chrétiens, sont une aubaine pour Marseille : elle met toutes ses forces dans la construction navale et emporte, contre les Génois, le marché : elle assure aux croisés le matériel et le ravitaillement. Elle connaît alors une période de prospérité incomparable : elle possède même tout un quartier de Jérusalem avec son église propre. Et elle cherche de nouveaux débouchés : sur les côtes catalanes, à Pise, Gênes, en Orient, en Égypte, en Afrique du Nord. Cette activité se poursuit jusqu'au XIXe siècle, où l'ouverture du canal de Suez lui fait franchir une nouvelle étape.

AUJOURD'HUI, MARSEILLE ne se contente plus d'exporter fruits et huile d'olive. Au nord du Vieux Port, à Fost et sur l'étang de Berre, s'est développée une gigantesque zone portuaire qui accueille les pétroliers géants, les méthaniers, les minéraliers, etc. A l'arrière sont implantées des raffineries qui desservent la vallée du Rhône, une partie de l'Allemagne et de la Suisse. Des industries métallurgiques et sidérurgiques, créées dans le même secteur, ont une activité tournée surtout vers l'exportation.

Pour répondre à cet essor économique, Marseille a dû développer son réseau de voies d'accès, et surtout la diversifier. Des autoroutes relient Marseille à Paris, à la frontière italienne, aux centres industriels et navals proches, comme Toulon. L'aéroport de Marseille-Marignanne voit son trafic augmenter chaque année. Marseille, aujourd'hui, deuxième ensemble portuaire d'Europe, devient un carrefour de dimensions internationales.

Marseille : Le Vieux Port et N.D. de la Garde. © DESJARDIN/RAPHO

MARSEILLE A LA CONQUÊTE DE NOUVEAUX ESPACES

Si jamais vous passez par Marseille, hâtez-vous d'aller admirer les maquettes de bateaux exposées à la chambre de commerce. Elles laisseront place, sous peu, aux symboles des nouvelles frontières dont rêve la ville : les profondeurs sous-marines toujours mieux explorées par les plongeurs de la Comex, ou les hauteurs orbitales que les représentants locaux de l'Aérospatiale rêvent de coloniser avec une navette Hermès *made in Marseilles*. Marseilles, avec un *s*. Les Anglais ont bien raison d'écrire ainsi le nom de cet agrégat de villages qui, bien que traumatisé par la perte d'un maire (1) tout-

puissant depuis plus de trente ans, cherche à retrouver son prestige passé. A la fin du mois, la chambre de commerce rebaptisera l'aéroport de Marseille-Marignane en « Marseille-Provence ». Un symbole du nouvel état d'esprit de ce port qui a reconquis l'an passé sa deuxième place européenne derrière Rotterdam, et qui découvre, en même temps, que son avenir s'écrit aussi dans les terres. Marseille, capitale de la Provence, avouez que ça sonne mieux que Marseille cul-de-sac du rêve colonial !

L'Expansion 16 mai-5 juin 86

(1) : Gaston Deferre, mort en 1986.

Le littoral méditerranéen

Nice, sa promenade des Anglais surplombée de palmiers, la plage de Saint-Tropez hantée par l'image de B.B., le petit port pittoresque de Cavalaire, les rochers rouges de l'Estérel plongeant dans la mer turquoise, les somptueuses villas de Menton accrochées dans les falaises abruptes au-dessus des flots, le soleil brûlant, la plage de Sainte-Maxime, Antibes, Cannes et sa croisette...

Fermez les yeux... Vacances, farniente, ciel impertubablement bleu, et le clapotis léger des vagues qui viennent lécher vos pieds nus. C'est la Côte. Inutile de préciser laquelle.

La Côte, lieu suprême du tourisme français, au point qu'aujourd'hui elle voudrait crier grâce : 220 % de résidences secondaires en plus dans le Var, entre 1975 et 1982, des pyramides de logements, la « Marina Baie des Anges » près de Nice, la côte entre Cannes et Menton livrée aux promoteurs qui ont fait des petits villages une seule agglomération étendue sur toute la longueur du littoral... On n'en finirait pas de multiplier les exemples de l'engorgement créé par cette croissance.

Le tourisme est sur la Côte l'activité principale. Pourtant, malgré les innombrables difficultés auxquelles elles se heurtent, l'horticulture (dans la partie littorale des Alpes-Maritimes) et l'industrie (dans les Bouches-du-Rhône surtout) ne se laissent pas cantonner dans le rôle d'activités secondaires.

Profits en fleurs.

Elle a le feu sacré, Nicole Barberet. Elle sait parfaitement que ses terrains de La Londe, du Pradet et du cap d'Antibes lui rapporteraient une fortune colossale si elles les confiait à un bétonneur (1), « dans les 5 milliards d'anciens francs », avance-t-on dans le pays. Mais elle sait aussi qu'elle fanerait en dix jours sans la moiteur des serres qui l'ont vue vivre. Elle qui a commencé en triant des fleurs dans un sous-sol, c'est toujours le parfum des œillets qui l'enivre, et non l'odeur de son patrimoine foncier. (...)

« Si vous saviez, monsieur, comme ils sont tristes ceux qui ont quitté la fleur pour le béton. Ils ont échangé leurs serres contre deux appartements, l'un pour y vivre, l'autre pour en vivre, maintenant ils vieillissent comme des Parisiens ! » (...)

L'entreprise Barberet et Blanc s'est hissée au top niveau mondial de l'œillet, la fleur la plus cultivée sur la planète avec 10 milliards de tiges par an. Leur laboratoire de 100 personnes a breveté 140 variétés en deux décennies. Leurs 550 salariés en France, en Espagne et en Italie produisent 145 millions de bou-

1. Surnom péjoratif donné aux promoteurs.

tures par an. Leurs marchés s'étendent du Japon à Israël, de la Colombie à l'URSS.

Au total, des horticulteurs de cinquante-deux pays vont faire leurs courses chez ces « obtenteurs-multiplicateurs », laissant dans la caisse de Barberet et Blanc 115 millions de francs de chiffre d'affaires et 10 millions de bénéfices... taxés à 15 %, car on sait s'y prendre, à quelques encâblures de Monaco, pour faire remonter le cash-flow des huit filiales vers le laboratoire, qui bénéficie d'un régime fiscal particulier.

Le climat antibois serait-il propice à l'innovation florale ? Voisine des leaders de l'œillet, la famille Meilland règne, elle, sur la rose. Cette multinationale d'obtenteurs-pépiniéristes exploite plus de 1 000 brevets ou certificats de licence, signant de ce fait une rose sur trois vendues dans le monde.

Meilland, Barberet et Blanc : peut-on rêver locomotives plus dynamiques pour cette région qui emploie près de 10 000 personnes dans l'horticulture, et qui a notamment donné 292 millions d'œillets et 202 millions de roses en 1984, soit respectivement 87 % et 68 % de la production française de fleurs coupées ?

Chiffres trompeurs ! Au rythme où vont les choses, elles n'auront bientôt plus de wagons à tirer, du moins dans les Alpes-Maritimes, département qui comptait 3 464 exploitations horticoles en 1956 et 2 135 seulement en 1980.

« L'horticulture moderne, c'est de l'industrie lourde, estime Paul Benoît au Crédit Agricole du Var. Aujourd'hui, une serre chaude peut coûter, tout compris, de 500 à 800 francs le mètre carré. » Or nombre d'horticulteurs n'ont pu investir, pris au piège de leurs mœurs fiscales. Grands amateurs du « sans facture » dans les marchés de gré à gré (les plus rémunérateurs, car c'est là que s'échangent les plus belles productions), ils ne pouvaient pas justifier de leur chiffre d'affaires réel quand ils déposaient une demande d'emprunt !

« Alors, conclut Paul Benoît, lorsque la grêle a détruit 150 hectares de serres, beaucoup en ont profité pour vendre aux promoteurs. » Il est vrai qu'il faut la foi pour ne pas préférer la pétanque quand on est assis sur 10 ou 15 millions de francs de terrain... « Surtout, ajoute Jacques Stiegler, si l'on se retrouve progressivement cerné par des immeubles jetant de l'ombre sur les serres, et par des voisins qui ne sont pas venus sur la côte pour humer l'odeur des pesticides. »

Seul moyen de s'en sortir : moderniser les exploitations, c'est-à-dire d'une part chasser le « gaspi » pour s'aligner sur les Hollandais qui chauffent peut-être plus à cause du froid, mais à moindre coût grâce à leur gaz naturel, et d'autre part rationaliser le travail, encore largement artisanal, afin de lutter contre la concurrence des pays à bas salaire.

Une industrie qui de désarme pas.

En 1988, l'américain Arco Chemicals ouvrira à Fos une unité d'oxyde propylène. L'investissement est moins important par son montant, pourtant non négligeable (2,4 milliards de francs), et par l'emploi créé que par son existence même. C'est en effet la première fois depuis quatorze ans que l'on inaugurera quelque chose entre Berre et Fos ! Comprenez que, sur place, on applaudisse sans retenue à la nouvelle. Car, en même temps, dans la sidérurgie, le destin d'Ugine-Aciers (devenu Ugifos) est toujours en suspens trois ans après la décision de fin d'activité. Et dans le pétrole (un quart de la capacité française de raffinage), on murmure qu'Esso ou Total pourraient fermer un site.

Ainsi, la région n'est pas épargnée par les licenciements. Elle qui créait 1 000 emplois par an de 1975 à 1982 en a perdu 9 000 en 1983, et encore 5 000 en 1984. Et les grands établissements n'ont pas fini de « dégraisser », bien que, globalement, le solde des créations et des pertes d'emplois se soit annulé l'an passé.

Et pourtant, quel dynamisme en même temps ! Avec 4 440 chercheurs — exactement deux fois plus qu'en 1973 — Provence-Alpes-Côte d'Azur décrochait une brillante médaille de bronze en 1983, derrière la Région parisienne et Rhône-Alpes. Brillante, car elle avait dû rattraper du terrain sur les deux leaders au cours de cette décennie. Brillante également par les secteurs de recherche représentés. Parmi les trois points forts de la région, il y a évidemment la chimie et l'aéronautique, deux secteurs implantés de longue date et habitués à consommer des neurones. Mais c'est, de loin, l'informatique qui prédomine. Elle emploie ici près d'un chercheur du privé sur deux, contre un sur treize en moyenne nationale.

Or un tel effort dans un secteur peu consommateur de main-d'œuvre ne portera ses fruits qu'à long terme. C'est pourquoi la nouvelle équipe qui dirige la région rêve, en priorité, d'une accélération des grands travaux. L'autoroute de la Durance est de ceux-là. On attend d'elle qu'elle désenclave Gap et Briançon et, surtout, qu'elle relie la Provence à la Suisse et à Turin. Galéjade ? (2). A Marseille, on y croit. Les Bouches-du-Rhône ne sont-elles pas déjà le terminal du lac Léman ?...

L'Expansion, 16 mai-5 juin 1986.

2. Plaisanterie, en patois marseillais.

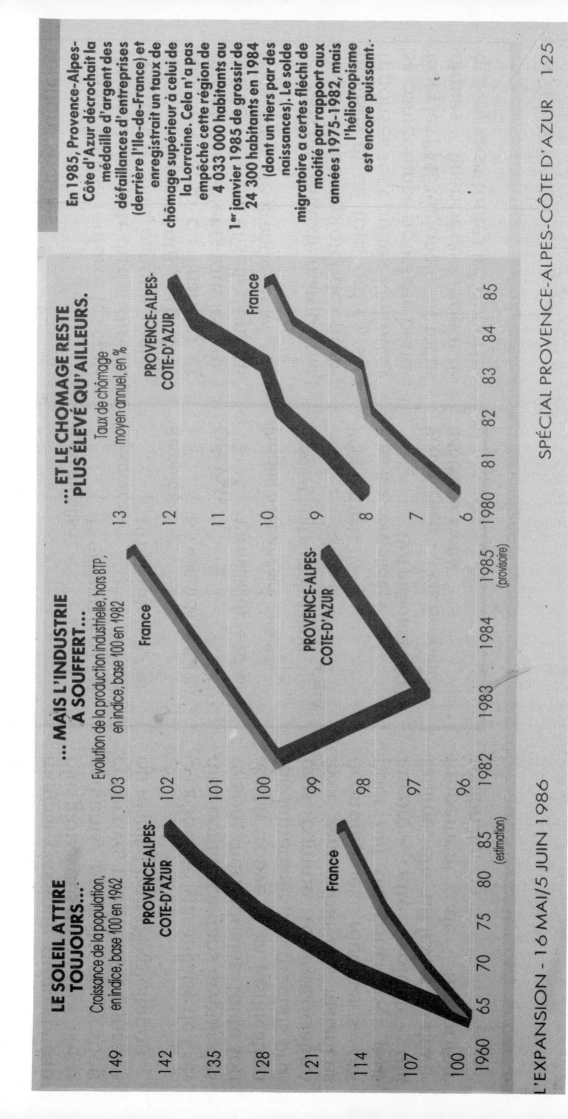

LE SOLEIL ATTIRE TOUJOURS...

Croissance de la population, en indice, base 100 en 1962

PROVENCE-ALPES-COTE-D'AZUR

France

...MAIS L'INDUSTRIE A SOUFFERT...

Evolution de la production industrielle, hors BTP, en indice, base 100 en 1982

France

PROVENCE-ALPES-COTE-D'AZUR

...ET LE CHÔMAGE RESTE PLUS ÉLEVÉ QU'AILLEURS.

Taux de chômage moyen annuel, en %

PROVENCE-ALPES-COTE-D'AZUR

France

En 1985, Provence-Alpes-Côte d'Azur décrochait la médaille d'argent des défaillances d'entreprises (derrière l'Île-de-France) et enregistrait un taux de chômage supérieur à celui de la Lorraine. Cela n'a pas empêché cette région de 4 033 000 habitants au 1er janvier 1985 de grossir de 24 300 habitants en 1984 (dont un tiers par des naissances). Le solde migratoire a certes fléchi de moitié par rapport aux années 1975-1982, mais l'héliotropisme est encore puissant.

Les relations internationales

L'exportation est un moyen, pour les entreprises, de maintenir ou de développer leur croissance.
A part les problèmes de langue, la plupart des communications écrites, par lettre ou télex, entre importateur et exportateur sont du même type que les relations entre client et fournisseur d'un même pays :

L'importateur peut demander des informations à un fabricant étranger.
Il passe commande selon un tarif libellé dans la monnaie de l'un des pays.
L'exportateur établit la facture (les exportations ne supportent pas la T.V.A.).
L'importateur en règle le montant | *soit dans la monnaie de son pays,*
| *soit en devises par l'intermédiaire de sa banque.*

Cependant, divers problèmes administratifs se posent, en relation avec les transports ou les douanes, ce qui entraîne le remplissage de différents documents, en de nombreux exemplaires.

De plus, exporter n'est pas facile car la concurrence est vive.

Pour exporter, il faut donc :
* établir des contacts avec les clients étrangers ;
* étudier l'acheminement des marchandises ;
* effectuer les formalités douanières ;
* assurer le règlement de la facture.

L'approche des marchés étrangers

Comment entrer en relation avec des clients étrangers ?
L'entreprise qui désire exporter peut, soit rechercher des contacts directs avec les clients,
soit recourir à des intermédiaires.

RAPPORTS DIRECTS AVEC LES CLIENTS

* Le moyen le plus simple est de participer à des **foires commerciales internationales** :

- soit des foires générales ouvertes au grand public ;
  Ex : Foire de Paris, Sicob (Salon international de l'Informatique, de la communication et de l'organisation de bureau).

- soit des salons spécialisés réservés aux professionnels ;
  Ex : Bâtimat pour les professionnels du bâtiment, Salon international du jouet, de la machine agricole...

Des organismes divers - le CFME, Comité français des manifestations économiques à l'étranger, par exemple - peuvent se charger des formalités et de la réalisation matérielle du stand.

Ce moyen est cependant assez coûteux en frais matériels (stand, transport des marchandises) et humains (hôtesses, personnel technique, frais d'hébergement).

* Le moyen le plus sûr, mais aussi le plus onéreux et le plus compliqué est la création d'un **réseau commercial à l'étranger** :

- implantation de **filiales.**
  Les filiales sont en général créées par la prise de participation de l'entreprise dans le capital d'entreprises étrangères. Elles ont donc leur capital propre, mais elles ont des liens financiers, techniques et humains avec la maison-mère. Ce procédé est très efficace pour les cas où une fabrication locale ou un service après-vente sont indispensables (*Ex. : Moulinex, Pont-à-Mousson*).

- création d'une **force de vente internationale** :

L'entreprise organise un réseau de représentants qui ont pour mission de rechercher des clients à l'étranger et de leur rendre visite ensuite, périodiquement.

Cela exige une équipe efficace, mobile ; le coût de prospection et de suivi des affaires est élevé, mais le procédé est souple ; il permet une bonne connaissance de la clientèle. Il convient bien pour prospecter des clients importants et peu nombreux, pour des produits chers (équipement industriel par exemple) ou des fabrications sur mesure.

1

*Le CFCE, Centre français du Commerce extérieur a créé une **banque de données** "Export Affaires" qui donne des informations à ses abonnés sur les possibilités d'affaires à l'étranger.*
Employé dans l'entreprise ROBI-LUXE qui fabrique de la robinetterie de haut de gamme, vous devez écrire au CFCE pour savoir si la banque de données centralise des informations concernant d'éventuels clients en Italie et, dans ce cas, pour vous informer sur les modalités de l'abonnement aux services proposés, de l'interrogation de la banque de données, et de la tarification du service.

Plan proposé :

- Présentation de l'entreprise ; ses objectifs (marché visé).
- Demande concernant la possibilité d'obtenir des information sur le marché visé
- Dans l'affirmative, demande de renseignements sur les modalités d'utilisation de la banque de données.
- Remerciements pour la rapidité de la réponse.

LES INTERMÉDIAIRES

Le recours à des intermédiaires est indispensable pour les entreprises qui n'ont jamais exporté ou qui exportent peu car il évite les coûts d'implantation et de prospection.

LES PRINCIPAUX INTERMÉDIAIRES

TYPE D'INTERMÉDIAIRE	CARACTÉRISTIQUES	CAS OU LA SOLUTION EST LA MIEUX ADAPTÉE
Commissionnaire	Le commissionnaire est un intermédiaire qui reçoit, de ses clients situés à l'étranger, l'ordre d'acheter ou de vendre pour leur compte des marchandises déterminées. *- Le **commissionnaire acheteur** achète dans son pays et expédie la marchandise à son client étranger (importateur, groupement d'achats).* *- Le **commissionnaire vendeur** vend dans son pays des marchandises pour le compte d'un fabricant étranger.* *- Certains commissionnaires, les **commissionnaires "Import-Export"** sont à la fois importateurs et exportateurs.* *Le commissionnaire se charge de toutes les formalités et des relations avec les clients ; il est rémunéré par une commission.*	Solution peu coûteuse. Elle permet la commercialisation de tous produits, à condition qu'ils n'exigent pas de service après-vente.
Société de négoce international	Le négociant appelé **"Importateur-distributeur"** est spécialisé par pays et par produits. Il achète, pour son propre compte, des marchandises dans un pays pour les revendre dans un autre pays : il joue le rôle de grossiste.	Solution peu coûteuse, mais qui exige un contrôle vigilant pour éviter l'utilisation abusive de la marque. Solution convenant aux produits simples, ne nécessitant pas d'adaptation ni de service après-vente (prêt à porter, produits consommables).
Agent (agent commercial agent génèràl) **Concessionnaire**	L'agent est un commerçant qui vend, souvent en exclusivité (concessionnaire), les produits d'un fournisseur étranger ; il prend les commandes et les transmet au fournisseur. Il est rémunéré à la commission.	Solution qui exige un contrôle (pour éviter la vente de contre-façons) et une animation importante. Solution intéressante pour les produits de luxe, ou quand le produit doit subir une adaptation aux goûts de la clientèle, ou quand un service après-vente est nécessaire (automobile, appareils ménagers...).
Centrale d'achat	La centrale d'achat est un organisme créé par un groupement d'entreprises industrielles pour assurer leur approvisionnement.	Solution intéressante quand l'importateur souhaite acheter des produits courants, variés, non suivis.
Courtier	Le courtier est un commerçant qui a pour rôle de mettre en relation un acheteur et un vendeur (il n'intervient pas dans le contrat). Il est rémunéré par un courtage.	Solution valable surtout pour les matières premières et les marchandises inscrites à la cote des Bourses de commerce (coton, cuivre, sucre...).

ROBI-LUXE

17, rue Pasteur - 69007 LYON
Tél. : 78.60.61.62

ROBINETTERIE INDUSTRIELLE

Société anonyme au capital de 1 050 000 F
RCS Lyon B 750 821 644
CCP Lyon 88.345.44 C

Un autre procédé : **le franchisage.**

La franchise est un système de collaboration économique entre deux partenaires indépendants dans lequel l'un - *le franchiseur* - déjà titulaire d'une marque, d'un savoir-faire ou de produits ou services spécifiques concède à l'autre -*le franchisé* - moyennant redevance, le droit de les exploiter selon des techniques commerciales expérimentées et uniformes (même enseigne, mêmes produits, même présentation). En général, le contrat de franchisage s'accompagne d'une assistance, parfois d'un contrôle de la part du franchiseur.

2 Citez quelques exemples d'entreprises ayant adopté le système du **franchisage**

en France :

en Italie :

aux USA :

L'acheminement des marchandises

Le transport des marchandises est une phase essentielle de l'opération d'exportation ; le coût, le risque, le délai de livraison doivent être étudiés attentivement.

LE CHOIX DU TRANSPORTEUR

* Les modalités du conditionnement.

Le choix du type de transport peut dépendre du conditionnement de la marchandise :

- une marchandise acheminée "en conventionnel" , c'est-à-dire en vrac (*ex : charbon, blé, matières premières...*) voyage par mer ou par fer ;

- les colis sont expédiés par route, par la poste (colis postal), par avion, par fer ;

- les unités de charge conviennent au transport par mer, par fer ou par route.
Les marchandises sont transportées sur des palettes (plateaux de chargement permettant la manutention par chariots élévateurs) ou dans des conteneurs dits de 20 pieds (32 m3) ou de 40 pieds (64 m3).
Le transport en unités de charge se développe car il réduit les risques de casse, de perte, de vol ; il permet une mécanisation des opérations de manutention et donc une réduction du coût du transport.

* Le professionnel du transport.

L'entreprise peut s'adresser directement à un **transporteur** international (c'est le cas des grandes entreprises exportatrices) ou à un intermédiaire spécialisé, le **transitaire**, chargé d'organiser le transport au mieux des intérêts de l'exportateur : le transitaire effectue en général des **groupages**, ce qui lui permet de pratiquer des tarifs plus réduits.

* Le mode de transport

- Le **transport maritime** est le plus utilisé pour les exportations à grande distance. Le document de base du contrat de transport est le **connaissement maritime** ; ce document est la preuve du contrat de transport et, en plus, il représente la propriété de la marchandise : un exemplaire accompagne la marchandise, un autre est adressé à l'importateur pour lui permettre de prendre possession de la marchandise.

- Le **transport aérien**, par cargos ou avions mixtes, se développe, malgré un coût plus élevé, pour les marchandises peu volumineuses et périssables (fleurs, primeurs...). Le document de base est la **lettre de transport aérien** : LTA. La LTA est la preuve du contrat de transport. Les marchandises sont remises, à l'arrivée, au destinataire désigné sur la LTA.

- Le **transport routier international.** Le contrat de transport est matérialisé par une lettre de voiture (hors CEE) ou par une **feuille de route** (type CEE). Les deux types de documents sont la preuve du contrat mais, en plus, la feuille de route précise le prix du transport selon les tarifications bilatérales des pays de la CEE.

- Le **transport ferroviaire international** s'effectue par wagons complets - expédition organisée en France par la SNCF - ou par envois de détail pour les expéditions de moins de 5 tonnes - la messagerie relève en France du SERNAM, filiale de la SNCF.

Les marchandises voyagent en petite vitesse (PV) ou en grande vitesse (GV). (Les délais réels peuvent être plus courts que les délais prévus ci-contre.)
Il existe aussi un régime "envoi express".
Le document de transport est la **lettre de voiture.**

Délai d'acheminement	PV	GV
Délai d'expédition	24 h	12 h
Délai de transport	24 h pour 300 km	24 h pour 400 km

* Les conditions du transport

- **Les documents à établir sont nombreux : facture commerciale, document de transport, divers documents douaniers.**

Avant d'établir les documents, il faut savoir qui va supporter les risques et les frais du transport et de l'assurance : lors de la négociation, les deux parties ont choisi l'incoterm.

- **Les Incoterms**, élaborés par la Chambre de Commerce internationale, fixent les différentes possibilités de répartition des frais et des risques entre les deux parties. *(Voir ci-après le tableau présentant les principaux incoterms).*

3 *Dans les relations internationales, quel **incoterm** préférera le commerçant dans les cas suivants :*

- Il veut simplifier ses propres opérations :   *il est importateur :*

    il est exportateur :

- Il veut évincer la concurrence :   *il est importateur :*

    il est exportateur :

- **L'assurance** est souscrite auprès de compagnies ordinaires ou de compagnies spécialisées.

Ex : la COFACE, Compagnie française d'Assurances pour le commerce extérieur.
Dans ce cas, l'assurance couvre les risques du transport mais également les risques de non-rapatriement des fonds pour des causes politiques ou économiques ou en raison de l'insolvabilité du débiteur.

L'assurance est obligatoire dans les ventes CAF ou CIF.

LES PRINCIPAUX INCOTERMS

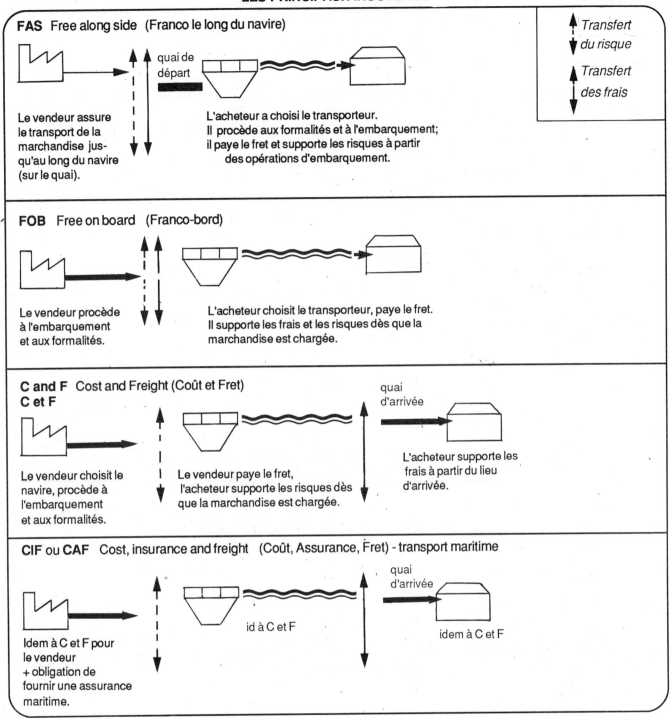

FAS Free along side (Franco le long du navire)

quai de départ

Le vendeur assure le transport de la marchandise jusqu'au long du navire (sur le quai).

L'acheteur a choisi le transporteur. Il procède aux formalités et à l'embarquement; il paye le fret et supporte les risques à partir des opérations d'embarquement.

↑ Transfert
↓ du risque

↑ Transfert
↓ des frais

FOB Free on board (Franco-bord)

Le vendeur procède à l'embarquement et aux formalités.

L'acheteur choisit le transporteur, paye le fret. Il supporte les frais et les risques dès que la marchandise est chargée.

C and F Cost and Freight (Coût et Fret)
C et F

quai d'arrivée

Le vendeur choisit le navire, procède à l'embarquement et aux formalités.

Le vendeur paye le fret, l'acheteur supporte les risques dès que la marchandise est chargée.

L'acheteur supporte les frais à partir du lieu d'arrivée.

CIF ou **CAF** Cost, insurance and freight (Coût, Assurance, Fret) - transport maritime

quai d'arrivée

Idem à C et F pour le vendeur + obligation de fournir une assurance maritime.

id à C et F

idem à C et F

Le fret est le coût du transport maritime ou aérien.

4 *Dans la Société Vermont (voir le dossier précédent), M. Miran vous charge de demander aux Transports Roger Benaïm (75 ,quai Georges V, 76600 Le Havre. Tél. 35.42.48.95) les conditions de prix, de délai et d'assurance pour le transport de camemberts destinés à un importateur italien (Turin) ; le transport concernerait, en moyenne 2 conteneurs isothermes de 20 Pieds (32 m3) chaque mois (2 envois).*

Envisagez votre demande par téléphone, par télex et par lettre.

Points de repère pour la lettre :   Nous envisageons de vous confier...
Veuillez nous indiquer...
Nous vous remercions...
Agréez, MM.....

La douane

Rôle de la douane

La douane a un *rôle de protection* à l'entrée et à la sortie du territoire : protection sanitaire (refus à l'entrée de produits nocifs) et économique (protection de productions nationales) ; elle a, de plus, un *rôle fiscal* de perception de droits à l'entrée de marchandises importées ; enfin, elle effectue des *statistiques* diverses qui permettent de connaître le volume, la nature et le pays destinataire des différentes marchandises.

Les différents régimes douaniers

* La mise à la consommation, ou importation simple.
Les marchandises sont "dédouanées" moyennant le paiement des droits de douane. (Les droits de douane sont supprimés dans les relations entre pays de la CEE ; les pays de la CEE appliquent un tarif extérieur commun dans leurs relations avec les pays tiers).

* Le transit sous douane
Les marchandises ne font que traverser le territoire pour aller d'une frontière à l'autre ; elles n'ont alors pas à supporter les droits de douane. Mais l'administration des douanes peut demander des garanties au transporteur (colis ou véhicules scellés ; caution, c'est-à-dire engagement d'une personne physique ou morale de payer le port en cas de défaillance du destinataire). Le transit international peut se faire par fer (TIF) ou par route (TIR).

* L'entreposage sous douane
Ce régime permet de placer, dans des locaux soumis à un contrôle de la douane, des marchandises en exonération provisoire des droits de douane : ceux-ci ne seront payés que si les marchandises sont livrées à la consommation intérieure. Les marchandises peuvent subir diverses manipulations simples (changement d'emballage, division en lots) ; elles peuvent sortir de l'entrepôt par lots pour éviter de payer la totalité des droits de douane en une seule fois.

* Le régime de perfectionnement actif (ou admission temporaire)
Les marchandises entrent dans le pays en franchise de droits pour y subir des transformations et être réexpédiées sous forme de produits finis. Cette admission, pour un temps limité, a pour objectif d'aider les industries de transformation.

Au lieu d'effectuer elle-même les opérations de dédouanement, l'entreprise peut s'adresser à un commissionnaire agréé en douane ; ce procédé est intéresssant pour les entreprises ayant un trafic réduit ou diversifié à l'importation ou à l'exportation.

Les document douaniers

A l'intérieur de la CEE, les marchandises circulent librement et ne sont donc soumises à aucun droit de douane ; seuls doivent être présentés lors du passage en douane le titre de transport et le document de transit communautaire (ou simplement la lettre de voiture internationale pour les transports par fer).

Hors CEE, la réglementation est différente suivant les pays.   Exemples :

Pays importateur	Document exigé par le pays importateur	Caractéristiques
Pays d'Amérique latine...	Facture consulaire	Facture demandée par l'exportateur auprès du consulat du pays concerné, remplie par l'exportateur, puis visée par le consulat.
Canada, pays de Commonwealth ...	Facture douanière	Facture spéciale, mais ne nécessitant pas de visa.
Pays n'ayant pas conclu d'accord avec la CEE ou importation d'une marchandise surveillée.	Certificat d'origine	Document fourni par la Chambre de Commerce du pays d'origine et visé par elle après établissement.
Pays ayant conclu des accords préférentiels avec la CEE.	Certificat de circulation	Document fourni par la Chambre de Commerce d'origine et visé par les autorités douanières.

Le règlement des marchandises importées

Les principales techniques de paiement sont les suivantes :

*L'encaissement simple : l'exportateur envoie une facture à l'importateur.

Exportateur	Facture n° date	◄ Schéma d'une facture commerciale
Destinataire	Acheteur	
Conditions de transport	Banque de l'exportateur	
	Conditions de règlement	
Colisage		Colisage : nombre et nature des colis numéros des colis désignation des marchandises
Facturation		
	Total facture Net à payer	Pour régler le montant de la facture, l'importateur dispose de plusieurs moyens :
Visas	A ... le ... Signature Nom	

- *l'envoi d'un chèque.* Ce moyen n'est possible, pour un importateur français, que vers les DOM-TOM et certains pays d'Afrique, ou quand le montant de la facture est inférieur ou égal à 50 000 F.
Le temps d'encaissement peut être plus ou moins long et le règlement n'est pas garanti (sauf si le chèque est accompagné d'une lettre de garantie bancaire par lequel la banque de l'importateur s'engage à payer le chèque en cas de défaillance de son client : ce système est couramment pratiqué dans les relations avec l'Italie pour le commerce de la viande).

- *Le virement bancaire international.*
Ce procédé est beaucoup plus courant, notamment pour les règlements en devises ; il est rapide, sûr et peu coûteux si l'ordre de virement est transmis à la banque de l'exportateur par câble. (**Voir un tracé de virement bancaire ci-après ; format réduit**).

- *Le paiement d'une lettre de change émise par l'exportateur.*
Souvent l'exportateur exige un aval du banquier qui en garantit le paiement.

* La remise documentaire

L'exportateur remet différents documents à sa banque (facture, titre de transport, certificat d'origine). Ces documents sont transmis à la banque de l'importateur et remis à l'exportateur :
- soit contre paiement comptant de la facture (par chèque ou virement) ;
- soit contre acceptation d'une lettre de change.
Dans le cas où le titre de transport est un connaissement (transport maritime), l'importateur ne peut prendre possession des marchandises que s'il est détenteur du connaissement (*voir le travail complémentaire*).

Ordre de virement bancaire.

BANQUE NATIONALE DE PARIS

ORDRE DE VIREMENT A L'ÉTRANGER

DESTINATAIRE

BANQUE NATIONALE DE PARIS
SERVICE ÉTRANGER

Siège :

Par le débit de notre compte
☐ en francs
☐ en devises

EXPÉDITEUR (Donneur d'ordre)

sur vos livres, veuillez exécuter le virement suivant :

☐ par courrier ordinaire
☐ par courrier "Avion"
☐ par câble

Le _____ | _____ Notre compte N°

Motif du Paiement

BÉNÉFICIAIRE

Monnaie _____ Montant

Montant en lettres

Au crédit de son compte chez

Observations du donneur d'ordre

Signature du donneur d'ordre

N° I.N.S.E.E.

CADRE RÉSERVÉ A LA B.N.P.

DÉCOMPTE DE L'OPÉRATION EXÉCUTÉE LE :
MONTANT TRANSFÉRÉ

BANQUE CHARGÉE DE L'ORDRE

EN FRANCS | EN DEVISES

Cours

FF _____ C/V

N/frais _____ N/frais

CPTE N° _____ (ou code Nostro) :

VILLE

A DÉBITER

Codification stastistique BQUE DE FRANCE

RUBRIQUE | PAYS

N° 4.984

CA. 0637 - 71

SOCIETE GENERALE
SOCIÉTÉ ANONYME R.C. PARIS B 552120222

demande d'ouverture de crédit documentaire

le _____ compte n°

nom et adresse du client

destinataire

SOCIÉTÉ GÉNÉRALE

Agence

Suivant instructions ci-dessous et lignes marquées d'une croix, veuillez ouvrir pour notre compte un crédit :

révocable
irrévocable
irrévocable et confirmé

chez

votre correspondant

par
courrier
télex
télégramme

en faveur de

validité

montant

☐ à vue
☐ par acceptation par vous-même de traites à _____ jours
☐ par acceptation par votre correspondant de traites à _____ jours

☐ de vue
☐ de la date d'expédition des documents

expéditions partielles | transbordements | expédition de
a :
au plus tard le

☐ autorisées ☐ interdites | ☐ autorisés ☐ interdits

☐ FOB
☐ CAF ou CIF
☐ C et F

☐ FAS
☐ départ d'usine
☐ franco sur wagon point de départ

☐ franco rendu point de destination
☐ franco frontière
☐ à préciser : ex : franco frontière franco italienne

☐ facture commerciale en _____ exemplaires
☐ jeu complet de connaissements net de réserves on board à ordre

☐ police ou certificat d'assurance couvrant les risques suivants

☐ duplicata de lettre de voiture internationale ferroviaire estampillée par la gare de départ *
☐ lettre de voiture internationale routière *
☐ lettre de transport aérien
* établie au nom et à l'adresse de :

☐ note de poids
☐ liste de colisage
☐ certificat sanitaire délivré le jour de l'embarquement
par :

☐ certificat d'origine

nature des marchandises, quantité, prix etc.

Les documents devront être présentés à votre correspondant dans les _____ jours de la date d'expédition.

* Le crédit documentaire

(Voir un exemple de demande de crédit documentaire ci-contre, format réduit).

Le crédit documentaire est un engagement de paiement pris par une banque et remis au vendeur à la demande de l'acheteur : le règlement s'effectue selon le mode de règlement et le délai prévus, sur présentation des documents.

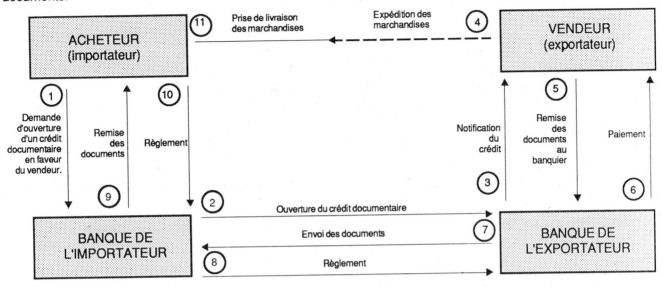

5 | *Consultez l'imprimé **"Demande d'ouverture de crédit documentaire".***
Complétez le tableau ci-dessous relatif à des termes ou expressions figurant sur le document.

Terme ou expression	Définition	Appréciation
Crédit révocable	Crédit qui peut être modifié ou annulé à tout moment par l'acheteur sans que le vendeur soit avisé.	*Pourquoi ce type de crédit est-il peu utilisé ?*
Crédit irrévocable	Crédit qui ne peut être modifié ou annulé qu'avec l'accord des deux parties. Mais la banque de l'importateur ne garantit pas le paiement.	*Quel avantage ce type de crédit présente-t-il par rapport au précédent ?* *Quel est le risque qui subsiste, en théorie ?*
Crédit irrévocable et confirmé	Garantie supplémentaire : le crédit est confirmé par la banque de l'exportateur.	*Avantage de ce type de crédit ?*
Liste de colisage	Liste des colis composant l'expédition.	*Son intérêt ?*

Par ailleurs, la Banque Française pour le Commerce Extérieur (BFCE) peut accorder à l'exportateur français :

- avant l'expédition : des *crédits de préfinancement* pour une commande ferme ;

- après l'expédition   - le *financement des stocks* détenus à l'étranger dans un dépôt, une filiale ;
                               - le *financement des créances* à court terme (jusqu'à 2 ans), à moyen terme (de 2 à 5 ans) et exceptionnellement à long terme (plus de 5 ans, uniquement pour des exportations intéressantes pour l'économie française).

Enfin, différentes **aides** sont accordées pour aider une entreprise à s'implanter à l'étranger :

- **aides à la prospection** :   la COFACE assure tous les frais (voyages, adaptation des produits, stocks) : en cas d'échec, les frais sont pris en charge par la COFACE.

- **crédit d'impôt** :   l'entreprise peut constituer une provision fiscale égale aux pertes subies dans les pays de la CEE et à tout ou partie des investissements hors CEE. (Cette provision vient en déduction des résultats imposables.)

- **aides financières à long terme** :   prêts de la BFCE ; prêts DIE (développement industriel à l'étranger) par le Crédit National...

Travail complémentaire

L'entreprise SIC-Import vend au détail des produits manufacturés divers, souvent en provenance d'Extrême-Orient : vaisselle, petit mobilier, bibelots, gadgets... La maison-mère de Paris groupe les achats des filiales situées en Belgique, en Italie et dans quelques pays d'Afrique. Le fournisseur envoie les marchandises directement aux filiales mais tous les documents transitent au siège ; souvent ces documents parviennent donc à la filiale plusieurs jours après l'arrivée des marchandises. Voici le texte d'un télex reçu de la filiale de Rome :

```
AVONS RECU L'AVIS D'ARRIVEE DES MARCHANDISES RELATIVES A LA COMMANDE N° 50456,
MAIS NE POUVONS PROCEDER AU DEDOUANEMENT CAR LES DOCUMENTS NE NOUS SONT PAS
PARVENUS.
VEUILLEZ NOUS LES ENVOYER D'URGENCE POUR LIMITER LES FRAIS DE MAGASINAGE.
MERCI DE NOUS TENIR INFORMES.
```

Ce cas se produisant fréquemment du fait que les marchandises voyagent en général par mer, on vous charge de concevoir :

1   *La **lettre type** qui sera adressée systématiquement aux fournisseurs en même temps que la commande, leur demandant que les documents soient envoyés le jour même de l'expédition des marchandises.*

Plan proposé :

> - annonce de la commande jointe.
> - demande d'envoi des documents le jour même de l'expédition des marchandises aux destinataires ; raison ; remerciements.

2   *La **circulaire** que l'on va envoyer aux filiales pour les aviser de la démarche effectuée auprès des fournisseurs et leur demander d'évaluer le délai moyen de transmission des documents depuis Paris ainsi que les frais moyens de magasinage qui en découlent : ces informations permettront de décider si le recours à une société de messagerie privée se justifie (notamment pour les relations avec les filiales africaines).*

Plan proposé :

> - rappel du problème
> - démarche effectuée auprès des fournisseurs
> - demande d'évaluation des délais et des frais ; raison
> - prière de répondre rapidement ; remerciements.

Comprendre... MARSEILLE ET LE LITTORAL MÉDITERRANÉEN

1. MARSEILLE : ÉCONOMIE

En vous fondant sur les informations fournies dans le *Journal* et les *Dossiers du Journal, vous décrivez quels atouts sont nécessaires à une ville pour qu'elle devienne un carrefour international.*

Quelles possibilités, à votre avis, fournit à Marseille sa situation géographique ? Pourquoi ? (Vous vous documenterez, au besoin, sur cette situation, en cherchant dans un atlas les villes de Marseille, Fos, Aix, l'étang de Berre, etc.)

Expliquez la mutation qu'exprime la transformation du nom de l'aéroport Marseille-Marignane en Marseille-Provence.

2. LA CÔTE : ÉCONOMIE

A l'aide des informations fournies dans les *Dossiers du Journal,* sous le titre : « Profits en fleurs », et, en particulier, en interprétant les chiffres qui vous sont donnés, *vous expliquerez la mutation de l'horticulture et les causes de cette mutation.*

Quelles industries sont aujourd'hui dynamiques sur la côte ? Lesquelles semblent se heurter à de grandes difficultés ?

3. LA CÔTE ET MARSEILLE : TOURISME

RECHERCHE

Choisissez une des régions évoquées (Marseille, le littoral méditerranéen). Cherchez sur elle une documentation plus précise, des photographies.

Vous êtes en vacances dans cette région et *vous écrivez à l'un de vos proches pour raconter ce que vous faites,* les paysages, les personnages que vous rencontrez, etc.

RECHERCHE

Il existe sans doute dans votre pays un lieu qui est, par excellence, celui où se rassemblent touristes étrangers et nationaux. *Documentez-vous* sur les transformations subies depuis 20 ans par cet endroit en matière de répartition de l'emploi, de construction, d'industrie.

Comparez ces transformations à celles subies par la côte méditerranéenne.

Comment dire... LA CONCESSION

Publi-Services
4, avenue Victor-Hugo
88000 Nevers

Mademoiselle Monique Bernier
53, rue Legendre
58320 Pougues-les-Eaux

Nevers, le 20 janvier 19..

Objet : Votre demande d'emploi
Secrétaire trilingue.

Mademoiselle,

Nous vous remercions de votre lettre du 13 janvier. Bien que nous ayons été satisfaits de la qualité de vos références, nous avons le regret de vous communiquer que nous ne pouvons pas, pour l'instant, prendre en considération votre candidature, attendu que notre personnel est maintenant au complet.

Cependant, nous ne manquerons pas de vous interroger dès que le cas se présentera.

Veuillez agréer, Mademoiselle, nos salutations les meilleures.

J. Benard.

Analysons les faits :

Mlle Bernier a posé sa candidature. Elle possède d'excellentes références. Donc, sa candidature aurait pu être retenue.

Elle ne l'a pas été pour une raison d'un autre ordre : le personnel est au complet.

Le mot subordonnant *bien que* marque que la logique, qui veut que d'excellentes références soient suivies d'une réponse positive, est perturbée. De la même manière, la logique habituelle suppose qu'après un refus, le dossier est classé. *Cependant* indique ici que cette logique sera elle aussi perturbée, puisqu'on propose à Mlle Bernier de la rappeler dès que l'occasion se présentera. Cette « perturbation » apparue dans un ordre habituel des choses est appelée CONCESSION. De même, une restriction apportée à une affirmation générale est appelée CONCESSION.

Exemple : Le nombre total des emplois a baissé, bien qu'il ait augmenté dans le tertiaire.

Les propositions exprimant la concession sont introduites par un mot subordonnant :

> **Alors même que** l'emploi augmentait dans le tertiaire, il baissait dans l'industrie.
> Le tertiaire régresse aujourd'hui, **bien qu'**il ait connu jusqu'à présent une situation florissante.
> L'emploi a baissé dans tous les secteurs, **encore que** le tertiaire ait été moins touché.

> **Quand bien même** je serais riche un jour, je n'achèterais pas d'automobile.
> C'est une personne agréable, **quoique** trop bavarde.

> **Quelles que** soient ses références, nous ne pouvons l'employer.

> **Qui que ce soit qui** t'interroge, tu ne réponds pas.

> **Quoi qu'**il demande, on le lui refuse toujours.

Attention ! **Quoique** belle, elle manque de charme.

> **Même si** j'avais du temps, je n'irais pas voir ce match.

1 | *Composez des phrases exprimant la concession* à partir des éléments qui vous sont donnés ci-dessous.

> *Ex. :* Sa candidature n'a pas été retenue. Elle possède d'excellents références.
> Bien qu'elle possède d'excellentes références, sa candidature n'a pas été retenue.

- Il est interdit de fumer. Il fume.

- On se moque de lui. Il est très gentil.

- Il aime beaucoup le cinéma. Il y va rarement.

- C'est un excellent joueur de football. Il n'a pas été sélectionné.

Modes.

- Les propositions exprimant la concession exigent, d'une manière générale, **le subjonctif** quand il s'agit d'un fait réel.
  Subjonctif présent : Bien qu'il soit économe, il est généreux
  ou **subjonctif passé :** Il décida de sortir bien qu'il fût fatigué.

- On emploie **le conditionnel** après : quand (lorsqu'il signifie : en admettant même que), quand bien même, tandis que, alors même que, ... si la subordonnée indique un fait éventuel ou irréel.
  Quand il serait empereur, je ne le saluerais pas !
  Quand bien même il aurait eu un empêchement, il aurait pu prévenir.

- On emploie **l'indicatif** après même si.
  Même s'il acceptait de venir, il le ferait de mauvaise grâce et gâcherait la soirée.

2 | *Remplacez les points de suspension par des mots subordonnants et conjuguez les verbes entre parenthèses aux temps et mode appropriés.*

Je ne pratiquerais pas le ski, ... (être) sportif.   *quand bien même je serais*

(même si) (tu voudrais) ... le (vouloir), tu ne pourrais pas me rattraper.

Il n'ira pas cette année à Monte-Carlo, ... (raffoler) des courses automobiles.

... (préférer) les voyages au repos, il décida de rester huit jours dans ce village.

... (connaître) les dangers de l'entreprise, il n'hésita pas à s'y engager.

J'aurais peur de ne pas réussir, ... (se sentir) capable de faire ce travail.

La concession peut être marquée par un adverbe.
Il fait beau tous les jours. *Pourtant,* le paysage est très vert.
Nous ne pouvons accepter maintenant votre candidature. *Néanmoins,* nous vous rappellerons dès que possible.
L'alpinisme est un sport très dangereux. *Cependant,* la prudence permet d'éviter bon nombre d'accidents.
Il m'est possible de venir jeudi. *Toutefois,* le vendredi me conviendrait mieux.

3 | *Reliez les phrases suivantes par un mot subordonnant ou un adverbe marquant la concession.*

- La construction de robots est un métier d'avenir. Elle n'emploie que peu de personnel.

- Certains informaticiens font carrière. 55 000 programmeurs sont inscrits à l'ANPE.

- Les nouveaux matériaux ouvrent des perspectives pour l'emploi. Cette industrie n'aura besoin que de techniciens de haut niveau.

- Les communications constituent un secteur de pointe. Il est difficile de savoir quelles qualifications seront nécessaires.

- Il faut avoir acquis une spécialisation. Il faut rester ouvert au changement.

4 *Reliez les phrases suivantes en marquant entre elles les rapports de cause et de concession.*

C'est un excellent joueur de football. Il s'est blessé au genou. Il ne peut pas participer au match.

Bien qu'il soit excellent joueur de football, il ne peut participer au match parce qu'il s'est blessé au genou.

• Il a peu d'argent. Il voyage beaucoup. Il fait du stop.

• Il n'aimait pas beaucoup lire. Il lit sans cesse depuis deux mois. Il a découvert les romans policiers.

• Il n'est pas sociable. Il a quelques amis. Il les voit très souvent.

• Il n'aime pas écrire. Il lui envoie une lettre par jour. Il est amoureux.

• C'est un mélomane averti. Il n'aime pas le jazz. Il prétend que cette musique lui casse les oreilles.

Entreprenantes entreprises

AU DELA DES FRONTIÈRES

L a concentration économique à laquelle on a assisté depuis la guerre a conduit inévitablement les grandes entreprises à investir à l'étranger. Pour les plus importantes d'entre elles, les firmes multinationales, la stratégie n'est plus nationale mais mondiale.

Cette stratégie peut être défensive : elle consiste à aller chercher à l'étranger matière première et énergie au meilleur prix afin de combattre la pénétration étrangère sur le territoire français. Ainsi la Compagnie Française des Pétroles, Elf-Aquitaine, ont-ils depuis longtemps procédé à des recherches et à des forages hors de nos frontières, avec l'ambition de contrôler à l'étranger le volume de pétrole dont la France a besoin. Les Charbonnages de France ont une stratégie analogue. D'autres entreprises cherchent à bénéficier du bas prix de la main-d'œuvre en Extrême-Orient, dans les domaines de la confection et du textile par exemple.

La principale motivation est cependant offensive : il s'agit pour les entreprises françaises de conquérir une part de marché étranger. Renault et Peugeot, par exemple, ont créé un peu partout, y compris dans les pays en voie de développement, des usines de montage. Aux États-Unis, des investisseurs français achètent des entreprises locales ou, comme Michelin, installent des usines, ou bien encore s'associent avec une usine américaine. Ainsi, Renault, associé à American Motors, a fabriqué la R9.

Les investissements étrangers en France ont d'abord été le fait des firmes américaines. Aujourd'hui, les capitaux européens et ceux en provenance du Moyen-Orient sont plus importants. Les secteurs recherchés sont ceux qui dégagent des profits élevés. Dans les secteurs de haute technologie encore, on trouve des groupes étrangers : ainsi, pour les ordinateurs, le groupe IBM a bénéficié, en France, de la médiocrité de la concurrence. Ces entreprises créent des emplois et favorisent, par leurs exportations, l'équilibre de notre balance commerciale : aussi, un système de primes à l'installation a-t-il été mis en place afin de les attirer sur le sol français.

Métamorphose des conditions de travail

CLAUDE MOIGNARD/EXPANSION   Oct.-Nov. 85

© MICHEL DELLUC/EXPANSION   Oct.-Nov. 85

Les Mutuelles unies en 1965 (en haut) et en 1985.

Petite histoire d'une grande entreprise : Saint-Gobain

Colbert, contrôleur des finances sous Louis XIV, désirait ravir le monopole des glaces à la Sérénissime République de Venise. En grand secret, et à prix d'or, il fit venir de Murano quatre verriers qu'il installa à Paris dans le Faubourg Saint-Antoine : la manufacture des glaces naissait en 1665. Le narcissisme et le goût du luxe du Roi Soleil favorisa l'entreprise : la construction du palais de Versailles (où se trouve la fameuse « Galerie des Glaces ») rendit nécessaire l'achat d'une grande quantité de glaces. En 1695, la Manufacture du Faubourg Saint-Antoine fusionna avec la Manufacture Royale des Glaces de France (Saint-Gobain). Colbert interdit l'importation des glaces vénitiennes et l'exportation des sables de Creil et de Dieppe qu'on utilisait à l'étranger. Une compagnie par actions fut constituée, financée par la noblesse et le clergé mais administrée par des bourgeois : elle a survécu à toutes les crises (y compris la révolution) et à tous les régimes.

Aujourd'hui, le chiffre d'affaires du groupe Saint-Gobain Pont-à-Mousson s'élève à 44 millions de francs environ, dont 60 % proviennent des filiales installées à l'étranger ; l'entreprise emploie 163 192 personnes, dont 86 718 à l'étranger. L'ensemble des productions est centré sur l'urbanisme : Saint-Gobain Pont-à-Mousson fabrique donc vitrages, matériaux isolants, canalisations mécaniques, fibres, ciments, etc. qui constituent 68,4 % de son activité. L'emballage et les conditionnements divers n'en représentent que 9 %. Mais Saint-Gobain se consacre aussi à l'informatique, au développement industriel.

Une activité diversifiée donc, bien qu'orientée, qui permet à cette entreprise, vieille de trois siècles, d'afficher 909 millions de francs de bénéfices nets en 1980.

Les PME et les PMI

Entre les grandes entreprises et les entreprises artisanales (voir dossier 19), on trouve les petites et moyennes entreprises (PME) et les petites et moyennes industries (PMI) que, faute de mieux, on définit par leur effectif (entre 10 et 500 salariés) et leur chiffre d'affaires (moins de 100 millions de francs par an). Leurs secteurs privilégiés : l'industrie légère, le bâtiment, les travaux publics.

Les PME et les PMI ont beaucoup souffert de la concurrence des grandes firmes. Il est vrai qu'à un certain moment, elles pouvaient apparaître comme moins performantes. Souvent, en effet, la direction se transmet de père en fils. Si celui qui a créé l'entreprise en avait la capacité, ses successeurs ne l'ont pas toujours. A cela s'ajoutent les difficultés à obtenir du crédit : souvent, les PME se trouvent réduites à passer sous la coupe d'un groupe plus puissant.

C'est ainsi que les PMI se livrent, pour beaucoup d'entre elles, à la sous-traitance. Par exemple, il y a quelques années, le téléphone a connu un développement sans précédent : il fallait des kilomètres de fils, puisque les centraux d'alors étaient électromécaniques. Les PTT ont fait appel à une multitude de petites entreprises de sous-traitance. Arrive l'électronique : les besoins en câblage connaissent une chute massive. La crise oblige un nombre important de sous-traitants à fermer leurs portes. Afin d'éviter ce risque, les sous-traitants cherchent à diversifier leurs activités et à prendre commande auprès de plusieurs donneurs d'ordre.

Au cours des dernières années, l'image de marque des PME a changé : face aux grandes firmes qui ont mal résisté à la crise économique, elles apparaissent plus souples, plus facilement adaptables à un marché fluctuant. La mentalité même des Français a changé à l'égard de l'entreprise : créer une PME apparaît aujourd'hui comme un acte de liberté et d'autonomie. On découvre les avantages de la petite taille : lieux de travail plus humains, capacité d'innovation accrue. Les PME ont d'ailleurs, comme l'artisanat, bénéficié depuis quelques années d'une aide croissante de l'État.

Les structures de l'économie

Le système économique français, fruit de diverses périodes de l'histoire, est hybride. Le principe de base demeure la prédominance de l'initiative privée : les sols, les immeubles, les usines sont en majorité la propriété de particuliers ; les entreprises travaillent à la recherche d'un profit et sont soumises aux lois du marché. Cependant, les entreprises publiques tiennent une place importante dans la production et l'État intervient de façon multiple dans l'économie. Enfin le plan de développement économique et social, bien qu'il ne soit pas impératif, indique des directions et des objectifs généraux à l'action des entreprises et du gouvernement.

Le secteur privé comprend, outre les 800 000 artisans, 600 000 commerçants, 1,2 million d'exploitants agricoles et 170 000 PME et PMI, un nombre important de grandes entreprises. Ce sont des sociétés anonymes dont le capital est formé d'actions aux mains d'une multitude de porteurs. Ce ne sont pas les actionnaires qui gèrent l'entreprise mais un état-major de techniciens et de gestionnaires qu'on appelle des managers.

Pour rendre les entreprises françaises compétitives sur le plan international, les Pouvoirs Publics ont favorisé la concentration économique : les coûts de production sont d'autant plus réduits que l'entreprise produit plus, et mieux. La concentration est très avancée dans l'automobile (Peugeot), dans la sidérurgie (Usinor Sacilor), dans l'aéronautique et l'armement. Il faut noter que les secteurs les plus avancés dans la concentration appartiennent pour la plupart au secteur public.

La croissance d'une entreprise peut provenir de son dynamisme propre (c'est le cas de Michelin) ou d'une fusion (Sacilor : Union de Wendel et de Sidelor). Le mécanisme le plus fréquent reste cependant celui de l'absorption. D'autre part, les grandes entreprises peuvent contrôler d'autres entreprises par le biais des participations. Les banques jouent là un rôle de premier plan : en apportant des capitaux, elles tiennent sous leur dépendance des filiales. Ainsi, avant sa nationalisation, Paribas contrôlait un millier de filiales employant plus de 800 000 salariés. Ce type de liens entre les entreprises constitue un groupe : une banque et quelques sociétés autour desquelles s'assemblent une multitude d'entreprises dépendantes.

Le secteur public s'est constitué à la suite de trois grands mouvements de nationalisations.

• **Un premier avant la guerre** : il s'agissait pour le gouvernement de contrôler plus étroitement des entreprises bénéficiant de subventions (SNCF) ou travaillant à la défense nationale (entreprises aéronautiques).

• **Entre 1945 et 1946** ont été nationalisées un grand nombre d'entreprises dans les secteurs de l'énergie (Charbonnages de France, Électricité et Gaz de France), des banques (voir dossier 21), de l'automobile (Renault).

• **Après 1981** ont été nationalisés 5 grands groupes industriels (Rhône-Poulenc, Saint-Gobain, Pont-à-Mousson, Compagnie Générale d'Électricité, Pechiney-Ugine-Kuhlman, Thomson-CSF).

• **Après 1986,** un mouvement de « dénationalisation » a été engagé, portant sur les secteurs bancaire, de la communication, des travaux publics et sur soixante-cinq entreprises dans l'industrie.

Le secteur public contribue pour environ 13 % à la formation du Produit Intérieur Brut (PIB) et emploie un peu plus de 10 % de la population active ; ses investissements représentent environ 20 % des investissements du pays. Malgré cette faible part que lui accordent les chiffres, le secteur public tient une place notable dans les secteurs de base (économie, énergie, transport, défense) et dans les secteurs-clé du développement (électronique, construction électrique et chimie).

Le rôle de l'État.

L'État intervient de plusieurs manières dans l'économie : il veille au fonctionnement d'un cadre institutionnel et au respect de règles plus ou moins générales. Il agit sur les banques et le crédit (voir dossier 21). Il peut intervenir de façon ponctuelle sur les structures de production.

L'État règlemente la concurrence en interdisant des ententes qui visent à annuler la concurrence et à favoriser l'augmentation artificielle des prix. En revanche, les concentrations et fusions d'entreprises ont jusqu'à présent été favorisées.

L'État intervient dans la politique monétaire et dans la politique du crédit essentiellement pour contrôler l'évolution de la conjoncture et tout particulièrement lutter contre l'inflation.

Il n'intervient pas dans la fixation des salaires des entreprises privées (qui résultent d'accords entre employeurs et salariés). En revanche, le SMIC (Salaire Minimum Interprofessionnel de Croissance) fait l'objet d'un relèvement systématique destiné à compenser la hausse des prix. Dans les entreprises publiques, l'intervention de l'État dans le domaine des salaires n'est pas systématique.

Les actions de l'État sur la structure de production se manifestent d'abord par les nationalisations. Mais, comme le secteur productif reste à dominante privée, l'action gouvernementale consiste surtout à faciliter la modernisation et l'adaptation de la production aux nécessités du marché et de l'avancée technologique.

Le plan de développement économique et social : créé en 1946, le Commissariat au plan avait pour objectif de faciliter la reconstruction et la modernisation d'une économie éprouvée par la guerre. Il dégage, aujourd'hui encore, les orientations prioritaires et assure la cohérence des décisions prises par les différents acteurs de la vie économique. Le plan est établi pour cinq ans (le 9e plan couvre la période 1983-1987). C'est un document indicatif et non impératif : aux entreprises, il fournit une vue cohérente sur le développement économique probable des années prochaines : au gouvernement, il indique les grandes lignes des mesures à prendre et permet de situer le budget annuel de l'État dans une perspective à moyen terme.

RÉPARTITION DU PUBLIC ET DU PRIVÉ DANS LES PRINCIPAUX SECTEURS
(les secteurs non cités appartiennent au secteur privé).

Secteurs	Public	Privé
Énergie	Charbonnages de France. E.D.F.-G.D.F. Commissariat à l'énergie atomique. Elf-Erap.	Une partie de la distribution du charbon. Sociétés pétrolières étrangères : Esso, Shell, B.P., Mobil. Total (société française ; l'État y détient 40 % des voix au comité d'administration
Automobile Mécanique	Régie Renault (presque la moitié de la construction automobile est du domaine public)	Peugeot. La fabrication des machines est presque entièrement privée.
Aéronautique	Société nationale industrielle aérospatiale. Breguet-Dassault : la quasi-totalité de l'aérospatiale.	Matra (privatisé en 87)
Électrique Électronique	100 % de l'électronique militaire. 60 % de l'électronique professionnelle.	75 % du marché grand public. I.B.M. France. Philips France.
Télécommunications	75 % des télécommunications. CGE, Thomson-CSF, Bull.	
Transports	S.N.C.F.-R.A.T.P. L'État détient 70 % du capital social de : La Compagnie Générale Transatlantique. Messageries maritimes. Air France.	U.T.A. Transports par route (cf. dossier 22). Navigation intérieure.
Sidérurgie	Sacilor, Usinor, Creusot-Loire, Métallurgie de Normandie : 95 % de la sidérurgie française.	

Secteurs	Public	Privé
Communications	P.T.T. Télévisions (3 chaînes).	(3 chaînes).
Travaux publics	Office d'H.L.M. Compagnie Générale des Eaux. Schneider. (L'État étend son contrôle sur ce secteur.)	S.C.A.E.G., Lafarge-Coppée, Auxiliaires d'Entreprises. Bouygues. Saint-Gobain (privatisé en 86)
Banques	Une partie du secteur bancaire (voir dossier 26)	Paribas, CCF, Société Générale, Suez (privatisés en 1987)
Chimie	95 % de la chimie de base. C.D.P. Chimie, Entreprise minière et chimiques, P.U.A., Rhône-Poulenc.	
Santé		75 % des produits pharmaceutiques.
Assurances	10 sociétés : 60 % de l'assurance-vie.	75 % de l'assurance-dommages.
Industries Agro-alimentaires		Pour l'essentiel, elles appartiennent au secteur privé : Générale occidentale, B.S.N.
Textile Papier Caoutchouc		Appartiennent au secteur privé.
Théâtres Musées	Quelques-uns sont du secteur public (Comédie française, Opéra, et tous les grands musées).	.

24 Les petits ruisseaux font les grandes rivières.

Les Sociétés ; la Bourse

Les sociétés

Une entreprise peut se créer :

* soit en **nom personnel** (ou nom propre) ; dans ce cas, l'activité est exercée par une seule personne : c'est le cas pour de nombreux commerçants et artisans ;

* soit sous forme de **société** ; l'activité est alors exercée par plusieurs associés.

> "La **Société** est un contrat par lequel deux ou plusieurs personnes conviennent de mettre en commun des biens ou leur industrie (1) en vue de partager le bénéfice qui pourra en résulter. Les associés s'engagent à contribuer aux pertes." (Code civil)
> (1) Industrie : travail, connaissances professionnelles, compétence personnelle.

* La forme juridique des sociétés

On distingue :

Les sociétés de personnes	Les sociétés de capitaux	Les sociétés mixtes
Les associés (en petit nombre) se choisissent parce qu'ils se connaissent et ont envie d'exercer une activité en commun. Le capital qu'ils ont apporté est représenté par des *parts sociales*.	Les associés (très nombreux) ne se connaissent pas : ils achètent des *actions* de la société, ce qui permet de réunir un capital important.	Ces sociétés ont des caractéristiques des Sociétés de personnes et des Sociétés de capitaux.
Le nom de la société est composé du nom des associés ou du nom d'un ou de deux associés suivi de : "et Compagnie".	Le nom de la Société peut être composé du nom d'un ou plusieurs associés ou d'une dénomination quelconque.	Ainsi la *SARL - Société à responsabilité limitée -* dans laquelle les associés se connaissent et reçoivent des *parts sociales* en représentation du capital apporté, est pourtant considérée comme une société de capitaux car la *responsabilité* des associés est limitée aux apports.
Les associés sont commerçants et sont *responsables sur tous leurs biens personnels* des dettes de la société.	Les actionnaires ne sont *responsables* des pertes de la Société que jusqu'à concurrence du *montant de leur apport* (actions).	
La société est dirigée par un ou plusieurs *gérants*.	La société est dirigée par un *PDG* (Président Directeur Général) ou par un groupe, *le Directoire*.	La SARL est dirigée par un *gérant*.
La société de personnes type est : la Société en nom collectif (S.N.C).	**La société de capitaux type est : la Société anonyme (S.A.).**	

Les autres types de sociétés. Ils sont beaucoup plus rares.

- **La société en commandite simple** est considérée comme une Société de personnes (les associés fondateurs - les commandités - se connaissent) ; mais les associés qui ont apporté les fonds - les commanditaires - ont une responsabilité limitée à leurs apports.

- **L'EURL, entreprise unipersonnelle à responsabilité limitée,** de création récente (1985), est en fait une SARL constituée d'un associé unique et gérée soit par cet associé, soit par un gérant. La responsabilité étant limitée au montant des apports, ce type de société devrait se développer dans le petit commerce et l'artisanat.

1   *Récapitulez les points essentiels relatifs aux **trois formes principales de sociétés** en complétant le tableau ci-dessous.*

	SNC : Société en nom collectif	SARL : Société à responsabilité limitée	SA : Société anonyme
Comment les **associés** se réunissent-ils ? Comment est représenté le **capital** apporté ?			
Quelle est l'importance de la **responsabilité** des associés ?			
Qui assure la **direction** de la société ?			
Quelle est la **dimension** de l'entreprise ?			

* LE FINANCEMENT

Les associés doivent réunir les capitaux nécessaires aux investissements.
Pour cela, après avoir calculé l'apport en capital nécessaire, ils commencent par rechercher des **fonds propres:**

- capital apporté par les associés, leurs relations familiales ou professionnelles ;
- prêts personnels obtenus des banquiers ;
- primes octroyées par les collectivités locales ou régionales :
  * prime à la création d'emploi
  * primes régionales à la création d'entreprise, à l'emploi
  * prime à l'aménagement du territoire
  * aide aux chômeurs créant leur entreprise.

Le complément doit être constitué par différents prêts ou crédits, et notamment par les crédits à long terme octroyés par différentes banques et par le CEPME (Crédit d'Equipement des Petites et Moyennes Entreprises).

Pour demander l'octroi d'une subvention ou d'un crédit, l'entreprise doit présenter un dossier comportant :

- la demande de subvention ou de crédit (l'imprimé nécessaire est fourni par l'organisme) ;

- une étude commerciale précise sur l'objet de la société et l'activité prévue, les prévisions de vente ;

- des documents prévisionnels comptables et financiers (investissements nécessaires, bilan prévisionnel, budgets, prévision de remboursement du crédit).

2   *Proposez le plan de la **lettre d'accompagnement du dossier** constitué pour demander une subvention ou l'octroi d'un crédit :*

-

-

-

-

Pour financer ses investissements, l'entreprise peut avoir également recours au **crédit-bail** (ou leasing) :

l'entreprise loue un immeuble, du matériel... pour une période déterminée ; à la fin de cette période, elle peut soit acheter le bien pour un prix convenu lors du contrat, soit mettre fin au contrat. Ce système lui permet donc d'utiliser immédiatement un matériel qu'elle n'aurait pu acheter et de disposer toujours d'équipements les plus modernes.

* LES FORMALITÉS DE CRÉATION

Après avoir trouvé le financement et le siège social, choisi la forme juridique de la société et son nom, les associés doivent accomplir diverses formalités :

- rédiger les **statuts** (ensemble des règles de fonctionnement de la société), les faire approuver par tous les associés et passer un avis de constitution de la société dans un journal d'annonces légales ;

- faire ouvrir un compte en banque au nom de l'entreprise ;

- déposer les statuts au greffe du Tribunal qui indique le numéro INSEE attribué (revoir le dossier n° 1), et à l'administration des impôts ;

- demander l'immatriculation au Registre du Commerce et des Sociétés (revoir le dossier n° 1) et à l'URSSAF (Union pour le recouvrement des cotisations de Sécurité Sociale et d'Allocations familiales).

---

3 *M. Ancel désire **créer une entreprise** de fabrication de potages en sachet dans la banlieue nord de Paris.*
Après avoir pris connaissance d'un article sur l'ANCE, Agence Nationale pour la Création d'Entreprise (extrait ci-contre), il décide d'écrire à cet organisme pour demander un rendez-vous au correspondant ANCE de Paris ; il veut notamment s'informer des documents qu'il doit préparer afin de présenter son projet aux différents organismes de financement.
Rédigez la lettre en suivant, si vous le souhaitez, le plan suivant :

> - activité de l'entreprise qu'on envisage de créer ;
> - conseils sollicités ;
> - demande de rendez-vous et remerciements.

Qu'est-ce que l'ANCE ? Notre agence a été créée en 1979 pour favoriser la création, le développement et la reprise d'entreprises dans tous les secteurs d'activités.

Quel type d'aide apportez-vous ? Attention, nous ne sommes pas un organisme financier, nous ne distribuons pas d'argent aux créateurs d'entreprises. L'ANCE a une fonction de guide. Nous indiquons au créateur la structure juridique la mieux adaptée à son projet et les démarches administratives à effectuer. Nous lui signalons aussi les primes et subventions qu'il est susceptible d'obtenir.

Qui peut en bénéficier ? Tout le monde, à condition d'avoir un projet sérieux et l'envie de le réaliser.

ANCE - Paris
142, rue du Bac
75007 PARIS

La bourse et les titres

LA BOURSE

A la **Bourse**, tous les jours ouvrables a lieu une séance au cours de laquelle les **valeurs mobilières** - actions et obligations - sont négociées selon un cours (c'est-à-dire à un prix) établi en fonction de l'offre et de la demande.

Les transactions sont assurées par des intermédiaires professionnels, les **agents de change.** Les agents de change s'occupent de toutes opérations d'achat et de vente de valeurs mobilières et participent à leur cotation en Bourse.
Le possesseur de valeurs mobilières peut également s'adresser à sa banque, elle-même étant en relation avec des agents de change.

La Bourse des valeurs de Paris :

* La **Bourse des valeurs de Paris**, la plus importante, cote tous les titres de caractère national ; diverses bourses de province (Lyon, Marseille, Bordeaux ...) cotent les valeurs régionales.

* Alors que les bourses de valeurs cotent les valeurs mobilières, les **Bourses de marchandises** établissent le cours de marchandises diverses : à la Bourse des marchandises de Paris se négocient le sucre, le cacao, l'aluminium, le cuivre... ; à la Bourse de Lille, les pommes de terre ; au Havre, le café.

LES VALEURS MOBILIÈRES

TITRE	CARACTÉRISTIQUES	DROITS DU SOUSCRIPTEUR
ACTION	L'action représente **une partie du capital d'une Société.** Elle peut être **au porteur** (c'est-à-dire anonyme, appartenant à celui qui la détient) ou **nominative.**	L'actionnaire : - participe à la gestion de la Société par son **vote** aux Assemblées Générales; - reçoit chaque année un **dividende,** part de bénéfice attribuée à chaque action.
OBLIGATION Obligations classiques	L'obligation représente **une partie d'un emprunt d'une société.** Elle peut être au porteur ou nominative ; elle est émise pour une durée précise.	L'obligataire : - reçoit chaque année un **intérêt,** d'après un taux fixe établi lors de l'émission ; - est **remboursé** à l'échéance prévue.
Obligations convertibles en actions Obligations échangeables contre des actions	Ces obligations peuvent être : - transformées en actions sur la demande du souscripteur, à une date déterminée (obligations convertibles). - échangées contre des actions créées lors d'une augmentation de capital (obligations échangeables).	Le souscripteur allie dans ce cas la sécurité de l'obligation (revenu fixe) à la possibilité de participer à l'extension du capital de l'entreprise.
Obligations indexées	Le taux d'intérêt et (ou) le prix de remboursement, au lieu d'être fixes, varient selon un indice déterminé.	Actuellement, il n'est plus créé d'obligations de ce type.
Obligations participatives	Ces obligations, de type mixte, prévoient un intéressement aux résultats de l'entreprise.	Le souscripteur reçoit, en plus de l'intérêt fixe, une part liée aux bénéfices de la société.

4 *Récapitulez les **droits de l'actionnaire et de l'obligataire** en traçant des croix dans le tableau ci-dessous:*

	Action	Obligation
Revenu annuel fixe (intérêt fixe)		
Revenu annuel variable (part des bénéfices)		
Droit au remboursement		
Pouvoirs de gestion (droit de vote aux assemblées générales)		

LA GESTION DU PORTEFEUILLE

Pour gérer son portefeuille - c'est-à-dire les valeurs dont il dispose - l'épargnant peut procéder de plusieurs façons.

- Il peut **gérer seul son portefeuille** : pour cela, il passe ses ordres d'achat ou de vente de titres à un agent de change ou à sa banque (voir le dossier n° 26).

- Il peut **faire partie d'un club d'investissement** dans lequel de 5 à 20 personnes sont réunies pour placer en commun leurs économies en Bourse. (L'apport initial et la contribution mensuelle sont réduits.)

- Il peut **donner mandat de gestion** à sa banque ou à un agent de change, les chargeant de gérer son compte en son nom.

- Il peut **profiter des services des Sociétés d'Investissement.**
  Les personnes qui veulent se décharger de la gestion d'un portefeuille peuvent acquérir des actions dans une SICAV (Société d'Investissement à Capital Variable) ou des parts dans un FCP (Fonds Commun de Placement).

Une **SICAV** est un groupement d'épargnants qui mettent des capitaux en commun pour acquérir un portefeuille de valeurs mobilières, lesquelles sont gérées par des spécialistes très qualifiés. Les SICAV peuvent détenir des actions et des obligations françaises ou étrangères. Le détenteur d'actions de SICAV peut les vendre à tout moment.
Un **FCP** ressemble beaucoup aux SICAV, mais les parts sont en général plus élevées et, en principe, le placement est fait à plus long terme.

- Il peut **acquérir des actions ou des parts de sociétés immobilières.** Ces sociétés réunissent les capitaux de divers épargnants, les investissent en immeubles d'habitation ou commerciaux qu'elles louent : les loyers sont distribués aux porteurs proportionnellement à leur apport.

5 | *Prenez connaissance de la lettre ci-après, adressée, par une **société souhaitant émettre un emprunt,** à d'éventuels souscripteurs.*

COB Commissiondes Opérations de Bourse : organisme qui, après avoir vérifié l'exactitude des renseignements fournis par l'émetteur donne son accord pour toute admission de nouveaux titres sur le marché boursier.
Emprunt obligataire : emprunt représenté par des obligations.

Dégagez le plan de la lettre

-

-

-

Imaginez le texte de la lettre type qui sera adressée en réponse aux demandeurs d'un bulletin de souscription.

Plan proposé :

- Accuser réception de la lettre de demande d'un bulletin de souscription ; remercier.

- Annoncer les documents joints.

- Conseiller un renvoi rapide du bulletin pour que la souscription puisse être réalisée avant la clôture de l'émission.

Verreries du Centre

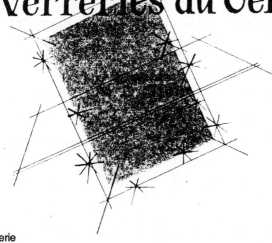

Société anonyme au capital de 2 600 000 F

Place de la Verrerie 03100 MONTLUÇON - Tél. 70.28.22.44
SIRET : 915 450 605 00 18

miroiterie
vitrerie
installations
de magasins
spécialité de
miroirs transparents

Objet : OBLIGATIONS 12 %
Visa COB : n° 84-206 du 31.07.19--
B.A.L.O. : 6 août 19--

Montluçon, le (date de la poste)

Madame, Monsieur,

Notre société est une P.M.E. implantée depuis 1842 dans le centre de la France, à Montluçon.

Ses activités concernent pour l'essentiel, les vitrages : vitrages isolants, glaces, survitrages.

Désirant développer en France et à l'exportation diverses branches nouvelles prometteuses, notamment les miroirs transparents découpables, notre Société procède à l'émission d'un emprunt obligataire de 3 600 000 F représenté par 180 obligations de F 20 000 nominal dont ci-après les caractéristiques :

Prix d'émission : le pair, soit F 20 000 par obligation
Jouissance   : le 15 août 19--
Intérêt   : 12 %, payable en totalité chaque année, le 15 août, soit
                   2 400 F par titre
Durée   : 5 ans
Amortissement   : 5 ans après la date d'émission.

Une note d'information concernant cette opération a reçu le visa de la Commission des Opérations de Bourse sous le n° 84-206. La notice légale a été publiée au Bulletin des Annonces Légales Obligatoires du 6 août 19...

Si vous envisagez de souscrire une ou plusieurs des obligations de 20 000 F, il vous suffit de nous écrire.

Nous vous adresserons (sauf clôture de l'émission) un bulletin de souscription et la note d'information.

Nous vous prions d'agréer, Madame, Monsieur, nos meilleures salutations.

Travail complémentaire

1 | **Lettre de convocation des associés à l'assemblée générale ordinaire.**

Consultez la lettre présentée en page suivante.

Recherchez le sens des termes et expressions :

Assemblée générale ordinaire :

Conseil d'administration :

Commissaire aux comptes :

Pouvoir :

Résolutions :

Dégagez le plan de la lettre de convocation :

```
    -

    -

    -

    -
```

2 | **Envoi du rapport annuel**

La plaquette qui regroupe les rapports du conseil d'administration et des commissaires aux comptes, les documents comptables et les résolutions de l'assemblée générale est souvent appelée "Rapport annuel". Cette plaquette, très bien présentée, est remise aux actionnaires et adressée à toute personne qui en fait la demande.

Complétez la rédaction de la lettre type qui accompagnera l'envoi du rapport annuel :

Objet :

M.

Nous avons le plaisir...

Nous vous en souhaitons bonne réception et ...

Veuillez ...

SOCOPIERRE

23, boulevard Haussmann
75009 PARIS

Société anonyme au capital
de 20 100 000 F
RCS Paris B 575 450 317

ASSEMBLÉE GÉNÉRALE ORDINAIRE
Du 25 juin 19..

CONVOCATION

Madame, Monsieur,

L'ASSEMBLÉE GÉNÉRALE ORDINAIRE de notre société aura lieu le 25 juin 19.. à 16 h, au siège social, 23, boulevard Haussmann (3e étage) 75009 PARIS. En votre qualité d'actionnaire et conformément à l'article 20 des statuts, nous vous convions à y assister.

L'ordre du jour est le suivant :
— Rapport du Conseil d'Administration et des Commissaires aux Comptes sur les opérations de l'exercice social clos le 31 décembre ;
— Examen et approbation des comptes ;
— Affectation des bénéfices ;
— Questions diverses.

Vous voudrez bien trouver, ci-joint, une plaquette contenant :
— les rapports du Conseil d'administration et des Commissaires aux comptes ;
— les comptes d'exploitation générale et de pertes et profits et le bilan ;
— le texte des résolutions proposées à l'assemblée ;
— un pouvoir que nous vous prions de nous adresser, si vous n'avez pas la possibilité d'assister à l'assemblée, après l'avoir revêtu de votre signature précédée de la mention « BON POUR POUVOIR ».

Tout pouvoir nous parvenant après le 25 juin ne pourra être pris en considération.

Nous vous remercions par avance de votre présence à l'assemblée ou de l'envoi de votre pouvoir.

Veuillez agréer, Madame, Monsieur, l'expression de nos sentiments distingués.

LE CONSEIL D'ADMINISTRATION.

Comprendre... LES ENTREPRISES

1. Les structures de l'économie.

Lorsqu'on dit du système économique français qu'il est « hybride », que veut-on signaler ?

Avec l'aide de votre professeur d'histoire ou d'économie, *vous expliquerez le fonctionnement de l'économie de votre pays* sous forme d'EXPOSÉ à la classe.

Vous comparerez ce fonctionnement économique à celui de la France, vous soulignerez les différences et chercherez à en comprendre les raisons.

Racontez l'histoire d'une entreprise de votre ville ou de votre région. Vous pouvez soit vous aider de documents écrits trouvés en bibliothèque, soit faire une enquête auprès des responsables de l'entreprise. Il est nécessaire en ce cas de préparer les questions à l'avance, pour obtenir le plus de renseignements possibles dans un temps court.

2. Les jeunes et l'entreprise.

Vous préparerez un questionnaire d'enquête destiné à obtenir des renseignements sur les conditions de travail et de rémunération d'un jeune possédant vos qualifications, employé pour la première fois dans une entreprise. Plusieurs groupes peuvent être constitués, afin de comparer les situations dans une petite, une moyenne ou une grande entreprise.

Les résultats de l'enquête seront mis en forme, c'est-à-dire analysés, commentés et organisés selon un plan cohérent. Puis ils seront présentés à la classe sous forme d'EXPOSÉS à l'issue desquels un DÉBAT sera engagé sur le thème : *Les jeunes et l'entreprise.*

3. Ce qui change.

Regardez attentivement les deux photographies des Mutuelles Unies en 1965 et 1985. Notez ce qui a changé, aussi bien dans le détail du décor, des objets, des vêtements qu'en ce qui concerne l'atmosphère.

Dans un texte organisé selon un plan, *vous présenterez une analyse de ces changements et vous donnerez votre opinion en mettant en lumière les changements que vous paraissent positifs et ceux que vous trouvez néfastes.*

Après avoir lu les différents articles du Journal et des dossiers, *vous présenterez, dans un texte bref, les changements les plus importants subis par les entreprises françaises depuis la guerre.*

*C*omment... RÉSUMER

Observation.

UNE ÉTUDE DE L'INSEE

La crise a freiné la mobilité de l'emploi

Du fait de la crise, les salariés ont perdu l'habitude de bouger. Quand ils ont un emploi, ils le gardent. Ils font preuve d'une grande stabilité, ne quittant ni l'établissement, ni l'entreprise, ni même leur secteur d'activité, c'est-à-dire leur profession.

Cette modification des comportements, prévisible et compréhensible, a été étudiée sur une période assez longue par l'INSEE et a fait l'objet d'une publication dans la revue *Économie et statistique* (n° 184, janvier 1986). En 1969, 77 % des hommes occupaient la même fonction que l'année précédente. Ils étaient 81,3 % à être dans le même cas en 1985. L'évolution est encore plus forte pour les femmes puisque le pourcentage passe de 73,4 % à 80,3 %.

Les conséquences de cette stabilité sont nombreuses. Ils devient de plus en plus difficile d'entrer sur le marché du travail pour ceux qui y arrivent pour la première fois, comme les jeunes ou les femmes, ou pour ceux qui en ont été écartés, comme les chômeurs.

Dans le détail, l'enquête de MM. Michel Cézard et Daniel Rault montre également que la stabilité ou la mobilité l'emportent, selon les secteurs d'activité. Protégés par un statut et quelquefois privilégiés, les salariés des services publics ou des industries lourdes sont peu disposés à changer. Cela a pour résultat d'empêcher l'arrivée des nouveaux salariés, la place étant déjà prise. A l'inverse, les industries légères et le tertiaire "mobile" (commerce, hôtels, restaurants, services de réparation, etc.) se sont fait une spécialité d'utiliser la souplesse. Les jeunes, les femmes et les chômeurs y trouvent le moyen d'accéder à l'emploi, selon des conditions précaires, avec les contrats à durée déterminée et l'intérim.

A. Le.

Le Monde. 20 février 1986.

- *Énumérez les faits et les divers éléments de l'enquête rapportés par cet article.*
- A quelles catégories de personnes s'est adressée l'enquête ?
- Relevez les chiffres qui vous sont donnés.
- Soulignez tous les mots de transition indiquant des rapports de cause ou de conséquence ou d'opposition ou bien marquant une comparaison, une supposition, un but. En face de chacun des mots relevés, vous indiquerez quel type de rapport logique il exprime.
- Quel est le rôle de l'expression : c'est-à-dire (ligne 5) ?
- Réduisez ce texte à un schéma, en indiquant à chaque fois le mot de liaison utilisé pour passer d'une idée à une autre ou d'un paragraphe à un autre.
  Exemple : (Schéma d'un texte imaginaire).

  Premier paragraphe - **A cause de** : Causes de l'événement → Deuxième paragraphe - **Ainsi** : l'événement dans sa globalité → troisième paragraphe - **Par exemple** : un exemple type → cinquième paragraphe - **En conséquence** : les conséquences de l'événement.
- Quel est le rôle du titre ?
- Analysez la langue utilisée :
  — le rapporteur prend-il parti ?
  — les phrases sont-elles plutôt longues au plutôt brèves ?
  — y a-t-il des répétitions d'une même idée ?

2 En fonction des constats que vous venez de faire, *imaginez un plan* (sans oublier les mots de liaison entre les paragraphes) *qui permette d'éviter toute répétition. Rédigez le résumé* (qui devra bien sûr être plus bref que le premier texte).

RÉSUMER, C'EST DONC :

— **Retenir les Informations essentielles** à l'exclusion de toutes les autres. (Conseil pratique : rédigez votre résumé sous forme de paragraphes successifs, chaque paragraphe ne comportant qu'une idée).

— **Reconstituer l'armature logique du texte,** c'est-à-dire le rapport entre les différentes idées. Ce rapport peut être : le rappel d'événements antérieurs (voir dossier 11), un rapport de cause (dossier 13), de conséquence (dossier 14), l'expression d'une comparaison (dossier 19), d'une supposition ou d'une condition (dossiers 21 et 22), d'une concession (dossier 23).

— **Rester objectif,** ne pas prendre parti.

3

La recherche en plus

Le développement industriel des années à venir nécessite une augmentation du nombre d'ingénieurs poursuivant une formation complémentaire par la recherche. Actuellement, seulement 5 % des ingénieurs diplômés s'inscrivent en études doctorales. Pour améliorer cette proportion, le ministère de l'éducation nationale et le ministère de la recherche et de la technologie ont lancé conjointement un programme baptisé FIRTECH (Formation des ingénieurs par la recherche dans les technologies diffusantes).

Neuf pôles nationaux, chacun dans leur spécialité, ont pour mission d'homogénéiser les efforts de recherche développés en ordre dispersé, dans le domaine des technologies diffusantes. L'objectif assigné par les ministères est de procéder à des rapprochements entre disciplines de base en liaison avec les milieux industriels. *"Il s'agit de choisir des diplômes d'études approfondies (DEA) performants pour préparer les jeunes ingénieurs à assurer l'accroissement de la technicité dans toute une série de professions",* explique M. René Carré, vice-président de l'INPG, chargé de la recherche.

Grenoble a été retenue pour accueillir un de ces pôles FIRTECH. Organisé sous l'égide de l'INPG, en collaboration avec l'université scientifique et médicale de Grenoble et d'autres partenaires, il a pour thème l'intelligence artificielle, l'informatique et la communication.

Grâce aux nombreux laboratoires des établissements universitaires et aux centres de recherche de la région grenobloise, les ingénieurs pourront s'initier à la recherche et participer à des études en cours. Doté d'un comité de pilotage dans lequel figurent des industriels — en tant qu'employeurs potentiels — et des enseignants, cette formation spécifique doit permettre de doubler le nombre des thèses soutenues par des ingénieurs. *"Il est toujours difficile d'attirer en troisième cycle des ingénieurs alors qu'ils peuvent débuter dans une entreprise avec un salaire de 12 000 F par mois",* reconnaît M. Carré.

Mais, selon lui, la valorisation apportée par les pôles FIRTECH et reconnue, par les partenaires industriels peut pousser un peu plus de jeunes à prolonger leurs études. Il estime que le nombre des thèses en informatique peut passer de 14 en 1984 à 30 en 1989. *"A terme se profile l'acquisition, par les ingénieurs français, d'une formation de dimension européenne",* souligne M. Carré en insistant sur la reconnaissance internationale dont bénéficieront les pôles FIRTECH.

A peine le premier pôle officiellement créé en juin, les enseignants-chercheurs grenoblois se penchent sur une deuxième formation : le comportement mécanique des matériaux lors de la mise en forme et de l'élaboration. *"Le fort développement de nos laboratoires nous incite à proposer aux ministères concernés d'autres projets dans les domaines de l'électronique ou dans la productique",* affirme M. Carré.

Le Monde. 20 février 1986.

- Dans ce texte, « La recherche en plus », *classez les éléments en fonction de leur importance :* dans un premier groupe, les éléments essentiels ; dans un deuxième, ceux que vous jugez moins importants ; dans un troisième, ceux qui vous paraissent tout à fait secondaires.

- *Relevez les mots de liaison en indiquant quel rapport établit chacun d'eux entre deux idées.*

- Lorsque deux idées sont simplement juxtaposées alors qu'un lien logique implicite, non exprimé, existe entre elles, *vous rétablirez le mot de liaison manquant.*

- *Réduisez le texte à un schéma* comme dans l'exercice **1** .

- *Rédigez le résumé* (phrases courtes, sans intervention de l'auteur du résumé).

4 Vous êtes journaliste. Il est trop tard pour que l'article ci-dessous, que vous avez écrit, passe intégralement dans la prochaine édition du Journal. Cependant, on vous accorde quelques lignes, afin que vous annonciez la nouvelle et la parution de l'article complet dans l'édition suivante : *rédigez-les*.

La victime aurait été aux commandes

Selon le père de François-Xavier Bagnoud, le pilote de l'hélicoptère qui s'est écrasé, le mardi 14 janvier, au Mali, Thierry Sabine, organisateur du Paris-Dakar (1), aurait été aux commandes de l'appareil au moment de l'accident.

De retour de Bamako, où il était allé chercher la dépouille mortelle de son fils, M. Bruno Bagnoud a déclaré au journal suisse *le Nouvelliste du Valais* qu'il *"possède maintenant des témoignages et des preuves lui permettant d'affirmer que Thierry Sabine a fait décoller l'hélicoptère lui-même, contre l'avis du pilote"*. Cette certitude s'appuierait sur le journal de bord de François-Xavier Bagnoud, retrouvé parmi les débris de l'appareil.

Selon l'enquête de M. Bagnoud, fondateur de la compagnie d'hélicoptères Air Glaciers, spécialisée dans le secours en montagne, l'appareil ne se serait pas écrasé contre une dune mais en terrain plat, et plusieurs traces de patins auraient été relevées avant le point d'impact. Il n'exclut pas que l'hélicoptère ait été abattu dans cette région frontalière du Mali avec le Burkina-Faso, où le couvre-feu était instauré.

1. Rallye automobile entre Paris et Dakar. C'est au cours du Paris-Dakar 1986 que Thierry Sabine, l'organisateur de la course s'est tué en hélicoptère.

Le Monde. 21 janvier 1986.

---

5 *Jeu :* LES RÉDUCTEURS DE TÊTE ET LES MÉGALOMANES

Ce jeu se pratique en groupe. Chacun sera tour à tour « réducteur de tête »: il résumera un texte, ou « mégalomane » (on appelle ainsi familièrement ceux qui parlent d'eux abondamment ; on dit aussi, plus familièrement encore « qu'ils ont la grosse tête », d'où le nom du jeu) : il augmentera le texte.

Les participants sont disposés en cercle (en nombre pair).

Chaque participant a préparé, sur deux feuilles distinctes, d'une part un texte long, d'autre part le même texte, réduit à l'essentiel. Il donne à son voisin de droite le texte long, avec pour mission de le réduire de moitié. Il donne à son voisin de gauche le résumé, avec pour mission de le doubler de volume. Lorsque le voisin de droite a réduit le texte, il le passe à son propre voisin de droite, chargé de la même mission : résumer à la moitié ; celui-ci le passera à son voisin de droite, toujours avec la même mission, et ainsi de suite. A gauche, même démarche : celui qui a augmenté le texte le passe à son voisin de gauche, qui l'augmentera à son tour d'autant, etc... Le jeu cesse lorsque se rejoignent, par la droite le texte résumé, par la gauche le texte augmenté.

Comparez alors ces deux textes avec les textes initiaux :

• Dégagez les différences et les ressemblances.

• Cherchez les raisons qui ont poussé certains participants à éliminer des informations qui paraissent pourtant essentielles. Inversement, cherchez pourquoi des éléments secondaires ont été mis en valeur.

• Enfin, formulez des règles permettant de distinguer, de manière fiable, l'essentiel du secondaire.

---

6 *Résumez en 20 lignes au maximum les Dossiers du Journal* consacrés aux « Structrures de l'économie ».

La Normandie, riche porte ouverte sur l'océan

ÉDITORIAL

ROUEN et LE HAVRE, 2 villes complémentaires

Le Havre, porte océane de la basse Seine et de Paris, est le deuxième port français. Presque entièrement détruit pendant la guerre, il a opéré sa reconstruction en se tournant résolument vers le futur : le centre de la ville est aéré ; dans le port, de gigantesques travaux ont prolongé les bassins vers l'extérieur par un canal desservant une zone industrielle de 10 000 hectares. Une écluse permet le passage des navires géants de 250 000 tonnes. Au nord, à Antifer, le terminal pétrolier permet le déchargement des super-pétroliers de 500 000 tonnes et le stockage des produits. Le pétrole représente les 3/4 des 78 millions de tonnes de son trafic. La liaison par le canal et le pont de Tancarville a permis l'équipement industriel de l'arrière-pays : de grandes entreprises (pétrochimie, chimie, cimenterie, industrie automobile, sidérurgie) occupent pro-gressivement les terrains aménagés le long du canal. L'urbanisation s'apprête, après avoir réorganisé la rive droite, à gagner la rive gauche : une agglomération moderne, le World Trade Center, permettra au Havre d'assumer pleinement sa vocation mondiale.

Longtemps concurrente du Havre, Rouen est aujourd'hui son indispensable complément. Certes, le port, accessible seulement aux cargos moyens, développe un trafic moins important. Mais sa vocation est plus diversifiée. La ville elle-même est plus complexe, commer-ciale, industrielle, universitaire et administrative : grâce, précisément à la variété de ses fonctions, elle équilibre la trop grande spécialisation du Havre, et donne à la région un ensemble d'équipements performants.

Le Mont Saint-Michel.

Sur le Mont-Tombe, rocher séparé du continent par la grande marée de 709, s'élève depuis plus de mille ans l'abbaye consacrée à saint Michel. Construite sur le sommet du Mont, elle est entourée de ses bâtiments et dépendances accrochés à flanc de roc et superposés sur trois niveaux.

La splendeur et l'ancienneté des bâti-ments, leur étonnant emplacement sur ce roc battu par les flots, encerclé par la marée la plus puissante d'Europe, en font un des sites touristiques les plus célèbres. Mais hélas, la baie est mena-cée d'ensablement. D'importants travaux ont été mis en œuvre pour éviter qu'elle ne se comble et que les bancs de sable ne relient de nouveau le mont Saint-Michel au continent.

PHOTO M. DURAND/RAPHO

Rouen.

© J.-M. CHARLES/RAPHO

6 juin 1944
LE DÉBARQUEMENT

La première vague des troupes alliées (Américains, Anglais et Canadiens) débarque sur les côtes normandes dans la nuit du 5 au 6 juin 1944, sur les plages nord de la presqu'île du Cotentin, brisant le mur de l'Atlantique. Les atta-ques aériennes alliées sur les com-munications allemandes prévien-nent toute contre-offensive d'importance. Un port artificiel, construit à Arromanches, permet le débarquement de 1 500 000 sol-dats alliés. Les bombardements sont terribles. 40 villes norman-des, parmi lesquelles Le Havre et Lisieux sont presque entièrement détruites. Mais le débarquement, précédé et accompagné par les combats des résistants dans toute la France, marque le commence-ment de la défaite nazie.

Les industries agro-alimentaires (I.A.A.)

Si le nombre des agriculteurs a baissé, la productivité a, grâce à la modernisation des fermes, augmenté de 7 % par an ces dernières années. Cependant, le problème posé aux agriculteurs est le suivant : la plupart des produits agricoles ne se consomment pas à l'état brut, et ils sont souvent périssables dans de brefs délais. Pour rendre ces produits propres à la consommation, il faut les transformer : c'est le rôle des industries agro-alimentaires. Elles sont de deux sortes :

• **Les industries agricoles** font subir aux produits une première transformation (transformation du blé en farine dans les minoteries, raffinage du sucre dans les sucreries, etc.)

• **Les industries alimentaires** transforment le produit afin qu'il soit propre à la consommation (conservation par différents moyens, plats cuisinés, emballages, etc.)

Les I.A.A. ont dû, ces dernières années, s'adapter à une conjoncture économique difficile et résister à la concurrence étrangère, très sévère dans ce secteur. Grâce à l'appui financier des Pouvoirs Publics, elles se sont concentrées (leur nombre a été divisé par 3 en 25 ans) et sont devenues plus performantes. Certaines sont de taille multinationale (Unilever, Nestlé, Cargill) ; d'autres de taille nationale (Perrier, Lesieur, et le groupe BSN-Gervais-Danone qui associe à une simple entreprise de biens industriels une entreprise de transformation du lait). Pour s'imposer, les entreprises mènent une double action.

• **Elles innovent** sur le plan technique : aux conserves traditionnelles, elles ajoutent la surgélation, la lyophilisation, la déshydratation, qui permettent un étalement de l'offre dans le temps, dans l'espace et dans la qualité des produits (avec des plats cuisinés par exemple).

• **Elles provoquent de nouvelles exigences** chez les consommateurs en apportant de nouveaux produits : ainsi, la gamme des produits à base de lait et celle de la biscuiterie se renouvellent d'année en année.

Il existe trois types d'entreprises agro-alimentaires :

• **Les firmes** (comme Gervais-Danone, Beghin-Say, Pernod-Ricard) qui fonctionnent sur le mode des firmes industrielles. Elles passent avec l'agriculteur un contrat aux termes duquel sont définies la qualité et la quantité de produit brut qu'il doit remettre. La « valeur ajoutée » au produit agricole par la transformation échappe donc complètement à l'agriculteur.

• C'est pour se libérer du carcan du contrat et bénéficier de cette « valeur ajoutée » que les agriculteurs se sont groupés en coopératives. Mais les coopératives reproduisent souvent le même fonctionnement que les firmes. Ce phénomène est net dans le domaine de la production laitière avec les coopératives de grande taille (comme l'Union Laitière Normande, la SODIMA).

• **Les entreprises artisanales fabriquent, elles, des produits traditionnels** (foies gras, champignons, plats régionaux cuisinés comme le cassoulet toulousain, pâtés, etc.) et alimentent les épiceries fines. Bien que leur production maintienne le label de qualité associé à la cuisine française, elles sont moins bien adaptées au marché que les firmes ou les grandes coopératives.

Les industries agro-alimentaires sont donc de toute première importance en France : elles offrent des débouchés nouveaux à l'agriculture et permettent d'équilibrer nos échanges extérieurs.

L'AGRO-ALIMENTAIRE DANS L'ÉCONOMIE NATIONALE

	1960		1984	
	Milliards de francs courants	%	Milliards de francs courants	%
Agriculture	31	12,2	168	4,5
Industries agricoles et alimentaires	13	5,2	196	5,3
PIB marchand	250	100	3 695	100

Source : ministère de l'Agriculture.

La décroissance de l'agriculture dans l'économie nationale est due surtout au déclin de ses prix. La part des IAA demeure à peu près stable. Le secteur agro-alimentaire représente actuellement 9 à 10 % de l'économie.

ACTIVITÉS

Vous venez de terminer un *circuit* touristique en Normandie. *Vous écrivez à un ami pour lui raconter les lieux où vous êtes passé et ce que vous avez vu.*

Expliquez rapidement en quoi Le Havre et Rouen sont des villes complémentaires. (Cinq lignes).

Vrai ou Faux ?

• Les contrats passés entre les firmes et les agriculteurs portent sur la quantité et la qualité de produit brut à fournir par ces derniers.

• Une coopérative agricole est une entreprise de distribution.

• Dans les grandes coopératives, les agriculteurs sont plus indépendants que lorsqu'ils travaillent pour une firme.

• Les industries agricoles transforment les produits bruts pour les rendre propres à la consommation.

• La lyophilisation est une technique de pulvérisation des grains.

• Déshydrater un produit consiste à le débarrasser de l'eau qu'il contient.

• Congélation et surgélation sont synonymes.

• Les entreprises agricoles artisanales sont aussi concurrentielles que les firmes.

• La productivité agricole a augmenté grâce à la baisse du nombre des agriculteurs.

Dans un texte d'une dizaine de lignes, *vous expliquerez pourquoi, dans un pays comme la France, les I.A.A. constituent un secteur économique important.*

Relations avec les assureurs

L'ASSURANCE

L'**assurance** est un contrat par lequel l'assureur s'engage, moyennant le versement périodique par l'assuré de sommes appelées **primes** ou **cotisations**, à verser une **indemnité** au bénéficiaire désigné dans le cas où un **sinistre**, en relation avec le **risque** assuré, se produit - incendie, accident, mort ... - La **police** est l'écrit signé des parties qui sert de preuve au contrat ; les modifications ultérieures sont portées sur des **avenants.**

Étude générale

1 *Pour vous familiariser avec le vocabulaire spécifique de l'assurance,* **complétez les phrases** *ci-après à l'aide des mots suivants (ajoutez les articles nécessaires) :*

accident, avenant, 5 jours, clause, échéance, garanties, incendie, indemnité, mort ou retraite, note de couverture, obligations, police, prime, résiliation, sinistre, suspension, valeur vénale, 24 heures.

L'assuré s'assure pour se prémunir contre un risque, par exemple :

- _____ dans le cas d'une assurance incendie,

- _____ dans le cas d'une assurance automobile,

- _____ dans le cas d'une assurance sur la vie.

Le contrat d'assurance est matérialisé par _____ ; chaque fois que le contrat doit être modifié, on rédige _____ . L'assuré doit prendre connaissance de chaque _____ pour connaître d'une part _____ auxquelles s'est engagé l'assureur, d'autre part ses propres _____

En attendant que le contrat soit rédigé, l'assuré reçoit une attestation d'assurance ou _____ pour prouver qu'il est bien assuré, notamment dans le cas de l'assurance automobile (assurance obligatoire).

L'assuré doit verser périodiquement à _____ prévue, une somme appelée _____ (ou cotisation si l'assureur est une mutuelle).

En contrepartie, après déclaration par l'assuré _____ (c'est-à-dire lorsque le risque s'est réalisé), l'assureur verse à l'assuré _____ ; dans le cas d'une assurance automobile, il n'est tenu compte que de _____ (c'est-à-dire la valeur marchande) du véhicule. La déclaration doit se faire en général dans un délai de _____ , délai réduit à _____ en cas de vol.

Si l'assuré ne paye pas sa prime, il peut y avoir _____ du contrat 30 jours après ; le risque n'est alors plus couvert.

S'il souhaite mettre fin à l'assurance, l'assuré doit procéder à la _____ du contrat en espectant les délais prévus.

Voir également l'extrait des conditions générales aux contrats d'assurance et le vocabulaire complémentaire (page suivante).

CONDITIONS GENERALES AUX CONTRATS D'ASSURANCE (extraits)

PAIEMENT DES PRIMES

Art. 18. - **A défaut de paiement d'une prime (ou d'une fraction de prime) dans les dix jours de son échéance, l'Assureur indépendamment de son droit de poursuivre l'exécution du contrat en justice - peut, par lettre recommandée valant mise en demeure, adressée au Souscripteur ou à la personne chargée du paiement des primes, à leur dernier domicile connu, suspendre la garantie trente jours après l'envoi de cette lettre (ou sa remise au destinataire si celui-ci est domicilié hors de la France métropolitaine).**

L'Assureur a le droit de résilier le contrat dix jours après l'expiration du délai de trente jours visé ci-dessus, par notification faite au Souscripteur, soit dans la lettre recommandée de mise en demeure, soit par une nouvelle lettre recommandée.

OBLIGATIONS DE L'ASSURE

Art. 19. - **En cas de sinistre, l'Assuré ou, à défaut, le Souscripteur doit :**

1° **prendre immédiatement toutes les mesures nécessaires pour en limiter l'importance et sauvegarder les biens garantis;**

2° **donner, dès qu'il en a connaissance et au plus tard dans les cinq jours sauf cas fortuit ou de force majeure, avis du sinistre à l'Assureur, par écrit - de préférence par lettre recommandée - ou verbalement contre récépissé.**
S'il s'agit d'un vol, le délai de déclaration est réduit à 24 heures. En ce cas l'Assuré devra, en outre, remplir les formalités particulières indiquées aux Conditions Spéciales « Vol »;

3° **indiquer dans la déclaration du sinistre ou, en cas d'impossibilité, dans une déclaration ultérieure faite dans le plus bref délai, la date et les circonstances du sinistre, ses causes connues ou présumées, la nature et le montant approximatif des dommages, les garanties souscrites sur les mêmes risques auprès d'autres assureurs et, s'il s'agit d'un sinistre pouvant mettre en cause sa responsabilité civile, les noms et adresses tant de l'auteur que des personnes lésées et des témoins;**

4° **communiquer, sur simple demande de l'Assureur et sans délai, tous documents nécessaires à l'expertise;**

5° **fournir à l'Assureur, dans le délai de vingt jours (en cas de vol dans les cinq jours), un état estimatif certifié sincère et signé par lui des objets assurés qui sont endommagés, détruits ou disparus;**

6° **transmettre à l'Assureur, dès leur réception, tous avis, lettres. convocations, assignations, actes extrajudiciaires et pièces de procédure qui seraient adressés, remis ou signifiés à lui-même, à ses préposés ou à tous autres intéressés et concernant un sinistre susceptible d'engager la responsabilité de l'Assuré.**

Art. 20. - **Faute par le Souscripteur ou l'Assuré de se conformer aux obligations prévues à l'Art. 19 ci-dessus, sauf cas fortuit ou de force majeure, l'Assureur peut réclamer une indemnité proportionnée au préjudice que ce manquement peut lui causer.**

PRINCIPE DE L'INDEMNISATION

Art. 21. - L'assurance ne peut être une cause de bénéfice pour l'Assuré; elle ne lui garantit que la réparation de ses pertes réelles ou de celles dont il est responsable.

Art. 22. - Le montant de la garantie ne pouvant être considéré comme preuve de l'existence et de la valeur, au moment du sinistre, des biens sinistrés, l'Assuré est tenu d'en justifier par tous les moyens et documents en son pouvoir ainsi que de l'importance du dommage

Art. 23. - **Si, de mauvaise foi, le Souscripteur ou l'Assuré fait de fausses déclarations, exagère le montant des dommages, prétend détruits ou disparus des objets n'existant pas lors du sinistre, dissimule ou soustrait tout ou partie des objets assurés, ne déclare pas l'existence d'autres assurances portant sur les mêmes risques, emploie comme justification des documents inexacts ou use de moyens frauduleux, l'Assuré est entièrement déchu de tout droit à indemnité sur l'ensemble des risques sinistrés, la déchéance étant indivisible entre les diverses garanties du contrat.**

VOCABULAIRE

* **Acte extrajudiciaire** : acte établi par un auxiliaire de justice (avocat, huissier).

* **Assignation** : acte d'huissier sommant une personne de comparaître devant un tribunal.

* **Cas fortuit ou de force majeure** : événement imprévisible, irrésistible et insurmontable au moment du contrat (inondation, gel, neige, cataclysme, guerre, actes de terrorisme...)

* **Echéance** : date à laquelle l'assuré doit payer la prime ou la cotisation d'assurance (la prime peut être fractionnée ; les échéances peuvent alors être trimestrielles ou semestrielles).

* **Expertise** : estimation du montant des dégâts ou des dommages par un expert.

* **Procédure** : ensemble des formalités qui doivent être remplies lors d'un procès.

* **Résiliation** : cessation définitive et anticipée du contrat à l'initiative de l'assuré ou de l'assureur, notifiée à l'autre partie par lettre recommandée dans les délais prévus (souvent 1 mois avant l'échéance annuelle).
(En cas de non respect du délai, l'assuré peut être contraint de payer la prime à échoir.)

2 | *Complétez, ci-dessous, le schéma représentant le contrat d'assurance par l'indication de l'obligation principale de chacune des parties.*

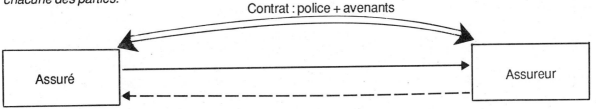

Contrat : police + avenants

Assuré   Assureur

LES DIFFÉRENTES FORMES D'ASSURANCE

* LES ASSURANCES DE PERSONNES
- **L'assurance-vie :**   elle conduit au versement :   * d'un capital à un bénéficiaire après le décès de l'assuré
(assurance en cas de décès)
* d'un capital ou d'une rente à l'assuré s'il est vivant à une
certaine date (assurance en cas de vie).
- **L'assurance-accidents :**   en cas d'accident, l'assurance verse un capital ou des indemnités pour couvrir
les risques de décès ou d'invalidité de l'assuré et les frais divers.

* LES ASSURANCES DE DOMMAGES
- **L'assurances de choses :**   elle a pour but d'indemniser l'assuré à la suite d'un sinistre (incendie,
insolvabilité d'un client, dégâts matériels lors d'un accident...)
- **L'assurance de responsabilité :**   elle garantit l'assuré contre les conséquences pécuniaires des recours
responsabilité de l'assuré est en jeu (dommages causés
dans l'exercice d'une profession).

Les relations courantes entre l'assuré et l'assureur se font souvent au moyen d'imprimés : déclaration d'accident automobile, demande par l'assureur de renseignements complémentaires... Cependant, l'assuré est parfois amené à écrire à l'assureur.

3 | *Pour chacun des **exemples de lettres** énumérés ci-dessous, indiquez au moyen de croix à quelle(s) branche(s) d'assurance il se rapporte.*

Sujets de lettres	Assurances de personnes		Assurances de dommages	
	A-Vie	A. accid.	A. de choses	A. de respons.
- Déclaration par l'assuré de son changement d'adresse				
- Demande par l'assuré de résiliation d'un contrat d'assurance				
- Déclaration d'aggravation du risque : installation d'un garage à proximité de l'immeuble assuré				
- Déclaration de l'augmentation de valeur des biens assurés				
- Déclaration de sinistres "bris de glace" et "vol"				
- Demande de renseignements à propos de tarifs ou de conditions d'assurance				
- Déclaration de changement dans l'utilisation d'un véhciule automobile(déplacements professionnels au lieu de déplacements privés)				
- Demande de rendez-vous à l'assureur				
- Déclaration par un commerçant d'un accident survenu à un client dans son magasin				
- Réclamation par l'assureur du montant de la prime "Assurance vie" ou "Assurance accidents"				
- Réclamation par l'assuré relative au montant de l'indemnité versée à la suite d'un accident provoqué par un tiers.				

Analyse du cas

M. POTON vous remet le constat amiable d'accident ci-joint. Du dossier "Concordia Automobile", vous extrayez la dernière lettre de l'assureur relative à l'assurance du véhicule concerné. *(Voir ci-après).*

3 | *Pour tester la bonne compréhension du dossier, complétez le schéma de la situation commerciale.*

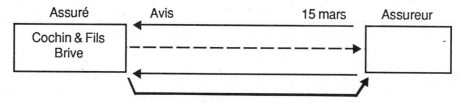

L'assuré va joindre une lettre à sa déclaration d'accident ; l'assureur pourrait, à la réception de la lettre de l'assuré suspendre le contrat, à partir du 20 mai. *(Voir les conditions générales aux contrats d'assurance).*

Cependant, l'assuré peut penser que l'assureur ne mettra pas ses menaces à exécution car il est un client important (il devait payer plusieurs primes en mai) et le retard porte sur une somme relativement réduite.

Aussi, il peut envisager le plan suivant pour sa lettre :

Plan ▷

- envoi de la déclaration d'accident ;
- annonce du chèque joint en règlement des primes ; motif du retard ;
- présentation d'excuses ; espoir qu'il ne sera pas tenu grief du retard.

4 | *Rédigez la lettre*

date :
objet :
P.J. :

Points de repère :

Vous voudrez bien trouver ci-joint...
Des difficultés exceptionnelles de trésorerie...
Nous vous prions de nous excuser...
Veuillez agréer...

Faisons le point sur ... LA CONSTRUCTION DU VERBE *ASSURER*

Nous vous assurons de nos efforts pour mériter votre fidélité.
                              de votre dévouement à vous servir.
Nous vous assurons que tous nos soins seront apportés à l'acheminement de la marchandise.
                              que nos produits vous seront livrés dans les délais.

Attention !!!

On s'assure des vivres, des provisions pour l'hiver (on fait en sorte qu'elles ne manquent pas).
On s'assure *contre* le vol, pour se prémunir contre un risque (p. 305).
On s'assure l'appui, la faveur, la protection de quelqu'un.
Je m'assure *que* rien ne manque ; *que* j'ai bien fermé le gaz.

Terminez les phrases suivantes :
- Dans une longue lettre, mon oncle m'a assuré ...
- Il a dû passer un coup de téléphone à son assurance pour savoir ...
- Il est impossible qu'il n'ait pas fermé la porte à clé. Il m'a assuré ...
- Je t'assure...
- Nous vous assurons, cher Monsieur, ...
- Je l'ai interrogé à plusieurs reprises et il m'a toujours assuré ...
- Au cours de la réunion, il a expliqué à quel point il était nécessaire que l'entreprise s'assure ...
- Comme je suis d'un tempérament inquiet, je m'assure toujours...

constat amiable d'accident automobile

Ne constitue pas une reconnaissance de responsabilité, mais un relevé des identités et des faits, servant à l'accélération du règlement

à signer obligatoirement par les DEUX conducteurs

1. date de l'accident	heure précise	**2. lieu** (pays, n° dépt, localité)	agglomération	**3. blessés** même légers
2 4 0 5 . .	1 0 . 1 5	19100 BRIVE	non ☐ oui ☒	non ☒ oui ☐ •

4. dégâts matériels autres qu'aux véhicules A et B
non ☒   oui ☐ •

5. témoins noms, adresses et tél. (à souligner s'il s'agit d'un passager de A ou B)

véhicule A

6. assuré souscripteur (voir attest. d'assur.)
Nom (majusc.) COCHIN et Fils
Prénom
Adresse (rue et n°) 15, rue d'Esagnac
Localité (et n° dépt) 19100 BRIVE
N° tél. (de 9 h. à 17 h.) 55 74 35 30
L'Assuré peut-il récupérer la T.V.A. afférente au véhicule ? non ☐   oui ☒

7. véhicule
Marque, type Renault Estafette
N° d'immatr. (ou du moteur) 1874 CR 80

8. sté d'assurance CONCORDIA Automobile
N° de contrat 721 75/3
ou de Sociétaire
Agence (ou bureau ou courtier) 103, r. St Martial LIMOGES
N° de carte verte
(Pour les étrangers)
Attest. ou carte verte | valable jusqu'au 31 mars
Les dégâts matériels du véhicule sont-ils assurés ? non ☐   oui ☒

9. conducteur (voir permis de conduire)
Nom (majusc.) POTON
Prénom Aimé
Adresse VARETZ 19240 ALLASSAC
Permis de conduire n° 43520
Catégorie (A, B, ...) E Délivré par la préfecture de la Corrèze
permis valable du _____ au _____
(Pour les catégories C, D, E et les taxis)

12. circonstances

Mettre une croix (x) dans chacune des cases utiles pour préciser le croquis

1	en stationnement	1
2	quittait un stationnement	2
3	prenait un stationnement	3
4	sortait d'un parking, d'un lieu privé, d'un chemin de terre	4
5	s'engageait dans un parking, un lieu privé, un chemin de terre	5
6	s'engageait sur une place à sens giratoire	6
7	roulait sur une place à sens giratoire	7
8	heurtait à l'arrière, en roulant dans le même sens et sur une même file	8
9	roulait dans le même sens et sur une file différente	9
10	changeait de file	10
11	doublait	11
12	virait à droite	12
13	virait à gauche	13
14	reculait	14
15	empiétait sur la partie de chaussée réservée à la circulation en sens inverse	15
16	venait de droite (dans un carrefour)	16
17	n'avait pas observé le signal de priorité	17

1 ← indiquer le nombre de cases marquées d'une croix → 1

véhicule B

6. assuré souscripteur (voir attest. d'assur.)
Nom (majusc.) MORANGE
Prénom Michel
Adresse (rue et n°) 15 r. Paul-Turgot
Localité (et n° dépt) 19140 UZERCHE
N° tél. (de 9 h. à 17 h.)
L'Assuré peut-il récupérer la T.V.A. afférente au véhicule ? non ☒   oui ☐

7. véhicule
Marque, type Renault 20
N° d'immatr. (ou du moteur) 1423 AC 19

8. sté d'assurance M A A E
N° de contrat 16 721 8 D
ou de Sociétaire
Agence (ou bureau ou courtier) 15 r. Michin Brive
N° de carte verte
(Pour les étrangers)
Attest. ou carte verte | valable jusqu'au 31 mars proch.
Les dégâts matériels du véhicule sont-ils assurés ? non ☐   oui ☒

9. conducteur (voir permis de conduire)
Nom (majusc.) MORANGE
Prénom Michel
Adresse 15 r. Pont-Turgot UZERCHE
Permis de conduire n° 2450
Catégorie (A, B, ...) A Délivré par préfecture de Tulle
permis valable du _____ au _____
(Pour les catégories C, D, E et les taxis)

10. Indiquer par une flèche le point de choc initial →

11. dégâts apparents
Portière arrière et aile gauche arrière enfoncées

13. croquis de l'accident
Préciser : 1 le tracé des voies - 2 la direction des véhicules A, B - 3 leur position au moment du choc - 4 les signaux routiers - 5 le nom des rues (ou routes)

rue Gambetta n° 15

10. Indiquer par une flèche le point de choc initial →

11. dégâts apparents
Capot droit avant enfoncé - aile droite id. Phase droit

14. observations

15. signature des conducteurs

A   Poton

B   M. Orange

14. observations

• En cas de blessures ou en cas de dégâts matériels autres qu'aux véhicules A et B, relever les indications d'identité, d'adresse, etc.

Ne rien modifier au constat après les signatures et la séparation des exemplaires des 2 conducteurs

Voir déclaration de l'Assuré au verso ➡

déclaration

à remplir par l'assuré et à transmettre dans les **cinq** jours à son assureur
(dans les 24 heures en cas de vol du véhicule).

1. nom de l'assuré : COCHIN et fils   profession Commerçant   n° tél. 55 74 25 30
Sociétaire ou Souscripteur du contrat
C.C.P. n° 21 92 03   Centre de Limoges

2. circonstances de l'accident :

Alors que M. Poton quittait un stationnement, M. Morangus a voulu se garer à cet endroit ; pour ne pas bloquer la circulation, il s'est précipité et a percuté l'arrière droit de la camionnette.

CROQUIS (seulement s'il n'a pas déjà été fait sur le constat au recto).

Désigner les véhicules par **A** et **B** conformément au recto.

Préciser : 1, le tracé des voies - 2, la direction des véhicules A, B - 3, leur position au moment du choc - 4, les signaux routiers - 5, le nom des rues (ou routes).

3. A-t-il été établi un **procès-verbal de gendarmerie ?** OUI ☐ NON ☒   un **rapport de police ?** OUI ☐ NON ☒
Si oui : Brigade ou Commissariat de _____

4. conducteur du véhicule assuré : Est-il le conducteur habituel du véhicule ? .... OUI ☒ NON ☐
Réside-t-il habituellement chez l'Assuré ? . OUI ☐ NON ☐   Est-il célibataire ? OUI ☐ NON ☒
Date de naissance 21.10.57   Est-il salarié de l'Assuré ? OUI ☒ NON ☐
Sinon à quel titre conduisait-il ? _____

5. véhicule assuré : Lieu habituel de garage 25, r. Espagnac Date 1ère mise en circulation : 25.4.78
Quel était le motif du déplacement ? Livraisons
EXPERTISE des DÉGÂTS : Garage où le véhicule sera visible Brive. Auto. Av Pasteur. BRIVE
Quand ? 1er juin _____ Éventuellement téléphoner à : _____

Si le véhicule
- a été **volé**, indiquer son numéro dans la série du type (voir carte grise) _____
- est **gagé** : nom et adresse de l'Organisme de crédit _____
- est un **poids lourd** : poids total en charge _____
- était **attelé** à un autre véhicule (tractant ou remorqué) au moment de l'accident, indiquer le n° d'immatriculation de cet autre véhicule : _____ poids total en charge : _____
nom de la Société qui l'assure : _____ n° police dans cette Société : _____

6. dégâts matériels autres qu'aux véhicules **A** et **B** (nature et importance ; nom et adresse du propriétaire) :
_____

7. blessé (s) NOM ....
Prénom et date de naissance ....
Adresse ....

Profession ....
N° Sécurité Sociale :
Degré de parenté avec l'assuré ou le conducteur
Est-il salarié de l'assuré ? .... OUI ☐ NON ☐   OUI ☐ NON ☐
Nature et gravité des blessures ......
Situation au moment de l'accident (piéton, passager du véhicule **A** ou **B** etc)
1ers soins ou hospitalisation à ....

A Brive le 24 mai 19___
Signature de l'assuré :
Cochin S

310

Travail complémentaire

1 Chez l'assureur "Concordia Automobiles", consultez le constat amiable d'accident et la lettre émanant de l'entreprise "Cochin et Fils".

Rédigez la réponse de l'assureur qui accepte de prendre en charge l'accident.

Plan proposé :

- Accusé de réception de la déclaration d'accident et du règlement de la prime.
- Rappel du retard et de la mise en demeure : normalement, contrat suspendu depuis le 20 mai.
- Cependant, exceptionnellement, prise en charge de l'accident.
  (Possibilité de demander pour l'avenir une plus grande ponctualité pour le règlement des primes).

Points de repère :   Nous avons bien reçu ...
La prime correspondant au véhicule accidenté aurait dû être payée...
Néanmoins, nous acceptons...
Mais pour l'avenir ...

CONCORDIA AUTOMOBILE

103 rue Saint-Martial - 87000 LIMOGES   —   **TÉL. : 55–32-17-96**   —   CCP LIMOGES 824 82 03

RCS Limoges B 723 004 821 - Société Anonyme au Capital de 5 millions de francs.

MISE EN DEMEURE RECOMMANDEE

COCHIN et FILS
Entrepôts de spiritueux
15, rue d'Espagnac

19100 BRIVE-LA-GAILLARDE

Objet :   police 721 75/3

Limoges,
le,   20 avril 19..

Nous constatons que la prime d'assurance d'un montant de   3 540 F correspondant à la police référencée ci-dessus n'a pas été payée à l'échéance du 31 mars ainsi que vous y invitait notre avis du 15 mars.

En conséquence, nous nous voyons obligés, pour satisfaire aux dispositions de la loi, de vous mettre en demeure de régulariser votre compte par tout moyen à votre convenance ; si le paiement n'est pas enregistré dans un délai de 30 jours, le contrat sera suspendu et, en cas de sinistre, aucune indemnité ne sera versée ; 10 jours après la date de suspension, nous nous réservons le droit soit de résilier la police, soit d'en poursuivre l'exécution en justice (loi du 13 juillet 1930 modifiée par la loi du 30 novembre 1966).

Persuadés qu'il s'agit d'un simple oubli de votre part et que vous tenez à conserver le bénéfice de la police, nous comptons sur votre prochain règlement.

Veuillez agréer l'expression de nos sentiments distingués.

Le Directeur Général

H. Vernet Paillet

H. VERNET-PAILLET

*A régler avec les échéances de mai
André Cochin
le 22 avril*

2 | L'entreprise SISCO vient d'emménager dans des locaux neufs. Le 4 janvier, une fuite d'eau endommage le bureau du directeur. Convoqué immédiatement, le représentant de l'entreprise de plomberie Richard a rejeté toute responsabilité pour son entreprise : selon lui, la rupture de la canalisation est due à un choc violent postérieur à l'installation.

Le directeur a rempli la déclaration de sinistre (voir ci-après) ; il vous charge de l'envoyer à la compagnie d'assurance accompagnée d'une lettre demandant à l'assureur de désigner un expert pour établir les responsabilités et évaluer les dégâts.

Le plan suivant vous est suggéré :

> - Annoncer le sinistre (date ; nature : dégâts des eaux) - Déclaration jointe.
> - Signaler la position de l'entreprise de plomberie (rejet de toute responsabilité).
> - Demander la visite d'un expert.
> - Espérer un règlement rapide de l'affaire.

ASSURANCES GÉNÉRALES
20, rue de Londres
75009 PARIS

NUMÉRO DE DOSSIER

I | 8,6,0,0,5,4,2,1 | R

CACHET DE L'AGENCE — Mod. 82 SZ

AG BREST — CODE

N° de Police : Z 4,14,2,86

DÉCLARATION DE SINISTRE
INCENDIE - VOL - (DÉGATS DES EAUX)

Code RISQUE

DATE DU SINISTRE — Jour Mois Année : 0,4 0,1 1,9,8,7

LIEU DU SINISTRE : Brest — 29 Départ

SOCIÉTAIRE : PROPRIÉTAIRE ☒ LOCATAIRE ☐ SEUL ☒ OCCUPANT ☒ PARTIEL ☐

NOM : SISCO

LIEU D'ASSURANCE : 20 rue Le Guennec Brest — 29 Départ

ADVERSAIRE : PROPRIÉTAIRE ☐ LOCATAIRE ☐ VOISIN ☐ TIERS ☐

NOM :

ADRESSE : — Départ

Assurance en cours à une autre Société : NON ☒ OUI ☐

Nom de la Société :

Police N° ___ de l'Agence de ___

EST-IL ASSURÉ NON ☐ OUI ☐

Nom de la Société :

Police N° ___ de l'Agence de ___

NATURE DU SINISTRE { INCENDIE ☐ EXPLOSION ☐ TEMPÊTES-GRÊLE ☐ DOMMAGES MÉNAGERS ☐ ☐
DOMMAGES ÉLECTRIQUES ☐ FOUDRE ☐ VOL ☐ DÉGATS DES EAUX ☒ ☐

BIENS SINISTRÉS : BATIMENT ☒ MOBILIER ☒ MATÉRIEL ☐ MARCHANDISES ☐ ANIMAUX-BESTIAUX ☐ RÉCOLTES ☐ ☐

MONTANT APPROXIMATIF DES DOMMAGES { sur BIENS DE L'ASSURÉ : BATIMENT ___ CONTENU ___
sur BIENS A DES TIERS : BATIMENT ___ CONTENU ___

CAUSES ET CIRCONSTANCES DU SINISTRE — POINT DE DÉPART

rupture d'une canalisation d'eau dans le bureau du Directeur : moquette, plâtres et bas des meubles sérieusement endommagés.
Nous pensons qu'il s'agit de la rupture d'une soudure défectueuse

DESCRIPTION DES RISQUES				PIÈCES JOINTES		
RISQUES	GARANT. contrat	S/CATÉGORIES à ouvrir	ÉVALUATIONS d'origine			
INCENDIE	☒	D		MESURES PRISES		PLAINTE
EXPLOSION	☐	G		EXPERTISE OUI ☒ NON ☐		
TEMPÊTES	☐	8		demandée le ___		
DOMMAGES MÉNAGERS	☐	C		à M. ___		
DOMMAGES ÉLECTRIQ.	☐	7		Expert à ___		
VOL	☐	E		Le Sociétaire a-t-il		
DÉGATS DES EAUX	☒	9		— payé ses cotisations ? OUI ☒ NON ☐		

— fait l'objet d'une mise en demeure ? OUI ☐ NON ☒

Fait à Brest
le 5 janvier 1987
Le Sociétaire
Guillerm

Visa de l'Agent

*C*omment... CARACTÉRISER UNE SITUATION

Choisir.

1 Dans cette très fantaisiste déclaration d'accident, envoyée par M. Joubert à sa compagnie d'assurance, *soulignez les éléments qui caractérisent les circonstances et les protagonistes de l'accident.*

« Le mardi 18 février, j'ai quitté mon bureau à 17 heures. Je suis sorti en voiture du parking situé au sous-sol du bâtiment. J'ai salué une collègue, Mme Bideaut, qui discutait devant l'entrée principale avec une femme que je ne connais pas. Je n'avais pas fait cent mètres qu'un conducteur, M. Motton, au volant d'une R5 bleue, est sorti du stationnement sans regarder si la voie était libre. Je n'ai pas eu le temps de freiner et l'avant droit de ma voiture a percuté la portière avant gauche de son véhicule. Nous avons immédiatement rédigé le constat ci-joint. »

2 M. Motton a-t-il donné tous les détails et son emploi du temps ? Lesquels a-t-il choisi ? Quels détails, donnés par lui, auraient pu être supprimés dans la déclaration ci-dessus ? Ceux qui sont donnés permettent-ils à l'assureur de se faire une idée exacte des torts respectifs des deux conducteurs ?

Caractériser une situation suppose donc *de choisir* les éléments en fonction d'un but précis ou de la personne à laquelle on s'adresse.

3 *Choisissez et mettez en valeur les caractéristiques de cette image en fonction d'une situation parmi les suivantes :*

- Vous présentez un rapport sur l'évolution des loisirs.

- Vous vantez les joies de la nature.

- Vous voulez montrer la transformation des mentalités.

- Vous expliquez à des amis comment vivaient vos parents.

- Vous voulez démontrer que les gens vivent mieux maintenant qu'il y a trente ans.

- Vous voulez démontrer que les femmes sont plus actives que les hommes.

© JEAN DIEUZAIDE.

4 Dans le texte suivant, *relevez les éléments qui, pour les Français* (toutes tendances politiques confondues) *caractérisent ces changements intervenus en France depuis la Deuxième Guerre mondiale.*

Les Français regardent avec un brin de nostalgie les quarante années qui viennent de s'écouler, et avec une pointe d'inquiétude celles qui les attendent. Mais ils ne versent pas dans le défaitisme. Le plus dur de la crise est passé, espèrent-ils, et nous avons encore quelques bonnes cartes à jouer.

Sur le passé, ils portent un jugement globalement positif. Une majorité estime qu'en France, « tout compte fait, on ne s'y est pas si mal pris » depuis la Seconde Guerre mondiale, et que l'influence de notre pays dans le monde est aujourd'hui « très » ou « assez » grande. Majorité faible, toutefois, dans les deux cas, et qui demande donc à être analysée en détail.

La satisfaction de ce qui a été accompli se rencontre en proportions voisines dans toutes les familles politiques, à la seule exception des électeurs communistes (dont 70 % estiment qu'« on aurait pu faire beaucoup mieux »). Pourtant, à la question de savoir quels ont été les changements les plus marquants, les mêmes électeurs communistes sont les premiers à mettre en exergue « l'amélioration du niveau de vie et du confort » ou « le changement de la place des femmes dans la société ». Satisfaits dans le détail, mécontents de l'ensemble : une attitude d'opposition systématique qui n'est pas partagée par les électeurs socialistes.

On notera aussi que les cadres, les indus-triels, les gros commerçants, les membres des professions libérales et les personnes ayant bénéficié de l'enseignement supérieur sont les plus nombreux à apprécier positivement les quarante dernières années (...)

Il n'est pas étonnant, bien sûr, que les catégories sociales les plus élevées soient aussi les premières à estimer qu'« on ne s'y est pas mal pris »...

Ce qui a été bon pour les Français a été bon pour la France. En quarante ans, l'influence diplomatique du pays, son rayonnement moral et intellectuel, et surtout sa force militaire se sont accrus, pensent une majorité (relative) des Français. (Il faut dire aussi que le lendemain de la guerre est un point de référence particulièrement bas dans tous ces domaines.) Seul son poids économique dans le monde aurait relativement baissé – jugement qui, au demeurant, correspond bien à la réalité. Les électeurs de la mouvance socialiste sont nettement plus contents que les autres des performances de leur pays. Ils sont notamment les seuls à soutenir que son poids économique s'est accru. (...)

Jacques Fontaine,
L'Expansion. Oct.-Nov. 1985.

Voici les résultats des sondages commentés par Jacques Fontaine dans le texte précédent.

Quand vous pensez à la France après la Seconde Guerre mondiale, et quand vous regardez la France aujourd'hui, jugez-vous...						
	SELON LA PREFERENCE PARTISANE					
(en %)	ENSEMBLE	PC	PS	UDF	RPR	Front national
... qu'on aurait pu faire beaucoup mieux en quarante ans	41	70	40	40	37	38
... que, tout compte fait, on ne s'y est pas si mal pris	51	24	53	52	58	62
Sans opinion	8	6	7	8	5	–

De nombreux changements sont intervenus dans notre société depuis la Seconde Guerre mondiale. Quels sont les deux qui vous paraissent les plus marquants ?	
(en % ; deux réponses possibles)	ENSEMBLE
L'amélioration du niveau de vie et du confort	53
Le changement de la place des femmes dans la société	40
La libéralisation des mœurs (la pilule, etc.)	33
Un meilleur niveau général d'instruction	19
Un travail moins dur, plus intéressant	17
L'allongement du temps de loisirs	14
La baisse de la pratique religieuse	11
Sans opinion	2

5 A partir de ces sondages, *rédigez un texte dans lequel vous brosserez le tableau de l'évolution de la France depuis la Deuxième Guerre mondiale.*

• Quels éléments trouvez-vous dans votre texte qui ne sont pas dans celui de Jacques Fontaine ?

• Quels éléments trouvez-vous dans le texte de Jacques Fontaine qui ne sont pas les vôtres ?

• A quoi tiennent ces différences ?

L'argent en liberté surveillée

ÉDITORIAL

LA BANQUE DE FRANCE

Fondée en 1800, la Banque de France est la banque centrale, la « banque des banques ». A la différence de ce qui se passe dans d'autres pays, comme le Japon, l'Italie ou les États-Unis, l'État français est actionnaire à 100 % de la banque centrale.

La Banque de France est chargée de « veiller sur la monnaie et le crédit », en même temps que sur le « bon fonctionnement du système bancaire ». Son privilège est d'émettre les billets. En contrepartie, elle rend au Trésor Public tous les services qu'un banquier rend à ses clients : encaissements, versements et autres opérations entre les différents services de l'État, entre l'État et les particuliers. Enfin, elle a pour mission de coopérer à la préparation et à la mise en œuvre de la politique monétaire décidée par le gouvernement.

LA BANQUE DE FRANCE : UNE « BANQUE DES BANQUES »

Elle exerce sur les autres banques un droit de regard : en particulier, c'est elle qui fixe les taux d'intérêt, c'est-à-dire les taux consentis par les banques lorsqu'elles accordent des crédits à leurs clients. L'augmentation ou la baisse des taux d'intérêt influe largement sur l'économie : la baisse encourage les particuliers à acheter à crédit (voitures, logement, etc.) et relance la consommation,

la hausse au contraire freine les emprunts, réduit la masse d'argent disponible, pèse sur les prix et permet éventuellement de freiner l'inflation.

Vis-à-vis de l'étranger, la Banque de France joue le rôle de haute autorité en matière de change ; elle assure la surveillance de toutes les opérations bancaires avec l'étranger.

DES RAPPORTS PRIVILÉGIÉS AVEC L'ÉTAT

Les rapports entre l'État et sa banque témoignent, de la part de celui-ci, d'une attention toute particulière. Le Conseil des Ministres, en effet, nomme les administrateurs et les directeurs de la Banque de France. Seul, un membre du Conseil Général est élu par le personnel et un Censeur est nommé par le ministre des Finances qui approuve le projet présenté par l'administrateur de la banque, pour la fixation des dividendes et l'affectation des bénéfices.

La Banque de France est une institution assez originale, aussi bien en ce qui concerne son rôle que pour ce qui est de la participation de l'État. Elle est, avec d'autres institutions du même ordre, le signe du désir, affermi tout au long de l'histoire de France, d'un État centralisé, capable de contrôler efficacement la circulation des marchandises et de la monnaie sur son territoire.

Le Gouvernement et les banques

Depuis le début du XIXᵉ siècle, l'État français a toujours tendu à exercer un contrôle important sur le système bancaire. Si, au départ, seules la Banque de France et la Caisse des Dépôts et Consignations (organisme collecteur de fonds et distributeur de crédits) étaient concernées, le pouvoir de l'État s'est considérablement étendu après la guerre.

En 1945-46, sous le gouvernement du Général de Gaulle, l'ensemble des établissements bancaires est soumis à une commission de contrôle désignée par l'État. Les quatre principales banques de dépôts, Crédit Lyonnais, Société Générale, Comptoir National d'Escompte, Banque Nationale du Commerce et de l'Industrie sont nationalisées. C'est à la même époque que l'État devient actionnaire à 100 % de la Banque de France.

En 1981, toutes les banques, sauf les banques étrangères et celles dont le montant des dépôts est inférieur à 1 milliard de francs, sont nationalisées.

En 1986, une partie notable du secteur bancaire est « dénationalisée » et donc rendue au privé. (Cf. chapitre 24)

Le ministère de l'Économie et des Finances est, de tous les ministères, celui qui détient une place prépondérante :
• **Il agit sur les taux d'intérêts** par l'entremise de la Banque de France.
• **Il surveille les prix** (en déterminant par exemple le montant de la hausse des loyers et de certains produits alimentaires).
• **Il peut intervenir** dans les négociations sociales.

Ses recettes proviennent des impôts directs et indirects : elles servent au fonctionnement des différents services (éducation, santé, défense, etc.) et aux investissements publics. L'État lance aussi des emprunts destinés au financement des entreprises nationalisées. Il dispose en outre des fonds collectés par la Caisse des Dépôts et Consignations.
En somme, l'État intervient assez largement sur le marché financier, moins de manière dirigiste que pour indiquer des tendances et des directions souhaitables.

La Banque de France.   DOC. BANQUE DE FRANCE

L'épargne

La masse d'argent épargnée en France provient de 3 sources : les ménages, les entreprises et l'État.

• **L'épargne représente 12 à 14 % du revenu des ménages,** qui consacrent environ la moitié des sommes épargnées à acheter un logement ou à financer une construction. L'autre moitié est :

— soit placée (dans des actions, des obligations, une assurance-vie, etc.)

— soit déposée dans les banques, sur les livrets des Caisses d'Épargne Écureuil ou des Caisses Nationales d'Épargne de la Poste.

L'épargne des ménages représente 30 % de l'épargne totale.

**VOTRE LIVRET A :
IL PENSE D'ABORD A VOUS...**

17 millions. Oui, vous êtes 17 millions, en France, à posséder un Livret A de la Poste. 17 millions de Livrets A sur lesquels ont déjà été déposés 236 milliards de francs. Un chiffre qui mérite qu'on s'y arrête, ne serait-ce que pour se poser la question "A quoi sert cet argent ?" A quoi sert-il, c'est ce que vous allez découvrir ici. Et, vous verrez, c'est très intéressant. Pour vous d'abord, puisqu'avant tout votre Livret A assure la rentabilité, la sécurité et la disponibilité de votre épargne.

Rentabilité, parce que, avec ses 6% d'intérêts exonérés d'impôts, votre Livret A fait mieux que mettre votre argent à l'abri de l'inflation, celle-ci tournant, aujourd'hui, autour de 5%.

Sécurité, parce que votre capital est parfaitement garanti : vous ne risquez donc aucune mauvaise surprise.

Disponibilité enfin, puisque vous pouvez, à tout moment, retirer de l'argent dans l'un des 17 000 bureaux de Poste ouverts en France.

Mais au-delà, le Livret A fait plus encore. Pour vous et pour les autres. Voici comment.

• **Dans les entreprises,** l'épargne provient de la différence entre le chiffre d'affaires et les dépenses d'exploitation. Elle représente 60 % de l'épargne globale. Cette épargne est redistribuée sous forme de dividendes ou de parts dans les sociétés à responsabilité limitée (de sorte qu'elle alimente d'une manière indirecte l'épargne des ménages), ou bien elle reste la propriété de l'entreprise. Elle sert alors aux investissements. En général, les investissements d'une entreprise sont couverts à plus de 50 % par ses propres fonds. Le reste vient du marché des capitaux (actions et obligations), des crédits accordés par l'État (pour 10 % environ) et les banques qui leur octroient des prêts à court ou moyen terme.

• **L'État dispose pour son épargne** non seulement de la différence entre les recettes fiscales et les dépenses courantes de l'administration, mais aussi des sommes collectées par la Caisse des Dépôts et Consignations. Cet organisme en effet, créé en 1816, assiste le ministère des Finances en recueillant les fonds déposés dans les Caisses d'Épargne Écureuil, à la Caisse Nationale d'Épargne de la Poste, dans les Caisses de Retraite et de Sécurité sociale ; elle rassemble aussi les *consignations,* c'est-à-dire les sommes faisant l'objet de litiges, et les dépôts des notaires.

Établissement public, **la Caisse des Dépôts et Consignations** a pour mission :

— de protéger ces fonds et d'assurer, par sa bonne gestion, la sécurité, la disponibilité et la rémunération des livrets d'épargne, aux taux fixés par les Pouvoirs Publics ;

— de transformer ces ressources d'épargne en prêts aux collectivités locales et aux organismes d'HLM (Habitation à Loyers Modérés), destinés à financer l'équipement des communes et le logement social, et contribuer au développement économique local.

La Caisse des Dépôts favorise ainsi une répartition équitable des financements entre les régions où l'épargne est abondante et celle où elle l'est moins. Mais les décisions d'investissement sont prises localement (par un Comité Régional des prêts, constitué d'élus de la région).

Ces prêts aux régions sont accordés à des conditions particulièrement favorables (long terme et taux réduits). Pour assurer à tout moment la disponibilité de l'épargne sur livret et sa rémunération, la Caisse des Dépôts en consacre une partie à des placements à très court terme et plus rémunérateurs (bons du Trésor, obligations, marché monétaire, …)

Ainsi l'État joue-t-il, vis-à-vis de l'Épargne, un rôle protéiforme :

Il est tour à tour prêteur, source d'épargne, emprunteur, investisseur, transformateur d'épargne à court terme en prêts à long terme.

Chaque jour, depuis plus d'un siècle, la Poste confie l'argent déposé sur les Livrets A à la Caisse des Dépôts et Consignations, soit à ce jour, 236 milliards de francs. 236 milliards que la Caisse des Dépôts a pour mission de gérer, en toute sécurité pour l'épargnant et au service de l'intérêt général. 236 milliards répartis, comme l'indique aux propriétaires d'un livret A le tableau ci-dessous, entre prêts aux collectivités locales, financement du logement social et placements à court terme.

46 %	sont prêtés aux collectivités locales (communes, départements, régions), pour financer leurs équipements.
31 %	sont destinés au financement du logement social.
23 %	servent à assurer la « liquidité » de votre épargne, c'est-à-dire à rendre — par de judicieux placements à court terme — l'argent de votre Livret A disponible à tout moment.

Relations avec les banques

> Les banques sont des établissements qui reçoivent du public des fonds qu'ils emploient pour leur propre compte en opérations d'escompte, de crédit ou en opérations financières.

Le rôle de la banque

1. La banque effectue des opérations de caisse pour le compte de l'entreprise.

Les opérations sont enregistrés   - à la banque dans le compte du client.
     - chez le client sur le compte "Banque".

Exemple :   * Compte de l'entreprise CARREAU à la banque.

DÉBIT	CRÉDIT
Paiement d'effets de commerce	Versement d'espèces
Paiement de chèques	Chèques remis à l'encaissement
Agios	Effets remis à l'encaissement
Virement au profit de fournisseurs	Virements effectués par des clients
Prélèvements divers (impôts, électricité...)	Effets remis à l'escompte
Achat de devises pour le règlement de	Ventes de titres, de devises
fournisseurs étrangers	

     * Compte banque dans l'entreprise CARREAU : les opérations sont inversées.

Agios	: ensemble des rémunérations (intérêts et commissions) prélevées par la banque sur certaines opérations bancaires.
Escompte	: achat d'un effet de commerce par la banque qui avance à son client le montant de l'effet diminué d'un intérêt calculé d'après le temps restant à courir jusqu'à l'échéance.
Prélèvements	: paiement automatique par la banque, pour le compte de son client, de redevances périodiques (gaz, téléphone, assurances,...) ; le créancier informe son débiteur 8 jours au moins avant l'échéance du montant du prélèvement pour que le compte soit suffisamment approvisionné.
Titres	: valeurs mobilières, négociables en Bourse, émises par les sociétés, l'Etat ou des collectivités semi-publiques en échange d'un apport en capital (actions) ou d'un prêt (obligations).
Virements	: transferts entre deux comptes bancaires (le titulaire d'un compte a donné l'ordre à la banque de prélever une somme déterminée sur son compte et de la transférer sur le compte d'un bénéficiaire).

Remarques :
- Noter l'orthographe des mots suivants :

banque,	bancaire
hypothèque,	hypothécaire
financier,	pécuniaire.

- Les relations entre l'entreprise et la banque s'effectuent le plus souvent par écrit, sur divers imprimés, ce qui assure rapidité, simplicité et sécurité des opérations. Cependant, l'entreprise est parfois amenée à écrire à la banque et, dans certains cas, un contact direct entre le banquier et un responsable de l'entreprise est indispensable.

2. La banque peut accorder des crédits à l'entreprise.

CRÉDIT	Définition
Compte courant d'escompte : ▶	*Possibilité donnée à l'entreprise d'escompter des effets de commerce dans la limite d'un certain montant.*
Crédit de campagne : ▶	*Crédit accordé à une entreprise ayant une activité saisonnière.*
Facilités de caisse : ▶	*Autorisation de dépassement de l'avoir en compte pour permettre à l'entreprise de faire face à une échéance.*
Découvert : ▶	*Avance de fonds pour une durée inférieure à 5 ans pour financer des investissements.*
Crédit à court terme : ▶	*Avance de fonds pour une durée inférieure à 1 an pour financer l'acquisition de biens d'équipement.*
Crédit à moyen terme : ▶	*Autorisation de dépassement de l'avoir en compte dans la limite d'un certain montant et pour une période donnée.*
Crédit à long terme : ▶	*Avance de fonds pour une durée supérieure à 5 ans pour financer des investissements.*

3. La banque fournit des services divers à l'entreprise.

Exemple : achat et vente de titres en Bourse, location d'un coffre-fort, achat de devises étrangères...

1 | *Complétez la phrase ci-après avec les expressions :*
au coffre-fort, au mieux, à la SICOVAM.

> Au mieux : au premier cours coté à la séance de la Bourse.
>
> SICOVAM : Société Interprofessionnelle de Compensation des Valeurs Mobilières.

J'ai chargé la banque d'acheter en Bourse pour mon compte _____ 10 actions Olivetti ; la plupart de

mes titres sont en dépôt _____ ; pour conserver les autres valeurs en toute sécurité, je les place

_____ à la banque.

La plupart des ordres d'achat ou de vente de titres en Bourse sont donnés à la banque (ou à l'agent de change)

sur des imprimés spéciaux.

Exemple d'ordre d'achat à la Bourse :

Cependant, il peut arriver que les ordres soient formulés par lettre ou par télex.

Exemple d'un ordre passé par télex :

```
VEUILLEZ VENDRE AU PREMIER COURS :
25 ACTIONS L'OREAL
20 ACTIONS PEUGEOT SA
ET PORTER LE MONTANT DE LA VENTE AU CREDIT DU COMPTE N° 5 051 883 8.
```

2   *Rédigez par lettre l'ordre d'achat présenté sur l'imprimé "Ordre d'achat" ci-dessus.*

         Points de repère :

         Nous vous prions...
         Le montant de l'opération devra être porté...
         Nous vous remercions...

3   Face aux opérations indiquées ci-après, indiquez au moyen de croix, le ou les ***moyens de communication*** utilisés (on ne tient pas compte des communications téléphoniques qui doivent, en général, être confirmées par écrit).

Opérations	Moyen de communication		
	Lettre	Imprimé	Contact direct
- Demande d'ouverture d'un compte courant d'escompte			
- Remise d'effets à l'encaissement ou à l'escompte			
- Ordre d'achat de titres en Bourse			
- Demande de rectification d'une erreur dans la tenue d'un compte			
- Ordre de virement			
- Location d'un coffre-fort			
- Demande de retour d'un effet remis à l'escompte			
- Demande de renseignements sur un client			
- Opposition au paiement d'un chèque perdu			
- Réclamation pour chèque impayé (erreur de la banque).			

4. Le rôle particulier de la Banque de France.

* La Banque de France émet la **monnaie** : billets de banque et pièces de monnaie, ou monnaie divisionnaire ; elle règle la circulation monétaire.

* Elle régularise la distribution des **crédits** accordés par les différentes banques (elle contrôle le volume des crédits).

* Elle **réescompte** les effets de commerce détenus par les autres banques, dans la limite d'un certain plafond (elle est donc la banque des banquiers).

Analyse du cas

Employé dans la S.A.R.L. CARREAU, Centre de bricolage, on vous remet pour vérification l'extrait de compte du Crédit Lyonnais reçu ce jour, 22 mai (1) ; vous disposez du compte "Crédit Lyonnais" tenu dans l'entreprise (2).

(1)

CRÉDIT LYONNAIS BAYONNE Agence 1	EXTRAIT DE COMPTE SARL CARREAU			Compte n° 000505174.80 Relevé au 19 mai 19..
Date opérat.	Libellé	Débit	Crédit	Solde
15.05	Solde à nouveau			20 925,70 C
15.05	Chèque 10.021 DURET	2 680,00		18 245,70 C
16.05	Chèque 10.022 BUSSERON	5 022,00		13 223,70 C
16.05	Bordereau remise de chèques		10 055,10	23 278,80 C
17.05	Prélèvement E.D.F.	470,40		22 808,40 C
18.05	Chèque 10.023 PICHON	6 788,00		16 020,40 C
18.05	Versement		10 000,00	26 020,40 C
19.05	Chèque 10.024 JACOUD	5 070,20		20 950,20 C
19.05	Commissions et taxes	28,20		20 922,00 C

(2)

CRÉDIT LYONNAIS						
Date	Libellés	Débit	Crédit	Solde débiteur	Solde créditeur
13	Chèque 10.021 DURET		2 680,00	18 245,70	
13	Bordereau de remise de chèques	10 055,10		28 300,80	
15	Chèque 10.022 BUSSERON		5 022,00	23 278,80	
15	Prélèvement E.D.F.		470,40	22 808,40	
15	Chèque 10.023 PICHON		6 788,00	16 020,40	
17	Chèque 10.024 JACOUD		3 070,20	12 950,20	
18	Versement	10 000,00		22 950,20	
19	Bordereau de remise de chèques	8 520,00		31 470,20	

Vous constatez qu'au 19 mai le solde des deux documents est différent. Normalement, la différence provient du décalage des dates d'enregistrement de certaines opérations entre la banque et l'entreprise. Il s'agit donc d'établir un **état de rapprochement** pour déterminer le solde réel en ajoutant à chaque compte les opérations non encore enregistrées.

ETAT DE RAPPROCHEMENT

CRÉDIT LYONNAIS				S.A.R.L. CARREAU			
Opérations	Débit	Crédit	Solde D	Opérations	Débit	Crédit	Solde C
Solde débiteur au 19-5			31 470,20	Solde créditeur au 19-5			20 922,00

4 | *Etablissez l'**état de rapprochement**.*

Vous constatez une différence des soldes.

En supposant que toutes les sommes enregistrées dans l'entreprise ont été vérifiées, recherchez l'origine de l'erreur :

___

Que devez-vous faire ?

___

Plan de la lettre :

> - Accuser réception de l'extrait de compte n° .... du ....
> - Signaler l'erreur constatée.
> - Demander la rectification de l'erreur ; remercier.

5 | **Rédigez la lettre.**

Objet :

Travail complémentaire

1 | *M. CARREAU, gérant du Centre de Bricolage, envisage, après quatre années d'exploitation, l'extension du magasin central. Pendant les travaux, la vente sera assurée dans une annexe proche ; on prévoit cependant une baisse de l'activité de 30 % pendant 3 mois. Vous devez écrire à la banque pour solliciter, pendant cette période, l'autorisation de disposer d'un découvert de 100 000 F (possibilité de consulter les paragraphes standards ci-après).*

PARAGRAPHES STANDARDS : RELATIONS AVEC LA BANQUE

- Nos ventes s'effectuent exclusivement au comptant et, comme vous avez pu le constater, les incidents lors du paiement des chèques sont rares et sans gravité.

- Au cours des dernières années, notre trésorerie a été très saine et nous avons toujours pu assurer nos règlements sans problèmes.

- L'activité de notre entreprise a connu une progression régulière au cours des derniers exercices et l'étude du marché local laisse prévoir une extension constante pendant les prochaines années.

- Le financement des travaux sera en totalité (en grande partie, partiellement) assuré par la provision de... que nous avons constituée à cet effet.

- Le crédit consenti pourrait être couvert par notre portefeuille titres qui, suivant votre dernière estimation, s'élève à ... (par notre stock de marchandises actuellement évalué à ...).

- Nous tenons à votre disposition nos documents comptables des derniers exercices.

- Veuillez trouver ci-joint les bilans et comptes de Pertes et Profits des trois derniers exercices.

---

2 | Le découvert a été accordé par la banque pour 3 mois.

En établissant l'état de trésorerie pour la fin du deuxième mois, M. CARREAU s'aperçoit que, s'il veut honorer toutes les traites venant à échéance, son compte deviendra débiteur de 106 500 F.

Il a dû en effet accorder un délai de règlement à divers clients qu'il connaît bien (il a notamment consenti un report d'échéance de 8 020 F à un club qui n'a pas reçu à la date prévue la subvention accordée par la municipalité).

*Vous devrez écrire à la Banque pour solliciter exceptionnellement l'**autorisation de dépassement** du découvert.*

Comprendre... LES BANQUES ET L'ÉPARGNE

LES BANQUES

RECHERCHE

Après avoir répertorié toutes les fonctions assumées par la Banque de France, *vous vous documenterez pour savoir quel(s) organisme(s) les assure(nt) dans votre pays. Vous présenterez votre recherche sous la forme écrite de votre choix* (récit, article, dossier, compte rendu, ...)

DÉBAT

Le problème de l'intervention de l'État dans l'économie et surtout le contrôle qu'il exerce sur la circulation de l'argent dans le pays a toujours été, en France, un problème majeur. Déjà, au XIXᵉ siècle, Balzac entrait dans la polémique en écrivant : « Tout gouvernement qui se mêle du commerce et ne le laisse pas libre, entreprend une coûteuse sottise (...) Qu'importe à l'État la manière dont s'obtient le mouvement rotatoire (1) de l'argent, pourvu qu'il soit dans une activité perpétuelle ! Qu'importe qui est riche, qui est pauvre, s'il y a toujours la même quantité de riches imposables (2) ? »

Après avoir résumé l'article intitulé « Le gouvernement et les banques » et à la lumière des rapports entre gouvernement et organismes financiers dans votre pays, vous discuterez cette opinion émise par un personnage du roman de **Balzac,** *La Maison Nucingen.*

L'ÉPARGNE

Les Français ont la réputation d'être des épargnants.

Vous lirez et vous expliquerez cette fable de **La Fontaine,** *La Cigale et la Fourmi,* écrite au XVIIᵉ siècle et enseignée depuis des générations à tous les enfants des écoles.

Vous analyserez quelles relations à l'argent sont ici défendues et vous les comparerez à celles sur lesquelles se fonde la publicité pour le Livret A présentée dans les Dossiers du Journal.

En termes d'économie moderne, ces valeurs vous semblent-elles toujours défendables ?

(1) Circulation.
(2) soumis à l'impôt.

LIVRE PREMIER

FABLE 1

LA CIGALE ET LA FOURMI

> La Cigale, ayant chanté
>   Tout l'Été,
> Se trouva fort dépourvue
> Quand la bise fut venue.
> Pas un seul petit morceau   6
> De mouche ou de vermisseau. (1)
> Elle alla crier famine
> Chez la Fourmi sa voisine,
> La priant de lui prêter
> Quelque grain pour subsister   10
> Jusqu'à la saison nouvelle.
> Je vous paierai, lui dit-elle,
> Avant l'Oût (2), foi d'animal,
> Intérêt et principal. (3)
> La Fourmi n'est pas prêteuse ;   14
> C'est là son moindre défaut.
> « Que faisiez-vous au temps chaud ?
> Dit-elle à cette emprunteuse.
> — Nuit et jour à tout venant
> Je chantais, ne vous déplaise.   20
> — Vous chantiez ? j'en suis fort aise.
> Eh bien ! dansez maintenant. »
>   Éditions Garnier-Flamarion.

1. Petit ver.
2. Ancienne orthographe d'Août.
3. Le capital et les intérêts.

 **CONVAINCRE**

ORGANISER DES ARGUMENTS.

1 *Reconstituez, à partir des paragraphes en désordre ci-dessous, la lettre de Monsieur O. Couleur.*

Je me vois contraint d'avoir recours à votre bienveillance.

Vous m'obligeriez beaucoup en reportant à la fin février l'échéance de cet effet.

J'ai donc dû cesser la vente pendant toute la durée des travaux.

En effet, un incendie a, au début du mois, ravagé une partie importante du magasin.

Les intérêts de retard et les frais résultant de cette prorogation étant, bien entendu, à ma charge.

Le 30 janvier prochain vient à échéance, la lettre de change de 1 078 francs que vous avez tirée sur moi en règlement des fournitures du 16 novembre dernier.

Je n'ai pas pu réaliser les ventes sur lesquelles je comptais pour assurer mon échéance de ce mois.

DROGSUD
75 avenue de la Porte d'Italie
75013 PARIS

Monsieur,

O. Couleur

Je me permets de vous signaler qu'à ce jour, tous les règlements ont été effectués régulièrement et sans retard.

Avec mes remerciements, croyez, Monsieur, à mes sentiments les meilleurs.

2 *Relevez dans la lettre reconstituée :*
- les phrases servant à rappeler les circonstances de la demande ;
- les causes de la demande ;
- les expressions utilisées pour exprimer la *nécessité,* l'*obligation.*

EXPRIMER LA NÉCESSITÉ, L'OBLIGATION DANS LAQUELLE ON SE TROUVE.

Conjugaison des verbes **devoir** et **falloir**.

Devoir : *Indicatif présent :* je dois, tu dois, il doit, nous devons, vous devez, ils doivent. *Imparfait :* je devais. *Passé simple :* je dus, il dut. *Futur :* je devrai. *Subjonctif présent :* que je doive, que nous devions, qu'ils doivent. *Subjonctif imparfait :* que je dusse. *Participe présent :* devant. *Participe passé :* dû, due.

Falloir : Verbe impersonnel. *Indicatif présent :* il faut. *Imparfait :* il fallait. *Passé simple :* il fallut. *Futur :* il faudra. *Subjonctif présent :* qu'il faille. *Subjonctif imparfait :* qu'il fallût. *Participe passé :* fallu (sans féminin).

3 *Remplacez les infinitifs entre parenthèses par les temps conjugués appropriés.*
- Je (devoir) absolument passer prendre ce colis à la gare.
- Il (falloir) que j'aille à la banque avant 17 heures, mais maintenant il est trop tard.
- Il (falloir) que je lise ce guide avant de partir mais je ne sais pas si j'en aurai le temps.
- Il avait déjà pris beaucoup de retard : il (devoir) se remettre en route sans attendre.
- Je ne crois pas qu'il (falloir) le plaindre : il a cherché ce qui lui arrive.
- Il (devoir) longtemps patienter avant d'obtenir son billet, parce que le personnel de la gare était débordé.

Attention au verbe **obliger**.

→ Attacher deux personnes (deux sociétés, deux parties) par un service rendu, un contrat.

Exemples : un contrat oblige deux parties : la partie obligée (débiteur) et la partie envers laquelle on est obligé (créancier).

Vous m'obligeriez beaucoup *en reportant* l'échéance de cet effet.

Vous m'obligeriez beaucoup **de** venir souper demain soir (dans ce cas, obliger se construit obligatoirement avec **de**).

L'obligé est celui à qui on a rendu service.

→ Rendre quelque chose obligatoire, mettre dans la nécessité de faire quelque chose.

Exemples : La pluie nous a obligés à rester enfermés toute la journée.

Le suspect est obligé **de** répondre à l'interrogatoire.

La mère oblige son enfant **à** manger.

4 | Parmi les phrases suivantes, *marquez d'une croix celles où le verbe obliger a le sens de service rendu ou de contrat, d'un point celles où il signifie que quelque chose est rendu obligatoire.*

- Vous m'obligeriez en réservant pour moi une table au restaurant.
- Un vent de sable nous a obligés à abandonner la voiture.
- Il a voulu m'obliger à le suivre.
- Vous m'obligeriez d'assister à notre petite fête.

- Je suis votre obligé.
- Toutes les vacances, il l'a obligé à travailler.
- Je suis obligé de dire que tu as raison.
- Je me suis obligé à ne pas répliquer.

MODALITÉS DE L'OBLIGATION.

La plupart des verbes impersonnels marquant l'obligation sont suivis de la préposition *de + infinitif* ou de *que + subjonctif*. La plupart d'entre eux acceptent l'une ou l'autre construction.

- **DE + infinitif :** Il convient (de partir). Il est nécessaire (de le retrouver). Il importe (de veiller aux termes du contrat). Il est important (de le savoir). Il est exclu (de recommencer). Il est urgent (d'envoyer ce courrier). Il est temps (de revenir)...

- **QUE + subjonctif :** Il n'est pas douteux (qu'on le retrouve). Il faut (que je m'en aille). Il importe (qu'on le sache). Il est de règle (qu'on ne fume pas). Il est exclu (qu'il l'apprenne). Il est urgent (qu'on diffuse cette information). Il est temps (que je finisse ce travail). Il vaut mieux (que tu reviennes). Il n'y a pas de doute (qu'il trouve enfin ce qu'il cherche). Nul doute (qu'il reprenne son activité).

- Certains se construisent **sans conjonction ni préposition.**

  Il faut (le savoir). Il vaut mieux (rentrer avant la nuit).

5 | En vous inspirant des canevas ci-dessous, *construisez des phrases avec des verbes impersonnels exprimant l'obligation.*

— Retrouver cette note de service (il faut retrouver cette note de service).
— Aller voir ce match.
— Connaître ce détail.
— Lire des livres.
— Réfléchir avant de parler.

— Ne pas oublier de fêter son anniversaire.
— Aller manger dans ce restaurant.
— Ne pas abuser des bonnes choses.

- Après : **Il n'est pas douteux (contestable, discutable) que ; il n'y a pas de doute que ; il est incontestable que ; il ne fait pas de doute que ; sans doute que ; il est de fait que ; nul doute que :**
  — **le subjonctif** indique que le fait est simplement envisagé dans la pensée.
  — **le conditionnel** marque que le fait est considéré comme éventuel.
  — **l'indicatif** souligne qu'il est considéré comme réel.

6 | *Indiquez* dans les phrases suivantes, *si le fait est simplement pensé, éventuel ou réel.*

Nul doute qu'il viendra demain.

Il est incontestable qu'il pourrait gagner, mais il n'est pas au mieux de sa forme.

Il est exact que je dois beaucoup voyager à cause de mon travail.

Il n'y a pas de doute qu'elle puisse un jour réussir.

Il n'est pas discutable qu'elle est excellente.

Il n'est pas douteux qu'il sera toujours prêt à rendre service.

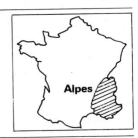

Alpes

Plus près du ciel : Les Alpes

ÉDITORIAL

AU FIL DES SENTIERS

Merveilleuse région par sa diversité, sa majesté, les Alpes offrent au randonneur un espace infini d'escapades. Des dizaines de sentiers balisés, les GR (sentiers de grande randonnée) permettent de faire le tour des principaux massifs (massif du Mont-Blanc, de l'Oisans, du Queyras) et des Parcs nationaux où sont protégées la faune et la flore.

Le roi des sentiers, dans les Alpes, est le GR5, dit « La grande traversée des Alpes », tronçon sud du sentier Hollande-Méditerranée. Il part de Thonon-les-Bains au bord du lac de Genève, et s'élève dans la forêt et les Alpages en direction de Chamonix, dans la vallée qui borde à l'ouest le massif du Mont-Blanc. Là, vous pourrez admirer un des plus grandioses paysages de montagne : la haute muraille sombre des Grandes Jorasses, la Dent du Géant (4 013 m), l'Aiguille du Midi (3 812 m), le Mont-Blanc (4 807 m). En descendant toujours vers le sud, le sentier passe de Haute-Savoie en Savoie ; après avoir traversé l'Isère et la vallée de la Tarentaise, il entre dans le Parc national de la Vanoise, une des régions les plus fleuries et les plus accueillantes des Alpes. Déjà se profilent les hauts sommets du massif de l'Oisans : la fameuse barrière des Écrins, au centre du massif, le Pelvoux. Puis le sentier redescend dans la vallée de Briançon avant d'attaquer, par le col de l'Izoard, le massif du Queyras. Les montagnes, moins élevées que dans les massifs précédents, sont encore abruptes, semées de petits lacs charmants, de vieux villages encore intacts. Au sud du Queyras commence le Parc National du Mercantour. Au pied du Mont-Bégo se trouve la « vallée des merveilles ». Là, à 2 000 mètres d'altitude, les hommes ont gravé sur les roches, il y a 5 000 ans, d'innombrables signes sur le sens desquels on s'interroge encore. Enfin, après le Pas du Diable, on quitte définitivement la haute montagne... A l'horizon brille déjà la mer ; encore quelques heures de marche pour atteindre Menton et terminer le voyage sur la plage.

Tous renseignements sur les sentiers pédestres en France au Comité National des Sentiers de Grande Randonnée, 92, rue de Clignancourt, 75883 Paris Cedex 18.

Face Nord de la Barre des écrins.

J.-P. VIEIL

L'INP DE GRENOBLE
Six écoles pour former les ingénieurs de demain

Les plus anciennes des grandes écoles sont connues. La réputation de Polytechnique, des Mines ou des Ponts est largement établie. Mais à côté de ces grandes au nom prestigieux existent d'autres établissements qui préparent, eux aussi, en trois ans aux diplômes enviés d'ingénieur.

A Grenoble, six écoles, regroupées sous l'appellation d'Institut national polytechnique de Grenoble (INPG), assurent cette fonction. Implanté entre les Alpes, berceau de la houille blanche, et une agglomération riche en industries de pointe tournées vers l'informatique et l'électronique, l'INPG ne manque pas d'atouts pour rivaliser avec les écoles parisiennes. Créé au début du siècle, l'INPG réunit des formations qui préparent à des secteurs aussi divers que l'imprimerie, la mécanique, l'électrochimie, l'électrométallurgie, l'informatique, le génie hydraulique, l'électronique...

Mais l'INPG est aussi un institut de recherche où vingt-deux laboratoires — dont vingt sont associés au CNRS* — accueillent près de huit cents chercheurs. Les thèmes majeurs de leurs travaux : l'électronique et l'informatique (la moitié des activités), l'énergie et les matériaux. Cette recherche dispose de moyens lourds comme ceux du centre interuniversitaire de calcul, du consortium de moyens technologiques pour la caractérisation des matériaux ou encore de la plaque Coriolis destinée à des études hydrauliques.

Aux pieds des montagnes, les futurs ingénieurs s'initient aux technologies nouvelles.

Le Monde. 26 oct. 85

* CNRS : Centre National de la Recherche Scientifique.

DEMAIN, ON DÉPLACE LES MONTAGNES

Les Alpes agricoles, dont les habitants pratiquaient à la morte saison de petits métiers (colportage, ramonage,...) pour accroître leurs revenus, ont connu il y a un siècle une reconversion difficile, quand l'agriculture s'est concentrée dans les plaines. La population alors a baissé de 50 %. Mais depuis 20 ans, les Alpes (les Alpes du Nord surtout) reprennent vie, grâce à la modernisation du réseau routier, au percement des tunnels (tunnel du Mont-Blanc, du Mont-Fréjus), à la création d'autoroutes, de voies ferrées. Ces infrastructures ont permis la spécialisation agricole (produits laitiers, fromages, comme la tome, le reblochon, le beaufort) et favorisé les échanges industriels.

Des industries se sont en effet implantées dans les vallées pour bénéficier d'une électricité à bon marché. Elles favorisent, elles aussi, l'activité des installations variées, permettent l'exploitation de l'électricité (qu'on appelle la houille blanche) et par voie de conséquence, l'implantation d'industries qui en sont grosses consommatrices (électrochimie et électrométallurgie). Aujourd'hui, les progrès techniques rendent plus aisé le transport du courant. Les Alpes exportent donc l'électricité et ce

P. DEMARCHEZ/FOC

développement de l'activité profite aux villes de la région : Annecy, ville en pleine expansion, et surtout Grenoble.

Grâce enfin au tourisme, les Alpes ont été complètement transformées (voire fréquemment défigurées) : des dizaines de stations ont été créées de toutes pièces, loin des villages pour bénéficier d'un enneigement maximum. Leur capacité d'accueil est énorme. Mais ces gigantes-

ques « stations intégrées » profitent peu aux habitants des Alpes : la « saison » est courte et le nombre de personnes employées sur place relativement restreint.

Ainsi le paysage alpin a-t-il été radicalement transformé. Par bonheur, comme l'écrivait récemment un journaliste de l'Expansion, on n'a pas encore vu l'intérêt de niveler tout cela - touchons du granit !

L'énergie en France

La consommation.

Depuis 1950, la consommation s'est transformée en importance (elle a été multipliée par 3,5) et en nature : au règne du charbon s'est substitué celui des hydrocarbures. Du coup, comme la France ne possède quasiment pas de pétrole, elle a fortement accru sa dépendance à l'égard de l'étranger. En 1950, elle produisait 58 % de l'énergie qu'elle consommait et en 1973 : 24 %. Depuis, les Pouvoirs Publics ont tenté de libérer le pays de cette dépendance, en exploitant l'électricité nucléaire et les énergies nouvelles.

Les ressources nationales.

• **Le charbon** ne joue donc plus qu'un rôle modeste après avoir constitué, jusqu'à la fin des années 60, notre principale source d'énergie. Les bassins du Nord-Pas-de-Calais et du Centre-Midi n'offrent pas de bonnes conditions d'extraction. Mais le Bassin lorrain, par la qualité de ses veines et la quantité de ses réserves, est un atout charbonnier important. Cependant on a préféré importer, à meilleur marché, du charbon étranger, pourtant coûteux en devises. D'autre part, ces importations ruinent une industrie nationale qui employait plusieurs milliers d'ouvriers.

• La France ne possède presque pas de **pétrole** : l'exploitation du gisement de Parentis, dans les Landes, et de quelques gisements dispersés dans l'Est du Bassin parisien ne couvre que 1 % de la consommation nationale.

• **Le gaz naturel** est plus abondant : l'exploitation de Lacq, dans les Landes, fournit 7 milliards de m³ par an. Énergie souple, non polluante, livrée à domicile par un réseau de gazoducs, le gaz naturel a obtenu la faveur des usagers.

• **L'électricité** est un atout important : la France possède un des équipements hydroélectriques les plus performants d'Europe. Maintenant que la plupart des sites propices ont été occupés, on construit des centrales thermiques qui transforment une autre énergie (charbon, fuel, gaz) en électricité. Ces centrales sont moins coûteuses que les barrages, et le choix du site est plus facile : il suffit essentiellement d'une rivière au débit régulier pour satisfaire ses besoins de fonctionnement. Elles sont concentrées dans le Nord et l'Est du pays, installées sur les bassins charbonniers et près des grandes agglomérations : ainsi, la région parisienne reçoit une partie de son courant d'une dizaine de centrales établies le long de la Seine et de ses affluents. D'autres enfin sont implantés dans les ports importateurs de charbon et de pétrole.

• **Le nucléaire** : grâce à l'obstination du Commissariat à l'Énergie Atomique, qui se bat depuis 45 pour doter la France d'un équipement électronucléaire assurant son indépendance, le pays possède le troisième ensemble électronucléaire du monde. Les minerais radio-actifs sont extraits du Massif Central, ou viennent du Gabon et du Niger où sont installées des sociétés françaises. Après la première génération de centrales, utilisant de l'uranium naturel, et la seconde, utilisant de l'uranium enrichi, nous en sommes à la troisième génération, celle des surgénérateurs, utilisant uranium naturel et plutonium. L'électricité nucléaire ne représente toutefois que 10 % de l'énergie consommée.

Les énergies nouvelles.

Le soleil : des centrales solaires ont été construites dans les Pyrénées-Orientales, mais cette énergie ne peut être utilisée que très au sud de la France.

La géothermie utilise les nappes d'eaux profondes du Bassin parisien pour chauffer les appartements.

La biomasse, c'est-à-dire la production d'alcool, ou de gaz, à partir de végétaux tels que la betterave et le topinambour, offre le plus de possibilités dans un avenir proche.

Les importations.

• La France est le second importateur mondial de *charbon* (30 millions de tonnes en 81). Le coût de ces importations en devises a incité les Charbonnages de France a acquérir des participations dans des mines américaines, canadiennes, australiennes, afin de pouvoir contrôler, en 1990, au moins 10 millions de tonnes de charbon étranger.

• **Le pétrole,** à savoir 50 % de l'énergie consommée, est importé dans sa quasi-totalité.

• La France importe aussi **du gaz** : une partie, liquéfiée, est importée d'Algérie par méthaniers ; mais la plus grande partie arrive par gazoducs depuis les Pays-Bas, la mer du Nord, l'URSS. Les importations sont assez importantes pour aboutir, dans un avenir proche, à une dépendance voisine de celle du pétrole.

Le problème essentiel posé par l'énergie est bien celui de la dépendance, dépendance dont les pays occidentaux ont pu mesurer les dangers depuis l'augmentation du prix du pétrole en 1974.

ACTIVITÉS

RECHERCHE

Un groupe rassemble des documents sur les sources d'énergie que possède votre pays, les problèmes auxquels il se heurte pour faire face à la demande, les énergies nouvelles qui sont exploitées.

Un autre groupe *constituera un dossier sur les mouvements écologiques,* leurs activités, leurs revendications. Chaque dossier sera présenté à la classe sous forme d'EXPOSÉS à l'issue desquels sera engagé un DÉBAT sur le thème : « *Quelles énergies pour demain ?* ».

Notes d'information et notes de service

M. Legrand, directeur administratif, doit s'absenter quelques jours.
Avant son départ, il remet le document ci-dessous à sa secrétaire.

	Destinataire(s) de la note :	Nature de la note :

Le Merisier

Meubles rustiques et tradition

Direction administrative

Documents à préparer pour mon retour :

- note informant le personnel de la soirée Paradou (présentat. du village de vacances le Paradou);

- note demandant à M. Dumas, comptable, de préparer le contrat de concession pour le client "Per la casa" de Rome ;

- note proposant la réorganisation du classement des dossiers du personnel ;

- note faisant la synthèse des réponses du personnel à l'enquête "Horaire variable" en vue de la réunion que je dois animer sur ce sujet -
Merci

1 Indiquez, face aux **exemples** ci-dessus, le (ou les) destinataire(s) des notes demandées.

Complétez la colonne "Nature de la note", sachant que les principaux types de notes sont les suivants (indiqués en désordre) : note d'information ; note d'étude (2 fois) ; note de service.

> **Une note d'information** est un message qui a pour but de transmettre au personnel une information générale.
>
> **Une note de service** est un message par lequel l'émetteur donne un ordre à un employé concernant l'exécution d'un travail.
>
> **Une note d'étude** consiste à présenter le résultat d'un travail ou d'une recherche effectués par un employé. Elle s'apparente en fait au compte rendu ou au rapport (*voir les deux dossiers suivants*).

Dégagez les **caractéristiques générales** d'une note :

- *S'agit-il d'une communication écrite ou orale ?*
- *Quelle est sa longueur ?*
- *S'adresse-t-elle à l'extérieur de l'entreprise ou est-elle interne ?*
- *Par rapport au signataire, quelle peut être la position hiérarchique du destinataire ?*
- *Ce document concerne (barrez les réponses inexactes) :* le travail, les loisirs, les relations extérieures, la vie dans l'entreprise, l'extérieur de l'entreprise.

Donnez une **définition générale de la note** :

Présentation des notes d'information et des notes de service

Le Merisier ⟨Meubles rustiques et tradition⟩

Note d'information n° 151   Ensemble du personnel

Objet : tarif restaurant

Les résultats d'exploitation du restaurant d'entreprise faisant apparaître, pour le dernier semestre, un déficit de 42 centimes par repas, une augmentation des tarifs aura lieu, selon les modalités suivantes, à compter du 1er juin :

Tickets repas................+ 0,50 F
Plats type 1.................+ 0,10 F
Plats type 2.................+ 0,30 F
Plats type 3.................+ 0,20 F

                    Annecy le 10 mai 19 ..

                    Le Directeur administratif

                    A. Legrand

                    A. Legrand

Le Merisier ⟨Meubles rustiques et tradition⟩

Note de service n° P224

Objet : dépôt du courrier   Annecy le 20 mai 19 ..

Les P.T.T. demandent qu'à partir du lundi 3 juin le courrier soit déposé pour 16 h 45, par les soins de l'entreprise, à Gap principal.

En conséquence, toute la correspondance devra, impérativement, être apportée au bureau du courrier avant 16 heures.

Au-delà de cette limite, l'envoi ne pourra être effectué que le lendemain.

                    Le Directeur administratif

MM. les Chefs de service   *A. Legrand*
pour action.

M. le Directeur.   A. Legrand
pour information.

Il n'existe pas de norme pour la disposition des notes. Cependant, dans l'entreprise, on adopte toujours la même disposition (norme-maison).

2 Quels sont les éléments de **présentation** communs aux deux notes ci-dessus ?

Pourquoi un en-tête simplifié (pas d'adresse, pas de numéro de téléphone...) suffit-il ?

Pourquoi les notes portent-elles un numéro ?

Quel est l'intérêt de l'objet ?

A qui sont, en général, destinées   - les notes d'information ?
                                     - les notes de service ?

Pourquoi l'indication de la date d'application est-elle indispensable ?

Pourquoi les notes ne comportent-elles pas d'interpellation, de formule de politesse ?

Quelle est la signification des expressions qui figurent souvent à côté du nom des destinataires :

    - "Pour action" ⎫   - "Pour information" ⎫
    ou "Destinataire" ⎭   ou "Copie"   ⎭

Remarque : Dans de nombreuses entreprises, les notes d'information sont considérées comme des notes de service ; dans d'autres, elles sont appelées "Messages".

Rédaction d'une note d'information

Les laboratoires pharmaceutiques Magne reçoivent la circulaire ci-dessous :

Ville de GRENOBLE
Service de Protection Civile
Cité administrative
38000 GRENOBLE
Tél. 74.87.31.01

Monsieur le Chef du Personnel
Laboratoires Magne
5, place Pasteur
38000 GRENOBLE

Objet : cours de secourisme
P.J. Feuille d'inscription

Grenoble,
le 18 mai 19 ..

Monsieur le Chef du Personnel,

Des cours de secourisme organisés par les services sociaux de la ville de Grenoble, sous l'égide de la Croix Rouge Française, se dérouleront du 20 juin au 5 juillet, les lundis et jeudis, de 18 h à 20 h, au restaurant de la cité administrative.

L'enseignement consistera en conférences suivies de cours pratiques ; il sera sanctionné par un examen à l'issue duquel les lauréats obtiendront les diplômes de secouriste de la Croix Rouge Française et de la Protection Civile.

Faire le nécessaire Nous vous serions reconnaissants de bien vouloir diffuser cette information auprès de votre personnel et de recueillir les inscriptions sur la feuille jointe en annexe ; pour la bonne organisation de nos cours, nous souhaiterions que cette liste nous parvienne avant le 28 mai.

Inscriptions au S. du personnel Nous adresserons des convocations individuelles aux intéressés pour leur confirmer les jours et heures des séances. Pour toute information complémentaire, vous pouvez prendre contact avec M. Lamy, poste n° 504.

R. Lecoq Veuillez agréer, Monsieur le Chef du Personnel, l'expression de nos sentiments dévoués.

J. Lebon.

Vocabulaire :

> **Secourisme** : méthode pratique de sauvetage des personnes en danger.
> **Sous l'égide de** : sous le patronage de.
> **Lauréat** : personne qui a remporté un prix dans un concours.
> **Protection civile** : organisation visant à porter secours aux populations civiles en cas de sinistre (inondation, incendie,...)

3 | *Rédaction de la **note d'information**.*

Dans les phrases ci-après, ajoutez s'il y a lieu, l'"s" du pluriel aux jours de la semaine :

> - Les cours ont lieu les lundi et jeudi.
> - Les cours auront lieu les mardi et vendredi de la semaine prochaine.

A qui sera destinée la note ?

Cochez sur la circulaire les paragraphes qui pourront être repris tels quels dans la note.

Quelle sera la date limite d'inscription ?

Rédigez et présentez sur le tracé ci-après le projet de note. Ne pas recopier intégralement les paragraphes de la circulaire.

Laboratoires MAGNE	
Note d'information n° Objet :	
P.J. :	Grenoble, le

Rédaction d'une note de service

Laboratoires MAGNE

Préparez une <u>note de service</u> destinée à M. Médine, responsable du catalogue.

→ les visiteurs médicaux, au cours de la réunion annuelle de mai, ont critiqué la présentation du catalogue.

→ Il faudrait donc améliorer la lisibilité pour faciliter l'identification des produits (revoir notamment le graphisme général, le corps et les types de caractères, la photo des conditionnements ...)

Projet à soumettre aux chefs de S. (réunion du 10 juin).

le Dᵉ du marketing
F. Potassé

4 | *Préparez la **note de service** demandée.*

Vocabulaire. Définissez les termes suivants :

- Visiteur médical :

- Graphisme :

- Corps :

- Conditionnement :

- Marketing :

Par quel terme français devrait être remplacé le mot "Marketing" ?

Présentez la note suivant le même tracé que la note d'information ci-dessus.

Plan proposé :

> - problème à résoudre
> - travail à effectuer
> - date d'exécution.

Travail complémentaire

1 *Note de service n° 1.*

Laboratoires MAGNE

Charger M. Satinou, Chef des S. administratifs de l'usine de St Georges, d'organiser une enquête pour connaître l'avis du personnel à propos des congés de Toussaint: Les employés souhaitent-ils travailler normalement le lundi 30 oct. ou préfèrent-ils faire le pont, la journée du 30 oct. étant alors récupérée par avance le samedi 21 oct.? Réponse nécessaire pour le 10 oct. au + tard.

Le Directeur administratif.

2 *Note de service n° 2.*

Aux laboratoires MAGNE, on a constaté une augmentation sensible, depuis le début de l'année, des frais engagés par les visiteurs médicaux au cours de leurs tournées. Pour essayer de limiter ces dépenses, on vous demande de préparer une note de service destinée aux visiteurs médicaux et à M. Cassette, comptable, pour action ; à MM. Verget et Vidal respectivement Chef du personnel et Chef de ventes, pour information.

Désormais, seuls les frais de restaurant et d'hôtel pour lesquels un justificatif (note du restaurant ou de l'hôtel) sera fourni, seront remboursés. Le forfait actuel attribué pour les divers frais de réception (café, cigarettes...) sera maintenu. Pour toute invitation au restaurant, un commentaire explicatif sera inclus dans le rapport hebdomadaire.

La note sera signée par le directeur administratif.

Faisons le point sur ... L'EXPRESSION DE L'ORDRE

Le français dispose de nombreuses tournures autres que l'impératif (Venez !) ou le subjonctif (Que personne ne sorte !) pour exprimer l'ordre, d'autant que ces deux tournures peuvent, dans un certain contexte, sembler très brutales.

Un certain nombre de tournures d'atténuation peuvent être utilisées, en particulier le conditionnel.

Exemple : Nous vous serions reconnaissants de bien vouloir diffuser cette information (p. 329).
(Voir la rubrique Faisons le point du dossier 9.)

On peut utiliser, en particulier dans les notes, **la préposition** *à* **suivie de l'infinitif.**

Exemple : « Documents à préparer pour mon retour » (p. 327).

Ou bien l'infinitif seul :

Exemple : « Charger M. Satinou (...) d'organiser une enquête » (p. 331).

Une des tournures les plus commodes consiste à employer **le futur** : il exprime avec certitude qu'un fait aura lieu, et ordonne donc implicitement aux personnes concernées de prendre les mesures nécessaires pour s'adapter à la situation nouvelle.

Exemples : « Une augmentation des tarifs aura lieu. » (p. 328) (Il est donc inutile de préciser que les usagers du restaurant devront s'y soumettre.)

« Ne seront prises en compte que les dépenses pour lesquelles un justificatif sera fourni. » (Par conséquent, les autres ne seront pas prises en compte.)

• **L'expression de l'ordre avec le futur peut être renforcée** par l'utilisation du verbe **devoir.**

Exemples : « Les invitations au restaurant devront donner lieu à un bref commentaire. »

« Votre projet devra être soumis aux chefs de service. ».

Notez dans les deux cas l'utilisation d'une **tournure passive ou assimilée :** (on ne dit pas : les représentants devront rédiger un bref commentaire ou vous devrez soumettre votre projet.)

• **Elle peut être renforcée aussi par un** *adverbe* (impérativement, absolument...)

Exemple : « Toute la correspondance devra, impérativement, être apportée au bureau du courrier avant 16 heures » (p. 328). Notez que là encore les personnes qui doivent agir ne sont pas directement nommées :

• **Elle peut être atténuée,** en revanche, **par l'emploi du verbe vouloir :**

Exemple : Vous voudrez bien réfléchir à une nouvelle présentation.

---

1 | *Rédigez les ordres suivants* (donnés au subjonctif) en utilisant les tournures avec le futur et en précisant, chaque fois, si vous avez voulu renforcer ou au contraire atténuer l'expression de l'ordre.

• Que les représentants à partir d'aujourd'hui restreignent leurs dépenses.
• Que les employés fassent des heures supplémentaires pour terminer ce travail au plus vite.
• Qu'on me donne les résultats de l'enquête menée auprès du personnel.
• Que M. Burgeon prépare le rapport financier avant jeudi.
• Qu'on prépare 120 photocopies impeccables pour 11 heures.
• Qu'on paie immédiatement votre facture.
• Qu'on rassemble toutes les informations nécessaires à la préparation du voyage organisé.
• Qu'on téléphone au fournisseur pour l'avertir que nous n'avons pas reçu la marchandise.

*C*omment dire... LE BUT

OBSERVEZ :

En conséquence, vous voudrez bien réfléchir à une nouvelle présentation en vue de permettre une meilleure identification des produits (p. 330).

Nous adresserons des convocations individuelles aux intéressés pour leur confirmer les jours et les heures des séances (p. 329).

Pour toute information complémentaire, vous pouvez prendre contact avec M. Lamy.

Charger M. Satinou (...) d'organiser une enquête pour connaître l'avis du personnel (p. 331).

1 *Soulignez*, dans chaque phrase, *les groupes de mots ou les propositions exprimant le but.*
Quels sont les mots qui les introduisent ?
A quels temps sont les verbes ?
Le verbe est-il toujours exprimé ?

OBSERVEZ LES PHRASES SUIVANTES.

En conséquence, vous voudrez bien réfléchir à une nouvelle présentation qui permette une meilleure identification des produits.

Charger M. Satinou d'organiser une enquête afin que nous puissions connaître l'avis du personnel.

Monsieur Satinou est parti s'informer auprès du personnel.

2 *Soulignez les propositions où les groupes de mots exprimant le but :*
Par quoi sont-elles introduites ?
A quel temps est leur verbe ?

LE BUT PEUT ÊTRE EXPRIMÉ PAR :

- **Un complément circonstanciel** précédé d'une **préposition : Pour** toute information complémentaire... ; **pour** leur confirmer les jours et les heures des séances.

- **Un infinitif** pur après un **verbe de mouvement :**
  (M. Satinou est parti) **s'informer** auprès du personnel.

- **Une proposition relative : qui permette une** meilleure identification des produits. ⎫
- **Une proposition subordonnée de but :** afin que nous puissions connaître l'avis du ⎬ VERBE AU SUBJONCTIF
  personnel. ⎭

---

3 *Vous noterez*, en face de chacune des phrases suivantes, *si le but y est exprimé par un complément circonstanciel, une relative ou une subordonnée de but.*
- Ils se sont entraînés durement pendant un mois pour préparer ce match.
- M. Satinou fit une enquête afin qu'on connaisse les vœux du personnel.
- Il parlait très doucement de peur de le froisser.
- Il rassembla les documents en vue de la constitution du dossier.
- Il les convoqua pour leur parler de crainte qu'une note de service parut en ce cas trop brutale.
- Cessez de parler tous en même temps, que nous puissions nous entendre !
- Il reprit l'histoire depuis le début par crainte qu'on comprît mal sa pensée.
- Il parle sans cesse pour qu'on ne puisse pas l'interrompre.
- Il partit très tôt de crainte que le magasin fût fermé avant qu'il y arrive.

4 Relisez les phrases de l'exercice 3. Retenez seulement celles qui comportent une proposition principale et une proposition subordonnée (relative ou de but) et *remplissez le tableau suivant en indiquant dans chaque cas le mode et le temps du verbe.*

Proposition principale		Proposition subordonnée	
Mode	Temps	Mode	Temps

Quel est le mode utilisé dans la principale ?
dans la subordonnée ?

Quelle concordance existe-t-il entre le temps utilisé dans la principale et celui utilisé dans la subordonnée ?

Formulez une règle de cette concordance.

Autres mots subordonnants

- La subordonnée de but peut-être introduite par : **afin que, pour que, de crainte que, par crainte que, de peur que, par peur que.**

  Pour éviter la répétition de la conjonction lorsque deux propositions subordonnées sont coordonnées, on peut utiliser *que* seul :

  Afin qu'il vienne et qu'il voie...

- Les propositions relatives exprimant le but peuvent être introduites par **n'importe quel relatif :**

  On leur donne un local où ils puissent se reposer.

- Les compléments circonstanciels de but peuvent être introduits par : **pour, afin de, en vue de, dans le dessein de, dans l'intention de, à l'effet de, dans le but de, par crainte de, par peur de.**

5 *Complétez les phrases suivantes par :*

pour			pour que	
afin de	+ infinitif	ou	afin que	+ subjonctif

- Il organise ce voyage...
- Il envoie cette lettre...
- Il prépare une enquête...
- Il relit le dossier...
- Il envoie une confirmation de commande...
- Il étudie l'informatique...
- L'expérience eut lieu...
- Il se prépare longtemps à l'avance...
- Il écoutait attentivement...
- Il lui avait téléphoné...

6 Reprenez les phrases que vous venez de compléter et *changez l'expression du but en utilisant*

pour	+ infinitif	là où vous aviez	pour que	+ subjonctif
afin de			afin que	

et

pour que	+ subjonctif	là où vous aviez	pour	+ infinitif
afin que			afin de	

N.B. Vous serez peut-être amenés à changer les termes de votre subordonnée.

7 *Transformez les propositions subordonnées et les compléments circonstanciels de but en relatives exprimant le but.*
- Elle installe des rideaux afin d'atténuer la lumière.
- Il a choisi ce terrain pour avoir une vue dégagée.
- Il voudrait cet appartement afin de s'installer plus à l'aise.
- Il cherche un livre pour passer un moment agréable.
- Elle voudrait une situation afin de prendre des responsabilités.
- Elle cherche une place pour garer sa voiture.
- Il fait une enquête pour obtenir des renseignements.
- Il n'a même pas un outil pour percer le mur.

N.B. Vous serez peut-être amenés, là encore, à changer certains éléments de la principale et de la subordonnée.

PARIS

La France un état centralisé qui rêve... décentralisation

ÉDITORIAL

1790-1984 — Centralisation et décentralisation : une longue histoire

Faire de la France un **pays uni** a été un grand souci des révolutionnaires de 1789 : dès 1790, pour lutter contre la féodalité, ils suppriment les anciennes régions et divisent le pays en 84 départements où le pouvoir central est omniprésent. Napoléon poursuit cette œuvre de centralisation. Il nomme dans les régions, qui regroupent plusieurs départements, des préfets. Les préfets ont tout pouvoir, administratif et financier. Parallèlement, une grande réforme de l'éducation est entreprise. Elle trouve son aboutissement à la fin du XIXe siècle : Jules Ferry établit l'école laïque, gratuite et obligatoire, dans laquelle les instituteurs s'emploient à faire disparaître chez leurs élèves l'usage des langues régionales (basque, breton, occitan, alsacien, etc.). C'est aussi à cette époque que s'épanouit un fort sentiment patriotique sur lequel les différentes républiques s'appuient pour conforter le centralisme.

Mais les lourdeurs et les mutilations entraînées par ce système apparaissent avec de plus en plus d'évidence. Vers 1968, la revendication d'une réelle existence des régions s'amplifie. Elle peut même aboutir (en Corse, en Bretagne, dans le Pays Basque notamment) au désir d'une autonomie régionale. Aussi, en 1982, le gouvernement socialiste propose-t-il un vaste projet de décentralisation. C'est sans doute la mutation la plus importante et la plus irréversible de ces dernières années. Les préfets ne sont plus « des empereurs au petit pied » selon le mot de Napoléon. Sous le nom de Commissaires de la République, ils deviennent les représentants de l'État dans les régions. Les pouvoirs administratifs et financiers appartiennent désormais aux conseils généraux (au niveau des départements) et aux conseils régionaux (au niveau des régions).

Par une loi de janvier 84, les départements et les régions disposent de fonctionnaires distincts de ceux qui sont au service de l'État. Certaines régions comme la Corse bénéficient d'une indépendance plus grande encore, afin qu'elles puissent préserver leur identité culturelle. Ce statut particulier a été étendu aux départements d'Outre-Mer (Guadeloupe, Guyane, Martinique, Réunion). Dans le même esprit, le statut des grandes villes, Paris, Marseille et Lyon a été remanié de sorte que les arrondissements puissent gérer leurs propres affaires. Ainsi prennent fin plusieurs siècles d'un centralisme qui tendait à faire de Paris la capitale d'un « désert français ».

Le pouvoir exécutif est transféré, pour les départements et les régions, du préfet au président de l'assemblée locale, conseil général ou conseil régional.
Ainsi passe-t-on d'une « semi-décentralisation » à une véritable décentralisation.
E.U. T.8. (C. Vioujard, Gamma.)

La France et le régime présidentiel

C'est un peu un lieu commun en France de dire que nous sommes « affligés » (car le fait est souligné négativement) d'un régime présidentiel. Qu'en est-il exactement ? La constitution de 1958, élaborée à l'initiative du Général de Gaulle qui n'avait pas une admiration particulière pour les institutions américaines, ne fonde pas un régime présidentiel. En effet, elle maintient les principaux rouages du régime parlementaire :

- existence d'un gouvernement, dirigé par un Premier ministre responsable devant l'Assemblée Nationale (c'est-à-dire que l'Assemblée Nationale peut refuser de lui accorder sa confiance) ;

- droit, pour le Président, de dissoudre l'Assemblée Nationale.

Mais, dès 1959, De Gaulle fait prévaloir son autorité sur celle du gouvernement. En outre, le référendum de 1962, qui institue l'élection du Président de la République au suffrage universel direct, fait de lui un homme porté au pouvoir par une majorité politique. Il n'est donc plus un arbitre, et, dans la mesure où il tire son autorité d'une majorité d'électeurs, il est à la fois indépendant des Chambres et plus puissant que le gouvernement. Dans la pratique enfin, le Président de la République n'a cessé de s'affirmer comme le chef de l'exécutif, le Premier ministre apparaissant alors comme un simple chef d'État-major.

Cependant, les éléments fondamentaux du régime parlementaire existent en France : l'Assemblée Nationale et le Sénat exercent un réel pouvoir de contrôle.

Symbole de l'alternance : l'accueil de François Mitterrand, nouveau Président, par Valéry Giscard-d'Estaing, précédent chef de l'État, le 21 mai 1981, marque l'institutionnalisation du régime de la Ve République. (J. Torregano.)

Constitution de 1958, modifiée en 1962
Répartition et fonctionnement des pouvoirs

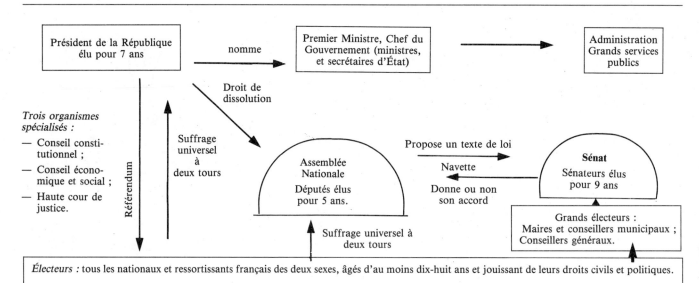

Président de la République élu pour 7 ans — **nomme** → Premier Ministre, Chef du Gouvernement (ministres, et secrétaires d'État) → Administration Grands services publics

Droit de dissolution

Trois organismes spécialisés :
— Conseil constitutionnel ;
— Conseil économique et social ;
— Haute cour de justice.

Référendum

Suffrage universel à deux tours

Assemblée Nationale Députés élus pour 5 ans.

Propose un texte de loi → Sénat Sénateurs élus pour 9 ans

Navette

Donne ou non son accord

Grands électeurs : Maires et conseillers municipaux ; Conseillers généraux.

Suffrage universel à deux tours

Électeurs : tous les nationaux et ressortissants français des deux sexes, âgés d'au moins dix-huit ans et jouissant de leurs droits civils et politiques.

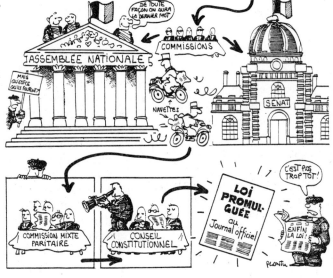

Plaquette éditée par l'Association des journalistes parlementaires.

ACTIVITÉS

I Après avoir résumé en une dizaine de lignes l'éditorial, *vous chercherez comment s'est établi, dans votre pays, le pouvoir central.* S'il existe, comme en France, un problème des régions, *vous présenterez sous forme d'EXPOSÉ, les régions concernées. Vous expliquerez les motifs de leur résistance au pouvoir central,* les principales dates du mouvement. A l'issue de cet exposé, un DÉBAT pourra être engagé sur le thème de *l'autonomie régionale.*

A l'aide d'un schéma du type de celui qui vous est donné ci-dessus, *représentez la répartition et le fonctionnement des pouvoirs dans votre pays.*

Sous la forme la plus attractive possible, *vous expliquerez à vos concitoyens comment une loi voit le jour, dans votre pays.*

C'est en forgeant qu'on devient forgeron.

Le compte rendu

Le compte rendu est un document par lequel une personne rend compte, en général à un supérieur hiérarchique, d'un fait ou d'un événement auquel elle a assisté, d'un travail qu'elle a effectué.

Analyse d'un compte rendu

Prenez connaissance du **compte rendu d'activité** *ci-joint (page suivante).*

De même que pour les notes, quelles sont les mentions qui doivent figurer en tête (ou en fin) du document ?

Inscrivez en marge du compte rendu les titres et sous-titres.

A l'intention de qui est rédigé, en général, le compte rendu ?

Comporte-t-il, dans le développement, des remarques personnelles du rédacteur ?

Comment peut-on donc qualifier la relation des faits ou des travaux ?

(Cependant, le rédacteur peut donner une appréciation personnelle en conclusion.)

Dans le tableau ci-dessous, indiquez, face à chaque type de compte rendu, un ou plusieurs exemples pris dans la liste ci-après :

C.R. de la réunion du comité d'établissement, C.R. d'inspection des succursales,
C.R. d'un accident, C.R. d'activité de la piscine municipale, C.R. d'une conversation
téléphonique, C.R. de la visite d'un salon, C.R. de lecture de l'ouvrage X,
C.R. d'une action promotionnelle.

Classification des C.R.	Exemples
- C.R. d'un fait, d'un événement	-
- C.R. de réunion, d'entretien	-
	-
- C.R. d'activité	-
- C.R. de mission, - C.R. d'un travail	-
	-
	-

piscine de l'arbre sec

VILLE DE CANNES

COMPTE RENDU D'ACTIVITE POUR LA SAISON 19..19..

A part les deux périodes de fermeture pour nettoyage et travaux (première quinzaine de mars et deuxième quinzaine de septembre), la piscine a été constamment ouverte au public pendant l'exercice 1er octobre, 30 septembre.

En plus des aménagements initiaux, soit deux bassins dont un en eau profonde, une pataugeoire et le bar, la piscine a été dotée en mai de jeux pour enfants (toboggan et balançoires). M. LAUQUE, maître-nageur, a continué d'assurer, outre les cours de natation, le contrôle général de la piscine : entretien, tenue des nageurs et des visiteurs ; il a organisé trois sessions de cours : octobre-décembre ; janvier-mars juillet-septembre.

Les heures d'ouverture ont été ainsi fixées pour la saison :

- de 10 h à 13 h et de 15 h à 20 h pour les jours de semaine ;
- de 9 h à 20 h pour les dimanches et jours fériés.

Tarifs pratiqués :

- adultes .... 10,00 F
- enfants (6 à 12 ans inclus)..... 5,00 F
- visiteurs .... 5,00 F
- groupes scolaires .... 100,00 F
- abonnements (10 entrées) .... 70,00 F pour les adultes
                                      35,00 F pour les enfants

Le nombre d'entrées se décompose ainsi pour l'exercice :

- adultes (abonnements compris) 31 240
- enfants (abonnements compris) 50 870
- scolaires 18 641
- visiteurs 6 523
                                                 _____

           Nombre total d'entrées payantes 107 294

L'année s'est déroulée sans aucun accident notable. Le règlement a été respecté par tous sans trop de problèmes ; aucune déprédation n'a été commise et la seule détérioration de matériel à signaler est celle du tremplin, en service d'ailleurs depuis 3 ans.

Les usagers ont été dans l'ensemble satisfaits du fonctionnement de la piscine. Plusieurs souhaits intéressants ont cependant été exprimés :

- ouverture pendant le temps du repas au moins un jour par semaine (le vendredi a été souvent cité) ;
- organisation d'un cours mère-enfant pour les très jeunes enfants ;
- installation de bancs supplémentaires autour de la piscine.

                                    Cannes le 30 septembre 19 ..

                                    Le responsable :
                                    A. DELAIGUE

Rédaction d'un compte rendu

2   *Prenez connaissance du **dossier** ci-après comprenant :*

- *une lettre de réclamation reçue de la boutique Ninon ;*
- *la note du directeur des ventes de la Maison Booling, M. Lotton ;*
- *les éléments techniques qui vous sont fournis par M. Lotton : reclassez ces idées dans un ordre logique (donnez un numéro d'ordre à chaque point).*

3   **Rédaction du compte rendu**

Ce compte rendu pourra être construit d'après le plan suivant :

- Rappel du problème à étudier (les réclamations relatives aux pantalons NEOJEAN'S sont-elles justifiées ?)

- Argumentation technique :

     * *Tissu*   - matière : jersey avec texture coton - aspect voisin de la toile Jean's
                               - avantages : aspect, tenue, confort
                               - inconvénients : léger retrait au lavage - article plus fragile que...

     * *Fabrication*   - expérience (3 ans)
                               - contrôles minutieux

     * *Clientèle*   - satisfaction ; pourcentage de retours minimes.

- Suite à donner aux réclamations :

     * Echange *non justifié* dans le cas général.

     * Echange s'il y a un *défaut de fabrication évident*. Décision prise par le *responsable du contrôle*.

- Conclusion : conseils d'entretien à formuler de façon plus précise.

Vous rédigez le compte rendu qui, après signature par M. Lotton, sera transmis au Directeur des Ventes.

Travail complémentaire

1   *Préparez le **plan de la réponse** à la cliente "Ninon" : en raison des bonnes relations entretenues avec ce détaillant, M. Ducel décide, exceptionnellement, de lui donner satisfaction.*

2   *Rédigez la **réponse**.*

LA BOUTIQUE DES JEUNES
25, rue de France — 06000 NICE

BOOLING
5 boulevard des Arènes
30000 NIMES

Objet :
Pantalon NEOJEAN'S

Nice,
le 20 octobre 19 ..

Messieurs,

Une de mes fidèles clientes qui a acheté début septembre un pantalon NEOJEAN'S référence 433, taille 42, coloris bleu, vient de me le rapporter pour me faire constater l'usure anormale du vêtement à tous les points de frottement : entre-jambes, entrée des poches et bas du pantalon.

Pour que vous puissiez vous-mêmes en juger, je vous retourne ce jour cet article. Connaissant très bien ma cliente et la sachant très soigneuse, je suis persuadée qu'il ne peut s'agir que d'un défaut de fabrication, lequel est inacceptable pour un article de ce prix.

En conséquence, j'espère qu'il vous sera possible d'échanger ce pantalon et vous en remercie.

Veuillez agréer, Messieurs, mes salutations distinguées.

J. Bellon

Janine BELLON

Tél. 93.85.47.33 - CCP Nice 2843-93 - RCS Nice A 320.004.528

BOOLING

Service VENTES

Emetteur : J. DUCEL

Nîmes, le 22 octobre

NOTE DE SERVICE n° 432

Objet : NEOJEAN'S

Plusieurs réclamations du même type que la lettre ci-jointe nous étant parvenues ces jours derniers, veuillez étudier le problème et m'en rendre compte.

Me dire, en particulier, si l'échange systématique est justifié. Merci.

Destinataire (s) :

pour action : [X] Monsieur C. LOTTON, Chef de fabrication

pour information : [ ]

BOOLING

Nîmes le 23 octobre

Préparer le travail demandé

Insister sur le contrôle.

Depuis 3 ans, milliers d'articles Néojean's vendus
→ satisfaction générale (aspect, tenue, confort).

Néojean's = jersey avec texture coton → léger retrait au lavage
aspect très voisin toile Jean's.
article + fragile que les art. entièr^t synthétiques
→ minimum de soins nécessaires.

% de retours minime : en gén, accident.

Donc échange non justifié en gén → ne procéder à l'échange
que si défaut de fabrication évident (cf. responsable du contrôle).

Il faudrait peut-être insister sur les conseils d'entretien ?

Lotton

343

Faisons le point sur ... LES TOURNURES IMPERSONNELLES

Il est assez souvent nécessaire, comme dans les comptes rendus, les rapports, ou lorsqu'on veut atténuer l'expression d'un ordre page 332 de ne pas exprimer l'agent de l'action (lorsqu'on donne un ordre) ou d'effacer l'auteur du texte du rapport compte rendu.

Plusieurs solutions s'offrent alors en français. L'une d'entre elles est l'utilisation de la **tournure impersonnelle.**

Les verbes impersonnels proprement dits, ne possèdent que l'infinitif et la 3e personne du singulier. Ils expriment le plus souvent (sauf falloir) des phénomènes naturels (il pleut, il neige, etc.)

La plupart des verbes peuvent être transformés en verbes impersonnels.

Exemple : On vend des milliers de journaux tous les jours → Il se vend des milliers de journaux tous les jours.

Les transformations s'opèrent différemment selon que le verbe est *transitif* (pourvu d'un complément d'objet), *intransitif* (utilisé sans complément d'objet) ou *pronominal*.

VERBES TRANSITIFS

Transformation passive : on discutera du problème → Il **sera** discuté du problème.

Transformation pronominale : On mange en France des tonnes de pain par an → Il **se** mange, en France, des tonnes de pain par an.

VERBES INTRANSITIFS

Toutes les quatre minutes en moyenne passe un métro → Il **passe** en moyenne un métro toutes les quatre minutes.

VERBES PRONOMINAUX

D'innombrables accidents se sont produits ce week-end → Il **s'est produit** ce week-end d'innombrables accidents.

---

1 *Transformez les phrases ci-dessous en utilisant des tournures impersonnelles.*

• Quelqu'un est venu hier soir et t'a demandé.

• Des livres manquent dans la bibliothèque : on ne les a pas rendus.

• Des hommes et des femmes venaient de toute part se rassembler sur la place.

• On vend de plus en plus de tissus synthétiques.

• Jamais rien ne se passe ici.

• Le temps lui semblait se radoucir.

• Une telle négligence est inacceptable de la part d'une maison aussi renommée.

• J'espère que vous pourrez échanger ce pantalon.

2 *Vous transformerez la lettre p. 342* adressée par la boutique Ninon à son fournisseur en utilisant des tournures impersonnelles.

*C*omment dire... OBJECTIVEMENT LES FAITS

Claude Sarraute est une femme, journaliste au *Monde.* Dans le texte suivant, elle évoque un article paru dans *Le Point,* intitulé « les hommes en forme », dans lequel elle est citée comme « l'une des plumes les plus lues et appréciées de la presse quotidienne ».

Sur le vif

Mégalo

Vous avez vu ce qu'ils mettent sur moi dans *le Point* cette semaine ? Ils disent que je suis géniale, percutante, rigolote, piquante. Si, si, je vous jure, c'est marqué page 34, Les hommes en forme. C'est moi. D'abord. Après, il y a trois autres mecs, c'est beaucoup moins reluisant, on ne sait même pas qui c'est. Un obscur chef de cabinet et deux petits PDG de rien du tout. Pourquoi ils les ont inscrits à leur palmarès ? Probablement parce qu'il ne pouvait pas y avoir que moi.

Ensuite, c'est les hommes en panne. Ils ne sont pas comme moi. Ça va mal pour eux, c'est la Beresina. Poher (1) se fait taper sur les doigts. Il a mal parlé à Mitterrand. Labarrère (1), lui, il a mal parlé aux députés de l'opposition. Et Bergeron (1), il n'a pas parlé, il a écrit je ne sais plus quoi ni à qui, mais il n'aurait pas dû. Les pauvres ! Vous vous rendez compte ! Ils ne doivent plus oser se montrer.

Alors que moi, vous m'auriez vue, dès 7 heures ce matin, je faisais le couloir, rue des Italiens. J'essayais d'attirer l'attention des copains. Vous croyez qu'ils m'auraient félicitée, complimentée ? Pensez-vous ! Ils se ruaient dans leurs bureaux en arrachant leurs manteaux, leurs cache-nez : Qu'est-ce que tu fais plantée là ? Pousse-toi. Tu vois pas qu'on est en retard.

A la conférence des chefs, je fais une entrée souveraine. Je leur tends deux doigts hautains. Je m'attends à les voir se casser en deux dans un baise main humble et respectueux. Tintin. Ils me serrent distraitement la cuiller en me lançant par-dessus l'épaule : Dis-donc, aujourd'hui, attention, bas les pattes. Tu touches pas à Barre (1). Ni à Hernu (1). Ni au frère de Jack Lang (1). Ni à Mme Tatcher. Tu touches à rien. Et surtout pas au vol de Columbia (2). T'es tellement maladroite, tu risquerais de la faire tomber.

Bon, très bien, d'accord. Mais alors de quoi je vais parler ?

De la carte vermeil (3) des hommes. Ils vont y avoir droit à soixante ans. D'ailleurs, dans *le Point*, ils donnent ton âge. En forme ou pas en forme, dans dix-huit mois, elle est pour ta pomme, la carte vermeil. Fais pas cette tête. C'est un sujet marrant, non ?

CLAUDE SARRAUTE.
Le Monde

(1) Hommes politiques français.
(2) Navette spatiale américaine, dont un vol était prévu le jour même.
(3) Carte de réduction pour les transports en commun, accordée aux personnes âgées.

1 *Comparez cet article et le compte rendu p. 340 en remplissant le tableau ci-dessous.*

		Compte rendu	Texte de Claude Sarraute
PRONOMS	Qui parle à la première personne ?		
	Celui qui parle interpelle-t-il le lecteur ?		
	Les sujets des verbes sont-ils le plus souvent : des personnes ? des objets ? des faits ?		
	Ce dont on parle est le plus souvent : une personne ? un objet ? un fait ?		
VERBES	Les verbes employés sont le plus souvent : des verbes d'opinion ? (penser, croire, supposer, etc.) des verbes d'état ? des verbes de mouvement ?		
	Les verbes sont le plus souvent conjugués : à la forme active ? à la forme passive ?		
	Les faits sont-ils datés avec précision ?		
FAITS	Combien d'informations concrètes comporte le texte ?		
	Combien d'informations concernent la situation présente ?		
	Combien d'informations concernent la situation antérieure ?		
	Le texte comporte-t-il des récits, des anecdotes ?		
ADJECTIFS	Combien d'adjectifs comporte le texte ?		
	Combien d'adjectifs désignent une qualité indiscutable (par ex. : ouvert, fermé, noir, debout, assis, etc.)		
	Combien d'adjectifs indiquent un jugement (par ex. : beau, laid, méchant, aimable, etc.)		
NIVEAU DE LANGUE	Y a-t-il dans le texte : des mots familiers ? des mots d'argots ? des abréviations familières ? des jeux de mots ? des termes techniques ?		
BUTS	Le texte rappelle-t-il des décisions prises ? Indique-t-il des décisions à prendre ?		

2 | *Relevez dans le compte rendu p. 340, les éléments qui manifestent un jugement ou une opinion de celui qui écrit sur ce dont il parle.*

3 | *Même exercice pour la note d'étude de M. Lotton p. 343.* Ce texte est-il « objectif » ?

4 | A l'aide des remarques que vous venez de faire sur ces deux textes, *formulez les règles grâce auxquelles on peut décrire objectivement des faits.*

5 | A l'aide du tableau p. 346, *vous analyserez les textes suivants en soulignant les éléments qui manifestent un jugement de celui qui écrit.* Puis vous direz, pour chacun d'eux, s'il est, ou non, objectif.

──────── Texte n° 1 ────────

Le conseil des ministres s'est réuni le vendredi 3 décembre, au palais de l'Elysée, sous la présidence de M. François Mitterrand. Au terme des délibérations, le communiqué suivant a été diffusé :

● **RELATIONS ENTRE LES PTT ET LES USAGERS**

Des services diversifiés et de meilleure qualité ; des usagers mieux accueillis et mieux informés.
— Le ministre des PTT a présenté au conseil des ministres une communication sur l'amélioration des relations entre les services des PTT et les usagers.

La politique menée dans ce domaine s'ordonne autour de trois axes :

1) **La recherche constante de la qualité du service offert aux usagers.**

Des résultats notables ont déjà été obtenus en ce sens : disparition presque complète des points noirs dans l'acheminement du courrier (en 1985, 96 % des lettres ont été distribuées en deux jours, dont 81 % en un jour) ; réduction des délais de raccordement téléphonique (en août 1985, 78 % des demandes étaient satisfaites en moins de quinze jours contre 30 % en 1981).

Au cours des prochains mois, l'accent sera mis sur l'amélioration de la qualité des communications téléphoniques et sur la lutte contre le vandalisme dans les cabines publiques ;

2) **La modernisation et la diversification des services proposés :**

— Dans le domaine des télécommunications : services de communication vocale (réseaux radio d'entreprises), de communication de l'écrit (télétexte, télécopie), de communication de groupe et de transmission de données (transpac et services télétel) ;

— Dans le domaine de la poste : service accéléré (postéclair et post-express), procédure simplifiée d'envoi recommandé, services financiers (carte bleue, généralisation du paiement à domicile) ;

3) **L'amélioration des fonctions de contact, de conseil et d'information des usagers :**

— Poursuite de la rénovation et de l'informatisation des bureaux de poste et augmentation du nombre des bureaux pilotes ;

— Amélioration du fonctionnement des renseignements téléphoniques ;

— Contrôle par les usagers de leur consommation téléphonique, grâce à la facturation détaillée d'ores et déjà proposée à six millions et demi d'abonnés ;

— Renforcement des droits des usagers en cas d'interruption ou de modification du service ;

— Mise en place, à l'échelon national comme à l'échelon local, d'instances de concertation entre l'administration et les usagers.

Le Monde. 21 janvier 1986.

──────── Texte n° 2 ────────

Vache qui rit : double portion aux Etats-Unis

Le mélange des ingrédients « Amérique » et « industrie alimentaire » engendre depuis quelques mois des opérations fabuleuses qui se chiffrent souvent en milliards de dollars. Cette fois ce n'est pas le cas, mais, puisqu'une entreprise française est concernée, l'affaire mérite d'être saluée.

De quoi s'agit-il ? Du rachat par la société Bel des actifs fromagers exploités par Nestlé aux Etats-Unis. A son usine du Kentucky, Bel va donc ajouter deux implantations (au Texas et dans le Wisconsin) spécialisées dans le fromage fondu. Le chiffre d'affaires réalisé outre-Atlantique par la société va ainsi passer de 28 à 56 millions de dollars, soit environ 400 millions de francs. On est loin de Dart & Kraft, leader de la spécialité avec 84 milliards de dollars de chiffre d'affaires. Mais bravo quand même à la Vache qui rit ! ●

L'Expansion. 22 nov-5 déc. 85

6 | *Vous réécrirez le texte n° 2 en supprimant tout jugement et toute intervention personnelle de l'auteur.*

7 | *Relisez l'Éditorial p. 337. Le texte est-il « objectif » ?* Soulignez, s'il y a lieu, les éléments qui manifestent l'intervention de l'auteur.

Les Français et la politique : un amour orageux

ÉDITORIAL

LES ÉLECTIONS APPROCHENT : TIENS ! DÉJA DES SONDAGES

Plus nombreux que les hirondelles à l'automne, plus vigoureux que les bourgeons du printemps ? Les sondages d'opinion en période électorale. Au point qu'on les accuse, assez fréquemment pour qu'il devienne nécessaire de s'interroger, de « modeler » les jugements.

Ils sont apparus assez tard en France, au début des années soixante, et ont connu en un quart de siècle un développement considérable. Le public n'en connaît pourtant qu'une petite partie, ceux qui sont publiés, c'est-à-dire 1/5 environ de ceux qui sont édités. La partie émergée de l'iceberg se résume à trois types principaux de sondages : ceux qui concernent les intentions de vote avant une échéance électorale, ceux qui concernent la cote de popularité des principaux hommes politiques et les estimations qui, au soir des élections, extrapolent à partir de résultats partiels.

LES PRINCIPAUX UTILISATEURS EN SONT les hommes politiques eux-mêmes. C'est sur eux que l'influence des sondages est la plus grande, et elle le serait bien plus, dit Alain Lancelot, directeur du Centre d'étude de la vie politique française contemporaine, s'ils savaient... les utiliser. Souvent en effet, les sondages ont une valeur plus symbolique (de prestige ou sous prétexte de « science ») voire affective que réellement instrumentale. D'autre part, les sondages ne déterminent pas les objectifs politiques de tel ou tcl candidat. Ils lui servent plutôt à bâtir une stratégie de communication, c'est-à-dire à choisir, dans un ensemble de thèmes, celui sur lequel son discours sera le mieux reçu.

Mitterrand.
© BOCCON - GIBOD/BLACKSTAR/RAPHO

UNE AUTORITÉ DISCUTABLE

L'influence des sondages sur le grand public est difficile à mesurer. Tout d'abord, ceux qui « reçoivent » le mieux les sondages, qui les lisent et les commentent, sont les plus attentifs, d'une manière générale, à la vie politique. En revanche, les indécis, ceux que les sondages pourraient décider à voter de telle ou telle manière, soit pour le candidat le mieux placé, par effet d'entraînement, soit pour le candidat en difficulté, pour « voler à son secours », ces indécis donc, sont précisément ceux qui ne lisent pas les sondages ou qui n'y sont que peu attentifs.

Toutefois dans la mesure où ils interrogent, régulièrement, sur la popularité des chefs politiques, les sondages contribuent à centrer la vie politique sur quelques visages, toujours les mêmes, et par

Chirac. DESAZO/RAPHO

conséquent à la figer. En outre, on peut se demander si, en publiant régulièrement l'état des rapports de force entre les différents partis, ils ne contribuent pas à les fixer. « Une France qui vote tous les mois dans les sondages, dit avec humour Alain Lancelot, peut être inconsciemment portée à manifester plus de suite dans ses idées politiques que si elle ne votait que tous les cinq ans dans les urnes »

Cependant, il ne faut pas accorder aux sondages plus d'influence réelle qu'ils n'en ont. Ils façonnent sûrement moins l'opinion que la presse ou la télévision. D'autre part, ils appartiennent à cet arsenal de moyens grâce auxquels, aujourd'hui, tout citoyen peut être directement informé de l'état des forces politiques en présence, et, par conséquent, lui permettent de se situer, en tant que personne, dans la vie du pays.

LES FRANÇAIS ET LA POLITIQUE
Une histoire d'amour qui ne va pas sans nuages...

Un canular, monté par le fantaisiste Coluche, a révélé le malaise qu'un pourcentage important de Français éprouve à l'égard de la politique.

Coluche. © SIPA-PRESS

Novembre 1980. La période pré-électorale ressemble à toutes les autres. Éternel numéro de séduction à coups de formules éculées et sourires vidéo. Giscard, Mitterrand, Chirac, Marchais, Debré, Bouchardeau, Laguiller (1), s'agitent, la France bâille. Il suffit que Michel Colucci (2), sous l'influence du cinéaste Romain Goupil, annonce soudain sa candidature aux « érections pestilentielles » pour qu'elle se réveille, comme d'un mauvais cauchemar. A l'origine, il s'agit d'un jeu. Mieux : d'une farce. En faisant exploser le discours répétitif de « la bande des quatre » (3), Coluche sait qu'il s'offre du même coup, et à bon compte, une excellente campagne d'autopublicité. Excellent provocateur sur scène, il se révèle un remarquable bouffon dans l'arène politique.

Étrangement, la décision de Coluche n'aurait pas provoqué tant de réactions enthousiastes, ou au contraire révulsées, si, d'emblée, l'intelligentsia parisienne n'avait passionnément emboîté le pas au fondateur du Café de la Gare. Quand Pierre Bourdieu, Gilles Deleuze, Jean-Pierre Faye, Michel Butel, Maurice Nadeau, Françoise d'Eaubonne, Cavanna, Félix Guattari (4) abandonnent la gauche officielle pour celui que les idéologues professionnels appellent avec mépris « un poujado-anarchiste » (5), il est clair que le jeu devient sérieux.

En mars 1981, Coluche n'hésite pas à faire une grève de la faim « *pour être invité aux émissions politiques de la radio et de la télévision* ». Soixante-dix personnalités, parmi lesquelles l'intelligent Jacques Attali, se prononcent publiquement pour « *la levée de cette censure* ». Quand Coluche avoue : « *Les hommes politiques jouent sur mon terrain, donc je vais sur le leur* », il ne croit pas si bien dire. Au nom du droit à l'irrespect, Coluche veut qu'on respecte sa candidature. L'amuseur rit jaune. Le coluchisme vire au parti. Et les seize jours de grève de la faim se soldent par une hospitalisation en bonne et due forme. Il faudra l'impossibilité de rassembler les cinq cents signatures nécessaires à la recevabilité d'une candidature présidentielle (6) pour que la machine Coluche s'arrête net et que le grand rigolard retrouve sa perfide bonne humeur.

Cinq ans plus tard, les intellectuels ne regrettent rien. « *On n'en pouvait plus du duel Giscard-Mitterrand*, reconnaît aujourd'hui l'écrivain Maurice Nadeau. *On avait besoin de cette fantastique dérision que Coluche exprimait, même si nous n'étions pas dupes de l'issue fatale de l'opération. Avec ce qu'ont fait depuis les socialistes, j'ai bien évidemment changé d'avis, mais à l'époque mon engagement derrière Coluche était totalement sincère.* » « *C'était*, ajoute l'essayiste Françoise d'Eaubonne, *la seule manière sympathique et intelligente de casser la manichéisme gauche-droite, c'était la voie la plus humaine devant cette alternative-impasse...* » Quant à Jean-Pierre Faye, il invoque Pantagruel pour expliquer le souci des intellectuels de casser alors une campagne trop triste dans la forme, pas assez sérieuse sur le fond.

L'Événement du Jeudi.
26 juin-2 juil. 1986

1 : Personnalités politiques. Candidats aux présidentielles de 1981.
2 : Nom véritable de « Coluche ».
3 : Giscard, Mitterrand, Chirac et Marchais, « piliers » de la vie politique française.
4 : Sociologues, philosophes, écrivains, essayistes... parmi les plus grands intellectuels contemporains.
5 : Du nom de Poujade, homme politique français. On désigne par poujadisme un comportement fondé sur la défense exclusive des petits commerçants et des artisans.
6 : Pour se présenter aux présidentielles, un candidat doit être soutenu par 500 personnalités (notables, élus locaux).

Les partis politiques en France

La IVᵉ République (1944-1958) était marquée par ce qu'on a appelé le « régime des partis » : le Président de la République disposait de pouvoirs plus étendus, il n'existait pas de majorité stable au gouvernement, une coalition entre deux partis permettait seule de gouverner mais la fragilité de ce rassemblement provisoire conduisait à une forte instabilité ministérielle.

L'avènement de la Vᵉ République (depuis 1958) marque un tournant. D'une part, la population change : à une forte majorité paysanne succède une concentration de la population dans les villes. D'autre part, les rapports entre l'état et le citoyen changent aussi : autrefois le citoyen connaissait l'élu local, qui pouvait intervenir auprès du préfet qui lui même connaissait le sénateur, etc... Les rapports étaient avant tout personnels. L'accroissement des populations dans les villes rend impossibles de tels contacts. Mais surtout, grâce au progrès des médias (presse, radio, télévision), l'électeur reçoit maintenant une information directe et immédiate. Du coup, le rapport entre le citoyen et la politique change aussi : la personnalité de l'élu local, même si elle compte encore, cède le pas devant son appartenance politique. Enfin, la constitution elle-même a changé. La Vᵉ République accorde au Président de plus vastes pouvoirs. Le Président lui-même, élu au suffrage universel, est porté à la magistrature suprême sur une majorité. Sa personnalité, son style et ses idées marquent la vie politique du moment. Cette mutation, jointe au type de scrutin (le scrutin majoritaire à deux tours) adopté jusqu'en 1985 dans la plupart des élections, favorise les grands partis. Entre les années cinquante et les années quatre-vingt, on passe d'un régime de partis multiples à une situation fortement bipolarisée. Quatre partis, deux partis de gauche et deux partis libéraux, accaparent la majorité des voix. A l'intérieur de ces deux grandes orientations, on trouve un parti en position de force et un parti dominé.

Face à une conjoncture internationale déterminante dans la vie économique de chaque pays, les partis français se distinguent surtout par les priorités qu'ils accordent à tel ou tel problème : on peut dire, schématiquement, que la tendance libérale, soucieuse de limiter les interventions de l'État, s'intéresse d'abord à la vie des entreprises tandis que la gauche est plus attentive à la justice sociale et considère l'État comme un régulateur de la vie économique.

Le courant libéral.

• **Le R.P.R.** est né des transformations successives de l'U.D.R. constitué autour du Général de Gaulle et qui détenait en 1969 la majorité absolue à l'Assemblée Nationale. Au terme d'un long processus qui l'a fait passer du statut de parti de gouvernement à celui de principale force parlementaire d'opposition, l'U.D.R. devenu R.P.R. a perdu sa position dominante. Cependant, malgré la disparition en 1970 du Général de Gaulle, qui pouvait le menacer d'éclatement, il s'est maintenu. Il est désigné comme le parti gaulliste et, de fait, on retrouve au R.P.R. bon nombre d'anciens collaborateurs de De Gaulle ou de

son successeur Georges Pompidou. Pendant le septenat de Valéry Giscard-d'Estaing, le R.P.R. a soutenu le Président, tout en marquant sa différence : il s'appuie sur des valeurs plus rationalistes et centralisatrices que l'U.D.F. Rassemblé autour de Jacques Chirac, il est un des partis les plus orientés vers la conquête du pouvoir politique.

• **L'U.D.F.** constitué par un ensemble de mouvements de centre droite, rassemblés autour de Valéry Giscard-d'Estaing pour soutenir sa candidature d'abord, puis son action en tant que Président de la République, l'U.D.F. apparaît comme un mouvement moins structuré que le R.P.R. ; sa particularité est plutôt d'être une coalition de partis divers (Parti Républicain, Centre des Démocrates Sociaux, Parti Radical) qui conservent leur identité. Il est marqué par la présence de personnalités importantes comme Mme Simone Veil. Il prône un libéralisme économique accompagné de réformes sociales. L'influence de l'U.D.F., réduite à 61 sièges sur 488 dans l'Assemblée Nationale en 1981 contre 119 sièges sur 491 dans l'Assemblée Nationale sortante, s'est étendue depuis lors. Elle dépasse même très largement le nombre de ses adhérents. L'U.D.F. a uni son action à celle du R.P.R. autour d'une plate-forme de gouvernement.

Les partis de gauche.

• **Le parti socialiste** regroupe diverses tendances humanistes et associationistes. Il ne s'est orienté qu'assez tard, au Congrès d'Épinay en 1971, vers la conquête du pouvoir. Il rassemble différents courants de pensée, certains issus de petits partis de gauche qui se sont transformés (comme le Parti Socialiste Unifié), d'autres nés à l'intérieur même du parti, et qui coexistent. Chaque courant, ayant à sa tête une ou plusieurs personnalités marquantes (Michel Rocard, Pierre Mauroy, Jean-Pierre Chevènement) élabore des projets qui sont votés lors du congrès. Malgré cette apparente dispersion, la démarche est le plus souvent commune, comme par exemple le soutien de la candidature puis de l'action du Président François Mitterrand. C'est un parti qui a beaucoup accru son influence entre 1971 et 1981 (il a obtenu la majorité des sièges à l'Assemblée Nationale de 1981), mais qui a subi depuis un net recul. Aux élections législatives de 1986, il a perdu, tout en restant le plus important parti de France, la majorité à l'Assemblée.

• **Le parti communiste** est, à l'inverse, un parti fortement centralisé : à la base on trouve des « cellules » de quartiers ou d'entreprises, réunies en sections, puis en fédérations, dans un système pyramidal qui aboutit au Comité Central. Longtemps appuyé sur un électorat ouvrier, et crédité alors de 20 à 25 % des voix, il n'a pas résisté à l'évolution sociologique de celui-ci, et son influence s'est vue réduite de moitié.

Bien que ces quatre partis dominent la vie politique, il en existe d'autres. Le Mouvement des radicaux de gauche, allié au P.S. et au P.C. dans l'Union de la gauche, les mouvements écologiques, divers mouvements d'extrême gauche et d'extrême droite.

Tous les chemins mènent à Rome.

Le rapport

En général, plus long que les autres documents internes, le rapport est un texte dans lequel, après avoir analysé des faits, une situation, une documentation, on formule des propositions ; ainsi le rapport donne des informations puis propose des solutions ; il prépare les décisions des responsables. (Il est toujours transmis à un supérieur hiérarchique.)

On peut distinguer trois types de rapports :

Type de rapport	Exemples :	Observations
Rapport général d'activité	- Rapport annuel d'une entreprise - Rapport d'activité d'une association	Ces rapports décrivent l'activité de la société au cours de l'exercice écoulé (résultats obtenus, difficultés rencontrées, décisions prises) et évoquent les perspectives d'évolution.
Rapport de stage de visite	- Rapport relatif à un stage de formation - Rapport sur la visite d'une entreprise...	Comme dans un compte rendu, le rapporteur relate ce qu'il a constaté ; mais, en plus, il justifie les appréciations qu'il est amené à formuler et propose, éventuellement, des modifications.
Rapport d'étude	- Rapport relatif à la réorganisation d'une tâche, d'un service - Etude d'une situation, d'un matériel	Type de rapport le plus fréquent. Il consiste à analyser un problème et à proposer une solution pour le résoudre. Nous allons étudier ci-après un rapport de cette nature.

Analyse d'un rapport

1   *Prenez connaissance de l'extrait de rapport présenté ci-après.*

*Remarquez la **présentation** :*

- l'en-tête est présenté comme celui d'une lettre ; mais un rapport peut également comporter seulement un titre (comme le compte rendu) ;
- le plan est mis en évidence (titres, sous-titres) pour faciliter la lecture ;
- comme dans tous les documents internes, le rapport ne comporte pas de formule de politesse.

*Analysez le **plan** :*
- *Que contient l'introduction ?*

- La première partie décrit le début d'incendie.
- La deuxième partie analyse les risques d'incendie.
- La troisième partie doit proposer des mesures, des solutions au problème.

Dégagez le plan général d'un rapport.

> -
>
> -
>
> -

- La conclusion doit énumérer les opérations à faire pour mettre en oeuvre la solution proposée ; ainsi, la décision du responsable est facilitée.

FORME

- Le rapport est un outil de travail.

Le style doit donc être : _____

- Le rapport est une démonstration.

En le lisant, le destinataire doit facilement suivre le raisonnement et, normalement, accepter les propositions. En conséquence :

* *l'argumentation doit être :* _____

* le ton doit être, de préférence, impersonnel : il faut éviter les pronoms personnels "je", "nous" et "vous" et adopter une forme neutre, indirecte.

Forme à adopter	*Phrases à modifier*
Forme indirecte	J'ai interrogé les témoins, puis j'ai contrôlé le registre des travaux. _____ _____
Forme neutre Remplacement du pronom par la désignation du groupe	Nous avons constaté que la machine n'avait pas été débranchée. 1) _____ 2) _____ _____
Forme neutre et forme indirecte	Comme nous vous savons très attaché au respect des règles de sécurité, nous vous proposons la solution suivante... _____ _____

- Le rapport formule seulement des propositions : l'auteur ne peut prendre de décisions ; le mode employé est

souvent : _____

Rédaction de la fin du rapport

Plan de la troisième partie.

Face au paragraphe relatif à l'insuffisance des moyens de prévention, notez les mesures à prendre ; regroupez-les en trois points :

_____

_____

_____

Rédaction de chacun de ces points.

Rédaction, dans la conclusion, de l'énumération des opérations à faire.

CORDES ET CABLES METALLIQUES
10, av. Henri Barbusse - 92220 BAGNEUX - **Tél. : 47.35.43.21**
RCS Paris B 721 304 825

Service de Sécurité

                                        Monsieur le Directeur
                                        des services administratifs

RAPPORT sur les
risques d'incendie
dans l'atelier de
reprographie

                              BAGNEUX, le 12 juillet 19 ..

        Le début d'incendie du 5 juillet ayant attiré notre attention sur les
risques existant au service de reprographie, je me propose, dans ce rapport,
après avoir rappelé les circonstances de l'incident, d'indiquer les causes
possibles d'incendie dans l'atelier et d'exposer les mesures proposées par
l'équipe "Sécurité" pour essayer d'éliminer tout risque de cette nature.

I. LE DEBUT D'INCENDIE DU 5 JUILLET

1° - Les faits

        Le 5 juillet, à 13 h 45, Mme CLIBERT et Melle LACHAUD, rentrant les
premières dans l'atelier après la pause du déjeuner, trouvent la pièce
complètement enfumée; elles courent spontanément ouvrir les fenêtres et, en
raison de l'âcreté de la fumée,elles reviennent vers le couloir lorsqu'une flamme
jaillit à deux mètres d'elles environ, à côté de la machine offset Hamada ;
Mme CLIBERT se précipite vers l'évier, prend le seau qui se trouvait à demi
plein et le verse sur la corbeille à papier, ce qui suffit à éteindre le feu.
Lorsque M. LEJAY, chef de l'atelier, arrive à son tour quelques minutes plus
tard, ce qui reste de la corbeille fume encore, mais le danger est écarté.

        C'est le premier incident de ce genre depuis la création de l'atelier,
il y a 5 ans, et M. LEJAY est d'autant plus surpris qu'il n'est sorti de la pièce
qu'à 12 h 50, en compagnie de M. CAUSSE du service ventes, sans avoir rien
constaté d'anormal.

2° - Les causes

        L'interview des personnes du service et de M. CAUSSE a permis d'arriver
aux conclusions suivantes :

        Depuis 12 h 30 environ, M. LEJAY procédait au nettoyage de la machine
offset à l'aide d'un solvant en bombe (A'FAC) ; en même temps, il s'entretenait
avec M. CAUSSE à propos d'un travail à effectuer pour le service ventes. A la
fin de l'opération, il se souvient fort bien avoir jeté le chiffon imprégné de
produit dans la corbeille (en plastique), laquelle contenait déjà des papiers
froissés.

Bien que le solvant utilisé soit inflammable, le feu ne peut s'être déclaré que sous l'effet d'une flamme ou d'une étincelle. L'installation électrique étant hors de cause - aucune prise ou conduite électrique ne se trouve à cet endroit là - la seule hypothèse plausible est qu'une cigarette mal éteinte ait été jetée dans la corbeille par M. CAUSSE : en effet, ce dernier a constamment fumé pendant sa conversation avec M. LEJAY et, bien qu'il déclare avoir utilisé le cendrier placé sur les casiers, il a dû faire un geste malheureux, par mégarde.

3° - Les conséquences

Les conséquences de l'incident sont minimes puisqu'elles se limitent à la perte d'une corbeille. Cependant, sans l'arrivée des employés, ou si le fait s'était produit le soir, après le travail, les dégâts auraient pu être considérables étant donné :

- d'une part la proximité de produits très inflammables, et notamment les casiers où se trouvent les documents reçus des demandeurs et les tirages à leur transmettre ;

- d'autre part, la valeur des appareils installés dans l'atelier.

Il apparaît donc nécessaire de rechercher toutes les causes possibles d'incendie et de prendre des mesures préventives adaptées.

II. LES RISQUES D'INCENDIE DANS L'ATELIER DE REPROGRAPHIE

Les risques d'incendie tiennent à la nature des produits et matériels réunis dans l'atelier, mais ils sont agravés par l'insuffisance des moyens de prévention.

1° - Les causes d'incendie

Les causes d'incendie peuvent être regroupées sous trois rubriques :

a) La présence de produits inflammables

- Le papier. L'atelier contient à la fois :
. des feuilles isolées ou en petit nombre (soit dans les casiers, soit auprès des appareils), ce qui constitue l'aliment idéal d'un début d'incendie ;
. des ramettes ou des paquets de feuilles, plus difficiles à enflammer, mais difficiles à éteindre en cas d'incendie.

- Les encres et les solvants, pour la plupart combustibles, caractère agravé, en ce qui concerne les solvants, par leur volatilité et, pour l'ensemble des produits, par le fait qu'ils sont utilisés sur des machines dégageant de la chaleur.

b) Les circuits et appareils électriques

Le danger est représenté :

- par les câbles électriques ;

- sur certains appareils, par le phénomène d'électricité statique à redouter surtout en atmosphère sèche.

c) L'imprudence des fumeurs.

2° - L'insuffisance des moyens de prévention

Si la maintenance du matériel électrique est correctement assurée et l'évacuation à la terre de l'électricité statique réalisée chaque fois que c'est nécessaire, plusieurs insuffisances dans le domaine de la prévention peuvent être relevées :

- l'atelier n'est pas doté d'un extracteur d'air ;

- le stockage du papier et des produits est effectué en trop grande quantité dans l'atelier même ;

- l'ordre et la propreté laissent à désirer ;

- il existe bien un extincteur à eau, mais manifestement personne ne sait l'utiliser ;

- l'interrupteur général, placé dans l'armoire électrique, ne semble pas être manoeuvré quotidiennement ;

- les consignes générales en cas d'incendie ne sont pas connues (ainsi que le prouve le comportement des deux employées) et aucune consigne particulière à l'atelier n'a été établie.

Il s'avère donc indispensable de remédier à ces insuffisances.

III. LES MESURES PROPOSEES

Les mesures qu'il nous paraîtrait souhaitable d'adopter portent sur trois points :

IV. CONCLUSION

Si ces propositions étaient adoptées, pour les mettre en oeuvre, il faudrait :

Bagneux, le 12 juillet 19 ..
Le responsable de la sécurité
Paul RUDENT.

Faisons le point sur ... LES FORMULATIONS NEUTRES

Les tournures impersonnelles, dans certains cas, alourdissent la phrase, manquent de naturel.
D'autre part, il est nécessaire de varier le style du texte afin qu'il soit allègre et n'ennuie pas le lecteur.
Il existe donc d'autres formulations qui permettent d'effacer soit la présence de l'auteur dans le texte, soit l'agent de l'action.

LES TOURNURES PASSIVES :

• **Le verbe au passif,** sans complément d'agent (voir dossier 15).

• **Les verbes pronominaux pris dans un sens passif.**

Exemples : Les lumières de la ville **s'aperçoivent** dès qu'on a franchi les premières collines.
Les défauts de l'installation **se remarquent** très vite.
Les parfums et les eaux de toilette **se vendent** bien.

• **Le pronominal passif est employé fréquemment à la tournure impersonnelle.**

Exemple (célèbre) d'une publicité pour les Galeries Lafayette : **Il se passe** toujours quelque chose aux Galeries Lafayette,
ou bien : Il **s'est vendu** en 10 ans plus de machines à laver que dans les vingt années d'après-guerre.
Il **se pense** toujours bien plus de choses qu'il ne s'en dit.

TRANSFORMATION DU VERBE CONJUGUÉ

• **En nom :** Puisque vous êtes attachés à la sécurité, nous sommes à même de vous proposer des solutions efficaces
→ Votre attachement à la sécurité nous autorise à vous proposer des solutions efficaces.

• **En infinitif précédé de préposition :** Vous remettrez ce rapport le 10 juin
→ Ce rapport est à remettre le 10 juin.

---

1 *Remplacez, dans les phrases suivantes, les tournures personnelles par des tournures impersonnelles ou des formulations neutres.* (Vous pourrez être amenés à transformer aussi d'autres termes de la phrase.)

• Je vois d'ici la tour Eiffel et l'Arc de Triomphe.
• Je vous demande de veiller à ce que toutes les lumières soient éteintes et le ménage fait.
• Vous vous souciez assez de la sécurité pour engager les dépenses nécessaires.
• J'ai remarqué que la photocopieuse ne fonctionnait pas normalement.
• Les employés préfèrent avoir congé le lundi 13 juillet afin de faire le pont entre la fin de la semaine et le 14 juillet.
• Le représentant des établissements Jaffrai est passé ce matin.
• Des TGV partent régulièrement de Paris pour Lyon.
• Je vous rappelle qu'il est interdit de fumer dans le local où sont entreposés les solvants.
• Vous présenterez ce rapport à la réunion après m'en avoir remis une photocopie.

---

2 *Relevez dans le rapport, les tournures impersonnelles et les formulations neutres.*
A quel moment ces tournures sont-elles utilisées ? Pourquoi ?

$\mathcal{C}$ omment... DÉMONTRER

1 *Analysez les informations apportées par le rapport p. 353 à 355* en relevant brièvement :
— les faits ;
— les hypothèses émises quant aux causes de l'incendie ;
— les preuves soutenant ces hypothèses ;
— les arguments visant à démontrer qu'il y a des risques d'incendie ;
— les preuves apportées à ces arguments.

Une démonstration suppose donc :
• un objectif à atteindre, quelque chose à démontrer
• des arguments qui forment l'architecture de la démonstration
• des preuves soutenant cette argumentation.

2 *Imaginez des preuves soutenant les arguments suivants :*
La lessive « Toublanc » est la moins chère à l'achat ;
elle est la plus économique à l'usage ;
elle lave mieux ;
elle sent bon.

3 *Imaginez les arguments et les preuves visant à démontrer la supériorité d'un parfum, d'une montre, d'une automobile, d'une machine à écrire.*

4 A partir d'un incident, réel ou fictif, survenu dans votre établissement, *vous démontrerez qu'il faut renforcer le dispositif de sécurité.*

— Énoncez les faits.
— Avancez plusieurs arguments, soutenus par des preuves.
— Proposez des solutions.

5 Voici un ensemble de preuves énoncées en désordre. *Classez-les. Énoncez précisément l'argument qu'elles permettent de soutenir. Construisez une démonstration.* (Vous pouvez abandonner certaines preuves si elles ne vous conviennent pas.)

Le nombre des postes de télévision a doublé en 10 ans. D'après un sondage réalisé auprès de 1 000 enfants, 60 % d'entre eux préfèrent la publicité aux émissions proposées par les programmes. Un adolescent passe en moyenne trois heures par jour devant le téléviseur. Les programmes de télévision comportent majoritairement des émissions de variétés. La loi règlemente le passage des films à la télévision. La fréquentation des salles de cinéma diminue régulièrement. De nombreuses familles prennent leur repas en regardant la télévision.

UN RAPPORT DU SECRÉTARIAT D'ÉTAT A LA FONCTION PUBLIQUE

112 000 fonctionnaires sont employés à temps partiel

M. Jean Le Garrec, secrétaire d'Etat chargé de la fonction publique, a remis récemment, conformément à la loi de 1984 qui en impose l'obligation tous les deux ans, un premier rapport sur le travail à temps partiel dans la fonction publique de l'Etat. Ce rapport montre que le temps partiel s'est effectivement développé au point d'être désormais *« une caractéristique importante de l'emploi dans la fonction publique »*. Au 1er janvier 1985, 112 222 fonctionnaires civils (1) travaillaient à temps partiel, soit 6,1 % des effectifs et 6,7 % en ajoutant les 10 500 fonctionnaires de cinquante-cinq ans ou plus qui se trouvaient à cette date en cessation progressive d'activité en attendant la mise à la retraite. Un taux peu éloigné de celui du secteur privé (7,5 % en mars 1985). L'augmentation du temps partiel chez les fonctionnaires est donc constante : 11 758 en 1973, 23 720 en 1975, 44 546 en 1980, 78 313 en 1982 et 97 226 en 1983.

Le rapport souligne que *« le travail à temps partiel concerne le personnel féminin »*, ce qui, au regard des chiffres, est une évidence. Au 1er janvier 1985, on recensait, en effet, 106 965 femmes (11,3 % des effectifs féminins de la fonction publique) et 5 257 hommes (0,6 %)

travaillant à temps partiel. 4,68 % des agents recourant à cette formule de travail sont des hommes et 95,32 % des femmes, la proportion de femmes étant supérieure à 94 % pour tous les ministères, à l'exception des transports et de la jeunesse et des sports.

Avec la nouvelle législation qui dit temps partiel ne dit plus automatiquement mi-temps, mais le fait que la quotité de 50 % soit imposée aux instituteurs et institutrices (peu nombreux à l'utiliser) et que celle de 80 % corresponde généralement au mercredi libre joue sur la répartition des différentes formules de temps partiel : 40,65 % des agents qui y recourent utilisent la quotité de 80 %, 37,29 % celle de 50 %, 7,8 % celle de 90 %, 7,19 % celle de 60 % et 7,06 % celle de 70 %. Le rapport en conclut que *« la dynamique nouvelle créée par le nouveau régime est due à l'instauration de modalités moins contraignantes que le passage au mi-temps, surtout si l'on tient compte des avantages de rémunération associés aux quotités de 80 % et 90 % »*

Le rapport estime que *« les emplois libérés par le temps partiel peuvent être évalués à 36 450 au 1er janvier 1985 »*, soit 3 380 postes libérés supplémentaires par rapport au 1er janvier 1984 qui *« correspon-*

dent à un accroissement des effectifs à temps partiel de près de 15 000 ». Par rapport au secteur privé, le fonctionnaire dispose d'un avantage : *« au terme de la période de travail à temps partiel accordée à la demande du fonctionnaire, celui-ci doit normalement pouvoir reprendre un service à temps complet s'il le souhaite »*. Mais *« la loi fait obligation à l'administration de regrouper les quotités de temps libérées par les fonctionnaires à temps partiel dans le but de reconstituer, au niveau de chaque ministère, des emplois à temps complet sur lesquels sont recrutés de nouveaux fonctionnaires »*. Rigidité ?

Un tel mécanisme entraîne, selon le rapport, trois difficultés. En premier lieu, le regroupement des fonctions d'emplois libérés *« ne joue pleinement qu'en termes d'emplois budgétaires »*. Or les fractions d'emplois dégagées *« par deux fonctionnaires exerçant à 80 % du temps plein laissent libre l'équivalent de 40 % d'emploi à temps complet, qui ne peut être comblé par un fonctionnaire autorisé à travailler à mi-temps »*. A défaut de réorganisation préalable, il existe *« une difficulté fonctionnelle à développer cette modalité particulière d'exercice des fonctions lorsqu'il ne s'agit pas d'unités administratives aux effectifs nombreux où la régulation des emplois s'opère d'elle-même »*.

Le Monde, 7 janvier 1986.

Le phénomène du mercredi

La deuxième difficulté résulte du *« nombre important de demandes de travail à temps partiel à 80 % concentrées sur la journée libre du mercredi »*. Il existe donc, souligne le rapport, un *« phénomène social du mercredi libre qui est de nature à compromettre la continuité du service public et de ce fait tend à limiter le développement du régime du travail à temps partiel »*. Enfin, la troisième difficulté est de *« rendre compatible la gestion du développement du travail à temps partiel avec la possibilité de réintégrer à temps plein les fonctionnaires qui le souhaitent »*. Le retour au plein temps ne peut jouer en effet que si au moment de la demande il y a une vacance de poste. *« Les autorisations de travail à temps partiel doivent donc être gérées avec prudence dans les petites unités pour éviter tout blocage dans les situations individuelles »*, recommande le rapport qui n'en conclut pas moins sur une note optimiste : *« Les administrations semblent généralement parvenues jusqu'ici à trouver des solutions pour assurer un développement harmonieux du travail à temps partiel sans nuire à la qualité du service public »*.

MICHEL NOBLECOURT.

(1) Non compris les services de l'urbanisme et du logement.
(2) Les fonctionnaires peuvent travailler à 90 %, 80 %, 50 % d'un temps complet.

— Déterminez les faits sur lesquels se fonde le rapport.
— Quelles preuves sont avancées à l'appui de ces faits ?
— Quelle est la nature de ces preuves ?
— Sur quels arguments se fonde le rapporteur pour prouver que l'extension du temps partiel risque de désorganiser les établissements ?
— Relevez les preuves avancées pour soutenir ces arguments.
— Quelles sont la (ou les) solution(s) proposée(s) pour limiter ces risques ?

7 | *Résumez cette démonstration* sans oublier, entre les différents éléments qui la composent, **les mots de liaison.**
Lors du résumé, quel type d'information avez-vous prioritairement écarté ?

8 | Analysez l'éditorial p. 349.
— Quels sont les faits ?
— Quelles sont les hypothèses émises quant à l'influence des sondages sur la vie politique ?
— Les arguments et les preuves apportés confirment-ils ou au contraire infirment-ils ces hypothèses ?
— Quels sont les objectifs de l'article ? (Que cherche-t-il à démontrer.)

9 *Démontrez que la publicité, influence ou n'influence pas, les ventes, en vous inspirant du plan suivant.*

— Exposition des faits - Preuves à l'appui de ces affirmations.
— Hypothèses quant à l'influence de la publicité - Preuves confirmant ou infirmant ces hypothèses.
— Risques réels et solutions pour les limiter.

Souriez !

Une démonstration peut s'appuyer sur une vérité générale. Elle tente alors de prouver par déduction que tel cas particulier se rattache au cas général. Ce type de démonstration est appelé syllogisme. En voici un exemple célèbre :

Tous les hommes sont mortels	(vérité générale).
Socrate est un homme	(cas particulier).
Donc Socrate est mortel	(le cas particulier se rattache au cas général).

Le syllogisme a été souvent utilisé pour démontrer sa propre absurdité :

Tout ce qui est rare est cher	(vérité générale).
Un cheval bon marché est rare	(cas particulier).
Donc un cheval bon marché est cher	(le cas particulier se rattache au cas général).

10 Le syllogisme est toujours formulé de la même manière. *A vous d'en inventer d'autres.*

Index grammatical

Index de termes professionnels
Consulter également le lexique (page 48)

Aubin Imprimeur
LIGUGÉ. POITIERS

Achevé d'imprimer en octobre 1989
pour les Éditions Foucher
128, rue de Rivoli – 75001 Paris
N° d'édition 6332 / N° d'impression L 33094
Dépôt légal, octobre 1989
Imprimé en France